파산 및 집행법전

이 도서의 국립중앙도서관 출판예정도서목록(CIP)은 서지정보유통지원시스템 홈페이지(http://seoji.nl.go.kr)와 국가자료공동목록시스템(http://www.nl.go.kr/kolisnet)에서 이용하실 수 있습니다.(CIP제어번호: CIP2015023160)

파산 및 집행법전

● 변호사 김관기 · 윤준석 · 정동현 · 최동욱 · 김민선 편 ●

세창출판사

■ 머리말 ■

채권자와 채무자 사이의 관계가 법적으로 표출되는 것은 채권자의 강제집행과 이에 맞서는 채무자의 파산(도산)절차이다. 이 영역은 금융의 융성과 쇠락이 반복됨에 따라 변호사, 법무사 광고의 대부분을 차지할 정도로 나날이 중요성을 더하고 있지만, 법학생들과 그들을 가르치는 영역에서는 천대받고 있다. 사법시험, 변호사시험의 과목도 아니고 작은 시험용 법전에도 포함되어 있지 않다. 대학에서 인연을 맺은 편자들이 오랜 기간 파산(도산) 실무에 종사하면서 느낀 책상 위에 놓고 늘 참조할 수 있는 법전이 있었으면 하는 희망을 구현하고자 한 첫 시도가 이 책으로 나왔다. 현재의 교육시스템에서 법학생들에게는 거의 필요가 없겠지만, 수도 없이 많은 실무가들에게는 나름 유용성이 있을 것이라고 믿는다.

파산(도산)법의 영역은 일반의 민사실체법, 절차법과 밀접한 부분임에도 불구하고, 금전적 이해관계를 관철할 능력이 있는 세력의 영향에 의하여 자주 변화하고 있다. 따라서 출간일로부터 불과 몇 달 경과한 뒤라도 이 책에 표시된 것과 다른 법령이 시행될 수도 있다. 따라서 정확한 참조를 위하여는 늘 법제처에서 제공하는 법령정보 사이트와 대조하여야 할 것이지만 대부분의 실무가들로서는 몇 년이고 도움이 될지도 모르겠다. 수정사항이 생기는 대로 반영할 여유는 없을 것 같고, 주요한 개정이 이루어질 때마다 변경을 반영하고 체재도 바로잡으며, 가능한 한도 내에서는 판례나 입법연혁에 대한 해설도 추가하고자 한다. 머리말을 쓰는 것은 편자들에게 기쁨을 준다. 그것은 대략의 작업이 끝났다는 것을 의미하기 때문이다. 이 기쁨을 공편자들 및 도움을 주신 여러분들과 함께 누리고 싶다.

2015년 8월

변호사 김관기

■ 차 례 ■

채무자 회생 및 파산에 관한 법률 [시행 2015.7.1.]

제1편 총 칙

제1조【목적】 이 법은 재정적 어려움으로 인하여 파탄에 직면해 있는 채무자에 대하여 채권자·주주·지분권자 등 이해관계인의 법률관계를 조정하여 채무자 또는 그 사업의 효율적인 회생을 도모하거나, 회생이 어려운 채무자의 재산을 공정하게 환가·배당하는 것을 목적으로 한다.

제2조【외국인 및 외국법인의 지위】 외국인 또는 외국법인은 이 법의 적용에 있어서 대한민국 국민 또는 대한민국 법인과 동일한 지위를 가진다.

제3조【재판관할】 ① 회생사건, 간이회생사건 및 파산사건 또는 개인회생사건은 다음 각 호의 어느 한 곳을 관할하는 지방법원 본원의 관할에 전속한다.

1. 채무자의 보통재판적이 있는 곳
2. 채무자의 주된 사무소나 영업소가 있는 곳 또는 채무자가 계속하여 근무하는 사무소나 영업소가 있는 곳
3. 제1호 또는 제2호에 해당하는 곳이 없는 경우에는 채무자의 재산이 있는 곳(채권의 경우에는 재판상의 청구를 할 수 있는 곳을 말한다)

② 제1항에도 불구하고 회생사건 및 파산사건은 채무자의 주된 사무소 또는 영업소의 소재지를 관할하는 고등법원 소재지의 지방법원 본원에도 신청할 수 있다.

③ 제1항에도 불구하고 다음 각 호의 신청은 다음 각 호의 구분에 따른 지방법원에도 할 수 있다.

1. 「독점규제 및 공정거래에 관한 법률」 제2조 제3호에 따른 계열회사에 대한 회생사건 또는 파산사건이 계속되어 있는 경우 계열회사 중 다른 회사에 대한 회생절차개시·간이회생절차개시의 신청 또는 파산신청: 그 계열회사에 대한 회생사건 또는 파산사건이 계속되어 있는 지방법원 본원
2. 법인에 대한 회생사건 또는 파산사건이 계속되어 있는 경우 그 법인의 대표자에 대한 회생절차개시·간이회생절차개시의 신청, 파산신청 또는 개인회생절차개시의 신청: 그 법인에 대한 회생사건 또는 파산사건이 계속되어 있는 지방법원 본원
3. 다음 각 목의 어느 하나에 해당하는 자에 대한 회생사건, 파산사건 또는 개인회생사건이 계속되어 있는 경우 그 목에 규정된 다른 자에 대한 회생절차개시·간이회생절차개시의 신청, 파산신청 또는 개인회생절차개시의 신청: 그 회생사건, 파산사건 또는 개인회생사건이 계속되어 있는 지방법원
   가. 주채무자 및 보증인
   나. 채무자 및 그와 함께 동일한 채

무를 부담하는 자
다. 부부
④ 개인이 아닌 채무자에 대한 회생사건 또는 파산사건은 제1항부터 제3항까지의 규정에 따른 지방법원 본원의 합의부의 관할에 전속한다.
⑤ 상속재산에 관한 파산사건은 상속개시지를 관할하는 지방법원본원의 관할에 전속한다.
⑥ 「신탁법」 제114조에 따라 설정된 유한책임신탁에 속하는 재산(이하 "유한책임신탁재산"이라 한다)에 관한 파산사건은 수탁자의 보통재판적 소재지(수탁자가 여럿인 경우에는 그 중 1인의 보통재판적 소재지를 말한다)를 관할하는 지방법원본원의 관할에 전속한다.
⑦ 제6항에 따른 관할법원이 없는 경우에는 유한책임신탁재산의 소재지(채권의 경우에는 재판상의 청구를 할 수 있는 곳을 그 소재지로 본다)를 관할하는 지방법원본원의 관할에 전속한다.
⑧ 제1항 및 제5항부터 제7항까지의 규정에 따라 서울동부지방법원 · 서울남부지방법원 · 서울북부지방법원 또는 서울서부지방법원의 관할에 속할 사건은 서울중앙지방법원의 관할에 전속한다.
⑨ 제1항에도 불구하고 제579조 제1호에 따른 개인채무자의 보통재판적 소재지가 강릉시 · 동해시 · 삼척시 · 속초시 · 양양군 · 고성군인 경우에 그 개인채무자에 대한 파산선고 또는 개인회생절차개시의 신청은 춘천지방법원 강릉지원에도 할 수 있다.

제4조【손해나 지연을 피하기 위한 이송】 법원은 현저한 손해 또는 지연을 피하기 위하여 필요하다고 인정하는 때에는 직권으로 회생사건 · 파산사건 또는 개인회생사건을 다음 각호의 어느 하나에 해당하는 지방법원본원으로 이송할 수 있다.
1. 채무자의 다른 영업소 또는 사무소나 채무자재산의 소재지를 관할하는 지방법원본원
2. 채무자의 주소 또는 거소를 관할하는 지방법원본원
3. 제3조 제2항 또는 제3항에 따른 지방법원본원
4. 제3조 제2항 또는 제3항에 따라 해당지방법원에 회생사건 · 파산사건 또는 개인회생사건이 계속되어 있는 때에는 제3조 제1항에 따른 지방법원본원

제5조【법원 간의 공조】 이 법에 의한 절차에서 법원은 서로 법률상의 협조를 구할 수 있다.

제6조【회생절차폐지 등에 따른 파산선고】 ① 파산선고를 받지 아니한 채무자에 대하여 회생계획인가가 있은 후 회생절차폐지 또는 간이회생절차폐지의 결정이 확정된 경우 법원은 그 채무자에게 파산의 원인이 되는 사실이 있다고 인정하는 때에는 직권으로 파산을 선고하여야 한다.
② 파산선고를 받지 아니한 채무자에 대하여 다음 각호의 어느 하나에 해당하는 결정이 확정된 경우 법원은 그 채무자에게 파산의 원인이 되는 사실이 있다고 인정하는 때에는 채무자 또는 관리인의 신청에 의하거나 직권으로 파산을 선고할 수 있다.
1. 회생절차개시신청 또는 간이회생절차개시신청의 기각결정(제293조의5 제2항 제2호 가목의 회생절차개시결정이 있는 경우는 제외한다)
2. 회생계획인가 전 회생절차폐지결정 또는 간이회생절차폐지결정(제293조의5 제3항에 따른 간이회생절차폐지결정 시 같은 조 제4항에 따라 회생절차가 속행된 경우는 제외한다)
3. 회생계획불인가결정
③ 제1항 및 제2항의 규정에 의하여 파산선고를 한 경우 다음 각호의 어느 하

나에 해당하는 등기 또는 등록의 촉탁은 파산의 등기 또는 등록의 촉탁과 함께 하여야 한다.

1. 제23조 제1항, 제24조 제4항 · 제5항의 규정에 의한 등기의 촉탁
2. 제27조에서 준용하는 제24조 제4항 및 제5항의 규정에 의한 등록의 촉탁

④ 제1항 또는 제2항의 규정에 의한 파산선고가 있는 경우 제3편(파산절차)의 규정을 적용함에 있어서 그 파산선고 전에 지급의 정지 또는 파산의 신청이 없는 때에는 다음 각호의 어느 하나에 해당하는 행위를 지급의 정지 또는 파산의 신청으로 보며, 공익채권은 재단채권으로 한다.

1. 회생절차개시 또는 간이회생절차개시의 신청
2. 제650조의 사기파산죄에 해당하는 법인인 채무자의 이사(업무집행사원 그 밖에 이에 준하는 자를 포함한다. 이하 같다)의 행위

⑤ 회생계획인가결정 전에 제2항의 규정에 의한 파산선고가 있는 경우 제3편(파산절차)의 규정을 적용함에 있어서 제2편(회생절차)에 의한 회생채권의 신고, 이의와 조사 또는 확정은 파산절차에서 행하여진 파산채권의 신고, 이의와 조사 또는 확정으로 본다. 다만, 제134조 내지 제138조의 규정에 의한 채권의 이의, 조사 및 확정에 관하여는 그러하지 아니하다.

⑥ 제1항 또는 제2항의 규정에 의한 파산선고가 있는 때에는 관리인 또는 보전관리인이 수행하는 소송절차는 중단된다. 이 경우 파산관재인 또는 그 상대방이 이를 수계할 수 있다.

⑦ 제1항 또는 제2항의 규정에 의한 파산선고가 있는 때에는 제2편(회생절차)의 규정에 의하여 회생절차에서 행하여진 다음 각호의 어느 하나에 해당하는 자의 처분 · 행위 등은 그 성질에 반하지 아니하는 한 파산절차에서도 유효한 것으로 본다. 이 경우 법원은 필요하다고 인정하는 때에는 유효한 것으로 보는 처분 · 행위 등의 범위를 파산선고와 동시에 결정으로 정할 수 있다.

1. 법원
2. 관리인 · 보전관리인 · 조사위원 · 간이조사위원 · 관리위원회 · 관리위원 · 채권자협의회
3. 채권자 · 담보권자 · 주주 · 지분권자(주식회사가 아닌 회사의 사원 및 그 밖에 이와 유사한 지위에 있는 자를 말한다. 이하 같다)
4. 그 밖의 이해관계인

⑧ 파산선고를 받은 채무자에 대한 회생계획인가결정으로 파산절차가 효력을 잃은 후 제288조에 따라 회생절차폐지결정 또는 간이회생절차폐지결정이 확정된 경우에는 법원은 직권으로 파산을 선고하여야 한다.

⑨ 제8항의 경우 제3편(파산절차)의 규정을 적용함에 있어서 회생계획인가결정으로 효력을 잃은 파산절차에서의 파산신청이 있은 때에 파산신청이 있은 것으로 보며, 공익채권은 재단채권으로 한다.

⑩ 제3항 · 제6항 및 제7항의 규정은 제8항의 경우에 관하여 준용한다.

제7조【파산절차가 속행되는 경우의 공익채권 등】 ① 파산선고를 받은 채무자에 대하여 다음 각호의 어느 하나에 해당하는 결정이 확정되어 파산절차가 속행되는 때에는 공익채권은 재단채권으로 한다.

1. 회생절차개시신청 또는 간이회생절차개시신청의 기각결정(제293조의5 제2항 제2호 가목의 회생절차개시결정이 있는 경우는 제외한다)
2. 회생계획인가 전 회생절차폐지결정 또는 간이회생절차폐지결정(제293조의5 제3항에 따른 간이회생절차폐

지결정 시 같은 조 제4항에 따라 회생절차가 속행된 경우는 제외한다)
3. 회생계획불인가결정
② 제6조 제5항 내지 제7항의 규정은 파산선고를 받은 채무자에 대하여 제1항 각호의 어느 하나에 해당하는 결정이 확정되어 파산절차가 속행되는 경우에 관하여 준용한다.

제8조【송달】 ① 이 법의 규정에 의한 재판은 직권으로 송달하여야 한다.
② 회사인 채무자의 사채권자 또는 주주·지분권자에 대한 송달은 사채권자 또는 주주·지분권자가 이 법에 의하여 주소를 신고한 때에는 그 주소에, 주소를 신고하지 아니한 때에는 사채원부·주주명부·사원명부 또는 등기부에 기재된 주소 또는 그 자가 회사인 채무자에 통지한 주소에 서류를 우편으로 발송하여 할 수 있다.
③ 등기된 담보권을 가진 담보권자에 대한 송달은 그 담보권자가 이 법의 규정에 의하여 주소를 신고한 때에는 그 주소에, 주소를 신고하지 아니한 때에는 등기부에 기재된 주소에 서류를 우편으로 발송하여 할 수 있다.
④ 제2항 및 제3항의 규정에 의하여 서류를 우편으로 발송한 때에는 그 우편물이 보통 도달할 수 있는 때에 송달된 것으로 본다.
⑤ 제2항 및 제3항의 경우 법원서기관·법원사무관·법원주사 또는 법원주사보(이하 "법원사무관 등"이라 한다)는 서면을 작성하여 다음 각호의 사항을 기재하고 기명날인하여야 한다.
1. 송달을 받을 자의 성명 및 주소
2. 발송의 연·월·일·시
⑥ 제1항 내지 제5항의 규정은 이 법에 특별한 정함이 있는 때에는 적용하지 아니한다.

제9조【공고】 ① 이 법의 규정에 의한 공고는 관보에의 게재 또는 대법원규칙이 정하는 방법에 의하여 행한다.
② 제1항의 규정에 의한 공고는 관보에 게재된 날의 다음 날 또는 대법원규칙이 정하는 방법에 의한 공고가 있은 날의 다음 날에 그 효력이 생긴다.
③ 제1항의 규정에 의하여 재판의 공고가 있는 때에는 모든 관계인에 대하여 그 재판의 고지가 있은 것으로 본다. 다만, 이 법에 특별한 정함이 있는 때에는 그러하지 아니하다.

제10조【송달에 갈음하는 공고】 ① 이 법의 규정에 의하여 송달을 하여야 하는 경우 송달하여야 하는 장소를 알기 어렵거나 대법원규칙이 정하는 사유가 있는 때에는 공고로써 송달을 갈음할 수 있다.
② 제1항의 규정은 이 법에 특별한 정함이 있는 때에는 적용하지 아니한다.

제11조【공고 및 송달을 모두 하여야 하는 경우】 ① 이 법의 규정에 의하여 공고 및 송달을 모두 하여야 하는 경우에는 송달은 서류를 우편으로 발송하여 할 수 있다.
② 제1항의 규정에 의한 공고는 모든 관계인에 대하여 송달의 효력이 있다.

제12조【임의적 변론과 직권조사】 ① 이 법의 규정에 의한 재판은 변론을 열지 아니하고 할 수 있다.
② 법원은 직권으로 회생사건·파산사건·개인회생사건 및 국제도산사건에 관하여 필요한 조사를 할 수 있다.

제13조【즉시항고】 ① 이 법의 규정에 의한 재판에 대하여 이해관계를 가진 자는 이 법에 따로 규정이 있는 때에 한하여 즉시항고를 할 수 있다.
② 제1항의 규정에 의한 즉시항고는 재판의 공고가 있는 때에는 그 공고가 있은 날부터 14일 이내에 하여야 한다.
③ 제1항의 규정에 의한 즉시항고는 집행정지의 효력이 있다. 다만, 이 법에 특별한 정함이 있는 경우에는 그러하지 아니하다.

제14조【불복의 방법】 이 법의 규정에

의한 재판에 대한 불복은 서면으로 하여야 한다.

제15조 【관리위원회의 설치】 이 법의 규정에 의한 절차를 적정·신속하게 진행하기 위하여 대법원규칙이 정하는 지방법원에 관리위원회를 둔다.

제16조 【관리위원회의 구성 등】 ① 관리위원회는 위원장 1인을 포함한 3인 이상 15인 이내의 관리위원으로 구성한다.

② 관리위원의 임기는 3년으로 한다.

③ 관리위원은 다음 각호의 어느 하나에 해당하는 자 중에서 지방법원장이 위촉한다.

1. 변호사 또는 공인회계사의 자격이 있는 자
2. 「은행법」에 의한 은행 그 밖에 대통령령이 정하는 법인에서 15년 이상 근무한 경력이 있는 자
3. 상장기업의 임원으로 재직한 자
4. 법률학·경영학·경제학 또는 이와 유사한 학문의 석사학위 이상을 취득한 자로서 이와 관련된 분야에서 7년 이상 종사한 자
5. 제1호 내지 제4호에 규정된 자에 준하는 자로서 학식과 경험을 갖춘 자

④ 다음 각호의 어느 하나에 해당하는 자는 관리위원이 될 수 없다.

1. 금치산자·한정치산자 또는 파산선고를 받은 자로서 복권되지 아니한 자
2. 금고 이상의 실형의 선고를 받고 그 집행이 종료(집행이 종료된 것으로 보는 경우를 포함한다)되거나 집행이 면제된 날부터 5년이 경과되지 아니한 자
3. 금고 이상의 형의 집행유예선고를 받고 그 유예기간이 만료된 날부터 2년이 경과되지 아니한 자
4. 금고 이상의 형의 선고유예를 받고 그 유예기간 중에 있는 자
5. 다른 법률 또는 법원의 판결에 의하여 자격이 정지 또는 상실된 자

⑤ 관리위원회는 재적위원 과반수의 출석과 출석위원 과반수의 찬성으로 의결한다.

⑥ 관리위원회의 설치·조직 및 운영, 관리위원의 자격요건·신분보장 및 징계 등에 관하여는 대법원규칙으로 정한다.

⑦ 관리위원은 「형법」 그 밖의 법률의 규정에 의한 벌칙의 적용에 있어서는 이를 공무원으로 본다.

제17조 【관리위원회의 업무 및 권한】 ① 관리위원회는 법원의 지휘를 받아 다음 각호의 업무를 행한다.

1. 관리인·보전관리인·조사위원·간이조사위원·파산관재인·회생위원 및 국제도산관리인의 선임에 대한 의견의 제시
2. 관리인·보전관리인·조사위원·간이조사위원·파산관재인 및 회생위원의 업무수행의 적정성에 관한 감독 및 평가
3. 회생계획안·변제계획안에 대한 심사
4. 채권자협의회의 구성과 채권자에 대한 정보의 제공
5. 이 법의 규정에 의한 절차의 진행상황에 대한 평가
6. 관계인집회 및 채권자집회와 관련된 업무
7. 그 밖에 대법원규칙 또는 법원이 정하는 업무

② 관리위원회는 제1항 각호의 업무를 효율적으로 수행하기 위하여 관리위원에게 업무의 일부를 위임할 수 있다.

③ 법원은 제2항의 규정에 의하여 업무를 수행하는 관리위원이 그 업무를 수행하는 것이 적절하지 아니하다고 인정하는 때에는 관리위원회에 그 업무를 다른 관리위원에게 위임할 것을 요구할 수 있다.

④ 관리위원회가 설치되어 있지 아니

한 때에는 다음 각호의 사항을 적용하지 아니한다.

1. 제6조 제7항, 제18조, 제19조 및 제30조 제1항 중 관리위원에 관한 사항
2. 제6조 제7항, 제42조, 제43조 제1항 · 제3항 · 제4항, 제50조 제1항, 제62조 제2항, 제87조 제1항, 제92조, 제114조 제4항, 제132조 제3항, 제257조 제3항 · 제4항, 제287조 제3항, 제288조 제2항 및 제355조 제1항 중 관리위원회에 관한 사항

제18조【관리위원에 대한 허가사무의 위임】 법원은 제61조 제1항 각호의 행위 중 통상적인 업무에 관한 허가사무 또는 파산절차에 관한 허가사무를 관리위원에게 위임할 수 있다. 이 경우 위임의 범위 · 절차 등에 관하여 필요한 사항은 대법원규칙으로 정한다.

제19조【관리위원의 행위에 대한 이의신청】 ① 제18조의 규정에 의하여 위임을 받아 관리위원이 행한 결정 또는 처분에 불복하는 자는 관리위원에게 이의신청서를 제출하여야 한다.

② 관리위원은 제1항의 규정에 의한 이의신청이 이유있다고 인정하는 때에는 지체없이 그에 따른 상당한 처분을 하고 이를 법원에 통지하여야 한다.

③ 관리위원은 제1항의 규정에 의한 이의신청이 이유없다고 인정하는 때에는 이의신청서를 제출받은 날부터 3일 이내에 이의신청서를 법원에 송부하여야 한다.

④ 제1항의 규정에 의한 이의신청은 집행정지의 효력이 없다.

⑤ 법원은 제3항의 규정에 의하여 이의신청서를 송부받은 때에는 이유를 붙여 결정을 하여야 하며, 이의신청이 이유있다고 인정하는 때에는 관리위원에게 상당한 처분을 명하고 그 뜻을 이의신청인에게 통지하여야 한다.

제20조【채권자협의회의 구성】 ① 관리위원회(관리위원회가 설치되지 아니한 때에는 법원을 말한다. 이하 이 조에서 같다)는 회생절차개시신청 · 간이회생절차개시신청 또는 파산신청이 있은 후 채무자의 주요채권자를 구성원으로 하는 채권자협의회를 구성하여야 한다. 다만, 채무자가 개인 또는 「중소기업기본법」 제2조 제1항의 규정에 의한 중소기업자(이하 "중소기업자"라 한다)인 때에는 채권자협의회를 구성하지 아니할 수 있다.

② 채권자협의회는 10인 이내로 구성한다.

③ 관리위원회는 필요하다고 인정하는 때에는 소액채권자를 채권자협의회의 구성원으로 참여하게 할 수 있다.

제21조【채권자협의회의 기능 등】 ① 채권자협의회는 채권자 간의 의견을 조정하여 다음 각호의 행위를 할 수 있다.

1. 회생절차 및 파산절차에 관한 의견의 제시
2. 관리인 · 파산관재인 및 보전관리인의 선임 또는 해임에 관한 의견의 제시
3. 법인인 채무자의 감사(「상법」 제415조의2의 규정에 의한 감사위원회의 위원을 포함한다. 이하 같다) 선임에 대한 의견의 제시
4. 회생계획인가 후 회사의 경영상태에 관한 실사의 청구
5. 그 밖에 법원이 요구하는 회생절차 및 파산절차에 관한 사항
6. 그 밖에 대통령령이 정하는 행위

② 채권자협의회의 의사는 출석한 구성원 과반수의 찬성으로 결정한다.

③ 법원은 결정으로 채권자협의회의 활동에 필요한 비용을 채무자에게 부담시킬 수 있다.

④ 채권자협의회의 구성 및 운영에 관하여 필요한 사항은 대법원규칙으로 정한다.

⑤ 채권자협의회가 구성되어 있지 아

니한 때에는 제50조 제1항 · 제62조 제2항 · 제132조 제3항 · 제203조 제4항 · 제259조 · 제287조 제3항 및 제288조 제2항 중 채권자협의회에 관한 사항은 적용하지 아니한다.

제22조【채권자협의회에 대한 자료제공】 ① 법원은 회생절차 또는 파산절차의 신청에 관한 서류 · 결정서 · 감사보고서 그 밖에 대법원규칙이 정하는 주요자료의 사본을 채권자협의회에 제공하여야 한다.

② 관리인 또는 파산관재인은 법원에 대한 보고서류 중 법원이 지정하는 주요서류를 채권자협의회에 분기별로 제출하여야 한다.

③ 채권자협의회는 대법원규칙이 정하는 바에 따라 관리인 또는 파산관재인에게 필요한 자료의 제공을 청구할 수 있다.

④ 제3항의 규정에 의하여 자료제공을 요청받은 자는 대법원규칙이 정하는 바에 따라 자료를 제공하여야 한다.

⑤ 채권자협의회에 속하지 아니하는 채권자의 요청이 있는 때에는 채권자협의회는 제1항 내지 제3항의 규정에 의하여 제공받은 자료를 제공하여야 한다.

제23조【법인에 관한 등기의 촉탁】 ① 법인인 채무자에 대하여 다음 각호의 어느 하나에 해당하는 사유가 있는 경우에는 법원사무관 등은 직권으로 지체 없이 촉탁서에 결정서의 등본 또는 초본 등 관련 서류를 첨부하여 채무자의 각 사무소 및 영업소(외국에 주된 사무소 또는 영업소가 있는 때에는 대한민국에 있는 사무소 또는 영업소를 말한다. 이하 이 조에서 같다)의 소재지의 등기소에 그 등기를 촉탁하여야 한다.

1. 회생절차개시(제293조의5 제4항에 따라 회생절차가 속행된 경우를 포함한다) · 간이회생절차개시 또는 파산선고의 결정이 있는 경우
2. 회생절차개시결정취소 · 간이회생절차개시결정취소, 회생절차폐지 · 간이회생절차폐지 또는 회생계획불인가의 결정이 확정된 경우
3. 회생계획인가 또는 회생절차종결 · 간이회생절차종결의 결정이 있는 경우
4. 제266조의 규정에 의한 신주발행, 제268조의 규정에 의한 사채발행, 제269조의 규정에 의한 주식의 포괄적 교환, 제270조의 규정에 의한 주식의 포괄적 이전, 제271조의 규정에 의한 합병, 제272조의 규정에 의한 분할 또는 분할합병이나 제273조 및 제274조의 규정에 의한 신회사의 설립이 있는 경우
5. 파산취소 · 파산폐지 또는 파산종결의 결정이 있는 경우

② 법인인 채무자에 대하여 제43조 제3항 · 제74조 제1항 · 제355조 또는 제636조 제1항 제4호의 규정에 의한 처분이 있는 때에는 법원사무관등은 직권으로 지체 없이 촉탁서에 그 처분의 등본 또는 초본을 첨부하여 그 처분의 등기를 채무자의 각 사무소 및 영업소의 소재지의 등기소에 촉탁하여야 한다. 등기된 처분이 변경 또는 취소된 때에도 또한 같다.

③ 제2항의 규정에 의한 처분의 등기에는 관리인 · 보전관리인 · 파산관재인 또는 국제도산관리인의 성명 또는 명칭과 주소 또는 사무소를 기재하여야 한다. 이 경우 기재사항이 변경된 때에는 법원사무관 등은 지체 없이 그 변경의 등기를 채무자의 각 사무소 및 영업소의 소재지의 등기소에 촉탁하여야 한다.

제24조【등기된 권리에 관한 등기 등의 촉탁】 ① 다음 각호의 경우 법원사무관등은 직권으로 지체 없이 촉탁서에 결정서의 등본 또는 초본을 첨부하여 회생절차개시 · 간이회생절차개시의 등

기 또는 그 보전처분의 등기를 촉탁하여야 한다. 제2호 또는 제3호의 보전처분이 변경 또는 취소되거나 효력을 상실한 때에도 또한 같다.

1. 법인이 아닌 채무자에 대하여 회생절차개시 또는 간이회생절차개시의 결정이 있는 경우 그 채무자의 재산에 속하는 권리 중에 등기된 것이 있는 때
2. 처분대상인 채무자의 재산에 속하는 권리로서 등기된 것에 관하여 제43조 제1항의 규정에 의한 보전처분이 있는 때
3. 등기된 권리에 관하여 제114조 제1항 또는 제3항의 규정에 의한 보전처분이 있는 때

② 법원은 회생계획의 수행이나 이 법의 규정에 의하여 회생절차가 종료되기 전에 등기된 권리의 득실이나 변경이 생긴 경우에는 직권으로 지체 없이 그 등기를 촉탁하여야 한다. 다만, 채무자·채권자·담보권자·주주·지분권자와 신회사 외의 자를 권리자로 하는 등기의 경우에는 그러하지 아니하다.

③ 법원사무관 등은 법인이 아닌 파산선고를 받은 채무자에 관한 등기가 있는 것을 안 때에는 직권으로 지체 없이 촉탁서에 파산결정서의 등본을 첨부하여 파산등기를 촉탁하여야 한다. 파산재단에 속하는 권리로서 등기된 것이 있음을 안 때에도 또한 같다.

④ 법원사무관 등은 파산관재인이 파산등기가 되어 있는 권리를 파산재단으로부터 포기하고 그 등기촉탁의 신청을 하는 경우에는 촉탁서에 권리포기허가서의 등본을 첨부하여 권리포기의 등기를 촉탁하여야 한다.

⑤ 제1항 및 제3항의 규정은 제23조 제1항 제1호 내지 제3호·제5호의 경우에 관하여 준용한다.

⑥ 법원사무관 등은 채무자의 재산에 속하는 권리로서 등기된 것에 대하여 개인회생절차에 의한 보전처분 및 그 취소 또는 변경이 있는 때에는 직권으로 지체 없이 촉탁서에 결정서의 등본 또는 초본을 첨부하여 그 처분의 등기를 촉탁하여야 한다.

⑦ 법원사무관 등은 제636조 제1항 제3호 또는 제4호의 규정에 의한 처분이 있는 경우 채무자의 재산에 속하는 권리로서 등기된 것이 있음을 안 때에는 직권으로 지체 없이 촉탁서에 결정서의 등본 또는 초본을 첨부하여 그 처분의 등기를 촉탁하여야 한다. 제635조 제1항의 규정에 의하여 외국도산절차의 승인결정 전에 제636조 제1항 제3호의 처분이 있는 경우에도 또한 같다.

제25조 【등기소의 직무 및 등록세 면제】 ① 등기소는 제23조 또는 제24조의 규정에 의한 등기의 촉탁을 받은 때에는 지체 없이 그 등기를 하여야 한다.

② 등기소는 회생계획인가의 등기를 하는 경우 채무자에 대하여 파산등기가 있는 때에는 직권으로 그 등기를 말소하여야 한다.

③ 등기소는 회생계획인가취소의 등기를 하는 경우 제2항의 규정에 의하여 말소한 등기가 있는 때에는 직권으로 그 등기를 회복하여야 한다.

④ 제1항 내지 제3항의 규정에 의한 등기에 관하여는 등록세를 부과하지 아니한다.

제26조 【부인의 등기】 ① 등기의 원인인 행위가 부인된 때에는 관리인, 파산관재인 또는 개인회생절차에서의 부인권자는 부인의 등기를 신청하여야 한다. 등기가 부인된 때에도 또한 같다.

② 제1항의 규정에 의한 등기에 관하여는 등록세를 부과하지 아니한다.

③ 제23조 제1항 제1호 내지 제3호 및 제5호의 규정은 제1항의 경우에 관하여 준용한다.

④ 법원은 관리인 또는 파산관재인이 제1항의 부인의 등기가 된 재산을 임

의매각한 경우에 그 임의매각을 원인으로 하는 등기가 된 때에는 이해관계인의 신청에 의하여 제1항의 부인의 등기, 부인된 행위를 원인으로 하는 등기, 부인된 등기 및 위 각 등기의 뒤에 되어 있는 등기로서 회생채권자 또는 파산채권자에게 대항할 수 없는 것의 말소를 촉탁하여야 한다.

제27조【등록된 권리에의 준용】 제24조 내지 제26조의 규정은 채무자의 재산, 파산재단 또는 개인회생재단에 속하는 권리로서 등록된 것에 관하여 준용한다.

제28조【사건기록의 열람 등】 ① 이해관계인은 법원에 사건기록(문서 그 밖의 물건을 포함한다)의 열람 · 복사, 재판서 · 조서의 정본 · 등본이나 초본의 교부 또는 사건에 관한 증명서의 교부를 청구할 수 있다.

② 제1항의 규정은 사건기록 중 녹음테이프 또는 비디오테이프(이에 준하는 방법에 의하여 일정한 사항을 기록한 물건을 포함한다. 이하 이 조에서 같다)에 관하여는 적용하지 아니한다. 다만, 이해관계인의 신청이 있는 때에는 법원은 그 복제를 허용할 수 있다.

③ 제1항 및 제2항의 규정에 불구하고 다음 각호의 자는 해당 각호의 각목에서 정하는 재판의 어느 하나가 있을 때까지는 제1항 및 제2항의 규정에 의한 신청을 할 수 없다. 다만, 그 자가 회생절차개시 또는 간이회생절차개시의 신청인인 때에는 그러하지 아니하다.

1. 채무자 외의 이해관계인
   가. 제43조 제1항의 규정에 의한 보전처분
   나. 제43조 제3항의 규정에 의한 보전관리명령
   다. 제44조 제1항의 규정에 의한 중지명령
   라. 제45조 제1항의 규정에 의한 포괄적 금지명령
   마. 회생절차개시 또는 간이회생절차개시의 신청에 대한 재판
2. 채무자
   가. 제1호 각목의 재판
   나. 회생절차개시 또는 간이회생절차개시의 신청에 관한 변론기일의 지정
   다. 채무자를 소환하는 심문기일의 지정

④ 법원은 채무자의 사업유지 또는 회생에 현저한 지장을 초래할 우려가 있거나 채무자의 재산에 현저한 손해를 줄 우려가 있는 때에는 제1항 및 제2항의 규정에 의한 열람 · 복사, 정본 · 등본이나 초본의 교부 또는 녹음테이프 또는 비디오테이프의 복제를 허가하지 아니할 수 있다.

⑤ 제4항의 규정에 의한 불허가결정에 대하여는 즉시항고를 할 수 있다.

제29조【채무자의 재산 등에 관한 조회】 ① 법원은 필요한 경우 관리인 · 파산관재인 그 밖의 이해관계인의 신청에 의하거나 직권으로 채무자의 재산 및 신용에 관한 전산망을 관리하는 공공기관 · 금융기관 · 단체 등에 채무자명의의 재산에 관하여 조회할 수 있다.

② 면책의 효력을 받을 이해관계인이 제1항의 규정에 의한 신청을 하는 때에는 조회할 공공기관 · 금융기관 또는 단체를 특정하여야 한다. 이 경우 법원은 조회에 드는 비용을 미리 납부하도록 명하여야 한다.

③ 제1항의 규정에 의한 조회에 관하여는 「민사집행법」 제74조(재산조회) 제3항 · 제4항 및 제75조(재산조회의 결과 등) 제1항의 규정을 준용한다.

④ 제1항 내지 제3항의 규정에 따라 조회를 할 공공기관 · 금융기관 또는 단체 등의 범위 및 조회절차, 이해관계인이 납부하여야 할 비용, 조회결과의 관리에 관한 사항 등은 대법원규칙으로 정한다.

제30조【관리인 등의 보수 등】 ① 다음 각호의 자는 비용을 미리 받거나 보수 또는 특별보상금을 받을 수 있다. 이 경우 보수 및 특별보상금의 액은 법원이 정한다.

1. 관리인 · 관리인대리 · 보전관리인 · 파산관재인 · 파산관재인대리
2. 조사위원 · 간이조사위원 · 회생위원 · 고문
3. 그 직무를 수행하는 관리위원

② 제1항의 규정에 의한 보수 및 특별보상금은 그 직무와 책임에 상응한 것이어야 한다.

③ 제1항의 규정에 의한 결정에 대하여는 즉시항고를 할 수 있다.

제31조【대리위원 등의 보상금 등】 ① 법원은 다음 각호의 자에 대하여 적절한 범위 안에서 비용을 상환하거나 보상금을 지급할 것을 허가할 수 있다. 이 경우 비용 또는 보상금의 액은 법원이 정한다.

1. 회생절차에서 회생에 공적이 있는 채권자 · 담보권자 · 주주 · 지분권자나 그 대리위원 또는 대리인
2. 파산절차에서 파산재단의 관리 또는 환가에 공적이 있는 자

② 제1항의 규정에 의한 결정에 대하여는 즉시항고를 할 수 있다.

제32조【시효의 중단】 다음 각호의 경우에는 시효중단의 효력이 있다.

1. 제147조의 목록의 제출 그 밖의 회생절차참가. 다만, 그 목록에 기재되어 있지 아니한 회생채권자 또는 회생담보권자가 그 신고를 취하하거나 그 신고가 각하된 때에는 그러하지 아니하다.
2. 파산절차참가. 다만, 파산채권자가 그 신고를 취하하거나 그 신고가 각하된 때에는 그러하지 아니하다.
3. 제589조 제2항의 개인회생채권자목록의 제출 그 밖의 개인회생절차참가. 다만, 그 목록에 기재되어 있지 아니한 개인회생채권자가 그 조사확정재판신청을 취하하거나 그 신청이 각하된 때에는 그러하지 아니하다.

제32조의2【차별적 취급의 금지】 누구든지 이 법에 따른 회생절차 · 파산절차 또는 개인회생절차 중에 있다는 이유로 정당한 사유 없이 취업의 제한 또는 해고 등 불이익한 처우를 받지 아니한다.

제33조【「민사소송법」 및 「민사집행법」의 준용】 회생절차 · 파산절차 · 개인회생절차 및 국제도산절차에 관하여 이 법에 규정이 없는 때에는 「민사소송법」 및 「민사집행법」을 준용한다.

제2편 회생절차

제1장 회생절차의 개시

제1절 회생절차개시의 신청

제34조【회생절차개시의 신청】 ① 다음 각호의 어느 하나에 해당하는 경우 채무자는 법원에 회생절차개시의 신청을 할 수 있다.

1. 사업의 계속에 현저한 지장을 초래하지 아니하고는 변제기에 있는 채무를 변제할 수 없는 경우
2. 채무자에게 파산의 원인인 사실이 생길 염려가 있는 경우

② 제1항 제2호의 경우에는 다음 각호의 구분에 따라 당해 각호의 각목에서 정하는 자도 회생절차개시를 신청할 수 있다.

1. 채무자가 주식회사 또는 유한회사인 때
   가. 자본의 10분의 1 이상에 해당하

는 채권을 가진 채권자
나. 자본의 10분의 1 이상에 해당하는 주식 또는 출자지분을 가진 주주・지분권자
2. 채무자가 주식회사 또는 유한회사가 아닌 때
가. 5천만원 이상의 금액에 해당하는 채권을 가진 채권자
나. 합명회사・합자회사 그 밖의 법인 또는 이에 준하는 자에 대하여는 출자총액의 10분의 1 이상의 출자지분을 가진 지분권자

③ 법원은 제2항의 규정에 의하여 채권자・주주・지분권자가 회생절차개시의 신청을 한 때에는 채무자에게 경영 및 재산상태에 관한 자료를 제출할 것을 명할 수 있다.

제35조 【파산신청의무와 회생절차개시의 신청】 ① 채무자의 청산인은 다른 법률에 의하여 채무자에 대한 파산을 신청하여야 하는 때에도 회생절차개시의 신청을 할 수 있다.

② 청산 중이거나 파산선고를 받은 회사인 채무자가 회생절차개시의 신청을 하는 때에는 「상법」 제229조(회사의 계속) 제1항, 제285조(해산, 계속) 제2항, 제519조(회사의 계속) 또는 제610조(회사의 계속)의 규정을 준용한다.

제36조 【신청서】 회생절차개시의 신청은 다음 각호의 사항을 기재한 서면으로 하여야 한다.

1. 신청인 및 그 법정대리인의 성명 및 주소
2. 채무자가 개인인 경우에는 채무자의 성명・주민등록번호(주민등록번호가 없는 사람의 경우에는 외국인등록번호 또는 국내거소번호를 말한다. 이하 같다) 및 주소
3. 채무자가 개인이 아닌 경우에는 채무자의 상호, 주된 사무소 또는 영업소(외국에 주된 사무소 또는 영업소가 있는 때에는 대한민국에 있는 주된 사무소 또는 영업소를 말한다)의 소재지, 채무자의 대표자(외국에 주된 사무소 또는 영업소가 있는 때에는 대한민국에서의 대표자를 말한다. 이하 같다)의 성명
4. 신청의 취지
5. 회생절차개시의 원인
6. 채무자의 사업목적과 업무의 상황
7. 채무자의 발행주식 또는 출자지분의 총수, 자본의 액과 자산, 부채 그 밖의 재산상태
8. 채무자의 재산에 관한 다른 절차 또는 처분으로서 신청인이 알고 있는 것
9. 회생계획에 관하여 신청인에게 의견이 있는 때에는 그 의견
10. 채권자가 회생절차개시를 신청하는 때에는 그가 가진 채권의 액과 원인
11. 주주・지분권자가 회생절차개시를 신청하는 때에는 그가 가진 주식 또는 출자지분의 수 또는 액

제37조 【서류의 비치】 회생절차개시의 신청에 관한 서류는 이해관계인의 열람을 위하여 법원에 비치하여야 한다.

제38조 【소명】 ① 회생절차개시의 신청을 하는 자는 회생절차개시의 원인인 사실을 소명하여야 한다. 이 경우 채무자에 대하여 제628조 제1호의 규정에 의한 외국도산절차가 진행되고 있는 때에는 그 채무자에게 파산의 원인인 사실이 있는 것으로 추정한다.

② 채권자・주주・지분권자가 회생절차개시의 신청을 하는 때에는 그가 가진 채권의 액 또는 주식이나 출자지분의 수 또는 액도 소명하여야 한다.

제39조 【비용의 예납 등】 ① 회생절차개시의 신청을 하는 때에는 신청인은 회생절차의 비용을 미리 납부하여야 한다.

② 제1항의 규정에 의한 비용은 사건

의 대소 등을 고려하여 법원이 정한다. 이 경우 채무자 외의 자가 신청을 하는 때에는 회생절차개시 후의 비용에 관하여 채무자의 재산에서 지급할 수 있는 금액도 고려하여야 한다.

③ 채무자 외의 자가 회생절차개시를 신청하여 회생절차개시결정이 있는 때에는 신청인은 채무자의 재산으로부터 제1항의 규정에 의하여 납부한 비용을 상환받을 수 있다.

④ 제3항의 규정에 의한 신청인의 비용상환청구권은 공익채권으로 한다.

제39조의2【회생절차의 진행에 관한 법원의 감독 등】 ① 법원은 채권자 일반의 이익과 채무자의 회생 가능성을 해하지 아니하는 범위에서 회생절차를 신속 · 공정하고 효율적으로 진행하여야 한다.

② 법원은 필요하다고 인정하는 경우 이해관계인의 신청이나 직권으로 다음 각 호의 조치를 취할 수 있다.

1. 회생절차의 진행에 관한 이해관계인과의 협의
2. 회생절차의 진행에 관한 일정표의 작성 · 운용
3. 채무자, 관리인 또는 보전관리인에게 다음 각 목의 사항에 관한 보고 또는 자료 제출의 요청
   가. 채무자의 업무 및 재산의 관리 상황
   나. 회생절차의 진행 상황
   다. 그 밖에 채무자의 회생에 필요한 사항
4. 관계인집회의 병합
5. 제98조의2에 따른 관계인설명회의 개최 명령
6. 그 밖에 채무자의 회생에 필요한 조치

제40조【감독행정청에의 통지 등】 ① 주식회사인 채무자에 대하여 회생절차개시의 신청이 있는 때에는 법원은 다음 각 호의 자에게 그 뜻을 통지하여야 한다.

1. 채무자의 업무를 감독하는 행정청
2. 금융위원회
3. 채무자의 주된 사무소 또는 영업소(외국에 주된 사무소 또는 영업소가 있는 때에는 대한민국에 있는 주된 사무소 또는 영업소를 말한다)의 소재지를 관할하는 세무서장

② 법원은 필요하다고 인정하는 때에는 다음 각호의 어느 하나에 해당하는 자에 대하여 회생절차에 관한 의견의 진술을 요구할 수 있다.

1. 채무자의 업무를 감독하는 행정청
2. 금융위원회
3. 「국세징수법」 또는 「지방세기본법」에 의하여 징수할 수 있는 청구권(국세징수의 예, 국세 또는 지방세 체납처분의 예에 의하여 징수할 수 있는 청구권으로서 그 징수우선순위가 일반 회생채권보다 우선하는 것을 포함한다)에 관하여 징수의 권한을 가진 자

③ 제2항 각호의 어느 하나에 해당하는 자는 법원에 대하여 회생절차에 관하여 의견을 진술할 수 있다.

제41조【심문】 ① 회생절차개시의 신청이 있는 때에는 법원은 채무자 또는 그 대표자를 심문하여야 한다.

② 제1항의 규정에 불구하고 다음 각 호의 사유가 있는 때에는 심문을 하지 아니할 수 있다.

1. 채무자 또는 그 대표자가 외국에 거주하여 채무자에 대한 심문이 절차를 현저히 지체시킬 우려가 있는 때
2. 채무자 또는 그 대표자의 소재를 알 수 없는 때

제42조【회생절차개시신청의 기각사유】 다음 각호의 어느 하나에 해당하는 경우 법원은 회생절차개시의 신청을 기각하여야 한다. 이 경우 관리위원회의 의견을 들어야 한다.

1. 회생절차의 비용을 미리 납부하지 아니한 경우

2. 회생절차개시신청이 성실하지 아니한 경우
3. 그 밖에 회생절차에 의함이 채권자 일반의 이익에 적합하지 아니한 경우

제43조【가압류·가처분 그 밖의 보전처분】 ① 법원은 회생절차개시의 신청이 있는 때에는 이해관계인의 신청에 의하거나 직권으로 회생절차개시신청에 대한 결정이 있을 때까지 채무자의 업무 및 재산에 관하여 가압류·가처분 그 밖에 필요한 보전처분을 명할 수 있다. 이 경우 법원은 관리위원회의 의견을 들어야 한다.

② 이해관계인이 제1항의 규정에 의한 보전처분을 신청한 때에는 법원은 신청일부터 7일 이내에 보전처분 여부를 결정하여야 한다.

③ 법원은 제1항의 규정에 의한 보전처분 외에 필요하다고 인정하는 때에는 관리위원회의 의견을 들어 보전관리인에 의한 관리를 명할 수 있다. 이 경우 법원은 1인 또는 여럿의 보전관리인을 선임하여야 한다.

④ 법원은 관리위원회의 의견을 들어 제1항의 규정에 의한 보전처분 또는 제3항의 규정에 의한 보전관리명령을 변경하거나 취소할 수 있다.

⑤ 제1항·제3항 및 제4항의 규정에 의한 재판 및 그 신청을 기각하는 재판은 결정으로 한다.

⑥ 제5항의 규정에 의한 결정에 대하여는 즉시항고를 할 수 있다.

⑦ 제6항의 즉시항고는 집행정지의 효력이 없다.

⑧ 법원은 제3항의 규정에 의한 보전관리명령을 하거나 이를 변경 또는 취소한 때에는 이를 공고하여야 한다.

제44조【다른 절차의 중지명령 등】 ① 법원은 회생절차개시의 신청이 있는 경우 필요하다고 인정하는 때에는 이해관계인의 신청에 의하거나 직권으로 회생절차개시의 신청에 대한 결정이 있을 때까지 다음 각호의 어느 하나에 해당하는 절차의 중지를 명할 수 있다. 다만, 제2호의 규정에 의한 절차의 경우 그 절차의 신청인인 회생채권자 또는 회생담보권자에게 부당한 손해를 끼칠 염려가 있는 때에는 그러하지 아니하다.

1. 채무자에 대한 파산절차
2. 회생채권 또는 회생담보권에 기한 강제집행, 가압류, 가처분 또는 담보권실행을 위한 경매절차(이하 "회생채권 또는 회생담보권에 기한 강제집행 등"이라 한다)로서 채무자의 재산에 대하여 이미 행하여지고 있는 것
3. 채무자의 재산에 관한 소송절차
4. 채무자의 재산에 관하여 행정청에 계속되어 있는 절차
5. 「국세징수법」 또는 「지방세기본법」에 의한 체납처분, 국세징수의 예(국세 또는 지방세 체납처분의 예를 포함한다. 이하 같다)에 의한 체납처분 또는 조세채무담보를 위하여 제공된 물건의 처분. 이 경우 징수의 권한을 가진 자의 의견을 들어야 한다.

② 제1항 제5호의 규정에 의한 처분의 중지기간 중에는 시효는 진행하지 아니한다.

③ 법원은 제1항의 규정에 의한 중지명령을 변경하거나 취소할 수 있다.

④ 법원은 채무자의 회생을 위하여 특히 필요하다고 인정하는 때에는 채무자(보전관리인이 선임되어 있는 때에는 보전관리인을 말한다)의 신청에 의하거나 직권으로 중지된 회생채권 또는 회생담보권에 기한 강제집행 등의 취소를 명할 수 있다. 이 경우 법원은 담보를 제공하게 할 수 있다.

제45조【회생채권 또는 회생담보권에 기한 강제집행 등의 포괄적 금지명령】 ① 법원은 회생절차개시의 신청이 있는

경우 제44조 제1항의 규정에 의한 중지명령에 의하여는 회생절차의 목적을 충분히 달성하지 못할 우려가 있다고 인정할 만한 특별한 사정이 있는 때에는 이해관계인의 신청에 의하거나 직권으로 회생절차개시의 신청에 대한 결정이 있을 때까지 모든 회생채권자 및 회생담보권자에 대하여 회생채권 또는 회생담보권에 기한 강제집행 등의 금지를 명할 수 있다.

② 제1항의 규정에 의한 금지명령(이하 "포괄적 금지명령"이라 한다)을 할 수 있는 경우는 채무자의 주요한 재산에 관하여 다음 각호의 처분 또는 명령이 이미 행하여졌거나 포괄적 금지명령과 동시에 다음 각호의 처분 또는 명령을 행하는 경우에 한한다.

1. 제43조 제1항의 규정에 의한 보전처분
2. 제43조 제3항의 규정에 의한 보전관리명령

③ 포괄적 금지명령이 있는 때에는 채무자의 재산에 대하여 이미 행하여진 회생채권 또는 회생담보권에 기한 강제집행 등은 중지된다.

④ 법원은 포괄적 금지명령을 변경하거나 취소할 수 있다.

⑤ 법원은 채무자의 사업의 계속을 위하여 특히 필요하다고 인정하는 때에는 채무자(보전관리인이 선임되어 있는 때에는 보전관리인을 말한다)의 신청에 의하여 제3항의 규정에 의하여 중지된 회생채권 또는 회생담보권에 기한 강제집행 등의 취소를 명할 수 있다. 이 경우 법원은 담보를 제공하게 할 수 있다.

⑥ 포괄적 금지명령, 제4항의 규정에 의한 결정 및 제5항의 규정에 의한 취소명령에 대하여는 즉시항고를 할 수 있다.

⑦ 제6항의 즉시항고는 집행정지의 효력이 없다.

⑧ 포괄적 금지명령이 있는 때에는 그 명령이 효력을 상실한 날의 다음 날부터 2월이 경과하는 날까지 회생채권 및 회생담보권에 대한 시효는 완성되지 아니한다.

제46조【포괄적 금지명령에 관한 공고 및 송달 등】 ① 포괄적 금지명령이나 이를 변경 또는 취소하는 결정이 있는 때에는 법원은 이를 공고하고 그 결정서를 채무자(보전관리인이 선임되어 있는 때에는 보전관리인을 말한다) 및 신청인에게 송달하여야 하며, 그 결정의 주문을 기재한 서면을 법원이 알고 있는 회생채권자 · 회생담보권자 및 채무자(보전관리인이 선임되어 있는 때에 한한다)에게 송달하여야 한다.

② 포괄적 금지명령 및 이를 변경 또는 취소하는 결정은 채무자(보전관리인이 선임되어 있는 때에는 보전관리인을 말한다)에게 결정서가 송달된 때부터 효력을 발생한다.

③ 제45조 제5항의 규정에 의한 취소명령과 같은 조 제6항의 즉시항고에 대한 재판(포괄적 금지명령을 변경 또는 취소하는 결정을 제외한다)이 있는 때에는 법원은 그 결정서를 당사자에게 송달하여야 한다. 이 경우 제10조 및 제11조의 규정은 적용하지 아니한다.

제47조【포괄적 금지명령의 적용 배제】 ① 법원은 포괄적 금지명령이 있는 경우 회생채권 또는 회생담보권에 기한 강제집행 등의 신청인인 회생채권자 또는 회생담보권자에게 부당한 손해를 끼칠 우려가 있다고 인정하는 때에는 그 회생채권자 또는 회생담보권자의 신청에 의하여 그 회생채권자 또는 회생담보권자에 대하여 결정으로 포괄적 금지명령의 적용을 배제할 수 있다. 이 경우 그 회생채권자 또는 회생담보권자는 채무자의 재산에 대하여 회생채권 또는 회생담보권에 기한 강제집행

등을 할 수 있으며, 포괄적 금지명령이 있기 전에 그 회생채권자 또는 회생담보권자가 행한 회생채권 또는 회생담보권에 기한 강제집행 등의 절차는 속행된다.

② 제1항의 규정에 의한 결정을 받은 자에 대하여 제45조 제8항의 규정을 적용하는 때에는 제45조 제8항 중 "그 명령이 효력을 상실한 날"은 "제47조 제1항의 규정에 의한 결정이 있은 날"로 한다.

③ 제1항의 규정에 의한 신청에 관한 재판에 대하여는 즉시항고를 할 수 있다.

④ 제3항의 즉시항고는 집행정지의 효력이 없다.

⑤ 제1항의 규정에 의한 신청에 대한 재판과 제3항의 즉시항고에 대한 재판이 있는 때에는 법원은 그 결정서를 당사자에게 송달하여야 한다. 이 경우 제10조의 규정은 적용하지 아니한다.

제48조【회생절차개시신청 등의 취하의 제한】 ① 회생절차개시의 신청을 한 자는 회생절차개시결정 전에 한하여 그 신청을 취하할 수 있다.

② 다음 각호의 결정이 있은 후에는 법원의 허가를 받지 아니하면 회생절차개시신청 및 보전처분신청을 취하할 수 없다.

1. 제43조 제1항의 규정에 의한 보전처분
2. 제43조 제3항의 규정에 의한 보전관리명령
3. 제44조 제1항의 규정에 의한 중지명령
4. 제45조 제1항의 규정에 의한 포괄적 금지명령

제2절 회생절차개시의 결정

제49조【회생절차개시의 결정】 ① 채무자가 회생절차개시를 신청한 때에는 법원은 회생절차개시의 신청일부터 1월 이내에 회생절차개시 여부를 결정하여야 한다.

② 회생절차개시결정서에는 결정의 연·월·일·시를 기재하여야 한다.

③ 회생절차개시결정은 그 결정시부터 효력이 생긴다.

제50조【회생절차개시결정과 동시에 정하여야 할 사항】 ① 법원은 회생절차개시결정과 동시에 관리위원회와 채권자협의회의 의견을 들어 1인 또는 여럿의 관리인을 선임하고 다음 각호의 사항을 정하여야 한다.

1. 관리인이 제147조 제1항에 규정된 목록을 작성하여 제출하여야 하는 기간. 이 경우 기간은 회생절차개시결정일부터 2주 이상 2월 이하이어야 한다.
2. 회생채권·회생담보권·주식 또는 출자지분의 신고기간(이하 이 편에서 "신고기간"이라 한다). 이 경우 신고기간은 제1호에 따라 정하여진 제출기간의 말일부터 1주 이상 1월 이하이어야 한다.
3. 목록에 기재되어 있거나 신고된 회생채권·회생담보권의 조사기간(이하 이 편에서 "조사기간"이라 한다). 이 경우 조사기간은 신고기간의 말일부터 1주 이상 1월 이하이어야 한다.
4. 회생계획안의 제출기간. 이 경우 제출기간은 조사기간의 말일부터 4개월 이하(채무자가 개인인 경우에는 조사기간의 말일부터 2개월 이하)여야 한다.

② 법원은 특별한 사정이 있는 때에는 제1항 제1호부터 제3호까지의 규정에 따른 기일을 늦추거나 기간을 늘일 수 있다.

③ 법원은 이해관계인의 신청에 의하거나 직권으로 제1항 제4호에 따른 제출기간을 2개월 이내에서 늘일 수 있

다. 다만, 채무자가 개인이거나 중소기업자인 경우에는 제출기간의 연장은 1개월을 넘지 못한다.

제51조【회생절차개시의 공고와 송달】 ① 법원은 회생절차개시의 결정을 한 때에는 지체 없이 다음 각호의 사항을 공고하여야 한다.

1. 회생절차개시결정의 주문
2. 관리인의 성명 또는 명칭
3. 제50조의 규정에 의하여 정하여진 기간 및 기일
4. 회생절차가 개시된 채무자의 재산을 소지하고 있거나 그에게 채무를 부담하는 자는 회생절차가 개시된 채무자에게 그 재산을 교부하여서는 아니 된다는 뜻이나 그 채무자에게 그 채무를 변제하여서는 아니 된다는 뜻과 회생절차가 개시된 채무자의 재산을 소지하고 있거나 그에게 채무를 부담하고 있다는 사실을 일정한 기간 안에 관리인에게 신고하여야 한다는 뜻의 명령
5. 제221조와 제223조 제1항에 규정된 내용의 취지

② 법원은 다음 각호의 자에게 제1항 각호의 사항을 기재한 서면을 송달하여야 한다.

1. 관리인
2. 채무자
3. 알고 있는 회생채권자 · 회생담보권자 · 주주 · 지분권자
4. 회생절차가 개시된 채무자의 재산을 소지하고 있거나 그에게 채무를 부담하는 자

③ 제1항 및 제2항의 규정은 제1항 제2호 내지 제4호의 사항에 변경이 생긴 경우에 관하여 준용한다. 다만, 조사기간의 변경은 공고하지 아니할 수 있다.

④ 고의 또는 과실로 제1항 제4호의 규정에 의한 신고를 게을리한 자는 이로 인하여 채무자의 재산에 생긴 손해를 배상하여야 한다.

제52조【회생절차개시의 통지】 주식회사인 채무자에 대하여 회생절차개시의 결정을 한 때에는 법원은 제51조 제1항 각호의 사항을 채무자의 업무를 감독하는 행정청, 법무부장관과 금융위원회에 통지하여야 한다. 제51조 제1항 제2호 및 제3호의 사항에 변경이 생긴 경우도 또한 같다.

제53조【회생절차개시신청에 관한 재판에 대한 즉시항고】 ① 회생절차개시의 신청에 관한 재판에 대하여는 즉시항고를 할 수 있다.

② 제43조 내지 제47조의 규정은 회생절차개시신청을 기각하는 결정에 대하여 제1항의 즉시항고가 있는 경우에 관하여 준용한다.

③ 제1항의 규정에 의한 즉시항고는 집행정지의 효력이 없다.

④ 항고법원은 즉시항고의 절차가 법률에 위반되거나 즉시항고가 이유없다고 인정하는 때에는 결정으로 즉시항고를 각하 또는 기각하여야 한다.

⑤ 항고법원은 즉시항고가 이유있다고 인정하는 때에는 원심법원의 결정을 취소하고 사건을 원심법원에 환송하여야 한다.

제54조【회생절차개시결정의 취소】 ① 법원은 회생절차개시결정을 취소하는 결정이 확정된 때에는 즉시 그 주문을 공고하여야 한다.

② 제51조 제2항 및 제52조의 규정은 제1항의 경우에 관하여 준용한다.

③ 관리인은 회생절차개시결정을 취소하는 결정이 확정된 때에는 공익채권을 변제하여야 하며, 이의있는 공익채권의 경우에는 그 채권자를 위하여 공탁하여야 한다.

제55조【회생절차개시 후의 자본감소 등】 ① 회생절차개시 이후부터 그 회생절차가 종료될 때까지는 채무자는 회생절차에 의하지 아니하고는 다음 각호의 행위를 할 수 없다.

1. 자본 또는 출자액의 감소
2. 지분권자의 가입, 신주 또는 사채의 발행
3. 자본 또는 출자액의 증가
4. 주식의 포괄적 교환 또는 주식의 포괄적 이전
5. 합병 · 분할 · 분할합병 또는 조직변경
6. 해산 또는 회사의 계속
7. 이익 또는 이자의 배당

② 회생절차개시 이후부터 그 회생절차가 종료될 때까지 회생절차에 의하지 아니하고 법인인 채무자의 정관을 변경하고자 하는 때에는 법원의 허가를 받아야 한다.

제56조【회생절차개시 후의 업무와 재산의 관리】 ① 회생절차개시결정이 있는 때에는 채무자의 업무의 수행과 재산의 관리 및 처분을 하는 권한은 관리인에게 전속한다.

② 개인인 채무자 또는 개인이 아닌 채무자의 이사는 제1항에 규정에 의한 관리인의 권한을 침해하거나 부당하게 그 행사에 관여할 수 없다.

제57조【정보 등의 제공】 관리인은 다음 각호의 어느 하나에 해당하는 행위를 하고자 하는 자에 대하여는 대법원규칙이 정하는 바에 따라 채무자의 영업 · 사업에 관한 정보 및 자료를 제공하여야 한다. 다만, 정당한 사유가 있는 때에는 관리인은 정보 및 자료의 제공을 거부할 수 있다.

1. 채무자의 영업, 사업, 중요한 재산의 전부나 일부의 양수
2. 채무자의 경영권을 인수할 목적으로 하는 주식 또는 출자지분의 양수
3. 채무자의 주식의 포괄적 교환, 주식의 포괄적 이전, 합병 또는 분할합병

제58조【다른 절차의 중지 등】 ① 회생절차개시결정이 있는 때에는 다음 각호의 행위를 할 수 없다.

1. 파산 또는 회생절차개시의 신청
2. 회생채권 또는 회생담보권에 기한 강제집행 등
3. 국세징수의 예에 의하여 징수할 수 있는 청구권으로서 그 징수우선순위가 일반 회생채권보다 우선하지 아니한 것에 기한 체납처분

② 회생절차개시결정이 있는 때에는 다음 각호의 절차는 중지된다.

1. 파산절차
2. 채무자의 재산에 대하여 이미 행한 회생채권 또는 회생담보권에 기한 강제집행 등
3. 국세징수의 예에 의하여 징수할 수 있는 청구권으로서 그 징수우선순위가 일반 회생채권보다 우선하지 아니한 것에 기한 체납처분

③ 회생절차개시결정이 있는 때에는 다음 각호의 기간 중 말일이 먼저 도래하는 기간 동안 회생채권 또는 회생담보권에 기한 채무자의 재산에 대한 「국세징수법」 또는 「지방세기본법」에 의한 체납처분, 국세징수의 예에 의하여 징수할 수 있는 청구권으로서 그 징수우선순위가 일반 회생채권보다 우선하는 것에 기한 체납처분과 조세채무담보를 위하여 제공된 물건의 처분은 할 수 없으며, 이미 행한 처분은 중지된다. 이 경우 법원은 필요하다고 인정하는 때에는 관리인의 신청에 의하거나 직권으로 1년 이내의 범위에서 그 기간을 늘일 수 있다.

1. 회생절차개시결정이 있는 날부터 회생계획인가가 있는 날까지
2. 회생절차개시결정이 있는 날부터 회생절차가 종료되는 날까지
3. 회생절차개시결정이 있는 날부터 2년이 되는 날까지

④ 제3항의 규정에 의하여 처분을 할 수 없거나 처분이 중지된 기간 중에는 시효는 진행하지 아니한다.

⑤ 법원은 회생에 지장이 없다고 인정하는 때에는 관리인이나 제140조 제2

항의 청구권에 관하여 징수의 권한을 가진 자의 신청에 의하거나 직권으로 제2항의 규정에 의하여 중지한 절차 또는 처분의 속행을 명할 수 있으며, 회생을 위하여 필요하다고 인정하는 때에는 관리인의 신청에 의하거나 직권으로 담보를 제공하게 하거나 제공하게 하지 아니하고 제2항의 규정에 의하여 중지한 절차 또는 처분의 취소를 명할 수 있다. 다만, 파산절차에 관하여는 그러하지 아니하다.

⑥ 제5항의 규정에 의하여 속행된 절차 또는 처분에 관한 채무자에 대한 비용청구권은 공익채권으로 한다.

제59조【소송절차의 중단 등】 ① 회생절차개시결정이 있는 때에는 채무자의 재산에 관한 소송절차는 중단된다.

② 제1항의 규정에 의하여 중단한 소송절차 중 회생채권 또는 회생담보권과 관계없는 것은 관리인 또는 상대방이 이를 수계할 수 있다. 이 경우 채무자에 대한 소송비용청구권은 공익채권으로 한다.

③ 제2항의 규정에 의한 수계가 있기 전에 회생절차가 종료한 때에는 채무자는 당연히 소송절차를 수계한다.

④ 제2항의 규정에 의한 수계가 있은 후에 회생절차가 종료한 때에는 소송절차는 중단된다. 이 경우 채무자는 소송절차를 수계하여야 한다.

⑤ 제4항의 경우에는 상대방도 소송절차를 수계할 수 있다.

⑥ 제1항 내지 제5항의 규정은 채무자의 재산에 관한 사건으로서 회생절차개시 당시 행정청에 계속되어 있는 것에 관하여 준용한다.

제60조【이송】 ① 회생법원(회생사건이 계속되어 있는 지방법원을 말한다. 이하 같다)은 회생절차개시 당시 채무자의 재산에 관한 소송이 다른 법원에 계속되어 있는 때에는 결정으로써 그 이송을 청구할 수 있다. 회생절차개시 후 다른 법원에 계속되어 있게 된 것에 관하여도 또한 같다.

② 제1항의 결정이 있는 때에는 이송의 청구를 받은 법원은 소송을 회생법원에 이송하여야 한다.

③ 제2항의 규정에 의한 이송은 소송절차의 중단 또는 중지 중에도 할 수 있다.

④ 제1항 내지 제3항의 규정은 상소심법원에 계속되어 있는 소송에 관하여는 적용하지 아니한다.

제61조【법원의 허가를 받아야 하는 행위】 ① 법원은 필요하다고 인정하는 때에는 관리인이 다음 각호의 어느 하나에 해당하는 행위를 하고자 하는 때에 법원의 허가를 받도록 할 수 있다.

1. 재산의 처분
2. 재산의 양수
3. 자금의 차입 등 차재
4. 제119조의 규정에 의한 계약의 해제 또는 해지
5. 소의 제기
6. 화해 또는 중재계약
7. 권리의 포기
8. 공익채권 또는 환취권의 승인
9. 그 밖에 법원이 지정하는 행위

② 관리인은 법원의 허가를 받지 아니하고는 다음 각호의 행위를 하지 못한다.

1. 채무자의 영업 또는 재산을 양수하는 행위
2. 채무자에 대하여 자기의 영업 또는 재산을 양도하는 행위
3. 그 밖에 자기 또는 제3자를 위하여 채무자와 거래하는 행위

③ 법원의 허가를 받지 아니하고 한 제1항 각호 또는 제2항 각호의 행위는 무효로 한다. 다만, 선의의 제3자에게 대항하지 못한다.

제62조【영업 등의 양도】 ① 회생절차개시 이후 회생계획인가 전이라도 관리인은 채무자의 회생을 위하여 필요한

경우 법원의 허가를 받아 채무자의 영업 또는 사업의 전부 또는 중요한 일부를 양도할 수 있다.

② 제1항의 규정에 의한 허가를 하는 때에는 법원은 다음 각호의 자의 의견을 들어야 한다.

1. 관리위원회
2. 채권자협의회
3. 채무자의 근로자의 과반수로 조직된 노동조합
4. 제3호의 노동조합이 없는 때에는 채무자의 근로자의 과반수를 대표하는 자

③ 제1항의 규정에 의한 허가를 하는 경우 법원은 양도대가의 사용방법을 정하여야 한다.

④ 제1항의 허가를 하는 경우 주식회사인 채무자의 부채총액이 자산총액을 초과하는 때에는 법원은 관리인의 신청에 의하여 결정으로 「상법」 제374조(영업양도 · 양수 · 임대 등) 제1항의 규정에 의한 주주총회의 결의에 갈음하게 할 수 있다. 이 경우 「상법」 제374조(영업양도 · 양수 · 임대 등) 제2항 및 제374조의2(반대주주의 주식매수청구권)와 「자본시장과 금융투자업에 관한 법률」 제165조의5(주식매수청구권의 특례)의 규정은 적용하지 아니한다.

⑤ 제61조 제3항의 규정은 제1항의 규정에 의한 허가를 받지 아니하고 행한 행위에 관하여 준용한다.

제63조 【주식회사의 영업 등의 양도에 대한 허가결정의 송달 등】 ① 법원은 제62조 제4항의 규정에 의한 결정을 한 때에는 그 결정서를 관리인에게 송달하고 그 결정의 요지를 기재한 서면을 주주에게 송달하여야 한다.

② 제62조 제4항의 규정에 의한 결정은 그 결정서가 관리인에게 송달된 때에 효력이 발생한다.

③ 제62조 제4항의 규정에 의한 결정에 대하여 주주는 즉시항고를 할 수 있다.

제64조 【회생절차개시 후의 채무자의 행위】 ① 채무자가 회생절차개시 이후 채무자의 재산에 관하여 법률행위를 한 때에는 회생절차와의 관계에 있어서는 그 효력을 주장하지 못한다.

② 제1항의 규정을 적용하는 경우 채무자가 회생절차개시가 있은 날에 행한 법률행위는 회생절차개시 이후에 한 것으로 추정한다.

제65조 【회생절차개시 후의 권리취득】 ① 회생절차개시 이후 회생채권 또는 회생담보권에 관하여 채무자의 재산에 대한 권리를 채무자의 행위에 의하지 아니하고 취득한 때에도 회생절차와의 관계에 있어서는 그 효력을 주장하지 못한다.

② 제64조 제2항의 규정은 제1항의 규정에 의한 취득에 관하여 준용한다.

제66조 【회생절차개시 후의 등기와 등록】 ① 부동산 또는 선박에 관하여 회생절차개시 전에 생긴 등기원인으로 회생절차개시 후에 한 등기 및 가등기는 회생절차와의 관계에 있어서는 그 효력을 주장하지 못한다. 다만, 등기권리자가 회생절차개시의 사실을 알지 못하고 한 본등기는 그러하지 아니하다.

② 제1항의 규정은 권리의 설정 · 이전 또는 변경에 관한 등록 또는 가등록에 관하여 준용한다.

제67조 【회생절차개시 후의 채무자에 대한 변제】 ① 회생절차개시 이후 그 사실을 알지 못하고 한 채무자에 대한 변제는 회생절차와의 관계에 있어서도 그 효력을 주장할 수 있다.

② 회생절차개시 이후 그 사실을 알고 한 채무자에 대한 변제는 채무자의 재산이 받은 이익의 한도에서만 회생절차와의 관계에 있어서 그 효력을 주장할 수 있다.

제68조 【선의 또는 악의의 추정】 제66조 및 제67조의 규정을 적용함에 있어서

회생절차개시의 공고 전에는 그 사실을 알지 못한 것으로 추정하고, 공고 후에는 그 사실을 안 것으로 추정한다.

제69조【공유관계】 ① 채무자가 타인과 공동으로 재산권을 가진 경우 채무자와 그 타인 사이에 그 재산권을 분할하지 아니한다는 약정이 있더라도 회생절차가 개시된 때에는 관리인은 분할의 청구를 할 수 있다.

② 제1항의 경우 다른 공유자는 상당한 대가를 지급하고 채무자의 지분을 취득할 수 있다.

제70조【환취권】 회생절차개시는 채무자에게 속하지 아니하는 재산을 채무자로부터 환취하는 권리에 영향을 미치지 아니한다.

제71조【운송 중인 매도물의 환취】 ① 매도인이 매매의 목적인 물건을 매수인에게 발송하였으나 매수인이 그 대금의 전액을 변제하지 아니하고, 도달지에서 그 물건을 수령하지 아니한 상태에서 매수인에 관하여 회생절차가 개시된 때에는 매도인은 그 물건을 환취할 수 있다. 이 경우 관리인은 법원의 허가를 받아 대금 전액을 지급하고 그 물건의 인도를 청구할 수 있다.

② 제1항의 규정은 제119조의 적용을 배제하지 아니한다.

제72조【위탁매매인의 환취권】 제71조 제1항의 규정은 물건매수의 위탁을 받은 위탁매매인이 그 물건을 위탁자에게 발송한 경우에 관하여 준용한다.

제73조【대체적 환취권】 ① 채무자가 회생절차개시 전에 환취권의 목적인 재산을 양도한 때에는 환취권자는 반대급부의 이행청구권의 이전을 청구할 수 있다. 관리인이 환취권의 목적인 재산을 양도한 때에도 또한 같다.

② 제1항의 경우 관리인이 반대급부의 이행을 받은 때에는 환취권자는 관리인이 반대급부로 받은 재산의 반환을 청구할 수 있다.

제2장 회생절차의 기관

제1절 관리인

제74조【관리인의 선임】 ① 법원은 관리위원회와 채권자협의회의 의견을 들어 관리인의 직무를 수행함에 적합한 자를 관리인으로 선임하여야 한다.

② 법원은 다음 각호에 해당하는 때를 제외하고 개인인 채무자나 개인이 아닌 채무자의 대표자를 관리인으로 선임하여야 한다.

1. 채무자의 재정적 파탄의 원인이 다음 각목의 어느 하나에 해당하는 자가 행한 재산의 유용 또는 은닉이나 그에게 중대한 책임이 있는 부실경영에 기인하는 때
   가. 개인인 채무자
   나. 개인이 아닌 채무자의 이사
   다. 채무자의 지배인
2. 채권자협의회의 요청이 있는 경우로서 상당한 이유가 있는 때
3. 그 밖에 채무자의 회생에 필요한 때

③ 제1항의 규정에 불구하고 채무자가 개인, 중소기업, 그 밖에 대법원규칙이 정하는 자인 경우에는 관리인을 선임하지 아니할 수 있다. 다만, 회생절차의 진행 중에 제2항 각호의 사유가 있다고 인정되는 경우에는 관리인을 선임할 수 있다.

④ 관리인이 선임되지 아니한 경우에는 채무자(개인이 아닌 경우에는 그 대표자를 말한다)는 이 편의 규정에 의한 관리인으로 본다.

⑤ 관리인을 선임하는 경우 법원은 급박한 사정이 있는 때를 제외하고는 채무자나 채무자의 대표자를 심문하여야 한다.

⑥ 법인은 관리인이 될 수 있다. 이 경우 그 법인은 이사 중에서 관리인의 직무를 행할 자를 지명하고 법원에 신고하여야 한다.

제75조【여럿인 관리인의 직무집행】 ① 관리인이 여럿인 때에는 공동으로 그 직무를 행한다. 이 경우 법원의 허가를 받아 직무를 분장할 수 있다.
② 관리인이 여럿인 때에는 제3자의 의사표시는 그 1인에 대하여 하면 된다.

제76조【관리인대리】 ① 관리인은 필요한 때에는 그 직무를 행하게 하기 위하여 자기의 책임으로 1인 또는 여럿의 관리인대리를 선임할 수 있다.
② 제1항의 규정에 의한 관리인대리의 선임은 법원의 허가를 받아야 한다.
③ 법원은 제2항의 규정에 의한 허가를 한 때에는 이를 공고하여야 한다. 관리인대리의 선임에 관한 허가를 변경하거나 취소한 때에도 또한 같다.
④ 채무자가 법인인 경우 제2항의 규정에 의한 허가가 있는 때에는 법원사무관 등은 직권으로 지체 없이 촉탁서에 결정서의 등본을 첨부하여 관리인대리의 선임에 관한 등기를 촉탁하여야 한다. 관리인대리의 선임에 관한 허가가 변경 또는 취소된 때에도 또한 같다.
⑤ 관리인대리는 관리인에 갈음하여 재판상 또는 재판 외의 모든 행위를 할 수 있다.

제77조【고문】 관리인은 필요한 때에는 법원의 허가를 받아 법률 또는 경영에 관한 전문가를 고문으로 선임할 수 있다.

제78조【당사자적격】 채무자의 재산에 관한 소송에서는 관리인이 당사자가 된다.

제79조【관리인의 검사 등】 ① 관리인은 다음 각호의 어느 하나에 해당하는 자에 대하여 채무자의 업무와 재산의 상태에 관하여 보고를 요구할 수 있으며, 채무자의 장부·서류·금전 그 밖의 물건을 검사할 수 있다.
1. 개인인 채무자나 그 법정대리인
2. 개인이 아닌 채무자의 이사·감사·청산인 및 이에 준하는 자
3. 채무자의 지배인 또는 피용자
② 관리인은 필요한 경우 법원의 허가를 받아 감정인을 선임하여 감정을 하게 할 수 있다.
③ 관리인이 제1항의 규정에 의한 검사를 하는 때에는 법원의 허가를 받아 집행관의 원조를 요구할 수 있다.

제80조【우편물의 관리 및 그 해제】 ① 법원은 체신관서·운송인 그 밖의 자에 대하여 채무자에게 보내오는 우편물·전보 그 밖의 운송물을 관리인에게 배달할 것을 촉탁할 수 있다.
② 관리인은 그가 받은 제1항의 규정에 의한 우편물·전보 그 밖의 운송물을 열어 볼 수 있다.
③ 채무자는 제2항의 규정에 의한 우편물·전보 그 밖의 운송물의 열람을 요구할 수 있으며, 채무자의 재산과 관련이 없는 것의 교부를 요구할 수 있다.
④ 법원은 채무자의 청구에 의하거나 직권으로 관리인의 의견을 들어 제1항의 규정에 의한 촉탁을 취소 또는 변경할 수 있다.
⑤ 회생절차가 종료한 때에는 법원은 제1항의 규정에 의한 촉탁을 취소하여야 한다.

제81조【관리인에 대한 감독】 ① 관리인은 법원의 감독을 받는다.
② 법원은 관리인에게 그 선임을 증명하는 서면을 교부하여야 한다.
③ 관리인은 그 직무를 수행하는 경우 이해관계인의 요구가 있는 때에는 제2항의 규정에 의한 서면을 제시하여야 한다.

제82조【관리인의 의무 등】 ① 관리인은 선량한 관리자의 주의로써 직무를 수행하여야 한다.
② 관리인은 제1항의 규정에 의한 주의를 게을리한 때에는 이해관계인에게

손해를 배상할 책임이 있다. 이 경우 주의를 게을리한 관리인이 여럿 있는 때에는 연대하여 손해를 배상할 책임이 있다.

제83조【관리인의 사임 및 해임】 ① 관리인은 정당한 사유가 있는 때에는 법원의 허가를 얻어 사임할 수 있다.

② 법원은 다음 각호의 어느 하나에 해당하는 사유가 있는 때에는 이해관계인의 신청에 의하거나 직권으로 관리인을 해임할 수 있다. 이 경우 법원은 그 관리인을 심문하여야 한다.

1. 관리인으로 선임된 후 그 관리인에게 제74조 제2항 제1호의 사유가 발견된 때
2. 관리인이 제82조 제1항의 규정에 의한 의무를 위반한 때
3. 관리인이 경영능력이 부족한 때
4. 그 밖에 상당한 이유가 있는 때

③ 제2항의 규정에 의한 관리인의 해임결정에 대하여는 즉시항고를 할 수 있다.

④ 제3항의 즉시항고는 집행정지의 효력이 없다.

⑤ 법원은 제2항의 규정에 의하여 관리인을 해임한 후 새로운 관리인을 선임하는 때에는 제74조 제2항의 규정을 적용하지 아니한다.

제84조【임무종료의 경우의 보고의무 등】 ① 관리인의 임무가 종료된 때에는 관리인 또는 그 승계인은 지체 없이 법원에 계산에 관한 보고를 하여야 한다.

② 관리인의 임무가 종료된 경우 급박한 사정이 있는 때에는 관리인 또는 그 승계인은 후임의 관리인 또는 채무자가 재산을 관리할 수 있게 될 때까지 필요한 처분을 하여야 한다.

제2절 보전관리인

제85조【보전관리인의 권한】 제43조 제3항의 규정에 의한 보전관리명령이 있는 때에는 회생절차개시결정 전까지 채무자의 업무수행, 재산의 관리 및 처분을 하는 권한은 보전관리인에게 전속한다.

제86조【관리인에 관한 규정 등의 준용】 ① 제61조, 제74조, 제75조, 제78조 내지 제84조 및 제89조의 규정은 보전관리인에 관하여 준용한다.

② 제59조 제1항 및 제2항의 규정은 보전관리명령이 있는 경우에, 제59조 제3항 내지 제5항의 규정은 보전관리명령이 효력을 상실한 경우에 관하여 각각 준용한다.

③ 제59조 제1항 내지 제5항의 규정은 채무자의 재산에 관한 사건으로서 보전관리명령 당시 행정청에 계속되어 있는 것에 관하여 준용한다. 이 경우 제59조 제3항 및 제4항 중 "회생절차가 종료한 때"는 "보전관리명령이 효력을 상실한 때"로 본다.

제3절 조사위원

제87조【조사위원】 ① 법원은 필요하다고 인정하는 때에는 관리위원회의 의견을 들어 1인 또는 여럿의 조사위원을 선임할 수 있다.

② 조사위원은 조사에 필요한 학식과 경험이 있는 자로서 그 회생절차에 이해관계가 없는 자 중에서 선임하여야 한다.

③ 법원은 조사위원을 선임한 때에는 기간을 정하여 조사위원에게 제90조 내지 제92조에 규정된 사항을 조사하게 하고, 회생절차를 진행함이 적정한지의 여부에 관한 의견을 제출하게 할 수 있다.

④ 법원은 필요하다고 인정하는 때에는 조사위원에게 제3항의 규정에 의한 사항 외의 사항을 조사하여 보고하게 할 수 있다.

⑤ 법원은 상당한 이유가 있는 때에는

이해관계인의 신청에 의하여 또는 직권으로 조사위원을 해임할 수 있다. 이 경우 법원은 그 조사위원을 심문하여야 한다.

제88조【관리인에 관한 규정의 준용】 제79조 및 제81조 내지 제83조 제1항의 규정은 조사위원에 관하여 준용한다.

제3장 채무자재산의 조사 및 확보

제1절 채무자의 재산상황의 조사

제89조【채무자의 업무와 재산의 관리】 관리인은 취임 후 즉시 채무자의 업무와 재산의 관리에 착수하여야 한다.

제90조【재산가액의 평가】 관리인은 취임 후 지체 없이 채무자에게 속하는 모든 재산의 회생절차개시 당시의 가액을 평가하여야 한다. 이 경우 지체될 우려가 있는 때를 제외하고는 채무자가 참여하도록 하여야 한다.

제91조【재산목록과 대차대조표의 작성】 관리인은 취임 후 지체 없이 회생절차개시 당시 채무자의 재산목록 및 대차대조표를 작성하여 법원에 제출하여야 한다.

제92조【관리인의 조사보고】 ① 관리인은 지체 없이 다음 각호의 사항을 조사하여 법원이 정한 기한까지 법원과 관리위원회에 보고하여야 한다.

1. 채무자가 회생절차의 개시에 이르게 된 사정
2. 채무자의 업무 및 재산에 관한 사항
3. 제114조 제1항의 규정에 의한 보전처분 또는 제115조 제1항의 규정에 의한 조사확정재판을 필요로 하는 사정의 유무
4. 그 밖에 채무자의 회생에 관하여 필요한 사항

② 제1항에 따라 법원이 정하는 기한은 회생절차개시결정일부터 4개월을 넘지 못한다. 다만, 법원은 특별한 사정이 있는 경우에는 그 기한을 늦출 수 있다.

제93조【그 밖의 보고 등】 관리인은 제90조 내지 제92조의 규정에 의한 것 외에 법원이 정하는 바에 따라 채무자의 업무와 재산의 관리상태 그 밖에 법원이 명하는 사항을 법원에 보고하고, 회생계획인가의 시일 및 법원이 정하는 시기의 채무자의 재산목록 및 대차대조표를 작성하여 그 등본을 법원에 제출하여야 한다.

제94조【영업용 고정재산의 평가】 ① 관리인이 채무자의 재산목록 및 대차대조표를 작성하는 때에는 일반적으로 공정 · 타당하다고 인정되는 회계관행에 따라야 한다.

② 삭제

제95조【서류의 비치】 제87조 · 제91조 내지 제93조의 규정에 의하여 법원에 제출된 서류는 이해관계인이 열람할 수 있도록 법원에 비치하여야 한다.

제96조【영업의 휴지】 채무자의 영업을 계속하는 것이 부적당하다고 인정할 만한 특별한 사정이 있는 경우에는 관리인은 법원의 허가를 얻어 그 영업을 휴지시킬 수 있다.

제97조【재산의 보관방법 등】 법원은 금전 그 밖의 재산의 보관방법과 금전의 수입과 지출에 관하여 필요한 사항을 정할 수 있다.

제98조【관리인 보고를 위한 관계인집회】 ① 법원은 필요하다고 인정하는 경우 관리인으로 하여금 제92조 제1항 각 호에 규정된 사항에 관하여 보고하게 하기 위한 관계인집회를 소집할 수 있다. 이 경우 관리인은 제92조 제1항 각 호에 규정된 사항의 요지를 관계인집회에 보고하여야 한다.

② 법원은 제1항의 관계인집회를 소집하게 할 필요성이 인정되지 아니하는 경우에는 관리인에 대하여 다음 각 호

중 하나 이상의 조치를 취할 것을 명하여야 한다. 이 경우 관리인은 해당 조치를 취한 후 지체 없이 그 결과를 법원에 보고하여야 한다.

1. 회생계획 심리를 위한 관계인집회의 개최 또는 제240조 제1항에 따른 서면결의에 부치는 결정 전에 법원이 인정하는 방법으로 제92조 제1항 각 호에 규정된 사항의 요지를 제182조 제1항 각 호의 자에게 통지할 것
2. 제98조의2 제2항에 따른 관계인설명회의 개최
3. 그 밖에 법원이 필요하다고 인정하는 적절한 조치

③ 관리인은 제2항 각 호에 따른 조치를 취하는 경우에는 제182조 제1항 각 호의 자에게 제92조 제1항 각 호에 규정된 사항에 관한 의견을 법원에 서면으로 제출할 수 있다는 뜻을 통지하여야 한다.

제98조의2【관계인설명회】 ① 채무자(보전관리인이 선임되어 있는 경우에는 보전관리인을 포함한다. 이하 이 조에서 같다)는 회생절차의 개시 전에 회생채권자 · 회생담보권자 · 주주에게 다음 각 호의 사항에 관하여 설명하기 위하여 관계인설명회를 개최할 수 있다.

1. 채무자의 업무 및 재산에 관한 현황
2. 회생절차의 진행 현황
3. 그 밖에 채무자의 회생에 필요한 사항

② 관리인은 회생절차의 개시 후에 제182조 제1항 각 호의 자에게 제92조 제1항 각 호에 규정된 사항에 관하여 설명하기 위하여 관계인설명회를 개최할 수 있다.

③ 채무자 또는 관리인은 제1항 또는 제2항의 관계인설명회를 개최한 경우에는 그 결과의 요지를 지체 없이 법원에 보고하여야 한다.

제99조【법원의 의견청취】 법원은 제98조 제1항에 따른 관리인 보고를 위한 관계인집회에서 다음 각호의 자로부터 관리인 및 조사위원 · 간이조사위원의 선임, 채무자의 업무 및 재산의 관리, 회생절차를 계속 진행함이 적정한지의 여부 등에 관한 의견을 들어야 한다.

1. 관리인 · 조사위원 · 간이조사위원
2. 채무자
3. 제147조 제1항의 규정에 의한 목록에 기재되어 있거나 신고한 회생채권자 · 회생담보권자 · 주주 · 지분권자

제2절 부인권

제100조【부인할 수 있는 행위】 ① 관리인은 회생절차개시 이후 채무자의 재산을 위하여 다음 각호의 행위를 부인할 수 있다.

1. 채무자가 회생채권자 또는 회생담보권자를 해하는 것을 알고 한 행위. 다만, 이로 인하여 이익을 받은 자가 그 행위 당시 회생채권자 또는 회생담보권자를 해하는 사실을 알지 못한 경우에는 그러하지 아니하다.
2. 채무자가 지급의 정지, 회생절차개시의 신청 또는 파산의 신청(이하 이 조 내지 제103조에서 "지급의 정지 등"이라 한다)이 있은 후에 한 회생채권자 또는 회생담보권자를 해하는 행위와 담보의 제공 또는 채무의 소멸에 관한 행위. 다만, 이로 인하여 이익을 받은 자가 그 행위 당시 지급의 정지 등이 있는 것 또는 회생채권자나 회생담보권자를 해하는 사실을 알고 있은 때에 한한다.
3. 채무자가 지급의 정지 등이 있은 후 또는 그 전 60일 이내에 한 담보의 제공 또는 채무의 소멸에 관한 행위로서 채무자의 의무에 속하지 아니하거나 그 방법이나 시기가 채무자

의 의무에 속하지 아니한 것. 다만, 채권자가 그 행위 당시 채무자가 다른 회생채권자 또는 회생담보권자와의 평등을 해하게 되는 것을 알지 못한 경우(그 행위가 지급의 정지 등이 있은 후에 행한 것인 때에는 지급의 정지 등이 있은 것도 알지 못한 경우에 한한다)에는 그러하지 아니하다.

4. 채무자가 지급의 정지 등이 있은 후 또는 그 전 6월 이내에 한 무상행위 및 이와 동일시할 수 있는 유상행위

② 제1항의 규정은 채무자가 제140조 제1항 및 제2항의 청구권에 관하여 그 징수의 권한을 가진 자에 대하여 한 담보의 제공 또는 채무의 소멸에 관한 행위에 관하여는 적용하지 아니한다.

제101조【특수관계인을 상대방으로 한 행위에 대한 특칙】 ① 제100조 제1항 제2호 단서를 적용하는 경우 이익을 받은 자가 채무자와 대통령령이 정하는 범위의 특수관계에 있는 자(이하 이 조에서 "특수관계인"이라 한다)인 때에는 그 특수관계인이 그 행위 당시 지급의 정지 등이 있은 것과 회생채권자 또는 회생담보권자를 해하는 사실을 알고 있었던 것으로 추정한다.

② 제100조 제1항 제3호의 규정을 적용하는 경우 특수관계인을 상대방으로 하는 행위인 때에는 같은 호 본문에 규정된 "60일"을 "1년"으로 하고, 같은 호 단서를 적용하는 경우에는 그 특수관계인이 그 행위 당시 채무자가 다른 회생채권자 또는 회생담보권자와의 평등을 해하게 되는 것을 알았던 것으로 추정한다.

③ 제100조 제1항 제4호의 규정을 적용하는 경우 특수관계인을 상대방으로 하는 행위인 때에는 같은 호에 규정된 "6월"을 "1년"으로 한다.

제102조【어음채무지급의 예외】 ① 제100조 제1항의 규정은 채무자로부터 어음의 지급을 받은 자가 그 지급을 받지 아니하면 채무자의 1인 또는 여럿에 대한 어음상의 권리를 상실하게 된 경우에는 적용하지 아니한다.

② 제1항의 경우 최종의 상환의무자 또는 어음의 발행을 위탁한 자가 그 발행 당시 지급의 정지 등이 있는 것을 알았거나 과실로 인하여 알지 못한 때에는 관리인은 그로 하여금 채무자가 지급한 금액을 상환하게 할 수 있다.

제103조【권리변동의 성립요건 또는 대항요건의 부인】 ① 지급의 정지 등이 있은 후 권리의 설정·이전 또는 변경을 제3자에게 대항하기 위하여 필요한 행위를 한 경우 그 행위가 권리의 설정·이전 또는 변경이 있은 날부터 15일을 경과한 후에 지급의 정지 등이 있음을 알고 한 것인 때에는 이를 부인할 수 있다. 다만, 가등기 또는 가등록을 한 후 이에 의하여 본등기 또는 본등록을 한 때에는 그러하지 아니하다.

② 제1항의 규정은 권리취득의 효력을 발생하는 등기 또는 등록에 관하여 준용한다.

제104조【집행행위의 부인】 부인권은 부인하고자 하는 행위에 관하여 집행력 있는 집행권원이 있는 때 또는 그 행위가 집행행위에 의한 것인 때에도 행사할 수 있다.

제105조【부인권의 행사방법】 ① 부인권은 소, 부인의 청구 또는 항변의 방법으로 관리인이 행사한다.

② 법원은 회생채권자·회생담보권자·주주·지분권자의 신청에 의하거나 직권으로 관리인에게 부인권의 행사를 명할 수 있다.

③ 제1항의 규정에 의한 소와 부인의 청구사건은 회생법원의 관할에 전속한다.

제106조【부인의 청구】 ① 관리인은 부인의 청구를 하는 때에는 그 원인인 사실을 소명하여야 한다.

② 부인의 청구를 인용하거나 그것을 기각하는 재판은 이유를 붙인 결정으로 하여야 한다.
③ 법원은 제2항의 결정을 하는 때에는 상대방을 심문하여야 한다.
④ 법원은 부인의 청구를 인용하는 결정을 한 때에는 그 결정서를 당사자에게 송달하여야 한다.

제107조 【부인의 청구를 인용하는 결정에 대한 이의의 소】 ① 부인의 청구를 인용하는 결정에 불복이 있는 자는 그 송달을 받은 날부터 1월 이내에 이의의 소를 제기할 수 있다.
② 제1항의 규정에 의한 기간은 불변기간으로 한다.
③ 제1항의 규정에 의한 소는 회생법원의 관할에 전속한다.
④ 제1항의 규정에 의한 소에 대한 판결에서는 부인의 청구를 인용하는 결정을 인가·변경 또는 취소한다. 다만, 부적법한 것으로 각하하는 때에는 그러하지 아니하다.
⑤ 부인의 청구를 인용하는 결정의 전부 또는 일부를 인가하는 판결이 확정된 때에는 그 결정(그 판결에서 인가된 부분에 한한다)은 확정판결과 동일한 효력이 있다. 제1항의 소가 같은 항에서 규정한 기간 이내에 제기되지 아니한 때, 취하된 때 또는 각하된 경우의 부인의 청구를 인용하는 결정에 관하여도 또한 같다.

제108조 【부인권행사의 효과 등】 ① 부인권의 행사는 채무자의 재산을 원상으로 회복시킨다.
② 제100조 제1항 제4호의 규정에 의한 행위가 부인된 경우 상대방이 그 행위 당시 지급정지 등을 알지 못한 때에는 이익이 현존하는 한도 안에서 상환하면 된다.
③ 채무자의 행위가 부인된 경우 상대방은 다음 각호의 구분에 따라 권리를 행사할 수 있다.
1. 채무자가 받은 반대급부가 채무자의 재산 중에 현존하는 때에는 그 반대급부의 반환을 청구하는 권리
2. 채무자가 받은 반대급부에 의하여 생긴 이익의 전부가 채무자의 재산 중에 현존하는 때에는 공익채권자로서 현존이익의 반환을 청구하는 권리
3. 채무자가 받은 반대급부에 의하여 생긴 이익이 채무자의 재산 중에 현존하지 아니하는 때에는 회생채권자로서 반대급부의 가액상환을 청구하는 권리
4. 채무자가 받은 반대급부에 의하여 생긴 이익의 일부가 채무자의 재산 중에 현존하는 때에는 공익채권자로서 그 현존이익의 반환을 청구하는 권리와 회생채권자로서 반대급부와 현존이익과의 차액의 상환을 청구하는 권리

제109조 【상대방의 채권의 회복】 ① 채무자의 행위가 부인된 경우 상대방이 그가 받은 급부를 반환하거나 그 가액을 상환한 때에는 상대방의 채권은 원상으로 회복된다.
② 채무자의 행위가 회생계획안 심리를 위한 관계인집회가 끝난 후 또는 제240조의 규정에 의한 서면결의에 부치는 결정이 있은 후에 부인된 때에는 제152조 제3항의 규정에 불구하고 상대방은 부인된 날부터 1월 이내에 신고를 추후 보완할 수 있다.

제110조 【전득자에 대한 부인권】 ① 다음 각호의 어느 하나에 해당하는 경우에는 부인권은 전득자(轉得者)에 대하여도 행사할 수 있다.
1. 전득자가 전득 당시 각각 그 전자(前者)에 대하여 부인의 원인이 있음을 안 때
2. 전득자가 제101조의 규정에 의한 특수관계인인 때. 다만, 전득 당시 각각 그 전자(前者)에 대하여 부인의

원인이 있음을 알지 못한 때에는 그러하지 아니하다.
3. 전득자가 무상행위 또는 그와 동일시할 수 있는 유상행위로 인하여 전득한 경우 각각 그 전자(前者)에 대하여 부인의 원인이 있는 때

② 제108조 제2항의 규정은 제1항 제3호의 규정에 의하여 부인권이 행사된 경우에 관하여 준용한다.

제111조【지급정지를 안 것을 이유로 하는 부인의 제한】 회생절차개시의 신청이 있은 날부터 1년 전에 한 행위는 지급정지의 사실을 안 것을 이유로 하여 부인하지 못한다.

제112조【부인권행사의 기간】 부인권은 회생절차개시일부터 2년이 경과한 때에는 행사할 수 없다. 제100조 제1항 각호의 행위를 한 날부터 10년이 경과한 때에도 또한 같다.

제113조【채권자취소소송 등의 중단】 ① 「민법」 제406조 제1항이나 「신탁법」 제8조에 따라 회생채권자가 제기한 소송 또는 파산절차에 의한 부인의 소송이 회생절차개시 당시 계속되어 있는 때에는 소송절차는 중단된다.

② 제59조 제2항 내지 제5항의 규정은 제1항의 경우에 관하여 준용한다. 이 경우 제59조 제3항 및 제4항 중 "채무자"는 이를 "회생채권자 또는 파산관재인"으로 본다.

제113조의2【신탁행위의 부인에 관한 특칙】 ① 채무자가 「신탁법」에 따라 위탁자로서 한 신탁행위를 부인할 때에는 수탁자, 수익자 또는 그 전득자를 상대방으로 한다.

② 신탁행위가 제100조 제1항 제1호, 제2호 또는 제3호의 행위에 해당하여 수탁자를 상대방으로 하여 신탁행위를 부인할 때에는 같은 조 제1항 제1호 단서, 제2호 단서 또는 제3호 단서를 적용하지 아니한다.

③ 신탁행위가 제100조 제1항 제1호 또는 제2호의 행위에 해당하여 수익자를 상대방으로 하여 신탁행위를 부인하는 경우 같은 조 제1항 제1호 단서 또는 제2호 단서를 적용할 때에는 "이로 인하여 이익을 받은 자"를 부인의 상대방인 수익자로 본다.

④ 관리인은 수익자(수익권의 전득자가 있는 경우에는 그 전득자를 말한다) 전부에 대하여 부인의 원인이 있을 때에만 수탁자에게 신탁재산의 원상회복을 청구할 수 있다. 이 경우 부인의 원인이 있음을 알지 못한 수탁자에게는 현존하는 신탁재산의 범위에서 원상회복을 청구할 수 있다.

⑤ 관리인은 수익권 취득 당시 부인의 원인이 있음을 알고 있는 수익자(전득자가 있는 경우 전득자를 포함한다)에게 그가 취득한 수익권을 채무자의 재산으로 반환할 것을 청구할 수 있다.

⑥ 채무자가 위탁자로서 한 신탁행위가 부인되어 신탁재산이 원상회복된 경우 그 신탁과 관련하여 수탁자와 거래한 선의의 제3자는 그로 인하여 생긴 채권을 원상회복된 신탁재산의 한도에서 공익채권자로서 행사할 수 있다.

제3절 법인의 이사 등의 책임

제114조【법인의 이사 등의 재산에 대한 보전처분】 ① 법원은 법인인 채무자에 대하여 회생절차개시결정이 있는 경우 필요하다고 인정하는 때에는 관리인의 신청에 의하거나 직권으로 채무자의 발기인 · 이사(「상법」 제401조의2 제1항의 규정에 의하여 이사로 보는 자를 포함한다) · 감사 · 검사인 또는 청산인(이하 이 조 내지 제116조에서 "이사 등"이라 한다)에 대한 출자이행청구권 또는 이사 등의 책임에 기한 손해배상청구권을 보전하기 위하여 이사 등의 재산에 대한 보전처분을 할 수 있다.

② 관리인은 제1항의 규정에 의한 청

구권이 있음을 알게 된 때에는 법원에 제1항의 규정에 의한 보전처분을 신청하여야 한다.
③ 법원은 긴급한 필요가 있다고 인정하는 때에는 회생절차개시결정 전이라도 채무자(보전관리인이 선임되어 있는 때에는 보전관리인을 말한다)의 신청에 의하거나 직권으로 제1항의 규정에 의한 보전처분을 할 수 있다.
④ 법원은 관리위원회의 의견을 들어 제1항 또는 제3항의 규정에 의한 보전처분을 변경 또는 취소할 수 있다.
⑤ 제1항 또는 제3항의 규정에 의한 보전처분이나 제4항의 규정에 의한 결정에 대하여는 즉시항고를 할 수 있다.
⑥ 제5항의 즉시항고는 집행정지의 효력이 없다.
⑦ 제1항 또는 제3항의 규정에 의한 보전처분이나 제4항의 규정에 의한 결정과 이에 대한 즉시항고에 대한 재판이 있는 때에는 그 결정서를 당사자에게 송달하여야 한다.

第115條【손해배상청구권 등의 조사확정 재판】 ① 법원은 법인인 채무자에 대하여 회생절차개시결정이 있는 경우 필요하다고 인정하는 때에는 관리인의 신청에 의하거나 직권으로 이사 등에 대한 출자이행청구권이나 이사 등의 책임에 기한 손해배상청구권의 존부와 그 내용을 조사확정하는 재판을 할 수 있다.
② 관리인은 제1항의 규정에 의한 청구권이 있음을 알게 된 때에는 법원에 제1항의 규정에 의한 재판을 신청하여야 한다.
③ 관리인은 제1항의 규정에 의한 신청을 하는 때에는 그 원인되는 사실을 소명하여야 한다.
④ 법원은 직권으로 조사확정절차를 개시하는 때에는 그 취지의 결정을 하여야 한다.
⑤ 제1항의 규정에 의한 신청이 있거나 제4항의 규정에 의한 조사확정절차 개시결정이 있은 때에는 시효의 중단에 관하여는 재판상의 청구가 있은 것으로 본다.
⑥ 제1항의 규정에 의한 조사확정의 재판과 조사확정의 신청을 기각하는 재판은 이유를 붙인 결정으로 하여야 한다.
⑦ 법원은 제6항의 규정에 의한 결정을 하는 때에는 미리 이해관계인을 심문하여야 한다.
⑧ 조사확정절차(조사확정결정이 있은 후의 것을 제외한다)는 회생절차가 종료한 때에는 종료한다.
⑨ 조사확정결정이 있은 때에는 그 결정서를 당사자에게 송달하여야 한다.

第116條【이의의 소】 ① 제115조 제1항의 규정에 의한 조사확정의 재판에 불복이 있는 자는 결정을 송달받은 날부터 1월 이내에 이의의 소를 제기할 수 있다.
② 제1항의 규정에 의한 기간은 불변기간으로 한다.
③ 제1항의 소는 이를 제기하는 자가 이사 등인 때에는 관리인을, 관리인인 때에는 이사 등을 각각 피고로 하여야 한다.
④ 제1항의 소는 회생법원의 관할에 전속하며, 변론은 결정을 송달받은 날부터 1월을 경과한 후가 아니면 개시할 수 없다.
⑤ 여러 개의 소가 동시에 계속되어 있는 때에는 법원은 변론을 병합하여야 한다.
⑥ 제1항의 규정에 의한 소에 대한 판결에서는 같은 항의 결정을 인가·변경 또는 취소한다. 다만, 부적법한 것으로 각하하는 때에는 그러하지 아니하다.
⑦ 조사확정의 결정을 인가하거나 변경한 판결은 강제집행에 관하여는 이행을 명한 확정판결과 동일한 효력이

있다.

제117조【조사확정재판의 효력】 제116조 제1항의 규정에 의한 소가 같은 항의 기간 안에 제기되지 아니하거나 취하된 때 또는 각하된 때에는 조사확정의 재판은 이행을 명한 확정판결과 동일한 효력이 있다.

제4장 회생채권자 · 회생담보권자 · 주주 · 지분권자

제1절 회생채권자 · 회생담보권자 · 주주 · 지분권자의 권리

제118조【회생채권】 다음 각호의 청구권은 회생채권으로 한다.

1. 채무자에 대하여 회생절차개시 전의 원인으로 생긴 재산상의 청구권
2. 회생절차개시 후의 이자
3. 회생절차개시 후의 불이행으로 인한 손해배상금 및 위약금
4. 회생절차참가의 비용

제119조【쌍방미이행 쌍무계약에 관한 선택】 ① 쌍무계약에 관하여 채무자와 그 상대방이 모두 회생절차개시 당시에 아직 그 이행을 완료하지 아니한 때에는 관리인은 계약을 해제 또는 해지하거나 채무자의 채무를 이행하고 상대방의 채무이행을 청구할 수 있다. 다만, 관리인은 회생계획안 심리를 위한 관계인집회가 끝난 후 또는 제240조의 규정에 의한 서면결의에 부치는 결정이 있은 후에는 계약을 해제 또는 해지할 수 없다.

② 제1항의 경우 상대방은 관리인에 대하여 계약의 해제나 해지 또는 그 이행의 여부를 확답할 것을 최고할 수 있다. 이 경우 관리인이 그 최고를 받은 후 30일 이내에 확답을 하지 아니하는 때에는 관리인은 제1항의 규정에 의한 해제권 또는 해지권을 포기한 것으로 본다.

③ 법원은 관리인 또는 상대방의 신청에 의하거나 직권으로 제2항의 규정에 의한 기간을 늘이거나 줄일 수 있다.

④ 제1항 내지 제3항의 규정은 단체협약에 관하여는 적용하지 아니한다.

⑤ 제1항에 따라 관리인이 국가를 상대방으로 하는 「방위사업법」 제3조에 따른 방위력개선사업 관련 계약을 해제 또는 해지하고자 하는 경우 방위사업청장과 협의하여야 한다.

제120조【지급결제제도 등에 대한 특칙】 ① 지급결제의 완결성을 위하여 한국은행총재가 금융위원회와 협의하여 지정한 지급결제제도(이 항에서 "지급결제제도"라고 한다)의 참가자에 대하여 회생절차가 개시된 경우, 그 참가자에 관련된 이체지시 또는 지급 및 이와 관련된 이행, 정산, 차감, 증거금 등 담보의 제공 · 처분 · 충당 그 밖의 결제에 관하여는 이 법의 규정에 불구하고 그 지급결제제도를 운영하는 자가 정한 바에 따라 효력이 발생하며 해제, 해지, 취소 및 부인의 대상이 되지 아니한다. 지급결제제도의 지정에 관하여 필요한 구체적인 사항은 대통령령으로 정한다.

② 「자본시장과 금융투자업에 관한 법률」, 그 밖의 법령에 따라 증권 · 파생금융거래의 청산결제업무를 수행하는 자 그 밖에 대통령령에서 정하는 자가 운영하는 청산결제제도의 참가자에 대하여 회생절차가 개시된 경우 그 참가자와 관련된 채무의 인수, 정산, 차감, 증거금 그 밖의 담보의 제공 · 처분 · 충당 그 밖의 청산결제에 관하여는 이 법의 규정에 불구하고 그 청산결제제도를 운영하는 자가 정한 바에 따라 효력이 발생하며 해제, 해지, 취소 및 부인의 대상이 되지 아니한다.

③ 일정한 금융거래에 관한 기본적 사항을 정한 하나의 계약(이 항에서 "기

본계약"이라 한다)에 근거하여 다음 각호의 거래(이 항에서 "적격금융거래"라고 한다)를 행하는 당사자 일방에 대하여 회생절차가 개시된 경우 적격금융거래의 종료 및 정산에 관하여는 이 법의 규정에 불구하고 기본계약에서 당사자가 정한 바에 따라 효력이 발생하고 해제, 해지, 취소 및 부인의 대상이 되지 아니하며, 제4호의 거래는 중지명령 및 포괄적 금지명령의 대상이 되지 아니한다. 다만, 채무자가 상대방과 공모하여 회생채권자 또는 회생담보권자를 해할 목적으로 적격금융거래를 행한 경우에는 그러하지 아니하다.

1. 통화, 유가증권, 출자지분, 일반상품, 신용위험, 에너지, 날씨, 운임, 주파수, 환경 등의 가격 또는 이자율이나 이를 기초로 하는 지수 및 그 밖의 지표를 대상으로 하는 선도, 옵션, 스왑 등 파생금융거래로서 대통령령이 정하는 거래
2. 현물환거래, 유가증권의 환매거래, 유가증권의 대차거래 및 담보콜거래
3. 제1호 내지 제2호의 거래가 혼합된 거래
4. 제1호 내지 제3호의 거래에 수반되는 담보의 제공 · 처분 · 충당

제121조【쌍방미이행 쌍무계약의 해제 또는 해지】 ① 제119조의 규정에 의하여 계약이 해제 또는 해지된 때에는 상대방은 손해배상에 관하여 회생채권자로서 그 권리를 행사할 수 있다.

② 제1항의 규정에 의한 해제 또는 해지의 경우 채무자가 받은 반대급부가 채무자의 재산 중에 현존하는 때에는 상대방은 그 반환을 청구할 수 있으며, 현존하지 아니하는 때에는 상대방은 그 가액의 상환에 관하여 공익채권자로서 그 권리를 행사할 수 있다.

제122조【계속적 급부를 목적으로 하는 쌍무계약】 ① 채무자에 대하여 계속적 공급의무를 부담하는 쌍무계약의 상대방은 회생절차개시신청 전의 공급으로 발생한 회생채권 또는 회생담보권을 변제하지 아니함을 이유로 회생절차개시신청 후 그 의무의 이행을 거부할 수 없다.

② 제1항의 규정은 단체협약에 관하여는 적용하지 아니한다.

제123조【개시 후의 환어음의 인수 등】 ① 환어음의 발행인 또는 배서인인 채무자에 관하여 회생절차가 개시된 경우 지급인 또는 예비지급인이 그 사실을 알지 못하고 인수 또는 지급을 한 때에는 그 지급인 또는 예비지급인은 이로 인하여 생긴 채권에 관하여 회생채권자로서 그 권리를 행사할 수 있다.

② 제1항의 규정은 수표와 금전 그 밖의 물건 또는 유가증권의 지급을 목적으로 하는 유가증권에 관하여 준용한다.

③ 제68조의 규정은 제1항 및 제2항의 적용에 관하여 준용한다.

제124조【임대차계약 등】 ① 임대인인 채무자에 대하여 회생절차가 개시된 때에는 차임의 선급 또는 차임채권의 처분은 회생절차가 개시된 때의 당기(當期)와 차기(次期)에 관한 것을 제외하고는 회생절차의 관계에서는 그 효력을 주장할 수 없다.

② 제1항의 규정에 의하여 회생절차의 관계에서 그 효력을 주장하지 못함으로 인하여 손해를 받은 자는 회생채권자로서 손해배상청구권을 행사할 수 있다.

③ 제1항 및 제2항의 규정은 지상권에 관하여 준용한다.

④ 임대인인 채무자에 관하여 회생절차가 개시된 경우 임차인이 다음 각호의 어느 하나에 해당하는 때에는 제119조의 규정을 적용하지 아니한다.

1. 「주택임대차보호법」 제3조(대항력 등) 제1항의 대항요건을 갖춘 때

2. 「상가건물 임대차보호법」 제3조(대항력 등)의 대항요건을 갖춘 때

제125조【상호계산】 ① 상호계산은 당사자의 일방에 관하여 회생절차가 개시된 때에는 종료한다. 이 경우 각 당사자는 계산을 폐쇄하고 잔액의 지급을 청구할 수 있다.

② 채무자의 상대방이 갖게 된 제1항의 규정에 의한 청구권은 회생채권으로 한다.

제126조【채무자가 다른 자와 더불어 전부의 이행을 할 의무를 지는 경우】 ① 여럿이 각각 전부의 이행을 하여야 하는 의무를 지는 경우 그 전원 또는 일부에 관하여 회생절차가 개시된 때에는 채권자는 회생절차개시 당시 가진 채권의 전액에 관하여 각 회생절차에서 회생채권자로서 그 권리를 행사할 수 있다.

② 제1항의 경우에 다른 전부의 이행을 할 의무를 지는 자가 회생절차 개시 후에 채권자에 대하여 변제 그 밖에 채무를 소멸시키는 행위(이하 이 조에서 "변제 등"이라고 한다)를 한 때라도 그 채권의 전액이 소멸한 경우를 제외하고는 그 채권자는 회생절차의 개시시에 가지는 채권의 전액에 관하여 그 권리를 행사할 수 있다.

③ 제1항의 경우에 채무자에 대하여 장래에 행사할 가능성이 있는 구상권을 가진 자는 그 전액에 관하여 회생절차에 참가할 수 있다. 다만, 채권자가 회생절차개시시에 가지는 채권 전액에 관하여 회생절차에 참가한 때에는 그러하지 아니하다.

④ 제1항의 규정에 의하여 채권자가 회생절차에 참가한 경우 채무자에 대하여 장래에 행사할 가능성이 있는 구상권을 가지는 자가 회생절차 개시 후에 채권자에 대한 변제 등으로 그 채권의 전액이 소멸한 경우에는 그 구상권의 범위 안에서 채권자가 가진 권리를 행사할 수 있다.

⑤ 제2항 내지 제4항의 규정은 채무자의 채무를 위하여 담보를 제공한 제3자가 채권자에게 변제 등을 하거나 채무에 대하여 장래에 행사할 가능성이 있는 구상권을 가지는 경우에 준용한다.

제127조【채무자가 보증채무를 지는 경우】 보증인인 채무자에 관하여 회생절차가 개시된 때에는 채권자는 회생절차개시 당시 가진 채권의 전액에 관하여 회생채권자로서 권리를 행사할 수 있다.

제128조【법인의 채무에 대해 무한의 책임을 지는 자에 대하여 회생절차가 개시된 경우의 절차 참가】 법인의 채무에 대하여 무한의 책임을 지는 자에 관하여 회생절차 개시의 결정이 있는 경우에 해당 법인의 채권자는 회생절차개시시에 가진 채권의 전액에 관하여 회생절차에 참가할 수 있다.

제129조【법인의 채무에 대해 유한책임을 지는 자에 대하여 회생절차가 개시된 경우의 절차 참가 등】 ① 법인의 채무에 관하여 유한책임을 지는 사원에 대하여 회생절차개시의 결정이 있는 경우에 법인의 채권자는 회생절차에 참가할 수 없다.

② 법인에 대하여 회생절차개시의 결정이 있는 경우에 법인의 채권자는 법인의 채무에 관하여 유한의 책임을 지는 사원에 대하여 그 권리를 행사할 수 없다.

제130조【일부보증의 경우】 제126조 및 제127조의 규정은 여럿의 보증인이 각각 채무의 일부를 부담하는 경우 그 부담부분에 관하여 준용한다.

제131조【회생채권의 변제금지】 회생채권에 관하여는 회생절차가 개시된 후에는 이 법에 특별한 규정이 있는 경우를 제외하고는 회생계획에 규정된 바에 따르지 아니하고는 변제하거나 변

제받는 등 이를 소멸하게 하는 행위(면제를 제외한다)를 하지 못한다. 다만, 관리인이 법원의 허가를 받아 변제하는 경우와 제140조 제2항의 청구권에 해당하는 경우로서 다음 각호의 어느 하나에 해당하는 경우에는 그러하지 아니하다.

1. 그 체납처분이나 담보물권의 처분 또는 그 속행이 허용되는 경우
2. 체납처분에 의한 압류를 당한 채무자의 채권(압류의 효력이 미치는 채권을 포함한다)에 관하여 그 체납처분의 중지 중에 제3채무자가 징수의 권한을 가진 자에게 임의로 이행하는 경우

제132조【회생채권의 변제허가】 ① 채무자의 거래상대방인 중소기업자가 그가 가지는 소액채권을 변제받지 아니하면 사업의 계속에 현저한 지장을 초래할 우려가 있는 때에는 법원은 회생계획인가결정 전이라도 관리인·보전관리인 또는 채무자의 신청에 의하여 그 전부 또는 일부의 변제를 허가할 수 있다.

② 법원은 회생채권을 변제하지 아니하고는 채무자의 회생에 현저한 지장을 초래할 우려가 있다고 인정하는 때에는 회생계획인가결정 전이라도 관리인·보전관리인 또는 채무자의 신청에 의하여 그 전부 또는 일부의 변제를 허가할 수 있다.

③ 법원은 제1항 및 제2항의 규정에 의한 허가를 함에 있어서는 관리위원회 및 채권자협의회의 의견을 들어야 하며, 채무자와 채권자의 거래상황, 채무자의 자산상태, 이해관계인의 이해 등 모든 사정을 참작하여야 한다.

제133조【회생채권자의 권리】 ① 회생채권자는 그가 가진 회생채권으로 회생절차에 참가할 수 있다.

② 회생채권자는 제134조 내지 제138조에 규정된 채권에 관하여는 그 규정에 의하여 산정한 금액에 따라, 그 밖의 채권에 관하여는 그 채권액에 따라 의결권을 가진다.

제134조【이자없는 기한부채권】 기한이 회생절차개시 후에 도래하는 이자없는 채권은 회생절차가 개시될 때부터 기한에 이르기까지의 법정이율에 의한 이자와 원금의 합계가 기한 도래 당시의 채권액이 되도록 계산한 다음 그 채권액에서 그 이자를 공제한 금액으로 한다.

제135조【정기금채권】 제134조는 금액과 존속기간이 확정되어 있는 정기금채권에 준용한다.

제136조【이자없는 불확정기한채권 등】 기한이 불확정한 이자없는 채권은 회생절차가 개시된 때의 평가금액으로 한다. 정기금채권의 금액 또는 존속기간이 불확정한 때에도 또한 같다.

제137조【비금전채권 등】 채권의 목적이 금전이 아니거나 그 액이 불확정한 때와 외국의 통화로서 정하여진 때에는 회생절차가 개시된 때의 평가금액으로 한다.

제138조【조건부채권과 장래의 청구권】 ① 조건부채권은 회생절차가 개시된 때의 평가금액으로 한다.

② 제1항의 규정은 채무자에 대하여 행사할 수 있는 장래의 청구권에 관하여 준용한다.

제139조【우선권의 기간의 계산】 일정한 기간 안의 채권액에 관하여 우선권이 있는 때에는 그 기간은 회생절차가 개시된 때부터 소급하여 계산한다.

제140조【벌금·조세 등의 감면】 ① 회생절차개시 전의 벌금·과료·형사소송비용·추징금 및 과태료의 청구권에 관하여는 회생계획에서 감면 그 밖의 권리에 영향을 미치는 내용을 정하지 못한다.

② 회생계획에서 「국세징수법」 또는 「지방세기본법」에 의하여 징수할 수

있는 청구권(국세징수의 예에 의하여 징수할 수 있는 청구권으로서 그 징수 우선순위가 일반 회생채권보다 우선하는 것을 포함한다)에 관하여 3년 이하의 기간 동안 징수를 유예하거나 체납처분에 의한 재산의 환가를 유예하는 내용을 정하는 때에는 징수의 권한을 가진 자의 의견을 들어야 한다.

③ 회생계획에서 제2항의 규정에 의한 청구권에 관하여 3년을 초과하는 기간 동안 징수를 유예하거나 체납처분에 의한 재산의 환가를 유예하는 내용을 정하거나, 채무의 승계, 조세의 감면 또는 그 밖에 권리에 영향을 미치는 내용을 정하는 때에는 징수의 권한을 가진 자의 동의를 얻어야 한다.

④ 제2항의 규정에 의한 청구권에 관하여 징수의 권한을 가진 자는 제3항의 규정에 의한 동의를 할 수 있다.

⑤ 제2항 및 제3항의 규정에 의하여 징수를 유예하거나 체납처분에 의한 재산의 환가를 유예하는 기간 중에는 시효는 진행하지 아니한다.

제141조 【회생담보권자의 권리】 ① 회생채권이나 회생절차개시 전의 원인으로 생긴 채무자 외의 자에 대한 재산상의 청구권으로서 회생절차개시 당시 채무자의 재산상에 존재하는 유치권·질권·저당권·양도담보권·가등기담보권·「동산·채권 등의 담보에 관한 법률」에 따른 담보권·전세권 또는 우선특권으로 담보된 범위의 것은 회생담보권으로 한다. 다만, 이자 또는 채무불이행으로 인한 손해배상이나 위약금의 청구권에 관하여는 회생절차개시결정 전날까지 생긴것에 한한다.

② 제126조 내지 제131조 및 제139조의 규정은 회생담보권에 관하여 준용한다.

③ 회생담보권자는 그가 가진 회생담보권으로 회생절차에 참가할 수 있다.

④ 회생담보권자는 그 채권액 중 담보권의 목적의 가액(선순위의 담보권이 있는 때에는 그 담보권으로 담보된 채권액을 담보권의 목적의 가액으로부터 공제한 금액을 말한다. 이하 이 조에서 같다)을 초과하는 부분에 관하여는 회생채권자로서 회생절차에 참가할 수 있다.

⑤ 회생담보권자는 그 담보권의 목적의 가액에 비례하여 의결권을 가진다. 다만, 피담보채권액이 담보권의 목적의 가액보다 적은 때에는 그 피담보채권액에 비례하여 의결권을 가진다.

⑥ 제133조 제2항 및 제134조 내지 제138조의 규정은 회생담보권자의 의결권에 관하여 준용한다.

제142조 【대리위원】 ① 회생채권자·회생담보권자·주주·지분권자는 법원의 허가를 받아 공동으로 또는 각각 1인 또는 여럿의 대리위원을 선임할 수 있다.

② 대리위원의 권한은 서면으로 증명하여야 한다.

③ 대리위원은 그를 선임한 회생채권자·회생담보권자·주주·지분권자를 위하여 회생절차에 관한 모든 행위를 할 수 있다.

④ 대리위원이 여럿인 때에는 공동으로 그 권한을 행사한다. 그러나 제3자의 의사표시는 그중 1인에 대하여 하면 된다.

⑤ 법원은 대리위원의 권한의 행사가 현저하게 불공정하다고 인정하는 때에는 제1항의 규정에 의한 허가를 취소할 수 있다.

⑥ 회생채권자·회생담보권자·주주·지분권자는 대리위원을 해임한 때에는 지체 없이 그 사실을 법원에 신고하여야 한다.

제143조 【수탁회사】 ① 「담보부사채신탁법」의 규정에 의한 수탁회사는 사채권자집회의 결의에 의하여 총사채권자를 위하여 회생채권 또는 회생담보권

의 신고, 의결권의 행사 그 밖의 회생절차에 관한 모든 행위를 할 수 있다.
② 수탁회사가 총사채권자를 위하여 제1항의 규정에 의한 행위를 하는 때에는 각각의 사채권자를 표시하지 아니할 수 있다.

제144조【상계권】 ① 회생채권자 또는 회생담보권자가 회생절차개시 당시 채무자에 대하여 채무를 부담하는 경우 채권과 채무의 쌍방이 신고기간만료 전에 상계할 수 있게 된 때에는 회생채권자 또는 회생담보권자는 그 기간 안에 한하여 회생절차에 의하지 아니하고 상계할 수 있다. 채무가 기한부인 때에도 같다.
② 회생채권자 또는 회생담보권자의 회생절차개시 후의 차임채무에 관하여는 당기(當期)와 차기(次期)의 것에 한하여 제1항의 규정에 의하여 상계할 수 있다. 다만, 보증금이 있는 때에는 그 후의 차임채무에 관하여도 상계할 수 있다.
③ 제2항의 규정은 지료(地料)에 관하여 준용한다.

제145조【상계의 금지】 다음 각호의 어느 하나에 해당하는 때에는 상계하지 못한다.
1. 회생채권자 또는 회생담보권자가 회생절차개시 후에 채무자에 대하여 채무를 부담한 때
2. 회생채권자 또는 회생담보권자가 지급의 정지, 회생절차개시의 신청 또는 파산의 신청이 있음을 알고 채무자에 대하여 채무를 부담한 때. 다만, 다음 각목의 어느 하나에 해당하는 때를 제외한다.
   가. 그 부담이 법률에 정한 원인에 기한 때
   나. 회생채권자 또는 회생담보권자가 지급의 정지, 회생절차개시의 신청 또는 파산의 신청이 있은 것을 알기 전에 생긴 원인에 의한 때
   다. 회생절차개시시점 및 파산선고시점 중 가장 이른 시점보다 1년 이상 전에 생긴 원인에 의한 때
3. 회생절차가 개시된 채무자의 채무자가 회생절차개시 후에 타인의 회생채권 또는 회생담보권을 취득한 때
4. 회생절차가 개시된 채무자의 채무자가 지급의 정지, 회생절차개시의 신청 또는 파산의 신청이 있음을 알고 회생채권 또는 회생담보권을 취득한 때. 다만, 제2호 각목의 어느 하나에 해당하는 때를 제외한다.

제146조【주주 · 지분권자의 권리】 ① 주주 · 지분권자는 그가 가진 주식 또는 출자지분으로 회생절차에 참가할 수 있다.
② 주주 · 지분권자는 그가 가진 주식 또는 출자지분의 수 또는 액수에 비례하여 의결권을 가진다.
③ 회생절차의 개시 당시 채무자의 부채총액이 자산총액을 초과하는 때에는 주주 · 지분권자는 의결권을 가지지 아니한다. 다만, 제282조의 규정에 의한 회생계획의 변경계획안을 제출할 당시 채무자의 자산총액이 부채총액을 초과하는 때에는 그러하지 아니하다.
④ 제282조의 규정에 의한 회생계획의 변경계획안을 제출할 당시 채무자의 부채총액이 자산총액을 초과하는 때에는 주주 · 지분권자는 그 변경계획안에 대하여 의결권을 가지지 아니한다.

제2절
회생채권자 · 회생담보권자 · 주주 · 지분권자의 목록작성 및 신고

제147조【회생채권자 · 회생담보권자 · 주주 · 지분권자의 목록】 ① 관리인은 회생채권자의 목록, 회생담보권자의 목록과 주주 · 지분권자의 목록(이 편에서 "목록"이라 한다)을 작성하여 제50

조 제1항 제1호에 따른 기간 안에 제출하여야 한다.
② 목록에는 다음 각호의 사항을 기재하여야 한다.
1. 회생채권자의 목록
  가. 회생채권자의 성명과 주소
  나. 회생채권의 내용과 원인
  다. 의결권의 액수
  라. 일반의 우선권 있는 채권이 있는 때에는 그 뜻
2. 회생담보권자의 목록
  가. 회생담보권자의 성명 및 주소
  나. 회생담보권의 내용 및 원인, 담보권의 목적 및 그 가액, 회생절차가 개시된 채무자 외의 자가 채무자인 때에는 그 성명 및 주소
  다. 의결권의 액수
3. 주주 · 지분권자의 목록
  가. 주주 · 지분권자의 성명 및 주소
  나. 주식 또는 출자지분의 종류 및 수
③ 법원은 신고기간 동안 이해관계인이 목록을 열람할 수 있도록 하여야 한다.
④ 관리인은 신고기간의 말일까지 대법원규칙이 정하는 바에 따라 법원의 허가를 받아 목록에 기재된 사항을 변경 또는 정정할 수 있다.

제148조【회생채권의 신고】 ① 회생절차에 참가하고자 하는 회생채권자는 신고기간 안에 다음 각호의 사항을 법원에 신고하고 증거서류 또는 그 등본이나 초본을 제출하여야 한다.
1. 성명 및 주소
2. 회생채권의 내용 및 원인
3. 의결권의 액수
4. 일반의 우선권 있는 채권인 때에는 그 뜻
② 회생채권 중에서 일반의 우선권 있는 부분은 따로 신고하여야 한다.
③ 회생채권에 관하여 회생절차개시 당시 소송이 계속되는 때에는 회생채권자는 제1항 및 제2항에 규정된 사항 외에 법원 · 당사자 · 사건명 및 사건번호를 신고하여야 한다.

제149조【회생담보권의 신고】 ① 회생절차에 참가하고자 하는 회생담보권자는 신고기간 안에 다음 각호의 사항을 법원에 신고하고 증거서류 또는 그 등본이나 초본을 제출하여야 한다.
1. 성명 및 주소
2. 회생담보권의 내용 및 원인
3. 회생담보권의 목적 및 그 가액
4. 의결권의 액수
5. 회생절차가 개시된 채무자 외의 자가 채무자인 때에는 그 성명 및 주소
② 제148조 제3항의 규정은 제1항의 경우에 관하여 준용한다.

제150조【주식 또는 출자지분의 신고】 ① 회생절차에 참가하고자 하는 주주 · 지분권자는 신고기간 안에 다음 각호의 사항을 법원에 신고하고 주권 또는 출자지분증서 그 밖의 증거서류 또는 그 등본이나 초본을 제출하여야 한다.
1. 성명 및 주소
2. 주식 또는 출자지분의 종류 및 수 또는 액수
② 법원은 기간을 정하여 주주명부를 폐쇄할 수 있다. 이 경우 그 기간은 2월을 넘지 못한다.
③ 제148조 제3항의 규정은 제1항의 경우에 관하여 준용한다.

제151조【신고의 의제】 목록에 기재된 회생채권 · 회생담보권 · 주식 또는 출자지분은 제148조 내지 제150조의 규정에 의하여 신고된 것으로 본다.

제152조【신고의 추후 보완】 ① 회생채권자 또는 회생담보권자는 그 책임을 질 수 없는 사유로 인하여 신고기간 안에 신고를 하지 못한 때에는 그 사유가 끝난 후 1월 이내에 그 신고를 보완할 수 있다.
② 제1항의 규정에 의한 기간은 불변기간으로 한다.

③ 제1항의 규정에 의한 신고는 다음 각호의 어느 하나에 해당하는 때에는 하지 못한다.

1. 회생계획안심리를 위한 관계인집회가 끝난 후
2. 회생계획안을 제240조의 규정에 의한 서면결의에 부친다는 결정이 있은 후

④ 제1항 내지 제3항의 규정은 회생채권자 또는 회생담보권자가 그 책임을 질 수 없는 사유로 인하여 신고한 사항에 관하여 다른 회생채권자 또는 회생담보권자의 이익을 해하는 내용으로 변경하는 경우에 관하여 준용한다.

제153조【신고기간 경과 후 생긴 회생채권 등의 신고】 ① 신고기간이 경과한 후에 생긴 회생채권과 회생담보권에 관하여는 그 권리가 발생한 후 1월 이내에 신고하여야 한다.

② 제152조 제2항 내지 제4항의 규정은 제1항의 규정에 의한 신고에 관하여 준용한다.

제154조【명의의 변경】 ① 목록에 기재되거나 신고된 회생채권 또는 회생담보권을 취득한 자는 신고기간이 경과한 후에도 신고명의를 변경할 수 있다.

② 제1항의 규정에 의한 명의변경을 하고자 하는 자는 다음 각호의 사항을 법원에 신고하고 증거서류 또는 그 등본이나 초본을 제출하여야 한다.

1. 성명 및 주소
2. 취득한 권리와 그 취득의 일시 및 원인

제155조【주식 또는 출자지분의 추가신고】 ① 법원은 상당하다고 인정하는 때에는 신고기간이 경과한 후 다시 기간을 정하여 주식 또는 출자지분의 추가신고를 하게 할 수 있다. 이 경우 법원은 그 뜻을 공고하고, 다음 각호의 자에게 그 뜻을 기재한 서면을 송달하여야 한다.

1. 관리인
2. 채무자
3. 알고 있는 주주·지분권자로서 신고를 하지 아니한 자

② 제162조 내지 제165조의 규정은 제1항의 경우에 관하여 준용한다.

제156조【벌금·조세 등의 신고】 ① 제140조 제1항 및 제2항의 청구권을 가지고 있는 자는 지체 없이 그 액 및 원인과 담보권의 내용을 법원에 신고하여야 한다.

② 제167조 제1항의 규정은 제1항의 규정에 의하여 신고된 청구권에 관하여 준용한다.

제157조【회생절차개시 전의 벌금 등에 대한 불복】 ① 관리인은 제156조 제1항의 규정에 의하여 신고된 청구권의 원인이 행정심판, 소송 그 밖의 불복이 허용되는 처분인 때에는 그 청구권에 관하여 채무자가 할 수 있는 방법으로 불복을 신청할 수 있다.

② 제172조, 제175조 및 제176조 제1항의 규정은 제1항에 의한 불복의 신청에 관하여 준용한다.

제3절 회생채권·회생담보권 등의 조사 및 확정

제158조【회생채권자표·회생담보권자표와 주주·지분권자표】 법원사무관 등은 목록에 기재되거나 신고된 회생채권, 회생담보권, 주식 또는 출자지분에 대하여 회생채권자표·회생담보권자표와 주주·지분권자표를 작성하여 권리의 성질에 따라 분류하고 각각 다음 각호의 사항을 기재하여야 한다.

1. 회생채권자표
   가. 회생채권자의 성명과 주소
   나. 회생채권의 내용과 원인
   다. 의결권의 액수
   라. 일반의 우선권이 있는 채권이 있는 때에는 그 뜻
2. 회생담보권자표

가. 회생담보권자의 성명과 주소
나. 회생담보권의 내용 및 원인, 담보권의 목적 및 그 가액, 채무자 외의 자가 채무자인 때에는 그 성명 및 주소
다. 의결권의 액수
3. 주주 · 지분권자표
가. 주주 · 지분권자의 성명 및 주소
나. 주식 또는 출자지분의 종류와 수 또는 액수

제159조【등본의 교부】 법원사무관 등은 회생채권자표 · 회생담보권자표와 주주 · 지분권자표의 등본을 관리인에게 교부하여야 한다.

제160조【조사기간 동안의 서류열람】 다음 각호의 서류는 조사기간 동안 이해관계인의 열람을 위하여 법원에 비치하여야 한다.
1. 목록
2. 신고 및 이의에 관한 서류
3. 회생채권자표 · 회생담보권자표와 주주 · 지분권자표

제161조【회생채권 및 회생담보권에 대한 이의 등】 ① 다음 각호의 자는 조사기간 안에 목록에 기재되거나 신고된 회생채권 및 회생담보권에 관하여 서면으로 법원에 이의를 제출할 수 있다.
1. 관리인
2. 채무자
3. 목록에 기재되거나 신고된 회생채권자 · 회생담보권자 · 주주 · 지분권자

② 조사기간을 변경하는 결정을 한 때에는 법원은 그 결정서를 제1항 각호의 자에게 송달하여야 한다.

③ 제2항의 규정에 의한 송달은 서류를 우편으로 발송하여 할 수 있다.

제162조【신고기간 후에 신고된 회생채권 및 회생담보권의 조사】 법원은 제152조 제1항 및 제153조 제1항의 규정에 의하여 신고된 회생채권 및 회생담보권을 조사하기 위한 특별기일(이하 "특별조사기일"이라 한다)을 정하여야 한다. 이 경우 조사비용은 그 회생채권자 또는 회생담보권자의 부담으로 한다.

제163조【특별조사기일의 송달】 법원은 특별조사기일을 정하는 결정을 한 때에는 그 결정서를 다음 각호의 자에게 송달하여야 한다.
1. 관리인
2. 채무자
3. 목록에 기재되거나 신고된 회생채권자 · 회생담보권자 · 주주 · 지분권자

제164조【관계인의 출석】 ① 개인인 채무자 또는 개인이 아닌 채무자의 대표자는 특별조사기일에 출석하여 의견을 진술하여야 한다. 다만, 정당한 사유가 있는 때에는 대리인을 출석하게 할 수 있다.

② 목록에 기재되거나 신고된 회생채권자 · 회생담보권자 · 주주 · 지분권자나 그 대리인은 특별조사기일에 출석하여 다른 회생채권 또는 회생담보권에 관하여 이의를 할 수 있다.

③ 제1항 및 제2항의 규정에 의한 대리인은 대리권을 증명하는 서면을 제출하여야 한다.

제165조【관리인의 출석】 특별조사기일에 관리인이 출석하지 아니한 때에는 회생채권과 회생담보권을 조사하지 못한다.

제166조【회생채권 및 회생담보권 등의 확정】 조사기간 안에 또는 특별조사기일에 관리인 · 회생채권자 · 회생담보권자 · 주주 · 지분권자의 이의가 없는 때에는 다음 각호의 권리의 내용과 의결권의 액수가 확정되며, 우선권 있는 채권에 관하여는 우선권 있는 것이 확정된다.
1. 신고된 회생채권 및 회생담보권
2. 신고된 회생채권 또는 회생담보권이 없는 때에는 관리인이 제출한 목록에 기재되어 있는 회생채권 또는

회생담보권

제167조【회생채권자표 및 회생담보권자표에의 기재】 ① 법원사무관 등은 회생채권 및 회생담보권에 대한 조사결과를 회생채권자표 및 회생담보권자표에 기재하여야 한다. 채무자가 제출한 이의도 또한 같다.

② 법원사무관 등은 확정된 회생채권 및 회생담보권의 증서에 확정된 뜻을 기재하고 법원의 인(印)을 찍어야 한다.

③ 법원사무관 등은 회생채권자 또는 회생담보권자의 청구에 의하여 그 권리에 관한 회생채권자표 또는 회생담보권자표의 초본을 교부하여야 한다.

제168조【기재의 효력】 확정된 회생채권 및 회생담보권을 회생채권자표 및 회생담보권자표에 기재한 때에는 그 기재는 회생채권자·회생담보권자·주주·지분권자 전원에 대하여 확정판결과 동일한 효력이 있다.

제169조【이의의 통지】 회생채권 또는 회생담보권에 관하여 이의가 있는 때에는 법원은 이를 그 권리자에게 통지하여야 한다.

제170조【회생채권 및 회생담보권 조사확정의 재판】 ① 목록에 기재되거나 신고된 회생채권 및 회생담보권에 관하여 관리인·회생채권자·회생담보권자·주주·지분권자가 이의를 한 때에는 그 회생채권 또는 회생담보권(이하 이 편에서 "이의채권"이라 한다)을 보유한 권리자는 그 권리의 확정을 위하여 이의자 전원을 상대방으로 하여 법원에 채권조사확정의 재판(이하 이 편에서 "채권조사확정재판"이라 한다)을 신청할 수 있다. 다만, 제172조 및 제174조의 경우에는 그러하지 아니하다.

② 제1항 본문의 규정에 의한 신청은 조사기간의 말일 또는 특별조사기일부터 1월 이내에 하여야 한다.

③ 채권조사확정재판에서는 이의채권의 존부 또는 그 내용을 정한다.

④ 법원은 채권조사확정재판을 하는 때에는 이의자를 심문하여야 한다.

⑤ 법원은 채권조사확정재판의 결정서를 당사자에게 송달하여야 한다.

제171조【채권조사확정재판에 대한 이의의 소】 ① 채권조사확정재판에 불복하는 자는 그 결정서의 송달을 받은 날부터 1월 이내에 이의의 소를 제기할 수 있다.

② 제1항의 소는 회생법원의 관할에 전속한다.

③ 제1항의 소를 제기하는 자가 이의채권을 보유하는 권리자인 때에는 이의자 전원을 피고로 하고, 이의자인 때에는 그 회생채권자 또는 회생담보권자를 피고로 하여야 한다.

④ 제1항의 소의 변론은 결정서를 송달받은 날부터 1월을 경과한 후가 아니면 개시할 수 없다.

⑤ 동일한 이의채권에 관하여 여러 개의 소가 계속되어 있는 때에는 법원은 변론을 병합하여야 한다.

⑥ 제1항의 소에 대하여 법원은 그 소가 부적법하여 각하하는 경우를 제외하고는 채권조사확정재판을 인가하거나 변경하는 판결을 하여야 한다.

제172조【이의채권에 관한 소송의 수계】

① 회생절차개시 당시 이의채권에 관하여 소송이 계속하는 경우 회생채권자 또는 회생담보권자가 그 권리의 확정을 구하고자 하는 때에는 이의자 전원을 그 소송의 상대방으로 하여 소송절차를 수계하여야 한다.

② 제167조 제3항 및 제170조 제2항의 규정은 제1항의 규정에 의하여 소송절차를 수계하기 위한 신청에 관하여 준용한다.

제173조【주장의 제한】 회생채권자 또는 회생담보권자는 채권조사확정재판, 제171조 제1항의 규정에 의한 채권조사확정재판에 대한 이의의 소 및 제172조 제1항의 규정에 의하여 수계한 소

송절차에서 이의채권의 원인 및 내용에 관하여 회생채권자표 및 회생담보권자표에 기재된 사항만을 주장할 수 있다.

제174조【집행력있는 집행권원이 있는 채권 등에 대한 이의】 ① 이의채권 중 집행력있는 집행권원 또는 종국판결이 있는 것에 대하여는 이의자는 채무자가 할 수 있는 소송절차에 의하여서만 이의를 주장할 수 있다.

② 회생절차개시 당시 제1항의 규정에 의한 회생채권 또는 회생담보권에 관하여 법원에 소송이 계속되는 경우 이의자가 같은 항의 규정에 의한 이의를 주장하고자 하는 때에는 이의자는 그 회생채권 또는 회생담보권을 보유한 회생채권자 또는 회생담보권자를 상대방으로 하여 소송절차를 수계하여야 한다.

③ 제170조 제2항의 규정은 제1항의 규정에 의한 이의의 주장 또는 제2항의 규정에 의한 수계에 대하여 준용하고, 제171조 제4항 및 제5항과 제173조의 규정은 제1항 및 제2항에 관하여 준용한다. 이 경우 제171조 제4항 중 "결정서를 송달받은 날부터 1월"은 "이의채권에 관계되는 조사기간의 말일 또는 특별조사기일부터 1월의 불변기간"으로 본다.

④ 제3항의 규정에 의하여 준용하는 제170조 제2항의 규정에 의한 기간 안에 제1항의 규정에 의한 이의의 주장이나 제2항의 규정에 의한 수계가 행하여지지 아니한 경우 이의자가 회생채권자 또는 회생담보권자인 때에는 제161조 제1항 또는 제164조 제2항의 규정에 의한 이의는 없었던 것으로 보며, 이의자가 관리인인 때에는 관리인이 그 회생채권 또는 회생담보권을 인정한 것으로 본다.

제175조【회생채권 및 회생담보권의 확정에 관한 소송결과의 기재】 법원사무관등은 관리인·회생채권자 또는 회생담보권자의 신청에 의하여 회생채권 또는 회생담보권의 확정에 관한 소송결과(채권조사확정재판에 대한 이의의 소가 제171조 제1항의 규정에 의한 기간 안에 제기되지 아니하거나 각하된 때에는 그 재판의 내용을 말한다)를 회생채권자표 및 회생담보권자표에 기재하여야 한다.

제176조【회생채권 및 회생담보권의 확정에 관한 소송의 판결 등의 효력】 ① 회생채권 및 회생담보권의 확정에 관한 소송에 대한 판결은 회생채권자·회생담보권자·주주·지분권자 전원에 대하여 그 효력이 있다.

② 채권조사확정재판에 대한 이의의 소가 제171조 제1항의 규정에 의한 기간 안에 제기되지 아니하거나 각하된 때에는 그 재판은 회생채권자·회생담보권자·주주·지분권자 전원에 대하여 확정판결과 동일한 효력이 있다.

제177조【소송비용의 상환】 채무자의 재산이 회생채권 또는 회생담보권의 확정에 관한 소송(채권조사확정재판을 포함한다)으로 이익을 받은 때에는 이의를 주장한 회생채권자 또는 회생담보권자, 주주·지분권자는 그 이익의 한도 안에서 공익채권자로서 소송비용의 상환을 청구할 수 있다.

제178조【회생채권 또는 회생담보권 확정소송의 목적의 가액】 회생채권 또는 회생담보권의 확정에 관한 소송의 목적의 가액은 회생계획으로 얻을 이익의 예정액을 표준으로 하여 회생법원이 정한다.

제4절 공익채권과 개시후기타채권

제179조【공익채권이 되는 청구권】 ① 다음 각호의 어느 하나에 해당하는 청구권은 공익채권으로 한다.

1. 회생채권자, 회생담보권자와 주

주 · 지분권자의 공동의 이익을 위하여 한 재판상 비용청구권
2. 회생절차개시 후의 채무자의 업무 및 재산의 관리와 처분에 관한 비용청구권
3. 회생계획의 수행을 위한 비용청구권. 다만, 회생절차종료 후에 생긴 것을 제외한다.
4. 제30조 및 제31조의 규정에 의한 비용 · 보수 · 보상금 및 특별보상금청구권
5. 채무자의 업무 및 재산에 관하여 관리인이 회생절차개시 후에 한 자금의 차입 그 밖의 행위로 인하여 생긴 청구권
6. 사무관리 또는 부당이득으로 인하여 회생절차개시 이후 채무자에 대하여 생긴 청구권
7. 제119조 제1항의 규정에 의하여 관리인이 채무의 이행을 하는 때에 상대방이 갖는 청구권
8. 계속적 공급의무를 부담하는 쌍무계약의 상대방이 회생절차개시신청 후 회생절차개시 전까지 한 공급으로 생긴 청구권
9. 다음 각목의 조세로서 회생절차개시 당시 아직 납부기한이 도래하지 아니한 것
가. 원천징수하는 조세. 다만, 「법인세법」 제67조(소득처분)의 규정에 의하여 대표자에게 귀속된 것으로 보는 상여에 대한 조세는 원천징수된 것에 한한다.
나. 부가가치세 · 개별소비세 · 주세 및 교통 · 에너지 · 환경세
다. 본세의 부과징수의 예에 따라 부과징수하는 교육세 및 농어촌특별세
라. 특별징수의무자가 징수하여 납부하여야 하는 지방세
10. 채무자의 근로자의 임금 · 퇴직금 및 재해보상금
11. 회생절차개시 전의 원인으로 생긴 채무자의 근로자의 임치금 및 신원보증금의 반환청구권
12. 채무자 또는 보전관리인이 회생절차개시신청 후 그 개시 전에 법원의 허가를 받아 행한 자금의 차입, 자재의 구입 그 밖에 채무자의 사업을 계속하는 데에 불가결한 행위로 인하여 생긴 청구권
13. 제21조 제3항의 규정에 의하여 법원이 결정한 채권자협의회의 활동에 필요한 비용
14. 채무자 및 그 부양을 받는 자의 부양료
15. 제1호부터 제14호까지에 규정된 것 외의 것으로서 채무자를 위하여 지출하여야 하는 부득이한 비용

② 제1항 제5호 및 제12호에 따른 자금의 차입을 허가함에 있어 법원은 이해관계인의 의견을 들어야 한다.

제180조【공익채권의 변제 등】 ① 공익채권은 회생절차에 의하지 아니하고 수시로 변제한다.

② 공익채권은 회생채권과 회생담보권에 우선하여 변제한다.

③ 법원은 다음 각호의 어느 하나에 해당하는 때에는 관리인의 신청에 의하거나 직권으로 담보를 제공하게 하거나 담보를 제공하게 하지 아니하고 공익채권에 기하여 채무자의 재산에 대하여 한 강제집행 또는 가압류의 중지나 취소를 명할 수 있다.
1. 그 강제집행 또는 가압류가 회생에 현저하게 지장을 초래하고 채무자에게 환가하기 쉬운 다른 재산이 있는 때
2. 채무자의 재산이 공익채권의 총액을 변제하기에 부족한 것이 명백하게 된 때

④ 법원은 제3항의 규정에 의한 중지명령을 변경하거나 취소할 수 있다.

⑤ 제3항의 규정에 의한 중지 또는 취

소의 명령과 제4항의 규정에 의한 결정에 대하여는 즉시항고를 할 수 있다.
⑥ 제5항의 즉시항고는 집행정지의 효력이 없다.
⑦ 채무자의 재산이 공익채권의 총액을 변제하기에 부족한 것이 명백하게 된 때에는 제179조 제1항 제5호 및 제12호의 청구권 중에서 채무자의 사업을 계속하기 위하여 법원의 허가를 받아 차입한 자금에 관한 채권을 우선적으로 변제하고 그 밖의 공익채권은 법령에 정하는 우선권에 불구하고 아직 변제하지 아니한 채권액의 비율에 따라 변제한다. 다만, 공익채권을 위한 유치권·질권·저당권·「동산·채권 등의 담보에 관한 법률」에 따른 담보권·전세권 및 우선특권의 효력에는 영향을 미치지 아니한다.

제181조【개시후기타채권】 ① 회생절차 개시 이후의 원인에 기하여 발생한 재산상의 청구권으로서 공익채권, 회생채권 또는 회생담보권이 아닌 청구권(이하 "개시후기타채권"이라 한다)에 관하여는, 회생절차가 개시된 때부터 회생계획으로 정하여진 변제기간이 만료하는 때(회생계획인가의 결정 전에 회생절차가 종료된 경우에는 회생절차가 종료된 때, 그 기간만료 전에 회생계획에 기한 변제가 완료된 경우에는 변제가 완료된 때를 말한다)까지의 사이에는 변제를 하거나 변제를 받는 행위 그 밖에 이를 소멸시키는 행위(면제를 제외한다)를 할 수 없다.
② 제1항에 규정된 기간 중에는 개시후기타채권에 기한 채무자의 재산에 대한 강제집행, 가압류, 가처분 또는 담보권 실행을 위한 경매의 신청을 할 수 없다.

제5장 관계인집회

제182조【기일의 통지】 ① 법원은 다음 각호의 자에게 관계인집회의 기일을 통지하여야 한다.
1. 관리인
2. 조사위원·간이조사위원
3. 채무자
4. 목록에 기재되어 있거나 신고한 회생채권자·회생담보권자·주주·지분권자
5. 회생을 위하여 채무를 부담하거나 담보를 제공한 자가 있는 때에는 그 자

② 제1항의 규정에 불구하고 의결권을 행사할 수 없는 회생채권자·회생담보권자·주주·지분권자에게는 관계인집회의 기일을 통지하지 아니할 수 있다.

제183조【기일의 통지】 법원은 주식회사인 채무자의 업무를 감독하는 행정청과 법무부장관 및 금융위원회에게 관계인집회의 기일을 통지하여야 한다.

제184조【법원의 지휘】 관계인집회는 법원이 지휘한다.

제185조【기일과 목적의 공고】 ① 법원은 관계인집회의 기일과 회의의 목적인 사항을 공고하여야 한다.
② 관계인집회의 연기 또는 속행에 관하여 선고가 있는 때에는 송달 또는 공고를 하지 아니하여도 된다.

제186조【관계인집회의 기일과 특별조사기일의 병합】 법원은 상당하다고 인정하는 때에는 관리인의 신청에 의하거나 직권으로 관계인집회의 기일과 특별조사기일을 병합할 수 있다.

제187조【의결권에 대한 이의】 다음 각호의 자는 관계인집회에서 회생채권자·회생담보권자·주주·지분권자의 의결권에 관하여 이의를 할 수 있다. 다만, 이 편 제4장 제3절의 규정에 의한 조사절차에서 확정된 회생채권 또는 회생담보권을 가진 회생채권자 또

는 회생담보권자의 의결권에 관하여는 그러하지 아니하다.
1. 관리인
2. 목록에 기재되어 있거나 신고된 회생채권자 · 회생담보권자 · 주주 · 지분권자

제188조【의결권의 행사】 ① 확정된 회생채권 또는 회생담보권을 가진 회생채권자 또는 회생담보권자는 그 확정된 액이나 수에 따라, 이의없는 의결권을 가진 주주 · 지분권자는 목록에 기재되거나 신고한 액이나 수에 따라 의결권을 행사할 수 있다.
② 법원은 이의있는 권리에 관하여는 의결권을 행사하게 할 것인지 여부와 의결권을 행사하게 할 액 또는 수를 결정한다.
③ 법원은 이해관계인의 신청에 의하거나 직권으로 언제든지 제2항의 규정에 의한 결정을 변경할 수 있다.
④ 제2항 및 제3항의 규정에 의한 결정은 송달을 하지 아니하여도 된다.

제189조【의결권의 불통일행사】 ① 의결권자는 의결권을 통일하지 아니하고 행사할 수 있다.
② 제1항의 경우 의결권자는 관계인집회 7일 전까지 법원에 그 취지를 서면으로 신고하여야 한다.

제190조【부당한 의결권자의 배제】 ① 법원은 권리취득의 시기, 대가 그 밖의 사정으로 보아 의결권을 가진 회생채권자 · 회생담보권자 · 주주 · 지분권자가 결의에 관하여 재산상의 이익을 수수하는 등 부당한 이익을 얻을 목적으로 그 권리를 취득한 것으로 인정되는 때에는 그에 대하여 그 의결권을 행사하지 못하게 할 수 있다.
② 법원은 제1항의 규정에 의한 처분을 하기 전에 그 의결권자를 심문하여야 한다.

제191조【의결권을 행사할 수 없는 자】 다음 각호의 어느 하나에 해당하는 자는 의결권을 행사하지 못한다.
1. 회생계획으로 그 권리에 영향을 받지 아니하는 자
2. 제140조 제1항 및 제2항의 청구권을 가지는 자
3. 제118조 제2호 내지 제4호의 청구권을 가지는 자
4. 제188조 및 제190조의 규정에 의하여 의결권을 행사할 수 없는 자
5. 제244조 제2항의 규정에 의하여 보호되는 자

제192조【의결권의 대리행사】 ① 회생채권자 · 회생담보권자 · 주주 · 지분권자는 대리인에 의하여 그 의결권을 행사할 수 있다. 이 경우 대리인은 대리권을 증명하는 서면을 제출하여야 한다.
② 대리인이 위임받은 의결권을 통일하지 아니하고 행사하는 경우에는 제189조 제2항을 준용한다.

제6장 회생계획

제1절 회생계획의 내용

제193조【회생계획의 내용】 ① 회생계획에는 다음 각호의 사항을 정하여야 한다.
1. 회생채권자 · 회생담보권자 · 주주 · 지분권자의 권리의 전부 또는 일부의 변경
2. 공익채권의 변제
3. 채무의 변제자금의 조달방법
4. 회생계획에서 예상된 액을 넘는 수익금의 용도
5. 알고 있는 개시후기타채권이 있는 때에는 그 내용

② 회생계획에는 다음 각호의 사항을 정할 수 있다.
1. 영업이나 재산의 양도, 출자나 임대, 경영의 위임
2. 정관의 변경

3. 이사 · 대표이사(채무자가 주식회사가 아닌 때에는 채무자를 대표할 권한이 있는 자를 포함한다)의 변경
4. 자본의 감소
5. 신주나 사채의 발행
6. 주식의 포괄적 교환 및 이전, 합병, 분할, 분할합병
7. 해산
8. 신회사의 설립
9. 그 밖에 회생을 위하여 필요한 사항

③ 제92조 제1항에 따라 법원이 정한 기한까지 전부 또는 일부의 채권자들 사이에 그들이 가진 채권의 변제순위에 관한 합의가 되어 있는 때에는 회생계획안 중 다른 채권자를 해하지 아니하는 범위 안에서 변제순위에 관한 합의가 되어 있는 채권에 관한 한 그에 반하는 규정을 정하여서는 아니 된다. 이 경우 채권자들은 합의를 증명하는 자료를 제92조 제1항에 따라 법원이 정한 기한까지 법원에 제출하여야 한다.

제194조 【회생채권자 등의 권리】 ① 회생채권자 · 회생담보권자 · 주주 · 지분권자의 권리를 변경하는 때에는 회생계획에 변경되는 권리를 명시하고, 변경 후의 권리의 내용을 정하여야 한다.

② 회생채권자 · 회생담보권자 · 주주 · 지분권자로서 회생계획에 의하여 그 권리에 영향을 받지 아니하는 자가 있는 때에는 그 자의 권리를 명시하여야 한다.

제195조 【채무의 기한】 회생계획에 의하여 채무를 부담하거나 채무의 기한을 유예하는 경우 그 채무의 기한은 담보가 있는 때에는 그 담보물의 존속기간을 넘지 못하며, 담보가 없거나 담보물의 존속기간을 판정할 수 없는 때에는 10년을 넘지 못한다. 다만, 회생계획의 정함에 의하여 사채를 발행하는 경우에는 그러하지 아니하다.

제196조 【담보의 제공과 채무의 부담】 ① 채무자 또는 채무자 외의 자가 회생을 위하여 담보를 제공하는 때에는 회생계획에 담보를 제공하는 자를 명시하고 담보권의 내용을 정하여야 한다.

② 채무자 외의 자가 채무를 인수하거나 보증인이 되는 등 회생을 위하여 채무를 부담하는 때에는 회생계획에 그 자를 명시하고 그 채무의 내용을 정하여야 한다.

제197조 【미확정의 회생채권 등】 ① 이의있는 회생채권 또는 회생담보권으로서 그 확정절차가 종결되지 아니한 것이 있는 때에는 그 권리확정의 가능성을 고려하여 회생계획에 이에 대한 적당한 조치를 정하여야 한다.

② 회생계획에는 제109조 제2항의 규정에 의하여 신고할 수 있는 채권에 관하여 적당한 조치를 정하여야 한다.

제198조 【변제한 회생채권 등】 회생채권 및 회생담보권 중 제131조 단서, 제132조 제1항 및 제2항의 규정에 의하여 변제한 것은 회생계획에 이를 명시하여야 한다.

제199조 【공익채권】 공익채권에 관하여는 회생계획에 이미 변제한 것을 명시하고 장래 변제할 것에 관하여 정하여야 한다.

제200조 【영업 또는 재산의 양도 등】 ① 다음 각호의 어느 하나에 해당하는 경우에는 회생계획에 그 목적물 · 대가 · 상대방 그 밖의 사항을 정하여야 한다.
1. 채무자의 영업이나 재산의 전부나 일부를 양도 · 출자 또는 임대하는 경우
2. 채무자의 사업의 경영의 전부나 일부를 위임하는 경우
3. 타인과 영업의 손익을 같이하는 계약 그 밖에 이에 준하는 계약을 체결 · 변경 또는 해약하는 경우
4. 타인의 영업이나 재산의 전부나 일부를 양수하는 경우

② 제1항의 경우 대가를 회생채권자 · 회생담보권자 · 주주 · 지분권자에게

분배하는 때에는 그 분배의 방법도 정하여야 한다.

제201조【분쟁이 해결되지 아니한 권리】 채무자에게 속하는 권리로서 분쟁이 해결되지 아니한 것이 있는 때에는 회생계획에 화해나 조정의 수락에 관한 사항을 정하거나 관리인에 의한 소송의 수행 그 밖에 권리의 실행에 관한 방법을 정하여야 한다.

제202조【정관의 변경】 채무자의 정관을 변경하는 때에는 회생계획에 그 변경의 내용을 정하여야 한다.

제203조【이사 등의 변경】 ① 법인인 채무자의 이사를 선임하거나 대표이사(채무자가 주식회사가 아닌 때에는 채무자를 대표할 권한이 있는 자를 포함한다. 이하 이 조에서 "대표이사"라 한다)를 선정하는 때에는 회생계획에 선임이나 선정될 자와 임기 또는 선임이나 선정의 방법과 임기를 정하여야 한다.

② 법인인 채무자의 이사 또는 대표이사 중 유임하게 할 자가 있는 때에는 회생계획에 그 자와 임기를 정하여야 한다. 다만, 이사 또는 대표이사에 의한 채무자 재산의 도피, 은닉 또는 고의적인 부실경영 등의 원인에 의하여 회생절차가 개시된 때에는 유임하게 할 수 없다.

③ 제1항 및 제2항의 경우 여럿의 대표이사에게 공동으로 채무자를 대표하게 하는 때에는 회생계획에 그 뜻을 정하여야 한다.

④ 법인인 채무자의 감사는 채권자협의회의 의견을 들어 법원이 이를 선임한다. 이 경우에 임기를 정하여야 한다.

⑤ 제1항 및 제2항의 규정에 의한 이사의 임기는 1년을 넘지 못한다.

제204조【이사 등의 선임 등에 관한 사항】 법인인 채무자 또는 신회사(합병 또는 분할합병으로 인하여 설립되는 신회사를 제외한다)의 이사·대표이사 또는 감사의 선임·선정 또는 유임이나 그 선임 또는 선정의 방법에 관한 회생계획은 형평에 맞아야 하며, 회생채권자·회생담보권자·주주·지분권자 일반의 이익에 합치하여야 한다.

제205조【주식회사 또는 유한회사의 자본감소】 ① 주식회사인 채무자의 자본을 감소하는 때에는 회생계획에 다음 각호의 사항을 정하여야 한다.

1. 감소할 자본의 액
2. 자본감소의 방법

② 제1항에 따른 자본감소는 다음 각 호의 사항을 참작하여 정하여야 한다.

1. 채무자의 자산 및 부채와 수익능력
2. 제206조에서 규정하는 신주발행에 관한 사항

③ 삭제

④ 주식회사인 채무자의 이사나 지배인의 중대한 책임이 있는 행위로 인하여 회생절차개시의 원인이 발생한 때에는 회생계획에 그 행위에 상당한 영향력을 행사한 주주 및 그 친족 그 밖에 대통령령이 정하는 범위의 특수관계에 있는 주주가 가진 주식의 3분의 2 이상을 소각하거나 3주 이상을 1주로 병합하는 방법으로 자본을 감소할 것을 정하여야 한다.

⑤ 제4항의 규정에 의한 자본감소 후 제206조의 규정에 의하여 신주를 발행하는 때에는 제4항의 규정에 의한 주주는 신주를 인수할 수 없다. 다만, 제4항의 규정에 의한 주주에 대하여 「상법」 제340조의2(주식매수선택권)의 규정에 의한 주식매수 선택권을 부여할 수 있다.

⑥ 제1항 내지 제4항 및 제5항 본문의 규정은 유한회사의 경우에 준용한다.

제206조【주식회사 또는 유한회사의 신주발행】 ① 주식회사인 채무자가 회생채권자·회생담보권자 또는 주주에 대하여 새로 납입 또는 현물출자를 하게

하지 아니하고 신주를 발행하는 때에는 회생계획에 다음 각호의 사항을 정하여야 한다.
1. 신주의 종류와 수
2. 신주의 배정에 관한 사항
3. 신주의 발행으로 인하여 증가하게 되는 자본과 준비금의 액
4. 신주의 발행으로 감소하게 되는 부채액

② 주식회사인 채무자가 회생채권자 · 회생담보권자 또는 주주로 하여금 새로 납입 또는 현물출자를 하게 하고 신주를 발행하는 때에는 회생계획에 다음 각호의 사항을 정하여야 한다.
1. 제1항 제1호 및 제3호의 사항
2. 납입금액 그 밖에 신주의 배정에 관한 사항과 신주의 납입기일
3. 새로 현물출자를 하는 자가 있는 때에는 그 자, 출자의 목적인 재산, 그 가격과 이에 대하여 부여할 주식의 종류와 수

③ 제1항 및 제2항의 경우를 제외하고 주식회사인 채무자가 신주를 발행하는 때에는 회생계획에 다음 각호의 사항을 정하여야 한다.
1. 제1항 제1호의 사항
2. 제2항 제3호의 사항
3. 신주의 발행가액과 납입기일
4. 신주의 발행가액 중 자본에 추가되지 아니하는 금액

④ 제1항의 규정에 의하여 신주를 발행하는 경우에는 다음 각호의 규정을 적용하지 아니한다.
1. 「은행법」 제37조 및 제38조 제1호
2. 「보험업법」 제19조
3. 「자본시장과 금융투자업에 관한 법률」 제344조
4. 「금융산업의 구조개선에 관한 법률」 제24조
5. 그 밖의 금융기관(「금융회사부실자산 등의 효율적 처리 및 한국자산관리공사의 설립에 관한 법률」 제2조 및 「금융산업의 구조개선에 관한 법률」 제2조에 의한 금융기관을 말한다)의 출자, 유가증권취득 및 재산운용을 제한하는 내용의 법령

⑤ 제1항 내지 제3항의 규정은 유한회사의 경우에 준용한다.

제207조【주식회사의 주식의 포괄적 교환】 주식회사인 채무자가 다른 회사와 주식의 포괄적 교환을 하는 때에는 회생계획에 다음 각호의 사항을 정하여야 한다.
1. 다른 회사의 상호
2. 다른 회사가 「상법」 제360조의2(주식의 포괄적 교환에 의한 완전모회사의 설립) 제1항의 규정에 의한 완전모회사(이하 "완전모회사"라 한다)로 되는 경우 그 회사가 주식의 포괄적 교환에 의하여 정관을 변경하는 때에는 그 규정
3. 완전모회사로 되는 회사가 주식의 포괄적 교환을 위하여 발행하는 신주의 총수 · 종류 및 종류별 주식의 수와 「상법」 제360조의2(주식의 포괄적 교환에 의한 완전모회사의 설립) 제1항의 규정에 의한 완전자회사(이하 "완전자회사"라 한다)가 되는 회사의 주주에 대한 신주의 배정에 관한 사항
4. 완전모회사로 되는 회사의 증가하게 되는 자본의 액과 준비금에 관한 사항
5. 다른 회사의 주주에게 금전을 지급하거나 사채를 배정할 것을 정하는 때에는 그 규정
6. 다른 회사의 주식의 포괄적 교환계약서 승인결의를 위한 주주총회의 일시(그 회사가 주주총회의 승인을 얻지 아니하고 주식의 포괄적 교환을 하는 때에는 그 뜻)
7. 주식의 포괄적 교환을 하는 날
8. 다른 회사가 주식의 포괄적 교환을 하는 날까지 이익을 배당하거나 「상

법」 제462조의3(중간배당) 제1항의 규정에 의하여 금전으로 이익배당을 하는 때에는 그 한도액

9. 「상법」 제360조의6(신주발행에 갈음할 자기주식의 이전)의 규정에 의하여 완전모회사가 되는 회사가 자기의 주식을 이전하는 때에는 이전할 주식의 총수 및 종류와 종류별 주식의 수
10. 완전모회사가 되는 회사에 취임하는 이사 및 감사를 정하는 때에는 그 성명 및 주민등록번호

제208조 【주식회사의 주식의 포괄적 이전】 주식회사인 채무자가 주식의 포괄적 이전을 하여 완전모회사인 신회사를 설립하는 때에는 회생계획에 다음 각호의 사항을 정하여야 한다.

1. 신회사의 상호
2. 신회사의 정관의 규정
3. 신회사가 주식의 포괄적 이전을 위하여 발행하는 주식의 종류 및 수와 완전자회사가 되는 채무자의 회생채권자 · 회생담보권자 또는 주주에 대한 주식의 배정에 관한 사항
4. 신회사의 자본의 액과 준비금에 관한 사항
5. 완전자회사가 되는 채무자의 주주에게 금전을 지급하거나 사채를 배정할 것을 정하는 때에는 그 규정
6. 주식의 포괄적 이전을 하는 시기
7. 완전자회사가 되는 채무자가 주식의 포괄적 이전의 날까지 이익을 배당하거나 「상법」 제462조의3(중간배당) 제1항의 규정에 의하여 금전으로 이익배당을 하는 때에는 그 한도액
8. 신회사의 이사 및 감사의 성명 및 주민등록번호

제209조 【주식회사의 사채발행】 주식회사인 채무자가 사채를 발행하는 때에는 회생계획에 다음 각호의 사항을 정하여야 한다.

1. 사채의 총액
2. 각 사채의 금액, 사채의 이율, 사채상환의 방법 및 기한, 이자지급의 방법 그 밖에 사채의 내용
3. 사채발행의 방법과 회생채권자 · 회생담보권자 또는 주주에 대하여 새로 납입하게 하거나 납입하게 하지 아니하고 사채를 발행하는 때에는 그 배정에 관한 사항
4. 담보부사채인 때에는 그 담보권의 내용

제210조 【회사의 흡수합병】 회사인 채무자가 다른 회사와 합병하여 그 일방이 합병 후 존속하는 때에는 회생계획에 다음 각호의 사항을 정하여야 한다.

1. 다른 회사의 상호
2. 존속하는 회사가 합병시 발행하는 주식 또는 출자지분의 종류와 수, 그 주식 또는 출자지분에 대한 주주 · 지분권자의 신주인수권 또는 출자지분인수권의 제한에 관한 사항과 특정한 제3자에 부여할 것을 정하는 때에는 이에 관한 사항
3. 합병으로 인하여 소멸하는 회사의 회생채권자 · 회생담보권자 · 주주 · 지분권자에 대하여 발행할 주식 또는 출자지분의 종류 및 수와 그 배정에 관한 사항
4. 존속하는 회사의 증가할 자본과 준비금의 액
5. 합병으로 인하여 소멸하는 회사의 주주 · 지분권자에게 금전을 지급하거나 사채를 배정할 것을 정하는 때에는 그 규정
6. 합병계약서의 승인결의를 위한 다른 회사의 주주총회 또는 사원총회의 일시
7. 합병을 하는 날
8. 존속하는 회사가 합병으로 인하여 정관을 변경하기로 정한 경우에는 그 규정
9. 다른 회사가 합병으로 인하여 이익

의 배당 또는 「상법」 제462조의3(중간배당) 제1항의 규정에 의하여 금전으로 이익배당을 하는 때에는 그 한도액

10. 합병으로 인하여 존속하는 회사에 취임하게 될 이사 및 감사(감사위원회 위원을 포함한다. 이하 이 조 내지 제213조에서 같다)를 정하는 때에는 그 성명 및 주민등록번호

제211조 【회사의 신설합병】 회사인 채무자가 다른 회사와 합병하여 신회사를 설립하는 때에는 회생계획에 다음 각 호의 사항을 정하여야 한다.

1. 다른 회사의 상호
2. 신회사의 상호, 목적, 본점 및 지점의 소재지, 자본과 준비금의 액 및 공고방법
3. 신회사가 발행하는 주식 또는 출자지분의 종류와 수 및 그 배정에 관한 사항
4. 신회사설립시에 정하는 신회사가 발행하는 주식 또는 출자지분에 대한 주주·지분권자의 신주인수권 또는 출자지분인수권의 제한에 관한 사항과 특정한 제3자에 부여할 것을 정하는 때에는 이에 관한 사항
5. 회생채권자·회생담보권자 또는 각 채무자의 주주·지분권자 또는 다른 회사의 주주·지분권자에 대하여 발행하는 주식 또는 출자지분의 종류 및 수와 그 배정에 관한 사항
6. 각 회사의 주주·지분권자에게 금전을 지급하거나 사채를 배정하는 것을 정하는 때에는 그 규정
7. 합병계약서 승인결의를 위한 다른 회사의 주주총회 또는 사원총회의 일시
8. 합병을 하는 날
9. 다른 회사가 합병으로 인하여 이익의 배당 또는 「상법」 제462조의3(중간배당) 제1항의 규정에 의하여 금전으로 이익배당을 하는 때에는 그 한도액
10. 합병으로 인하여 존속하는 회사에 취임하게 될 이사 및 감사를 정하는 때에는 그 성명 및 주민등록번호

제212조 【주식회사의 분할】 ① 주식회사인 채무자가 분할되어 신회사를 설립하는 때에는 회생계획에 다음 각호의 사항을 정하여야 한다.

1. 신회사의 상호, 목적, 본점 및 지점의 소재지, 발행할 주식의 수, 1주의 금액, 자본과 준비금의 액 및 공고의 방법
2. 신회사가 발행하는 주식의 총수, 종류 및 종류별 주식의 수
3. 신회사설립시에 정하는 신회사가 발행하는 주식에 대한 주주의 신주인수권의 제한에 관한 사항과 특정한 제3자에게 신주인수권을 부여하는 것을 정하는 때에는 그에 관한 사항
4. 채무자의 회생채권자·회생담보권자 또는 주주에 대하여 새로이 납입을 시키지 아니하고 신회사의 주식을 배정하는 때에는 발행하는 주식의 총수 및 종류, 종류별 주식의 수 및 그 배정에 관한 사항과 배정에 따라 주식의 병합 또는 분할을 하는 때에는 그에 관한 사항
5. 채무자의 주주에게 금전을 지급하거나 사채를 배정하는 것을 정하는 때에는 그 규정
6. 신회사에 이전되는 재산과 그 가액
7. 「상법」 제530조의9(분할 및 분할합병 후의 회사의 책임) 제2항의 규정에 의한 정함이 있는 때에는 그 내용
8. 신회사의 이사·대표이사 및 감사가 될 자나 그 선임 또는 선정의 방법 및 임기. 이 경우 임기는 1년을 넘을 수 없다.
9. 신회사가 사채를 발행하는 때에는 제209조 각호의 사항
10. 회생채권자·회생담보권자·주주

또는 제3자에 대하여 새로 납입하게 하고 주식을 발행하는 때에는 그 납입금액 그 밖에 주식의 배정에 관한 사항과 납입기일
11. 현물출자를 하는 자가 있는 때에는 그 성명 및 주민등록번호, 출자의 목적인 재산, 그 가격과 이에 대하여 부여하는 주식의 종류 및 수
12. 그 밖에 신회사의 정관에 기재하고자 하는 사항
13. 자본과 준비금의 액
14. 분할하는 날

② 분할 후 채무자가 존속하는 때에는 회생계획에 채무자에 관하여 다음 각 호의 사항을 정하여야 한다.
1. 감소하는 자본과 준비금의 액
2. 자본감소의 방법
3. 분할로 인하여 이전하는 재산과 그 가액
4. 분할 후의 발행주식의 총수
5. 채무자가 발행하는 주식의 총수를 감소하는 때에는 그 감소하는 주식의 총수 · 종류 및 종류별 주식의 수
6. 그 밖에 정관변경을 가져 오게 하는 사항

제213조 【주식회사의 분할합병】 ① 주식회사인 채무자가 분할되어 그 일부가 다른 회사와 합병하여 그 다른 회사가 존속하는 때와 다른 회사가 분할되어 그 일부가 주식회사인 채무자와 합병하여 그 채무자가 존속하는 때에는 회생계획에 다음 각호의 사항을 정하여야 한다.
1. 다른 회사의 상호
2. 존속하는 회사가 분할합병으로 인하여 발행하여야 하는 주식의 총수가 증가하는 때에는 증가하는 주식의 총수 · 종류 및 종류별 주식의 수, 그 주식에 대한 주주의 신주인수권의 제한에 관한 사항과 특정한 제3자에게 신주인수권을 부여하는 것을 정하는 때에는 그에 관한 사항
3. 분할되는 채무자의 회생채권자 · 회생담보권자 또는 주주에 대하여 발행하는 신주의 총수 및 종류, 종류별 주식의 수 및 그 배정에 관한 사항과 배정에 따른 주식의 병합 또는 분할을 하는 때에는 그에 관한 사항
4. 분할되는 회사의 주주에게 금전을 지급하거나 사채를 배정하는 것을 정하는 때에는 그에 관한 사항
5. 존속하는 회사의 증가하는 자본의 총액과 준비금에 관한 사항
6. 분할되는 채무자가 존속하는 회사에 이전하는 재산과 그 가액
7. 「상법」 제530조의9(분할 및 분할합병 후의 회사의 책임) 제3항의 규정에 의한 정함이 있는 때에는 그에 관한 사항
8. 분할합병계약서를 승인하는 결의를 하기 위한 다른 회사의 주주총회의 일시
9. 분할합병을 하는 날
10. 다른 회사가 존속하는 경우 그 회사의 이사 및 감사를 정하는 때에는 그 성명 및 주민등록번호
11. 그 밖에 존속하는 채무자의 정관변경을 가져오게 하는 사항

② 채무자가 분할되어 그 일부가 다른 회사 또는 다른 회사의 일부와 분할합병을 하여 신회사를 설립하는 때와 다른 회사가 분할되어 그 일부가 채무자 또는 채무자의 일부와 분할합병을 하여 신회사를 설립하는 때에는 회생계획에 다음 각호의 사항을 정하여야 한다.
1. 다른 회사의 상호
2. 신회사의 상호, 목적, 본점 및 지점의 소재지, 발행할 주식의 수, 1주의 금액, 자본과 준비금의 액 및 공고방법
3. 신회사설립시에 정하는 신회사가 발행하는 주식에 대한 주주의 신주인수권의 제한에 관한 사항과 특정

한 제3자에게 신주인수권을 부여하는 것을 정하는 때에는 그에 관한 사항
4. 채무자 또는 다른 회사가 신회사에 이전하는 재산과 그 가액
5. 「상법」 제530조의9(분할 및 분할합병 후의 회사의 책임) 제2항의 규정에 의한 정함이 있는 때에는 그 내용
6. 그 밖에 신회사의 정관에 기재하고자 하는 사항
7. 채무자의 회생채권자·회생담보권자·주주 또는 다른 회사의 주주에 대하여 발행하는 주식의 총수 및 종류, 종류별 주식의 수 및 그 배정에 관한 사항과 배정에 따른 주식의 병합 또는 분할을 하는 때에는 그에 관한 사항
8. 채무자 또는 다른 회사의 주주에게 금전을 지급하거나 사채를 배정하는 것을 정하는 때에는 그 사항
9. 다른 회사에서 분할합병계약서를 승인하는 결의를 하기 위한 주주총회의 일시
10. 분할합병을 하는 날
11. 신회사의 이사·대표이사 및 감사가 될 자나 그 선임 또는 선정의 방법 및 임기. 이 경우 임기는 1년을 넘을 수 없다.

③ 제212조의 규정은 제1항 및 제2항의 규정에 의하여 채무자의 분할합병을 하지 아니하는 부분을 정하는 경우에 관하여 준용한다.

제214조 【주식회사의 물적 분할】 제212조 및 제213조의 규정은 분할되는 주식회사인 채무자가 분할 또는 분할합병으로 인하여 설립되는 회사의 주식의 총수를 취득하는 경우에 관하여 준용한다.

제215조 【주식회사 또는 유한회사의 신회사 설립】 ① 회생채권자·회생담보권자·주주·지분권자에 대하여 새로 납입 또는 현물출자를 하지 아니하고 주식 또는 출자지분을 인수하게 함으로써 신회사(주식회사 또는 유한회사에 한한다. 이하 이 조에서 같다)를 설립하는 때에는 회생계획에 다음 각호의 사항을 정하여야 한다.
1. 신회사의 상호, 목적, 본점 및 지점의 소재지와 공고의 방법
2. 신회사가 발행하는 주식 또는 출자지분의 종류와 수
3. 1주 또는 출자 1좌의 금액
4. 신회사설립시에 정하는 신회사가 발행하는 주식 또는 출자지분에 대한 주주의 신주인수권 또는 지분권자의 출자지분인수권의 제한에 관한 사항과 특정한 제3자에 부여하는 것을 정하는 때에는 이에 관한 사항
5. 회생채권자·회생담보권자·주주·지분권자에 대하여 발행하는 주식 또는 출자지분의 종류 및 수와 그 배정에 관한 사항
6. 그 밖에 신회사의 정관에 기재하는 사항
7. 신회사의 자본 또는 출자액의 준비금의 액
8. 채무자에서 신회사로 이전하는 재산과 그 가액
9. 신회사의 이사·대표이사 및 감사가 될 자나 그 선임 또는 선정의 방법 및 임기. 이 경우 임기는 1년을 넘을 수 없다.
10. 신회사가 사채를 발행하는 때에는 제209조 각호의 사항

② 제1항에 규정된 경우를 제외하고 주식의 포괄적 이전·합병·분할 또는 분할합병에 의하지 아니하고 신회사를 설립하는 때에는 회생계획에 다음 각호의 사항을 정하여야 한다.
1. 제1항 제1호 내지 제3호, 제6호 및 제8호 내지 제10호의 사항
2. 신회사설립 당시 발행하는 주식 또는 출자지분의 종류 및 수와 회생채권자·회생담보권자 또는 주주·지

분권자에 대하여 새로 납입 또는 현물출자를 하게 하거나 하게 하지 아니하고 주식 또는 출자지분을 인수하게 하는 때에는 제1항 제5호의 사항
3. 새로 현물출자를 하는 자가 있는 때에는 그 성명 및 주민등록번호, 출자의 목적인 재산, 그 가액과 이에 대하여 부여하는 주식 또는 출자지분의 종류와 수

제216조【해산】 채무자가 합병·분할 또는 분할합병에 의하지 아니하고 해산하는 때에는 회생계획에 그 뜻과 해산의 시기를 정하여야 한다.

제217조【공정하고 형평한 차등】 ① 회생계획에서는 다음 각호의 규정에 의한 권리의 순위를 고려하여 회생계획의 조건에 공정하고 형평에 맞는 차등을 두어야 한다.
1. 회생담보권
2. 일반의 우선권 있는 회생채권
3. 제2호에 규정된 것 외의 회생채권
4. 잔여재산의 분배에 관하여 우선적 내용이 있는 종류의 주주·지분권자의 권리
5. 제4호에 규정된 것 외의 주주·지분권자의 권리

② 제1항의 규정은 제140조 제1항 및 제2항의 청구권에 관하여는 적용하지 아니한다.

제218조【평등의 원칙】 ① 회생계획의 조건은 같은 성질의 권리를 가진 자 간에는 평등하여야 한다. 다만, 다음 각호의 어느 하나에 해당하는 때에는 그러하지 아니하다.
1. 불이익을 받는 자의 동의가 있는 때
2. 채권이 소액인 회생채권자, 회생담보권자 및 제118조 제2호 내지 제4호의 청구권을 가지는 자에 대하여 다르게 정하거나 차등을 두어도 형평을 해하지 아니하는 때
3. 그 밖에 동일한 종류의 권리를 가진 자 사이에 차등을 두어도 형평을 해하지 아니하는 때

② 회생계획에서는 다음 각호의 청구권을 다른 회생채권과 다르게 정하거나 차등을 두어도 형평을 해하지 아니한다고 인정되는 경우에는 다른 회생채권보다 불이익하게 취급할 수 있다.
1. 회생절차개시 전에 채무자와 대통령령이 정하는 범위의 특수관계에 있는 자의 채무자에 대한 금전소비대차로 인한 청구권
2. 회생절차개시 전에 채무자가 대통령령이 정하는 범위의 특수관계에 있는 자를 위하여 무상으로 보증인이 된 경우의 보증채무에 대한 청구권
3. 회생절차개시 전에 채무자와 대통령령이 정하는 범위의 특수관계에 있는 자가 채무자를 위하여 보증인이 된 경우 채무자에 대한 보증채무로 인한 구상권

제219조【특별한 이익을 주는 행위의 무효】 채무자가 자신 또는 제3자의 명의로 회생계획에 의하지 아니하고 일부 회생채권자·회생담보권자·주주·지분권자에게 특별한 이익을 주는 행위는 무효로 한다.

제2절 회생계획안의 제출

제220조【회생계획안의 제출】 ① 관리인은 제50조 제1항 제4호 또는 같은 조 제3항에 따라 법원이 정한 기간 안에 회생계획안을 작성하여 법원에 제출하여야 한다.

② 관리인은 제1항의 기간 안에 회생계획안을 작성할 수 없는 때에는 그 기간 안에 그 사실을 법원에 보고하여야 한다.

제221조【회생채권자 등의 회생계획안 제출】 다음 각 호의 어느 하나에 해당하는 자는 제220조 제1항에 따른 기간 안

에 회생계획안을 작성하여 법원에 제출할 수 있다.
1. 채무자
2. 목록에 기재되어 있거나 신고한 회생채권자 · 회생담보권자 · 주주 · 지분권자

제222조【청산 또는 영업양도 등을 내용으로 하는 회생계획안】 ① 법원은 채무자의 사업을 청산할 때의 가치가 채무자의 사업을 계속할 때의 가치보다 크다고 인정하는 때에는 다음 각호의 어느 하나에 해당하는 자의 신청에 의하여 청산(영업의 전부 또는 일부의 양도, 물적 분할을 포함한다)을 내용으로 하는 회생계획안의 작성을 허가할 수 있다. 다만, 채권자 일반의 이익을 해하는 때에는 그러하지 아니하다.
1. 관리인
2. 채무자
3. 목록에 기재되어 있거나 신고한 회생채권자 · 회생담보권자 · 주주 · 지분권자

② 제1항의 규정은 회생절차개시 후 채무자의 존속, 합병, 분할, 분할합병, 신회사의 설립 등에 의한 사업의 계속을 내용으로 하는 회생계획안의 작성이 곤란함이 명백하게 된 경우에 관하여 준용한다.
③ 법원은 회생계획안을 결의에 부칠 때까지는 언제든지 제1항 또는 제2항의 규정에 의한 허가를 취소할 수 있다.
④ 제236조 제4항의 규정은 제1항 및 제2항에 의한 허가에 관하여 준용한다.

제223조【회생계획안의 사전제출】 ① 채무자의 부채의 2분의 1이상에 해당하는 채권을 가진 채권자는 회생절차개시의 신청이 있은 때부터 조사기간의 만료 전까지 회생계획안을 작성하여 법원에 제출할 수 있다.
② 법원은 제1항의 규정에 의하여 제출된 회생계획안(제228조 또는 제229조 제2항의 규정에 의하여 회생계획안을 수정한 때에는 그 수정된 회생계획안을 말한다. 이하 이 조에서 "사전계획안"이라 한다)을 법원에 비치하여 이해관계인에게 열람하게 하여야 한다.
③ 사전계획안을 제출한 채권자 외의 채권자는 회생계획안의 결의를 위한 관계인집회의 기일 전날까지 그 사전계획안에 동의한다는 의사를 서면으로 법원에 표시할 수 있다.
④ 삭제
⑤ 사전계획안이 제출된 때에는 관리인은 법원의 허가를 받아 회생계획안을 제출하지 아니하거나 제출한 회생계획안을 철회할 수 있다.
⑥ 사전계획안을 제출하거나 그 사전계획안에 동의한다는 의사를 표시한 채권자는 결의를 위한 관계인집회에서 그 사전계획안을 가결하는 때에 동의한 것으로 본다. 다만, 사전계획안의 내용이 그 채권자에게 불리하게 수정되거나, 현저한 사정변경이 있거나 그 밖에 중대한 사유가 있는 때에는 결의를 위한 관계인집회의 기일 전날까지 법원의 허가를 받아 동의를 철회할 수 있다.

제224조【회생계획안심리를 위한 관계인집회】 회생계획안의 제출이 있는 때에는 법원은 그 회생계획안을 심리하기 위하여 기일을 정하여 관계인집회를 소집하여야 한다. 다만, 제240조의 규정에 의한 서면결의에 부치는 때에는 그러하지 아니하다.

제225조【회생계획안에 대한 의견청취】 제224조의 규정에 의한 관계인집회에서는 회생계획안의 제출자로부터 회생계획안에 대한 설명을 들은 후 법원은 다음 각호의 자로부터 회생계획안에 대한 의견을 들어야 한다.
1. 관리인
2. 채무자

3. 목록에 기재되어 있거나 신고한 회생채권자 · 회생담보권자 · 주주 · 지분권자

제226조【감독행정청 등의 의견】 ① 법원은 필요하다고 인정하는 때에는 채무자의 업무를 감독하는 행정청, 법무부장관, 금융위원회 그 밖의 행정기관에 대하여 회생계획안에 대한 의견의 진술을 요구할 수 있다.

② 행정청의 허가 · 인가 · 면허 그 밖의 처분을 요하는 사항을 정하는 회생계획안에 관하여는 법원은 그 사항에 관하여 그 행정청의 의견을 들어야 한다.

③ 채무자의 업무를 감독하는 행정청, 법무부장관 또는 금융위원회는 언제든지 법원에 대하여 회생계획안에 관하여 의견을 진술할 수 있다.

제227조【채무자의 노동조합 등의 의견】 법원은 회생계획안에 관하여 다음 각 호의 어느 하나에 해당하는 자의 의견을 들어야 한다.

1. 채무자의 근로자의 과반수로 조직된 노동조합
2. 제1호의 규정에 의한 노동조합이 없는 때에는 채무자의 근로자의 과반수를 대표하는 자

제228조【회생계획안의 수정】 회생계획안의 제출자는 회생계획안의 심리를 위한 관계인집회의 기일 또는 제240조의 규정에 의한 서면결의에 부치는 결정이 있는 날까지는 법원의 허가를 받아 회생계획안을 수정할 수 있다.

제229조【회생계획안의 수정명령】 ① 법원은 이해관계인의 신청에 의하거나 직권으로 회생계획안의 제출자에 대하여 회생계획안을 수정할 것을 명할 수 있다.

② 제1항의 규정에 의한 법원의 명령이 있는 때에는 회생계획안의 제출자는 법원이 정하는 기한 안에 회생계획안을 수정하여야 한다.

제230조【관계인집회의 재개】 ① 회생계획안 심리를 위한 관계인집회의 기일 후에 제229조의 규정에 의한 수정이 있는 때에는 법원은 그 수정안을 심리하기 위하여 다시 기일을 정하여 관계인집회를 소집할 수 있다.

② 제225조의 규정은 제1항의 관계인집회에 관하여 준용한다.

제231조【회생계획안의 배제】 회생계획안이 다음 각호의 어느 하나에 해당하는 경우에는 법원은 회생계획안을 관계인집회의 심리 또는 결의에 부치지 아니할 수 있다.

1. 회생계획안이 법률의 규정을 위반한 경우
2. 회생계획안이 공정하지 아니하거나 형평에 맞지 아니한 경우
3. 회생계획안의 수행이 불가능한 경우

제231조의2【회생계획안의 배제에 대한 특칙】 ① 회생계획안이 제57조 각 호의 어느 하나에 해당하는 행위를 내용으로 하는 경우로서 다음 각 호의 요건을 모두 충족하는 경우에는 법원은 회생계획안을 관계인집회의 심리 또는 결의에 부치지 아니할 수 있다.

1. 다음 각 목의 어느 하나에 해당하는 자의 중대한 책임이 있는 행위로 인하여 회생절차개시의 원인이 발생하였다고 인정될 것
   가. 회사인 채무자의 이사(「상법」 제401조의2 제1항에 따라 이사로 보는 자를 포함한다)나 해당 이사와 제101조 제1항에 따른 특수관계에 있는 자
   나. 회사인 채무자의 감사
   다. 회사인 채무자의 지배인
2. 제57조 각 호의 어느 하나에 해당하는 행위를 하려는 자가 다음 각 목의 어느 하나의 경우에 해당할 것
   가. 제1호에 해당하는 자의 자금제공, 담보제공이나 채무보증 등을

통하여 제57조 각 호의 어느 하나에 해당하는 행위를 하는 데에 필요한 자금을 마련한 경우
나. 현재 및 과거의 거래관계, 지분소유관계 및 자금제공관계 등을 고려할 때 제1호에 해당하는 자와 채무자의 경영권 인수 등 사업운영에 관하여 경제적 이해관계를 같이하는 것으로 인정되는 경우
다. 제1호에 해당하는 자와 배우자, 직계혈족 등 대통령령으로 정하는 특수관계에 있는 경우

② 회생계획안이 제57조 각 호의 어느 하나에 해당하는 행위를 내용으로 하는 경우로서 그 행위를 하려는 자 또는 그와 대통령령으로 정하는 특수관계에 있는 자가 다음 각 호의 어느 하나에 해당하는 경우에는 법원은 회생계획안을 관계인집회의 심리 또는 결의에 부쳐서는 아니 된다.
1. 채무자를 상대로 「형법」 제347조(사기)·제347조의2(컴퓨터등 사용사기)·제349조(부당이득)·제355조(횡령, 배임)·제356조(업무상의 횡령과 배임)·제357조(배임수증재)의 죄(「형법」 또는 다른 법률에 따라 가중 처벌되는 경우 및 미수범을 포함한다)를 범하여 금고 이상의 실형을 선고받고 그 집행이 끝나거나(집행이 끝난 것으로 보는 경우를 포함한다) 집행이 면제된 날부터 10년이 지나지 아니한 경우
2. 채무자를 상대로 제1호의 죄를 범하여 금고 이상의 형의 집행유예 또는 선고유예를 선고받고 그 유예기간 중에 있는 경우
3. 이 법을 위반하여 금고 이상의 실형을 선고받고 그 집행이 끝나거나(집행이 끝난 것으로 보는 경우를 포함한다) 집행이 면제된 날부터 5년이 지나지 아니한 경우
4. 이 법을 위반하여 금고 이상의 형의 집행유예 또는 선고유예를 선고받고 그 유예기간 중에 있는 경우

③ 법원은 제1항 또는 제2항의 내용을 확인하기 위하여 필요한 경우에는 채무자, 관리인, 보전관리인, 그 밖의 이해관계인 등에게 정보의 제공 또는 자료의 제출을 명할 수 있다.

제232조【회생계획안의 결의를 위한 관계인집회】 ① 제224조 또는 제230조의 규정에 의한 관계인집회의 심리를 거친 회생계획안에 관하여 수정명령을 하지 아니하는 때에는 법원은 회생계획안에 관하여 결의를 하기 위하여 기일을 정하여 관계인집회를 소집하여야 한다.

② 제1항의 경우 법원은 미리 그 계획안의 사본 또는 그 요지를 다음 각호의 자에게 송달하여야 한다.
1. 관리인
2. 채무자
3. 목록에 기재되어 있거나 신고한 회생채권자·회생담보권자·주주·지분권자(의결권을 행사할 수 없는 자를 제외한다)
4. 회생을 위하여 채무를 부담하거나 담보를 제공하는 자

③ 제2항의 규정에 의한 송달은 서류를 우편으로 발송하여 할 수 있다.

④ 제3항의 송달에 관하여는 제8조 제4항·제5항의 규정을 준용한다.

제233조【회생을 위하여 채무를 부담하는 자 등의 출석】 ① 회생을 위하여 채무를 부담하거나 담보를 제공하는 자는 제232조 제1항의 규정에 의한 기일에 출석하여 그 뜻을 진술하여야 한다. 다만, 정당한 사유가 있는 때에는 대리인을 출석하게 할 수 있다.

② 제1항 단서의 규정에 의한 대리인은 대리권을 증명하는 서면을 제출하여야 한다.

③ 제240조의 규정에 의한 서면결의에

부치는 때에는 그 채무를 부담하거나 그 담보를 제공하는 자의 동의를 얻어 회생계획안에 그 내용을 정함으로써 제1항의 규정에 의한 진술에 갈음한다.

제234조【회생계획안의 변경】 회생계획안의 제출자는 회생채권자 · 회생담보권자 · 주주 · 지분권자에게 불리한 영향을 주지 아니하는 때에 한하여 제232조 제1항의 규정에 의한 관계인집회에서 법원의 허가를 받아 회생계획안을 변경할 수 있다.

제3절 회생계획안의 결의

제235조【결의의 시기】 회생계획안은 조사기간의 종료 전에는 결의에 부치지 못한다.

제236조【결의의 방법과 회생채권자 등의 분류】 ① 제232조 제1항의 규정에 의하여 관계인집회에서 결의하거나 제240조의 규정에 의하여 서면결의에 의하는 때에는 회생채권자 · 회생담보권자 · 주주 · 지분권자는 제2항, 제3항 및 제5항의 규정에 의하여 분류된 조별로 결의하여야 한다.

② 회생채권자 · 회생담보권자 · 주주 · 지분권자는 회생계획안의 작성과 결의를 위하여 다음 각호의 조로 분류한다. 다만, 제140조 제1항 및 제2항의 청구권을 가진 자는 그러하지 아니한다.

1. 회생담보권자
2. 일반의 우선권 있는 채권을 가진 회생채권자
3. 제2호에 규정된 회생채권자 외의 회생채권자
4. 잔여재산의 분배에 관하여 우선적 내용을 갖는 종류의 주식 또는 출자지분을 가진 주주 · 지분권자
5. 제4호에 규정된 주주 · 지분권자 외의 주주 · 지분권자

③ 법원은 제2항 각호의 자가 가진 권리의 성질과 이해관계를 고려하여 2개 이상의 호의 자를 하나의 조로 분류하거나 하나의 호에 해당하는 자를 2개 이상의 조로 분류할 수 있다. 다만, 회생담보권자 · 회생채권자 · 주주 · 지분권자는 각각 다른 조로 분류하여야 한다.

④ 다음 각호의 어느 하나에 해당하는 자는 제3항의 규정에 의한 분류에 관하여 의견을 진술할 수 있다.

1. 관리인
2. 채무자
3. 목록에 기재되어 있거나 신고한 회생채권자 · 회생담보권자 · 주주 · 지분권자

⑤ 법원은 회생계획안을 결의에 부칠 때까지는 언제든지 제2항 및 제3항의 규정에 의한 분류를 변경할 수 있다.

⑥ 제163조의 규정은 제3항 및 제5항의 규정에 의한 결정의 송달에 관하여 준용한다. 다만, 관계인집회의 기일에 선고가 있는 때에는 송달을 하지 아니할 수 있다.

제237조【가결의 요건】 관계인집회에서는 다음 각호의 구분에 의하여 회생계획안을 가결한다.

1. 회생채권자의 조
   의결권을 행사할 수 있는 회생채권자의 의결권의 총액의 3분의 2 이상에 해당하는 의결권을 가진 자의 동의가 있을 것
2. 회생담보권자의 조
   가. 제220조의 규정에 의한 회생계획안에 관하여는 의결권을 행사할 수 있는 회생담보권자의 의결권의 총액의 4분의 3 이상에 해당하는 의결권을 가진 자의 동의가 있을 것
   나. 제222조의 규정에 의한 회생계획안에 관하여는 의결권을 행사할 수 있는 회생담보권자의 의결권의 총액의 5분의 4 이상에 해당하는 의결권을 가진 자의 동의가

있을 것
3. 주주 · 지분권자의 조
회생계획안의 가결을 위한 관계인 집회에서 의결권을 행사하는 주주 · 지분권자의 의결권의 총수의 2분의 1 이상에 해당하는 의결권을 가진 자의 동의가 있을 것

제238조【속행기일의 지정】 관계인집회에서 회생계획안이 가결되지 아니한 경우 다음 각호의 자가 모두 기일의 속행에 동의한 때에는 법원은 관리인 또는 채무자나 의결권을 행사할 수 있는 회생채권자 · 회생담보권자 · 주주 · 지분권자의 신청에 의하거나 직권으로 속행기일을 정할 수 있다.
1. 회생채권자의 조에서 의결권을 행사할 수 있는 회생채권자의 의결권의 총액의 3분의 1 이상에 해당하는 의결권을 가진 자
2. 회생담보권자의 조에서 의결권을 행사할 수 있는 회생담보권자의 의결권의 총액의 2분의 1 이상에 해당하는 의결권을 가진 자
3. 주주 · 지분권자의 조에서 의결권을 행사하는 주주 · 지분권자의 의결권의 총수의 3분의 1 이상에 해당하는 의결권을 가진 자

제239조【가결의 시기】 ① 회생계획안의 가결은 제232조 제1항의 규정에 의한 관계인집회의 제1기일부터 2월 이내에 하여야 한다.
② 법원은 필요하다고 인정하는 때에는 계획안제출자의 신청에 의하거나 직권으로 제1항의 규정에 의한 기간을 늘일 수 있다. 이 경우 그 기간은 1월을 넘지 못한다.
③ 회생계획안의 가결은 회생절차개시일부터 1년 이내에 하여야 한다. 다만, 불가피한 사유가 있는 때에는 법원은 6월의 범위 안에서 그 기간을 늘일 수 있다.

제240조【서면에 의한 결의】 ① 법원은 회생계획안이 제출된 때에 상당하다고 인정하는 때에는 회생계획안을 서면에 의한 결의(이하 이 편에서 "서면결의"라 한다)에 부치는 취지의 결정을 할 수 있다. 이 경우 법원은 그 뜻을 공고하여야 한다.
② 제1항의 규정에 의한 서면결의를 결정한 때에는 법원은 제182조 제1항에 규정된 자에 대하여 회생계획안의 사본 또는 그 요지를 송달함과 동시에 의결권자에 대하여는 회생계획안에 동의하는지 여부와 인가 여부에 관한 의견, 회생계획안이 가결되지 아니한 경우 속행기일의 지정에 동의하는지 여부를 법원이 정하는 기간(이하 이 조에서 "회신기간"이라 한다)안에 서면으로 회신하여야 한다는 뜻을 기재한 서면을 송달하여야 한다. 이 경우 회신기간은 제1항의 규정에 의한 결정일부터 2월을 넘을 수 없다.
③ 제2항의 규정에 의한 송달은 서류를 우편으로 발송하여 할 수 있다.
④ 제2항의 규정에 의하여 회생계획안을 송달한 때에는 제224조의 회생계획안 심리를 위한 관계인집회가 완료된 것으로 본다.
⑤ 회신기간 안에 회생계획안에 동의한다는 뜻을 서면으로 회신하여 법원에 도달한 의결권자의 동의가 제237조의 규정에 의한 가결요건을 충족하는 때에는 그 회생계획안은 가결된 것으로 본다.
⑥ 제188조 제1항 내지 제3항 및 제189조의 규정은 서면결의에 관하여 준용한다.
⑦ 서면결의로 가결되지 아니한 회생계획안에 대하여 제238조의 규정에 의한 속행기일이 지정된 때에는 속행기일에서 결의에 부쳐야 하고 다시 서면결의에 부칠 수 없다.

제241조【회생계획안이 가결된 경우의 법인의 존속】 청산 중이거나 파산선고를

받은 사단법인 또는 재단법인인 채무자에 대하여 회생절차가 개시되어 회생계획안이 가결된 때에는 그 사단법인은 정관의 변경에 관한 규정에 따라, 재단법인은 주무관청의 인가를 받아 법인을 존속하게 할 수 있다.

제4절 회생계획의 인가 등

제242조 【회생계획의 인가 여부】 ① 관계인집회에서 회생계획안을 가결한 때에는 법원은 그 기일에 또는 즉시로 선고한 기일에 회생계획의 인가 여부에 관하여 결정을 하여야 한다.

② 제1항의 규정에 의한 기일에서 다음 각호의 어느 하나에 해당하는 자는 회생계획의 인가 여부에 관하여 의견을 진술할 수 있다.

1. 제182조 제1항 각호의 자
2. 채무자의 업무를 감독하는 행정청·법무부장관 및 금융위원회

③ 회생계획의 인가 여부의 기일을 정하는 결정은 선고를 한 때에는 공고와 송달을 하지 아니할 수 있다.

④ 서면결의에 의하여 회생계획안이 가결된 때에는 법원은 지체 없이 회생계획의 인가 여부에 관하여 결정을 하여야 한다.

⑤ 법원은 제4항의 규정에 의하여 회생계획의 인가 또는 불인가의 결정을 한 때에는 제182조 제1항 각호의 자에 대하여 그 주문 및 이유의 요지를 기재한 서면을 송달하여야 한다.

제243조 【회생계획인가의 요건】 ① 법원은 다음의 요건을 구비하고 있는 경우에 한하여 회생계획인가의 결정을 할 수 있다.

1. 회생절차 또는 회생계획이 법률의 규정에 적합할 것
2. 회생계획이 공정하고 형평에 맞아야 하며 수행이 가능할 것
3. 회생계획에 대한 결의를 성실·공정한 방법으로 하였을 것
4. 회생계획에 의한 변제방법이 채무자의 사업을 청산할 때 각 채권자에게 변제하는 것보다 불리하지 아니하게 변제하는 내용일 것. 다만, 채권자가 동의한 경우에는 그러하지 아니하다.
5. 합병 또는 분할합병을 내용으로 한 회생계획에 관하여는 다른 회사의 주주총회 또는 사원총회의 합병계약서 또는 분할합병계약서의 승인결의가 있었을 것. 다만, 그 회사가 주주총회 또는 사원총회의 승인결의를 요하지 아니하는 경우를 제외한다.
6. 회생계획에서 행정청의 허가·인가·면허 그 밖의 처분을 요하는 사항이 제226조 제2항의 규정에 의한 행정청의 의견과 중요한 점에서 차이가 없을 것
7. 주식의 포괄적 교환을 내용으로 하는 회생계획에 관하여는 다른 회사의 주주총회의 주식의 포괄적 교환계약서의 승인결의가 있을 것. 다만, 그 회사가 「상법」 제360조의9(간이주식교환) 및 제360조의10(소규모 주식교환)의 규정에 의하여 주식의 포괄적 교환을 하는 경우를 제외한다.

② 회생계획의 인가 여부 결정에 이르기까지의 절차가 법률의 규정에 위반되는 경우에도 그 위반의 정도, 채무자의 현황 그 밖의 모든 사정을 고려하여 회생계획을 인가하지 아니하는 것이 부적당하다고 인정되는 때에는 법원은 회생계획인가의 결정을 할 수 있다.

제243조의2 【회생계획의 불인가】 ① 회생계획안이 제57조 각 호의 어느 하나에 해당하는 행위를 내용으로 하는 경우로서 제231조의2 제1항 각 호의 요건을 모두 충족하는 경우에는 법원은 회생계획불인가의 결정을 할 수 있다.

② 회생계획안이 제57조 각 호의 어느 하나에 해당하는 행위를 내용으로 하는 경우로서 그 행위를 하려는 자 또는 그와 대통령령으로 정하는 특수관계에 있는 자가 제231조의2 제2항 각 호의 어느 하나에 해당하는 경우에는 법원은 회생계획불인가의 결정을 하여야 한다.
③ 법원은 제1항 또는 제2항의 내용을 확인하기 위하여 필요한 경우에는 채무자, 관리인, 보전관리인, 그 밖의 이해관계인 등에게 정보의 제공 또는 자료의 제출을 명할 수 있다.

제244조【동의하지 아니하는 조가 있는 경우의 인가】 ① 회생계획안에 관하여 관계인집회에서 결의하거나 제240조의 규정에 의한 서면결의에 부치는 경우 법정의 액 또는 수 이상의 의결권을 가진 자의 동의를 얻지 못한 조가 있는 때에도 법원은 회생계획안을 변경하여 그 조의 회생채권자 · 회생담보권자 · 주주 · 지분권자를 위하여 다음 각호의 어느 하나에 해당하는 방법에 의하여 그 권리를 보호하는 조항을 정하고 회생계획인가의 결정을 할 수 있다.
1. 회생담보권자에 관하여 그 담보권의 목적인 재산을 그 권리가 존속되도록 하면서 신회사에 이전하거나 타인에게 양도하거나 채무자에게 유보하는 방법
2. 회생담보권자에 관하여는 그 권리의 목적인 재산을, 회생채권자에 관하여는 그 채권의 변제에 충당될 채무자의 재산을, 주주 · 지분권자에 관하여는 잔여재산의 분배에 충당될 채무자의 재산을 법원이 정하는 공정한 거래가격(담보권의 목적인 재산에 관하여는 그 권리로 인한 부담이 없는 것으로 평가한다) 이상의 가액으로 매각하고 그 매각대금에서 매각비용을 공제한 잔금으로 변제하거나 분배하거나 공탁하는 방법
3. 법원이 정하는 그 권리의 공정한 거래가액을 권리자에게 지급하는 방법
4. 그 밖에 제1호 내지 제3호의 방법에 준하여 공정하고 형평에 맞게 권리자를 보호하는 방법

② 회생계획안에 관하여 관계인집회에서 결의하거나 제240조의 규정에 의한 서면결의에 부치는 경우 회생계획안의 가결요건을 충족하는 데에 필요한 동의를 얻지 못할 것이 명백한 조가 있는 때에는 법원은 회생계획안을 작성한 자의 신청에 의하여 미리 그 조의 회생채권자 · 회생담보권자 · 주주 · 지분권자를 위하여 제1항 각호의 방법에 의하여 그 권리를 보호하는 조항을 정하고 회생계획안을 작성할 것을 허가 할 수 있다.
③ 제2항의 규정에 의한 신청이 있는 때에는 법원은 신청인과 동의를 얻지 못할 것이 명백한 조의 권리자 1인 이상의 의견을 들어야 한다.

제245조【회생계획인가 여부 결정의 선고 등】 ① 법원은 회생계획의 인가 여부의 결정을 선고하고 그 주문, 이유의 요지와 회생계획이나 그 요지를 공고하여야 한다. 이 경우 송달은 하지 아니할 수 있다.
② 제41조 제1항의 규정은 제1항의 규정에 의한 결정이 있는 경우에 관하여 준용한다.
③ 제1항의 규정에 불구하고 제1항의 규정에 의한 회생계획인가 여부의 결정이 제240조의 규정에 의한 서면결의에 관한 것인 때에는 법원은 그 주문, 이유의 요지와 회생계획 및 그 요지를 다음 각호의 자에게 송달하여야 한다.
1. 제182조 제1항 각호의 자
2. 채무자가 주식회사인 경우에는 채무자의 업무를 감독하는 행정청 · 법무부장관 및 금융위원회

제246조【회생계획의 효력발생시기】 회생계획은 인가의 결정이 있은 때부터

효력이 생긴다.

제247조 【항고】 ① 회생계획의 인가 여부의 결정에 대하여는 즉시항고를 할 수 있다. 다만, 목록에 기재되지 아니하거나 신고하지 아니한 회생채권자 · 회생담보권자 · 주주 · 지분권자는 그러하지 아니하다.

② 의결권이 없는 회생채권자 · 회생담보권자 · 주주 · 지분권자는 제1항의 규정에 의한 즉시항고를 하는 때에는 회생채권자 · 회생담보권자 · 주주 · 지분권자인 것을 소명하여야 한다.

③ 회생계획인가의 결정에 대한 항고는 회생계획의 수행에 영향을 미치지 아니한다. 다만, 항고법원 또는 회생법원은 항고가 이유있다고 인정되고 회생계획의 수행으로 생길 회복할 수 없는 손해를 예방하기 위하여 긴급한 필요가 있음을 소명한 때에는 신청에 의하여 항고에 관하여 결정이 있을 때까지 담보를 제공하게 하거나 담보를 제공하게 하지 아니하고 회생계획의 전부나 일부의 수행을 정지하거나 그 밖에 필요한 처분을 할 수 있다.

④ 회생계획불인가의 결정에 대한 항고가 있는 때에는 회생법원은 기간을 정하여 항고인에게 보증으로 대법원규칙이 정하는 범위 안에서 금전 또는 법원이 인정하는 유가증권을 공탁하게 할 수 있다.

⑤ 제4항의 경우 항고인이 법원이 정하는 기간 안에 보증을 제공하지 아니하는 때에는 법원은 결정으로 항고를 각하하여야 한다.

⑥ 제4항의 규정에 의한 항고가 기각되고 채무자에 대하여 파산선고가 있거나 파산절차가 속행되는 때에는 보증으로 제공한 금전 또는 유가증권은 파산재단에 속한다.

⑦ 제1항의 즉시항고에 관한 재판의 불복은 「민사소송법」 제442조(재항고)의 규정에 의한다. 이 경우 제1항 내지 제6항의 규정은 이에 준용한다.

제248조 【회생계획불인가의 결정이 확정된 경우】 제291조 및 제292조의 규정은 회생계획불인가의 결정이 확정된 경우에 관하여 준용한다.

제249조 【회생채권자표 등의 기재】 회생계획인가의 결정이 확정된 때에는 법원사무관 등은 회생계획에서 인정된 권리를 회생채권자표, 회생담보권자표와 주주 · 지분권자표에 기재하여야 한다.

제250조 【회생계획의 효력범위】 ① 회생계획은 다음 각호의 자에 대하여 효력이 있다.

1. 채무자
2. 회생채권자 · 회생담보권자 · 주주 · 지분권자
3. 회생을 위하여 채무를 부담하거나 담보를 제공하는 자
4. 신회사(합병 또는 분할합병으로 설립되는 신회사를 제외한다)

② 회생계획은 다음 각호의 권리 또는 담보에 영향을 미치지 아니한다.

1. 회생채권자 또는 회생담보권자가 회생절차가 개시된 채무자의 보증인 그 밖에 회생절차가 개시된 채무자와 함께 채무를 부담하는 자에 대하여 가지는 권리
2. 채무자 외의 자가 회생채권자 또는 회생담보권자를 위하여 제공한 담보

제251조 【회생채권 등의 면책 등】 회생계획인가의 결정이 있는 때에는 회생계획이나 이 법의 규정에 의하여 인정된 권리를 제외하고는 채무자는 모든 회생채권과 회생담보권에 관하여 그 책임을 면하며, 주주 · 지분권자의 권리와 채무자의 재산상에 있던 모든 담보권은 소멸한다. 다만, 제140조 제1항의 청구권은 그러하지 아니하다.

제252조 【권리의 변경】 ① 회생계획인가의 결정이 있는 때에는 회생채권자 ·

회생담보권자 · 주주 · 지분권자의 권리는 회생계획에 따라 변경된다.

② 「상법」 제339조(질권의 물상대위) 및 제340조(주식의 등록질) 제3항은 주주 · 지분권자가 제1항의 규정에 의한 권리의 변경으로 받을 금전 그 밖의 물건, 주식 또는 출자지분, 채권 그 밖의 권리와 주권에 관하여 준용한다.

제253조【회생채권자 및 회생담보권자의 권리】 회생계획에 의하여 정하여진 회생채권자 또는 회생담보권자의 권리는 확정된 회생채권 또는 회생담보권을 가진 자에 대하여만 인정된다.

제254조【신고하지 아니한 주주 · 지분권자의 권리】 회생계획에 의하여 인정된 주주 · 지분권자의 권리는 주식 또는 출자지분의 신고를 하지 아니한 주주 · 지분권자에 대하여도 인정된다.

제255조【회생채권자표 등의 기재의 효력】 ① 회생채권 또는 회생담보권에 기하여 회생계획에 의하여 인정된 권리에 관한 회생채권자표 또는 회생담보권자표의 기재는 회생계획인가의 결정이 확정된 때에 다음 각호의 자에 대하여 확정판결과 동일한 효력이 있다.

1. 채무자
2. 회생채권자 · 회생담보권자 · 주주 · 지분권자
3. 회생을 위하여 채무를 부담하거나 또는 담보를 제공하는 자
4. 신회사(합병 또는 분할합병으로 설립되는 신회사를 제외한다)

② 제1항의 규정에 의한 권리로서 금전의 지급 그 밖의 이행의 청구를 내용으로 하는 권리를 가진 자는 회생절차 종결 후 채무자와 회생을 위하여 채무를 부담한 자에 대하여 회생채권자표 또는 회생담보권자표에 의하여 강제집행을 할 수 있다. 이 경우 보증인은 「민법」 제437조(보증인의 최고, 검색의 항변)의 규정에 의한 항변을 할 수 있다.

③ 「민사집행법」 제2조(집행실시자) 내지 제18조(집행비용의 예납 등), 제20조(공공기관의 원조), 제28조(집행력 있는 정본) 내지 제55조(외국에서 할 집행)의 규정은 제2항의 경우에 관하여 준용한다. 다만, 「민사집행법」 제33조(집행문부여의 소), 제44조(청구에 관한 이의의 소) 및 제45조(집행문부여에 대한 이의의 소)의 규정에 의한 소는 회생법원의 관할에 전속한다.

제256조【중지 중의 절차의 실효】 ① 회생계획인가의 결정이 있은 때에는 제58조 제2항의 규정에 의하여 중지한 파산절차, 강제집행, 가압류, 가처분, 담보권실행 등을 위한 경매절차는 그 효력을 잃는다. 다만, 같은 조 제5항의 규정에 의하여 속행된 절차 또는 처분은 그러하지 아니한다.

② 제1항의 규정에 의하여 효력을 잃은 파산절차에서의 재단채권(제473조 제2호 및 제9호에 해당하는 것을 제외한다)은 공익채권으로 한다.

제7장 회생계획인가 후의 절차

제257조【회생계획의 수행】 ① 회생계획인가의 결정이 있는 때에는 관리인은 지체 없이 회생계획을 수행하여야 한다.

② 회생계획에 의하여 신회사를 설립하는 때에는 관리인이 발기인 또는 설립위원의 직무를 행한다.

③ 관리위원회는 매년 회생계획이 적정하게 수행되고 있는지의 여부에 관하여 평가하고 그 평가결과를 법원에 제출하여야 한다.

④ 관리위원회는 법원에 회생절차의 종결 또는 폐지 여부에 관한 의견을 제시할 수 있다.

제258조【회생계획수행에 관한 법원의 명령】 ① 법원은 다음 각호의 자에 대하

여 회생계획의 수행에 필요한 명령을 할 수 있다.

1. 채무자
2. 회생채권자 · 회생담보권자 · 주주 · 지분권자
3. 회생을 위하여 채무를 부담하거나 담보를 제공하는 자
4. 신회사(합병 또는 분할합병으로 설립되는 신회사를 제외한다)
5. 관리인

② 법원은 회생계획의 수행을 확실하게 하기 위하여 필요하다고 인정하는 때에는 회생계획 또는 이 법의 규정에 의하여 채권을 가진 자와 이의있는 회생채권 또는 회생담보권으로서 그 확정절차가 끝나지 아니한 것을 가진 자를 위하여 상당한 담보를 제공하게 할 수 있다.

③ 「민사소송법」 제122조(담보제공방식), 제123조(담보물에 대한 피고의 권리), 제125조(담보의 취소) 및 제126조(담보물변경)의 규정은 제2항의 규정에 의한 담보에 관하여 준용한다.

제259조 【채무자에 대한 실사】 다음 각 호의 어느 하나에 해당하는 경우 법원은 채권자협의회의 신청에 의하거나 직권으로 조사위원 또는 간이조사위원으로 하여금 채무자의 재산 및 영업상태를 실사하게 할 수 있다.

1. 회생계획을 제대로 수행하지 못하는 경우
2. 회생절차의 종결 또는 폐지 여부의 판단을 위하여 필요한 경우
3. 회생계획의 변경을 위하여 필요한 경우

제260조 【주주총회 또는 사원총회의 결의 등에 관한 법령의 규정 등의 배제】 회생계획을 수행함에 있어서는 법령 또는 정관의 규정에 불구하고 법인인 채무자의 창립총회 · 주주총회 또는 사원총회(종류주주총회 또는 이에 준하는 사원총회를 포함한다) 또는 이사회의 결의를 하지 아니하여도 된다.

제261조 【영업양도 등에 관한 특례】 ① 제200조의 규정에 의하여 회생계획에서 다음 각호의 행위를 정한 때에는 회생계획에 따라 그 행위를 할 수 있다.

1. 다음 각목의 어느 하나에 해당하는 계약 또는 이에 준하는 계약의 체결 · 변경 또는 해약
   가. 채무자의 영업이나 재산의 전부나 일부를 양도 · 출자 또는 임대하는 계약
   나. 채무자의 사업의 경영의 전부나 일부를 위임하는 계약
   다. 타인과 영업의 손익을 같이하는 계약 그 밖에 이에 준하는 계약
2. 타인의 영업이나 재산의 전부나 일부를 양수할 것에 대한 약정

② 제1항의 경우 「상법」 제374조(영업양도, 양수, 임대 등) 제2항 및 제374조의2(반대주주의 주식매수청구권)와 「자본시장과 금융투자업에 관한 법률」 제165조의5(주식매수청구권의 특례)의 규정은 적용하지 아니한다.

제262조 【정관변경에 관한 특례】 제202조의 규정에 의하여 회생계획에서 채무자의 정관을 변경할 것을 정한 경우에는 정관은 회생계획인가결정이 있는 때에 회생계획에 의하여 변경된다.

제263조 【이사 등의 변경에 관한 특례】 ① 제203조의 규정에 의하여 회생계획에서 이사의 선임이나 대표이사의 선정을 정한 경우 이들은 회생계획이 인가된 때에 선임 또는 선정된 것으로 본다.

② 제203조의 규정에 의하여 회생계획에서 이사의 선임이나 대표이사의 선정의 방법을 정한 때에는 회생계획에서 정한 방법으로 이사를 선임하거나 대표이사를 선정할 수 있다. 이 경우 이사의 선임이나 대표이사의 선정에 관한 다른 법령이나 정관의 규정은 적용하지 아니한다.

③ 제203조 제4항의 규정에 의하여 법원이 감사를 선임하는 때에는 감사의 선임에 관한 다른 법령이나 정관의 규정을 적용하지 아니한다.
④ 회생계획에서 유임할 것으로 정하지 아니한 이사 또는 대표이사는 회생계획이 인가된 때에 해임된 것으로 보며, 감사로서 제203조 제4항의 규정에 의하여 감사로 선임되지 아니한 자는 법원이 제203조 제4항의 규정에 의하여 감사를 선임한 때에 해임된 것으로 본다.
⑤ 제1항 및 제2항의 규정에 의하여 선임 또는 선정되거나 회생계획에 의하여 유임된 이사 또는 대표이사의 임기와 대표이사의 대표의 방법은 회생계획에 의하며, 제203조 제4항의 규정에 의하여 선임된 감사의 임기는 법원이 정한다.

제264조【자본감소에 관한 특례】 ① 제205조의 규정에 의하여 회생계획에서 자본의 감소를 정한 때에는 회생계획에 의하여 자본을 감소할 수 있다.
② 제1항의 경우 「상법」 제343조(주식의 소각) 제2항, 제439조(자본감소의 방법, 절차) 제2항 · 제3항, 제440조(주식병합의 절차), 제441조(주식병합의 절차), 제445조(감자무효의 소) 및 제446조(준용규정)의 규정은 적용하지 아니하며, 같은 법 제443조(단주의 처리) 제1항 단서에 규정된 사건은 회생법원의 관할로 한다.
③ 제1항의 경우 채무자의 자본감소로 인한 변경등기의 신청서에는 회생계획인가결정서의 등본 또는 초본을 첨부하여야 한다.

제265조【납입 등이 없는 신주발행에 관한 특례】 ① 제206조 제1항 및 제4항의 규정에 의하여 회생계획에서 채무자가 회생채권자 · 회생담보권자 또는 주주에 대하여 새로 납입 또는 현물출자를 하게 하지 아니하고 신주를 발행할 것을 정한 때에는 이 권리자는 회생계획인가가 결정된 때에 주주가 된다. 다만, 회생계획에서 특별히 정한 때에는 그 정한 때에 주주가 된다.
② 제1항의 경우에는 신주인수권에 관한 정관의 규정을 적용하지 아니한다.
③ 「상법」 제440조(주식병합의 절차) 내지 제444조(단주의 처리)의 규정은 주주에 대하여 배정할 주식에 단수(端數)가 생긴 경우에 관하여 준용한다. 이 경우 같은 법 제443조(단주의 처리) 제1항 단서에 규정된 사건은 회생법원의 관할로 하고, 「비송사건절차법」 제83조(단주매각의 허가신청)의 규정을 준용한다.

제266조【납입 등이 있는 신주발행에 관한 특례】 ① 제206조 제2항 · 제3항의 규정에 의하여 회생계획에서 채무자가 신주를 발행할 것을 정한 때에는 회생계획에 의하여 신주를 발행할 수 있다.
② 제1항의 경우에는 「상법」 제418조(신주인수권의 내용 및 배정일의 지정 · 공고), 제422조(현물출자의 검사), 제424조(유지청구권), 제424조의2(불공정한 가액으로 주식을 인수한 자의 책임), 제428조(이사의 인수담보책임) 및 제429조(신주발행무효의 소) 내지 제432조(무효판결과 주주에의 환급)의 규정은 적용하지 아니한다.
③ 제1항의 경우에는 신주인수권에 관한 정관의 규정을 적용하지 아니하며, 「상법」 제425조(준용규정) 제1항에서 준용하는 같은 법 제306조(납입금의 보관자 등의 변경)에 규정된 사건은 회생법원의 관할로 한다.
④ 제1항의 경우 「상법」 제419조(신주인수권자에 대한 최고)의 규정을 준용한다. 이 경우 「상법」 제419조(신주인수권자에 대한 최고) 제2항 중 "주권"은 "주권 또는 사채권"으로 본다.
⑤ 회생채권자 · 회생담보권자 또는 주주에 대하여 새로 납입 또는 현물출자

를 하게 하여 신주를 발행하는 때에는 이들 권리자는 회생계획에서 정한 금액을 납입하거나 현물출자를 하면 된다.

⑥ 제265조 제3항의 규정은 주주에 대하여 새로 납입 또는 현물출자를 하게 하여 배정할 주식에 단수(端數)가 생긴 경우에 관하여 준용한다. 다만, 종전의 주주에 교부할 대금에서 단주(端株)에 대하여 납입할 금액 또는 이행할 현물출자에 상당하는 금액을 공제하여야 한다.

⑦ 제1항의 경우 채무자의 신주발행으로 인한 변경등기의 촉탁서 또는 신청서에는 회생계획인가결정서의 등본 또는 초본 외에 주식의 청약과 인수를 증명하는 서면과 납입금의 보관에 관한 증명서를 첨부하여야 한다.

제267조【주식회사의 납입 등이 없는 사채발행에 관한 특례】 ① 제209조의 규정에 의하여 회생계획에서 주식회사인 채무자가 회생채권자·회생담보권자 또는 주주에 대하여 새로 납입을 하게 하지 아니하고 사채를 발행할 것을 정한 때에는 이들 권리자는 회생계획인가가 결정된 때에 사채권자가 된다.

② 제1항의 경우에는 「상법」 제471조(사채모집의 제한)의 규정은 적용하지 아니한다.

③ 제1항의 경우 회생계획의 규정에 의하여 회생채권자 또는 회생담보권자에 대하여 발행하는 사채의 액은 「상법」 제470조(총액의 제한)의 규정에서 정하는 사채의 총액에 산입하지 아니한다.

제268조【주식회사의 납입 등이 있는 사채발행에 관한 특례】 ① 제267조에 규정된 경우를 제외하고 제209조의 규정에 의하여 회생계획에서 주식회사인 채무자가 사채를 발행할 것을 정한 때에는 회생계획에 의하여 사채를 발행할 수 있다.

② 회생채권자·회생담보권자 또는 주주에 대하여 새로 납입을 하게 하여 사채를 발행하는 때에는 이들 권리자는 회생계획에 정한 금액을 납입한 때에 사채권자가 된다.

③ 제266조 제4항 및 제267조 제2항·제3항의 규정은 제1항의 경우에 관하여 준용한다.

④ 제1항의 경우 전환사채 또는 신주인수권부사채의 등기의 촉탁서 또는 신청서에는 다음 각호의 서면을 첨부하여야 한다.

1. 회생계획인가결정서의 등본 또는 초본
2. 전환사채 또는 신주인수권부사채의 청약 및 인수를 증명하는 서면
3. 각 전환사채 또는 신주인수권부사채에 대하여 납입이 있은 것을 증명하는 서면

제269조【주식회사의 주식의 포괄적 교환에 관한 특례】 ① 제207조의 규정에 의하여 회생계획에서 주식회사인 채무자가 다른 회사와 주식의 포괄적 교환을 하는 것을 정한 때에는 회생계획에 의하여 주식의 포괄적 교환을 할 수 있다.

② 제1항의 경우 완전모회사로 되는 회사의 주식의 배정을 받는 회생채권자 또는 회생담보권자는 회생계획인가시에 주식인수인으로 되고, 주식의 포괄적 교환의 효력이 생긴 때에 주주로 된다.

③ 제1항의 경우 「상법」 제360조의4(주식교환계약서 등의 공시), 제360조의5(반대주주의 주식매수청구권), 제360조의7(완전모회사의 자본증가의 한도액) 및 제360조의14(주식교환무효의 소)의 규정은 적용하지 아니한다.

④ 제1항의 경우 채무자에 대한 「상법」 제360조의8(주권의 실효절차)의 규정을 적용하는 때에는 같은 조에서 "제360조의3 제1항의 규정에 의한 승인"

은 "주식의 포괄적 교환을 내용으로 하는 회생계획인가"로 본다.

⑤ 제1항 내지 제4항의 규정은 주식의 포괄적 교환의 상대방인 다른 회사에 대한 「상법」의 적용에 영향을 미치지 아니한다.

⑥ 제1항의 경우 채무자가 완전모회사로 되는 때에 주식의 포괄적 교환에 의한 회사의 변경등기의 촉탁서 또는 신청서에는 다음 각호의 서류를 첨부하여야 한다.

1. 회생계획인가결정서의 등본 또는 초본
2. 주식의 포괄적 교환계약서

⑦ 제1항의 경우 주식의 포괄적 교환의 상대방인 다른 회사가 완전모회사로 되는 때에는 그 회사의 주식의 포괄적 교환에 의한 변경등기의 신청서에는 다음 각호의 서류를 첨부하여야 한다.

1. 회생계획인가결정서의 등본 또는 초본
2. 그 회사의 주주총회의 의사록(그 회사가 주주총회의 승인을 얻지 아니하고 주식의 포괄적 교환을 한 때에는 그 회사의 이사회의 의사록)

제270조【주식회사의 주식의 포괄적 이전에 관한 특례】 ① 제208조의 규정에 의하여 회생계획에서 주식회사인 채무자가 주식의 포괄적 이전을 할 것을 정한 때에는 회생계획에 따라 주식의 포괄적 이전을 할 수 있다.

② 제1항의 경우 설립된 완전모회사인 신회사의 주식의 배정을 받는 회생채권자 또는 회생담보권자는 회생계획의 인가시에 주식인수인으로 되고 주식의 포괄적 이전의 효력이 생긴 때에 주주로 된다.

③ 제1항의 경우 「상법」 제360조의17(주식이전계획서 등의 서류의 공시), 제360조의18(완전모회사의 자본의 한도액), 제360조의22(주식교환 규정의 준용)에서 준용하는 같은 법 제360조의5(반대주주의 주식매수청구권) 및 제360조의23(주식이전무효의 소)의 규정은 적용하지 아니한다.

④ 제1항의 경우 회사에 대한 「상법」 제360조의19(주권의 실효절차)의 규정의 적용에 관하여는 같은 조에서 "제360조의16 제1항의 규정에 의한 결의"는 "주식의 포괄적 이전을 내용으로 하는 회생계획인가"로 본다.

⑤ 주식의 포괄적 이전에 의한 설립등기의 촉탁서 또는 신청서에는 다음 각호의 서류를 첨부하여야 한다.

1. 회생계획인가결정서의 등본 또는 초본
2. 대표이사에 관한 이사회의 의사록

제271조【합병에 관한 특례】 ① 제210조 또는 제211조의 규정에 의하여 회생계획에서 채무자가 다른 회사와 합병할 것을 정한 때에는 회생계획에 따라 합병할 수 있다.

② 제1항의 경우 합병 후 존속하는 회사나 합병으로 설립되는 신회사의 주식 또는 출자지분의 배정을 받은 회생채권자 또는 회생담보권자는 회생계획인가가 결정된 때에 주식 또는 출자지분의 인수인이 되며, 합병의 효력이 생긴 때에 주주 또는 사원이 된다.

③ 제1항의 경우 「상법」 제522조의2(합병계약서 등의 공시), 제522조의3(합병반대주주의 주식매수청구권), 제527조의5(채권자보호절차), 제527조의6(합병에 관한 서류의 사후공시) 및 제529조(합병무효의 소)와 「자본시장과 금융투자업에 관한 법률」 제165조의5(주식매수청구권의 특례)의 규정은 적용하지 아니한다.

④ 「상법」 제530조(준용규정) 제3항 또는 제603조(준용규정)에서 준용하는 같은 법 제443조(단주의 처리) 제1항 단서에 규정된 사건은 회생법원의 관할로 한다.

⑤ 제1항의 경우 「상법」 제530조(준용규정) 제2항 또는 제603조(준용규정)의 규정에 불구하고 같은 법 제237조(준용규정) 내지 제240조(준용규정), 제374조(영업양도, 양수, 임대 등) 제2항, 제374조의2(반대주주의 주식매수청구권) 제2항 내지 제4항 및 제439조(자본감소의 방법, 절차) 제3항의 규정은 준용하지 아니한다.
⑥ 제1항 내지 제5항의 규정은 합병의 상대방인 다른 회사에 대한 「상법」의 규정의 적용에 영향을 미치지 아니한다.
⑦ 제267조의 규정은 제210조 제5호 또는 제211조 제6호의 규정에 의하여 주주에게 사채를 배정한 경우에 관하여 준용한다. 이 경우 주주는 합병의 효력이 생긴 때에 사채권자가 된다.
⑧ 제1항의 경우 합병으로 인한 채무자의 해산 또는 변경의 등기의 촉탁서 또는 신청서에는 다음 각호의 서류를 첨부하여야 한다.
1. 회생계획인가결정서의 등본 또는 초본
2. 합병계약서
⑨ 제1항의 경우 합병으로 인한 신회사의 설립등기의 촉탁서 또는 신청서에는 다음 각호의 서류를 첨부하여야 한다.
1. 회생계획인가결정서의 등본 또는 초본
2. 합병계약서
3. 정관
4. 창립총회의 의사록
5. 대표이사에 관한 이사회의 의사록
6. 합병의 상대방인 다른 채무자가 선임한 설립위원의 자격을 증명하는 서면

제272조【분할 또는 분할합병에 관한 특례】 ① 제212조 내지 제214조의 규정에 의하여 회생계획에 의하여 주식회사인 채무자가 분할되거나 주식회사인 채무자 또는 그 일부가 다른 회사 또는 다른 회사의 일부와 분할합병할 것을 정한 때에는 회생계획에 의하여 분할 또는 분할합병할 수 있다.
② 제1항의 경우 분할합병 후 존속하는 채무자 또는 분할합병으로 설립되는 신회사의 주식을 배정받은 채무자의 주주·회생채권자 또는 회생담보권자는 회생계획인가가 결정된 때에 주식인수인이 되며, 분할합병의 효력이 생긴 때에 주주가 된다.
③ 제1항의 경우 「상법」 제530조의7(분할대차대조표 등의 공시), 「상법」 제522조의3(합병반대주주의 주식매수청구권)과 「자본시장과 금융투자업에 관한 법률」 제165조의5(주식매수청구권의 특례)의 규정은 적용하지 아니하며, 「상법」 제530조의11(준용규정) 제1항에서 준용하는 같은 법 제443조(단주의 처리) 제1항 단서에 규정된 사건은 회생법원의 관할로 한다.
④ 제1항의 경우 「상법」 제530조의9(분할 및 분할합병 후의 회사의 책임) 제4항 및 제530조의11(준용규정)의 규정에 불구하고 같은 법 제237조(준용규정) 내지 제240조(준용규정), 제374조(영업양도·양수·임대 등) 제2항, 제439조(자본감소의 방법, 절차) 제3항, 제522조의3(합병반대주주의 주식매수청구권), 제527조의5(채권자보호절차) 및 제529조(합병무효의 소)의 규정은 준용하지 아니한다.
⑤ 제1항 내지 제4항의 규정은 분할합병의 상대방인 다른 회사에 대한 「상법」의 규정의 적용에 영향을 미치지 아니한다.
⑥ 제267조의 규정은 제212조 제1항 제5호, 제213조 제1항 제4호 또는 제2항 제8호의 규정에 의하여 주주에게 사채를 배정한 경우에 관하여 준용한다. 이 경우 주주는 분할 또는 분할합병의 효력이 생긴 때에 사채권자가 된다.

⑦ 제1항의 경우 분할로 인한 채무자의 해산등기 또는 변경등기의 촉탁서 또는 신청서에는 회생계획인가결정서의 등본 또는 초본을 첨부하여야 하며, 분할합병으로 인한 채무자의 해산등기 또는 변경등기의 촉탁서 또는 신청서에는 회생계획인가결정서의 등본 또는 초본 외에 분할합병계약서를 첨부하여야 한다.

⑧ 제1항의 경우 분할합병으로 인한 설립등기의 촉탁서 또는 신청서에는 다음 각호의 서류를 첨부하여야 한다.

1. 회생계획인가결정서의 등본 또는 초본
2. 분할합병계약서
3. 정관
4. 창립총회의 의사록
5. 대표이사에 관한 이사회의 의사록

제273조【새로운 출자가 없는 신회사의 설립에 관한 특례】 ① 제212조 제1항 또는 제214조의 규정에 의하여 회생계획에서 주식회사인 채무자를 분할하여 채무자의 출자만으로 신회사를 설립할 것을 정하거나 제215조의 규정에 의하여 회생계획에서 회생채권자 · 회생담보권자 · 주주 · 지분권자에 대하여 새로 납입 또는 현물출자를 하게 하지 아니하고 주식 또는 출자지분을 인수하게 함으로써 신회사를 설립할 것을 정한 때에는 신회사는 정관을 작성하고 회생법원의 인증을 얻은 후 설립등기를 한 때에 성립한다.

② 제1항의 경우 신회사가 성립한 때에 회생계획에 의하여 신회사에 이전할 채무자의 재산은 신회사에 이전하고, 신회사의 주식, 출자지분 또는 사채를 배정받은 채무자의 회생채권자 · 회생담보권자 · 주주 · 지분권자는 주주 · 지분권자 또는 사채권자가 된다.

③ 제263조 제1항 · 제2항 · 제5항, 제265조 제3항 및 제268조의 규정은 제1항 및 제2항의 경우에 관하여 준용한다.

④ 제1항의 경우 신회사의 설립등기의 촉탁서에는 다음 각호의 서류를 첨부하여야 한다.

1. 회생계획인가결정서의 등본 또는 초본
2. 정관
3. 회생계획에서 이사 또는 감사의 선임이나 대표이사의 선정의 방법을 정한 때에는 그 선임이나 선정에 관한 서류
4. 명의개서대리인을 둔 때에는 이를 증명하는 서면

제274조【그 밖에 신회사의 설립에 관한 특례】 ① 제273조에 규정된 경우를 제외하고 제212조 제1항 또는 제214조의 규정에 의하여 회생계획에서 주식회사인 채무자를 분할하여 신회사를 설립할 것을 정하거나 합병 · 분할 또는 분할합병에 의하지 아니하고 제215조의 규정에 의하여 회생계획에서 신회사를 설립할 것을 정한 때에는 회생계획에 의하여 신회사를 설립할 수 있다.

② 제1항의 경우 「상법」 제288조(발기인), 제291조(설립 당시의 주식발행사항의 결정) 내지 제293조(발기인의 주식인수), 제295조(발기설립의 경우의 납입과 현물출자의 이행) 제1항, 제296조(발기설립의 경우의 임원선임), 제299조(검사인의 조사, 보고), 제300조(법원의 변경처분), 제302조(주식인수의 청약, 주식청약서의 기재사항) 제2항 제4호, 제310조(변태설립의 경우의 조사), 제311조(발기인의 보고), 제313조(이사, 감사의 조사, 보고) 제2항, 제314조(변태설립사항의 변경), 제315조(발기인에 대한 손해배상청구), 제321조(발기인의 인수, 납입담보책임) 내지 제324조(발기인의 책임면제, 주주의 대표소송), 제327조(유사발기인의 책임) 및 제328조(설립무효의 소)의 규정은 적용하지 아니한다.

③ 제1항의 경우 정관은 회생법원의 인증을 받아야 하고, 「상법」 제306조(납입금의 보관자 등의 변경)에 규정된 사건은 회생법원의 관할로 하며, 창립총회에서는 회생계획의 취지에 반하여 정관을 변경할 수 없고, 같은 법 제326조(회사불성립의 경우의 발기인의 책임)의 규정에 의한 발기인의 책임은 채무자가 진다.

④ 제1항의 경우 채무자·회생채권자·회생담보권자·주주·지분권자에 대하여 새로 납입 또는 현물출자를 하게 하지 아니하고 주식 또는 출자지분을 인수하게 하거나 새로 납입을 하게 하지 아니하고 사채를 인수하게 하는 때에는 이 권리자는 신회사가 성립한 때에 주주나 지분권자 또는 사채권자가 된다.

⑤ 제1항의 경우 회생채권자·회생담보권자·주주 또는 제3자에 대하여 새로 납입 또는 현물출자를 하게 하고 주식을 인수하게 하는 때에는 이 자에 대하여 발행할 주식 중에서 인수가 없는 주식에 관하여는 「상법」 제289조(정관의 작성, 절대적 기재사항) 제2항의 규정에 반하지 아니하는 한 새로 주주를 모집하지 아니하고 그 주식의 수를 신회사설립시에 발행하는 주식의 총수에서 뺄 수 있다.

⑥ 제263조 제1항·제2항·제5항, 제265조 제3항, 제266조 제4항 내지 제6항, 제267조 제3항 및 제268조의 규정은 제1항 내지 제5항의 경우에 관하여 준용한다.

⑦ 제1항의 경우 신회사의 설립등기의 촉탁서 또는 신청서에는 다음 각호의 서류를 첨부하여야 한다.

1. 제273조 제4항 각호의 서류
2. 주식의 청약 및 인수를 증명하는 서면
3. 이사 및 감사의 조사보고서와 그 부속서류
4. 창립총회의 의사록
5. 납입금을 보관한 금융기관의 납입금보관증명서

제275조【해산에 관한 특례】 ① 제216조의 규정에 의하여 회생계획에서 채무자가 합병·분할 또는 분할합병에 의하지 아니하고 해산할 것을 정한 때에는 채무자는 회생계획이 정하는 시기에 해산한다.

② 제1항의 경우 해산등기의 신청서에는 회생계획인가결정서의 등본 또는 초본을 첨부하여야 한다.

제276조【주식 등의 인수권의 양도】 회생채권자·회생담보권자·주주·지분권자는 회생계획에 의하여 채무자 또는 신회사의 주식·출자지분 또는 사채를 인수할 권리가 있는 때에는 이를 타인에게 양도할 수 있다.

제277조【「자본시장과 금융투자업에 관한 법률」의 적용 배제】 주식회사인 채무자 또는 신회사가 주식 또는 사채를 발행하는 때에는 「자본시장과 금융투자업에 관한 법률」 제119조(모집 또는 매출의 신고)의 규정을 적용하지 아니한다.

제278조【공장재단 등에 관한 처분제한의 특례】 회생계획에 의하여 채무자의 재산을 처분하는 때에는 공장재단 그 밖의 재단 또는 재단에 속하는 재산의 처분제한에 관한 법령은 적용하지 아니한다.

제279조【허가·인가 등에 의한 권리의 승계】 회생계획에서 채무자가 행정청으로부터 얻은 허가·인가·면허 그 밖의 처분으로 인한 권리의무를 신회사에 이전할 것을 정한 때에는 신회사는 다른 법령의 규정에 불구하고 그 권리의무를 승계한다.

제280조【조세채무의 승계】 회생계획에서 신회사가 채무자의 조세채무를 승계할 것을 정한 때에는 신회사는 그 조세를 납부할 책임을 지며, 채무자의 조

세채무는 소멸한다.

제281조【퇴직금 등】 ① 회생절차개시 후 채무자의 이사·대표이사·감사 또는 근로자이었던 자로서 계속하여 신회사의 이사·대표이사·감사 또는 근로자가 된 자는 채무자에서 퇴직한 것을 이유로 하여 퇴직금 등을 지급받을 수 없다.

② 제1항에 규정된 자가 채무자에서 재직한 기간은 퇴직금 등의 계산에 관하여는 신회사에서 재직한 기간으로 본다.

제282조【회생계획의 변경】 ① 회생계획인가의 결정이 있은 후 부득이한 사유로 회생계획에 정한 사항을 변경할 필요가 생긴 때에는 회생절차가 종결되기 전에 한하여 법원은 관리인, 채무자 또는 목록에 기재되어 있거나 신고한 회생채권자·회생담보권자·주주·지분권자의 신청에 의하여 회생계획을 변경할 수 있다.

② 제1항의 규정에 의하여 회생채권자·회생담보권자·주주·지분권자에게 불리한 영향을 미칠 것으로 인정되는 회생계획의 변경신청이 있는 때에는 회생계획안의 제출이 있는 경우의 절차에 관한 규정을 준용한다. 다만, 이 경우에는 회생계획의 변경으로 인하여 불리한 영향을 받지 아니하는 권리자를 절차에 참가시키지 아니할 수 있다.

③ 제246조 및 제247조의 규정은 회생계획변경의 결정이 있은 경우에 관하여 준용한다.

④ 다음 각호의 어느 하나에 해당하는 경우 종전의 회생계획에 동의한 자는 변경회생계획안에 동의한 것으로 본다.

1. 변경회생계획안에 관하여 결의를 하기 위한 관계인집회에 출석하지 아니한 경우
2. 변경회생계획안에 대한 서면결의절차에서 회신하지 아니한 경우

제283조【회생절차의 종결】 ① 회생계획에 따른 변제가 시작되면 법원은 다음 각호의 어느 하나에 해당하는 자의 신청에 의하거나 직권으로 회생절차종결의 결정을 한다. 다만, 회생계획의 수행에 지장이 있다고 인정되는 때에는 그러하지 아니하다.

1. 관리인
2. 목록에 기재되어 있거나 신고한 회생채권자 또는 회생담보권자

② 법원이 제1항의 규정에 의한 결정을 한 때에는 그 주문 및 이유의 요지를 공고하여야 한다. 이 경우 송달은 하지 아니할 수 있다.

③ 제40조 제1항의 규정은 제1항의 규정에 의한 결정이 있은 경우에 관하여 준용한다.

제284조【이사 등의 경영참여금지】 제203조 제2항 단서의 규정에 의하여 이사 또는 대표이사로 유임되지 못한 자는 회생절차종결의 결정이 있은 후에도 채무자의 이사로 선임되거나 대표이사로 선정될 수 없다.

제8장 회생절차의 폐지

제285조 삭제

제286조【회생계획인가 전의 폐지】 ① 다음 각호의 경우 법원은 직권으로 회생절차폐지의 결정을 하여야 한다.

1. 법원이 정한 기간 또는 연장한 기간 안에 회생계획안의 제출이 없거나 그 기간 안에 제출된 모든 회생계획안이 관계인집회의 심리 또는 결의에 부칠 만한 것이 못되는 때
2. 회생계획안이 부결되거나 결의를 위한 관계인집회의 제1기일부터 2월 이내 또는 연장한 기간 안에 가결되지 아니하는 때
3. 회생계획안이 제239조 제3항의 규

정에 의한 기간 안에 가결되지 아니한 때
4. 제240조 제1항의 규정에 의한 서면결의에 부치는 결정이 있은 때에 그 서면결의에 의하여 회생계획안이 가결되지 아니한 때. 다만, 서면결의에서 가결되지 아니한 회생계획안에 대하여 제238조의 규정에 의한 속행기일이 지정된 때에는 그 속행기일에서 가결되지 아니한 때를 말한다.

② 회생계획안의 제출 전 또는 그 후에 채무자의 사업을 청산할 때의 가치가 채무자의 사업을 계속할 때의 가치보다 크다는 것이 명백하게 밝혀진 때에는 법원은 회생계획인가결정 전까지 관리인의 신청에 의하거나 직권으로 회생절차폐지의 결정을 할 수 있다. 다만, 법원이 제222조에 따라 청산 등을 내용으로 하는 회생계획안의 작성을 허가하는 경우에는 그러하지 아니하다.

제287조【신청에 의한 폐지】 ① 채무자가 목록에 기재되어 있거나 신고한 회생채권자와 회생담보권자에 대한 채무를 완제할 수 있음이 명백하게 된 때에는 법원은 다음 각호의 어느 하나에 해당하는 자의 신청에 의하여 회생절차폐지의 결정을 하여야 한다.
1. 관리인
2. 채무자
3. 목록에 기재되어 있거나 신고한 회생채권자 또는 회생담보권자

② 신청인은 제1항의 규정에 의한 회생절차폐지의 원인인 사실을 소명하여야 한다.

③ 제1항의 규정에 의한 신청이 있는 때에는 법원은 채무자, 관리위원회, 채권자협의회 및 목록에 기재되어 있거나 신고한 회생채권자와 회생담보권자에 대하여 그 뜻과 의견이 있으면 법원에 제출할 것을 통지하고, 이해관계인이 열람할 수 있도록 신청에 관한 서류를 법원에 비치하여야 한다.

④ 법원은 제3항의 규정에 의한 통지를 발송한 후 1월 이상이 경과하지 아니하면 회생절차폐지의 결정을 하지 못한다.

제288조【회생계획인가 후의 폐지】 ① 회생계획인가의 결정이 있은 후 회생계획을 수행할 수 없는 것이 명백하게 된 때에는 법원은 관리인이나 목록에 기재되어 있거나 신고한 회생채권자 또는 회생담보권자의 신청에 의하거나 직권으로 회생절차폐지의 결정을 하여야 한다.

② 법원은 제1항의 규정에 의한 결정을 하기 전에 기일을 열어 관리위원회·채권자협의회 및 이해관계인의 의견을 들을 수 있다. 다만, 기일을 열지 아니하는 때에는 법원은 기한을 정하여 관리위원회·채권자협의회 및 이해관계인에게 의견을 제출할 기회를 부여하여야 한다.

③ 제2항의 규정에 의한 기일이나 기한을 정하는 결정은 공고하여야 하며, 확정된 회생채권 또는 회생담보권에 기하여 회생계획에 의하여 인정된 권리를 가진 자 중에서 알고 있는 자에 대하여는 송달하여야 한다.

④ 제1항의 규정에 의한 회생절차폐지는 회생계획의 수행과 이 법의 규정에 의하여 생긴 효력에 영향을 미치지 아니한다.

제289조【폐지결정의 공고】 법원은 회생절차폐지의 결정을 한 때에는 그 주문과 이유의 요지를 공고하여야 한다. 이 경우 송달은 하지 아니할 수 있다.

제290조【항고】 ① 제247조 제1항·제2항 및 제4항 내지 제7항의 규정은 회생절차폐지의 결정에 대한 항고에 관하여 준용한다.

② 제40조 제1항의 규정은 회생절차폐지의 결정이 확정된 경우에 관하여 준용한다.

제291조 【공익채권의 변제】 회생절차폐지의 결정이 확정된 때에는 제6조 제1항의 규정에 의하여 파산선고를 하여야 하는 경우를 제외하고 관리인은 채무자의 재산으로 공익채권을 변제하고 이의있는 것에 관하여는 그 채권자를 위하여 공탁을 하여야 한다.

제292조 【회생채권자표 등의 기재의 효력】 ① 제286조 또는 제287조의 규정에 의한 회생절차폐지의 결정이 확정된 때에는 확정된 회생채권 또는 회생담보권에 관하여는 회생채권자표 또는 회생담보권자표의 기재는 채무자에 대하여 확정판결과 동일한 효력이 있다. 다만, 채무자가 회생채권과 회생담보권의 조사기간 또는 특별조사기일에 그 권리에 대하여 이의를 하지 아니한 경우에 한한다.

② 회생채권자 또는 회생담보권자는 회생절차종료 후 제6조의 규정에 의하여 파산선고를 하는 경우를 제외하고 채무자에 대하여 회생채권자표 또는 회생담보권자표에 기하여 강제집행을 할 수 있다.

③ 제255조 제3항의 규정은 제2항의 경우에 관하여 준용한다.

제293조 【준용규정】 제255조 제2항 및 제3항의 규정은 제288조 제1항의 규정에 의한 회생절차폐지의 결정이 확정된 경우에 관하여 준용한다.

제9장 소액영업소득자에 대한 간이회생절차

제293조의2 【용어의 정의】 이 장에서 사용하는 용어의 뜻은 다음과 같다.

1. "영업소득자"란 부동산임대소득·사업소득·농업소득·임업소득, 그 밖에 이와 유사한 수입을 장래에 계속적으로 또는 반복하여 얻을 가능성이 있는 채무자를 말한다.
2. "소액영업소득자"란 회생절차개시의 신청 당시 회생채권 및 회생담보권의 총액이 50억원 이하의 범위에서 대통령령으로 정하는 금액 이하인 채무를 부담하는 영업소득자를 말한다.
3. "간이회생절차"란 이 장의 규정에 따라 소액영업소득자에게 적용되는 회생절차를 말한다.

제293조의3 【적용규정 등】 ① 간이회생절차에 관하여는 이 장에서 달리 정한 것을 제외하고는 제2편(회생절차)의 규정을 적용한다.

② 이 법[제2편(회생절차)은 제외한다] 또는 다른 법령에서 회생절차를 인용하고 있는 경우에는 해당 법령에 특별한 규정이 있는 경우를 제외하고는 간이회생절차를 포함한 것으로 보아 해당 법령을 적용한다.

제293조의4 【간이회생절차개시의 신청】 ① 소액영업소득자는 법원에 간이회생절차개시의 신청을 할 수 있다. 다만, 개인인 소액영업소득자가 신청일 전 5년 이내에 개인회생절차 또는 파산절차에 의한 면책을 받은 사실이 있는 경우에는 그러하지 아니하다.

② 간이회생절차개시의 신청을 한 자는 제1항의 신청을 하는 때에 그 신청이 같은 항의 요건에 해당되지 아니할 경우에 회생절차개시의 신청을 하는 의사가 있는지 여부를 명확히 밝혀야 한다.

③ 간이회생절차개시의 신청은 다음 각 호의 사항을 기재한 서면으로 하여야 한다.

1. 채무자가 개인인 경우에는 채무자의 성명·주민등록번호 및 주소
2. 채무자가 개인이 아닌 경우에는 채무자의 상호, 주된 사무소 또는 영업소의 소재지, 채무자의 대표자의 성명
3. 간이회생절차개시의 신청을 구하는

취지
4. 간이회생절차개시의 원인
5. 채무자의 영업 내용 및 재산 상태
6. 소액영업소득자에 해당하는 채무액 및 그 산정 근거
7. 제2항에 따른 회생절차개시신청의 의사

④ 제3항에 따른 서면에는 다음 각 호의 서류를 첨부하여야 한다.
1. 채권자목록
2. 채무자의 영업 내용에 관한 자료
3. 채무자의 재산 상태에 관한 자료
4. 그 밖에 대법원규칙으로 정하는 서류

제293조의5【간이회생절차개시의 결정 등】 ① 법원은 제293조의4 제1항 본문의 신청이 있는 경우에 소액영업소득자인 채무자가 제34조 제1항 각 호의 어느 하나에 해당하고, 제42조의 회생절차개시신청의 기각 사유와 제293조의4 제1항 단서에 해당하지 아니하는 경우에는 간이회생절차개시의 결정을 하여야 한다.

② 법원은 제293조의4 제1항 본문의 신청이 있는 경우에 채무자가 소액영업소득자에 해당하지 아니하는 경우 또는 같은 항 단서에 해당되는 경우에는 다음 각 호의 구분에 따른 결정을 할 수 있다.
1. 채무자가 제293조의4 제2항에 따라 회생절차개시의 신청을 하는 의사가 없음을 밝힌 경우: 간이회생절차개시신청의 기각결정
2. 채무자가 제293조의4 제2항에 따라 회생절차개시의 신청을 하는 의사가 있음을 밝힌 경우: 간이회생절차개시신청의 기각결정과 다음 각 목의 어느 하나에 해당하는 결정
   가. 회생절차개시결정
   나. 회생절차개시신청의 기각결정

③ 법원은 제1항의 간이회생절차개시의 결정이 있은 후 회생계획인가결정의 확정 전에 다음 각 호의 어느 하나에 해당하는 경우에는 이해관계인의 신청에 의하거나 직권으로 간이회생절차폐지의 결정을 하여야 한다.
1. 채무자가 소액영업소득자에 해당되지 아니함이 밝혀진 경우
2. 제293조의4 제1항 단서에 해당됨이 밝혀진 경우

④ 법원은 제3항에 따라 간이회생절차폐지의 결정을 하는 경우에는 채권자 일반의 이익 및 채무자의 회생 가능성을 고려하여 회생절차를 속행할 수 있다. 이 경우 간이회생절차에서 행하여진 제6조 제7항 각 호의 어느 하나에 해당하는 자의 처분·행위 등은 그 성질에 반하는 경우가 아니면 회생절차에서도 유효한 것으로 본다.

제293조의6【관리인의 불선임】 ① 간이회생절차에서는 관리인을 선임하지 아니한다. 다만, 제74조 제2항 각 호의 어느 하나에 해당한다고 인정하는 경우에는 관리인을 선임할 수 있다.

② 제1항 본문의 경우에는 채무자(개인이 아닌 경우에는 그 대표자를 말한다)는 이 편에 따른 관리인으로 본다.

제293조의7【간이조사위원 등】 ① 간이회생절차에서 법원은 이해관계인의 신청에 의하거나 직권으로 제601조 제1항 각 호의 어느 하나에 해당하는 자를 간이조사위원으로 선임할 수 있다. 간이조사위원에 대해서는 제79조, 제81조, 제82조, 제83조 제1항 및 제87조를 준용한다.

② 간이조사위원은 제87조에 따른 조사위원의 업무를 대법원규칙으로 정하는 바에 따라 간이한 방법으로 수행할 수 있다.

③ 간이조사위원이 선임된 경우 관리인은 제91조부터 제93조까지의 규정에 따른 관리인의 업무를 대법원규칙으로 정하는 바에 따라 간이한 방법으로 수행할 수 있다.

제293조의8【회생계획안의 가결 요건에 관한 특례】 간이회생절차의 관계인집회에서는 제237조 제1호에도 불구하고 다음 각 호의 요건 중 어느 하나를 충족하는 경우에는 회생계획안에 관하여 회생채권자의 조에서 가결된 것으로 본다.

1. 의결권을 행사할 수 있는 회생채권자의 의결권의 총액의 3분의 2 이상에 해당하는 의결권을 가진 자의 동의가 있을 것
2. 의결권을 행사할 수 있는 회생채권자의 의결권의 총액의 2분의 1을 초과하는 의결권을 가진 자의 동의 및 의결권자의 과반수의 동의가 있을 것

제3편 파산절차

제1장 파산절차의 개시 등

제1절 파산신청

제294조【파산신청권자】 ① 채권자 또는 채무자는 파산신청을 할 수 있다.

② 채권자가 파산신청을 하는 때에는 그 채권의 존재 및 파산의 원인인 사실을 소명하여야 한다.

제295조【법인의 파산신청권자】 ①「민법」그 밖에 다른 법률에 의하여 설립된 법인에 대하여는 이사가, 합명회사 또는 합자회사에 대하여는 무한책임사원이, 주식회사 또는 유한회사에 대하여는 이사가 파산신청을 할 수 있다.

② 청산인은 청산 중인 법인에 대하여 파산신청을 할 수 있다.

제296조【일부 이사 등의 파산신청】 이사·무한책임사원 또는 청산인의 전원이 하는 파산신청이 아닌 때에는 파산의 원인인 사실을 소명하여야 한다.

제297조【그 밖의 법인에의 준용】 제295조 및 제296조의 규정은 제295조의 규정에 의한 법인 외의 법인과 법인 아닌 사단 또는 재단으로서 대표자 또는 관리자가 있는 것에 관하여 준용한다.

제298조【법인해산 후의 파산신청】 법인에 대하여는 그 해산 후에도 잔여재산의 인도 또는 분배가 종료하지 아니한 동안은 파산신청을 할 수 있다.

제299조【상속재산의 파산신청권자】 ① 상속재산에 대하여 상속채권자, 유증을 받은 자, 상속인, 상속재산관리인 및 유언집행자는 파산신청을 할 수 있다.

② 상속재산관리인, 유언집행자 또는 한정승인이나 재산분리가 있은 경우의 상속인은 상속재산으로 상속채권자 및 유증을 받은 자에 대한 채무를 완제할 수 없는 것을 발견한 때에는 지체 없이 파산신청을 하여야 한다.

③ 상속인·상속재산관리인 또는 유언집행자가 파산신청을 하는 때에는 파산의 원인인 사실을 소명하여야 한다.

제300조【상속재산에 대한 파산신청기간】 상속재산에 대하여는「민법」제1045조(상속재산의 분리청구권)의 규정에 의하여 재산의 분리를 청구할 수 있는 기간에 한하여 파산신청을 할 수 있다. 이 경우 그 사이에 한정승인 또는 재산분리가 있은 때에는 상속채권자 및 유증을 받은 자에 대한 변제가 아직 종료하지 아니한 동안에도 파산신청을 할 수 있다.

제301조【외국에서 파산선고가 있은 경우】 파산신청 당시 채무자에 대하여 이미 외국에서 파산선고가 있은 때에는 파산의 원인인 사실이 존재하는 것으로 추정한다.

제302조【신청서】 ① 파산신청은 다음 각호의 사항을 기재한 서면으로 하여

야 한다.

1. 신청인 및 그 법정대리인의 성명 및 주소
2. 채무자가 개인인 경우에는 채무자의 성명·주민등록번호 및 주소
3. 채무자가 개인이 아닌 경우에는 채무자의 상호, 주된 사무소 또는 영업소의 소재지, 대표자의 성명
4. 신청의 취지
5. 신청의 원인
6. 채무자의 사업목적과 업무의 상황
7. 채무자의 발행주식 또는 출자지분의 총수, 자본의 액과 자산, 부채 그 밖의 재산상태
8. 채무자의 재산에 관한 다른 절차 또는 처분으로서 신청인이 알고 있는 것
9. 채권자가 파산신청을 하는 때에는 그가 가진 채권의 액과 원인
10. 주주·지분권자가 파산신청을 하는 때에는 그가 가진 주식 또는 출자지분의 수 또는 액

② 제1항의 규정에 의한 서면에는 다음 각호의 서류를 첨부하여야 한다. 다만, 신청과 동시에 첨부할 수 없는 때에는 그 사유를 소명하고 그 후에 지체 없이 제출하여야 한다.

1. 채권자목록
2. 재산목록
3. 채무자의 수입 및 지출에 관한 목록
4. 그 밖에 대법원규칙에서 정하는 서류

제303조【파산절차비용의 예납】 파산신청을 하는 때에는 법원이 상당하다고 인정하는 금액을 파산절차의 비용으로 미리 납부하여야 한다.

제304조【파산절차비용의 가지급】 파산신청인이 채권자가 아닌 때에는 파산절차의 비용을 국고에서 가지급할 수 있다. 예납금이 부족하게 된 때, 법원이 직권으로 파산선고를 한 때 또는 파산신청인이 채권자인 경우 미리 비용을 납부하지 아니하였음에도 불구하고 법원이 파산선고를 한 때에도 같다.

제2절 파산선고 등

제305조【보통파산원인】 ① 채무자가 지급을 할 수 없는 때에는 법원은 신청에 의하여 결정으로 파산을 선고한다.

② 채무자가 지급을 정지한 때에는 지급을 할 수 없는 것으로 추정한다.

제306조【법인의 파산원인】 ① 법인에 대하여는 그 부채의 총액이 자산의 총액을 초과하는 때에도 파산선고를 할 수 있다.

② 제1항의 규정은 합명회사 및 합자회사의 존립 중에는 적용하지 아니한다.

제307조【상속재산의 파산원인】 상속재산으로 상속채권자 및 유증을 받은 자에 대한 채무를 완제할 수 없는 때에는 법원은 신청에 의하여 결정으로 파산을 선고한다.

제308조【파산신청 또는 선고 후의 상속】 파산신청 또는 파산선고가 있은 후에 상속이 개시된 때에는 파산절차는 상속재산에 대하여 속행된다.

제309조【기각사유】 ① 법원은 다음 각호의 어느 하나에 해당하는 때에는 파산신청을 기각할 수 있다.

1. 신청인이 절차의 비용을 미리 납부하지 아니한 때
2. 법원에 회생절차 또는 개인회생절차가 계속되어 있고 그 절차에 의함이 채권자 일반의 이익에 부합하는 때
3. 채무자에게 파산원인이 존재하지 아니한 때
4. 신청인이 소재불명인 때
5. 그 밖에 신청이 성실하지 아니한 때

② 법원은 채무자에게 파산원인이 존재하는 경우에도 파산신청이 파산절차의 남용에 해당한다고 인정되는 때에

는 심문을 거쳐 파산신청을 기각할 수 있다.

제310조【파산선고】 파산결정서에는 파산선고의 연·월·일·시를 기재하여야 한다.

제311조【파산의 효력발생시기】 파산은 선고를 한 때부터 그 효력이 생긴다.

제312조【파산선고와 동시에 정하여야 하는 사항】 ① 법원은 파산선고와 동시에 파산관재인을 선임하고 다음 각호의 사항을 정하여야 한다.

1. 채권신고의 기간. 이 경우 그 기간은 파산선고를 한 날부터 2주 이상 3월 이하이어야 한다.
2. 제1회 채권자집회의 기일. 이 경우 그 기일은 파산선고를 한 날부터 4월 이내이어야 한다.
3. 채권조사의 기일. 이 경우 그 기일과 제1호의 규정에 의한 채권신고기간의 말일과의 사이에는 1주 이상 1월 이하의 기간이 있어야 한다.

② 제1항 제2호 및 제3호의 규정에 의한 기일은 병합할 수 있다.

제313조【파산선고의 공고 및 송달】 ① 법원은 파산선고를 한 때에는 즉시 다음 각호의 사항을 공고하여야 한다.

1. 파산결정의 주문
2. 파산관재인의 성명 및 주소 또는 사무소
3. 제312조의 규정에 의한 기간 및 기일
4. 파산선고를 받은 채무자의 채무자와 파산재단에 속하는 재산의 소유자는 파산선고를 받은 채무자에게 변제를 하거나 그 재산을 교부하여서는 아니된다는 뜻의 명령
5. 파산선고를 받은 채무자의 채무자와 파산재단에 속하는 재산의 소유자에 대하여 다음 각목의 사항을 일정한 기간 안에 파산관재인에게 신고하여야 한다는 뜻의 명령
   가. 채무를 부담하고 있다는 것
   나. 재산을 소지하고 있다는 것
   다. 소지자가 별제권을 가지고 있는 때에는 그 채권을 가지고 있다는 것

② 법원은 알고 있는 채권자·채무자 및 재산소지자에게는 제1항 각호의 사항을 기재한 서면을 송달하여야 한다.

③ 제1항 및 제2항의 규정은 제1항 제2호 내지 제5호의 사항에 변경이 생긴 경우에 관하여 준용한다.

④ 제1항 제5호의 규정에 의한 신고를 게을리한 자는 이로 인하여 파산재단에 생긴 손해를 배상하여야 한다.

제314조【법인파산의 통지】 ① 법인에 대하여 파산선고를 한 경우 그 법인의 설립이나 목적인 사업에 관하여 행정청의 허가가 있는 때에는 법원은 파산의 선고가 있음을 주무관청에 통지하여야 한다.

② 제1항의 규정은 파산취소 또는 파산폐지의 결정이 확정되거나 파산종결의 결정이 있는 경우에 관하여 준용한다.

제315조【검사에 대한 통지】 법원은 필요하다고 인정하는 경우에는 파산선고한 사실을 검사에게 통지할 수 있다.

제316조【파산신청에 관한 재판에 대한 즉시항고】 ① 파산신청에 관한 재판에 대하여는 즉시항고를 할 수 있다.

② 제323조 및 제324조의 규정은 파산신청을 기각하는 결정에 대하여 제1항의 즉시항고가 있는 경우에 관하여 준용한다.

③ 제1항의 규정에 의한 즉시항고는 집행정지의 효력이 없다.

④ 항고법원은 즉시항고의 절차가 법률에 위반되거나 즉시항고가 이유없다고 인정하는 때에는 결정으로 즉시항고를 각하 또는 기각하여야 한다.

⑤ 항고법원은 즉시항고가 이유있다고 인정하는 때에는 원래의 결정을 취소하고 사건을 원심법원에 환송하여야 한다.

제317조【파산선고와 동시에 하는 파산폐지】 ① 법원은 파산재단으로 파산절차의 비용을 충당하기에 부족하다고 인정되는 때에는 파산선고와 동시에 파산폐지의 결정을 하여야 한다.

② 제1항의 경우 법원은 파산결정의 주문과 파산폐지결정의 주문 및 이유의 요지를 공고하여야 한다.

③ 제1항의 규정에 의한 결정에 대하여는 즉시항고를 할 수 있다.

④ 제3항의 규정에 의한 즉시항고는 집행정지의 효력이 없다.

⑤ 제1항의 규정에 의한 파산폐지결정의 취소가 확정된 때에는 제313조 내지 제315조의 규정을 준용한다.

제318조【동시파산폐지의 예외】 제317조의 규정은 파산절차의 비용을 충당하기에 충분한 금액을 미리 납부한 때에는 적용하지 아니한다.

제319조【파산선고를 받은 채무자의 구인】 ① 법원은 필요하다고 인정하는 때에는 파산선고를 받은 채무자를 구인하도록 명할 수 있다.

② 제1항의 구인에는 「형사소송법」의 구인에 관한 규정을 준용한다.

③ 제1항의 규정에 의한 결정에 대하여는 즉시항고를 할 수 있다.

제320조【파산선고를 받은 채무자의 법정대리인 등의 구인】 제319조의 규정은 다음 각호의 자에 관하여 준용한다.

1. 파산선고를 받은 채무자의 법정대리인
2. 파산선고를 받은 채무자의 이사
3. 파산선고를 받은 채무자의 지배인
4. 상속재산에 대한 파산의 경우 상속인과 그 법정대리인 및 지배인

제321조【채무자 등의 설명의무】 ① 다음 각호의 자는 파산관재인·감사위원 또는 채권자집회의 요청에 의하여 파산에 관하여 필요한 설명을 하여야 한다.

1. 채무자 및 그 대리인
2. 채무자의 이사
3. 채무자의 지배인
4. 상속재산에 대한 파산의 경우 상속인, 그 대리인, 상속재산관리인 및 유언집행자

② 제1항의 규정은 종전에 제1항의 규정에 의한 자격을 가졌던 자에 관하여 준용한다.

제322조【파산선고 전의 구인】 ① 파산의 신청이 있는 때에는 법원은 파산선고 전이라도 채무자와 제320조에 규정된 자의 구인을 명할 수 있다.

② 제319조 제2항 및 제3항의 규정은 제1항의 경우에 관하여 준용한다.

제323조【파산선고 전의 보전처분】 ① 법원은 파산선고 전이라도 이해관계인의 신청에 의하거나 직권으로 채무자의 재산에 관하여 가압류·가처분 그 밖에 필요한 보전처분을 명할 수 있다. 법원이 직권으로 파산선고를 하는 때에도 같다.

② 법원은 제1항의 규정에 의한 처분을 변경하거나 취소할 수 있다.

③ 제1항 또는 제2항의 규정에 의한 재판은 결정으로 한다.

④ 제1항 또는 제2항의 규정에 의한 재판에 대하여는 즉시항고를 할 수 있다.

⑤ 제4항의 규정에 의한 즉시항고는 집행정지의 효력이 없다.

제324조【책임제한절차의 정지명령】 ① 법원은 파산신청이 있는 경우 필요하다고 인정하는 때에는 이해관계인의 신청에 의하거나 직권으로 파산신청에 대한 결정이 있을 때까지 「상법」 제5편(해상) 및 「선박소유자 등의 책임제한절차에 관한 법률」에 의한 책임제한절차(이하 이 조, 제326조 및 제327조에서 "책임제한절차"라 한다)의 정지를 명할 수 있다. 다만, 책임제한절차개시의 결정이 있는 때에는 그러하지 아니하다.

② 법원은 제1항의 규정에 의한 정지결정을 취소할 수 있다.

제325조【파산취소의 공고 및 송달】 ① 파산취소의 결정이 확정된 때에는 법원은 그 주문을 공고하여야 한다.

② 제313조 제2항, 제315조 및 제547조의 규정은 제1항의 경우에 관하여 준용한다.

제326조【책임제한절차폐지의 결정이 확정될 때까지의 파산절차의 정지】 파산선고를 받은 채무자를 위하여 개시한 책임제한절차의 폐지결정이 있는 때에는 그 결정이 확정될 때까지 파산절차를 정지한다.

제327조【책임제한절차폐지의 경우의 조치】 ① 파산선고를 받은 채무자를 위하여 개시된 책임제한절차의 폐지결정이 확정된 때에는 법원은 제한채권자를 위하여 다음 각호의 사항을 정하여야 한다.

1. 채권신고의 기간. 이 경우 그 기간은 책임제한절차폐지의 결정이 확정된 날부터 1주 이상 2월 이하로 하여야 한다.
2. 채권조사의 기일. 이 경우 그 기일과 제1호의 규정에 의하여 정하여진 신고기간의 말일과의 사이에 1주 이상 1월 이하의 기간을 두어야 한다.

② 법원은 제1항의 규정에 의한 기간 및 기일을 공고하여야 한다.

③ 법원은 알고 있는 채권자에 대하여는 다음 각호의 사항을 기재한 서면을 송달하여야 한다.

1. 제1항의 규정에 의한 기간 및 기일
2. 제313조 제1항 제1호 및 제2호의 사항

④ 다음 각호의 자에게는 제1항의 규정에 의한 기간 및 기일을 기재한 서면을 송달하여야 한다. 다만, 제1항 제2호의 규정에 의하여 정하여진 기일과 제312조 제1항 제2호에 의하여 정하여진 기일이 같은 경우 신고한 파산채권자에 대하여는 그러하지 아니하다.

1. 파산관재인
2. 파산선고를 받은 채무자
3. 신고한 파산채권자

⑤ 제2항·제3항 및 제4항 본문의 규정은 제1항의 규정에 의한 기간 및 기일에 변경이 있는 경우에 관하여 준용한다.

제3절 법률행위에 관한 파산의 효력

제328조【해산한 법인】 해산한 법인은 파산의 목적의 범위 안에서는 아직 존속하는 것으로 본다.

제329조【채무자의 파산선고 후의 법률행위】 ① 파산선고를 받은 채무자가 파산선고 후 파산재단에 속하는 재산에 관하여 한 법률행위는 파산채권자에게 대항할 수 없다.

② 채무자가 파산선고일에 한 법률행위는 파산선고 후에 한 것으로 추정한다.

제330조【파산선고 후의 권리취득】 ① 파산선고 후에 파산재단에 속하는 재산에 관하여 채무자의 법률행위에 의하지 아니하고 권리를 취득한 경우에도 그 취득은 파산채권자에게 대항할 수 없다.

② 제329조 제2항의 규정은 제1항의 규정에 의한 취득에 관하여 준용한다.

제331조【파산선고 후의 등기·등록 등】 ① 부동산 또는 선박에 관하여 파산선고 전에 생긴 채무의 이행으로서 파산선고 후에 한 등기 또는 가등기는 파산채권자에게 대항할 수 없다. 다만, 등기권리자가 파산선고의 사실을 알지 못하고 한 등기에 관하여는 그러하지 아니하다.

② 제1항의 규정은 권리의 설정·이전 또는 변경에 관한 등록 또는 가등록에 관하여 준용한다.

제332조【파산선고 후 채무자에 대한 변제】 ① 파산선고 후에 그 사실을 알지 못하고 채무자에게 한 변제는 이로써

파산채권자에게 대항할 수 있다.

② 파산선고 후에 그 사실을 알고 채무자에게 한 변제는 파산재단이 받은 이익의 한도 안에서만 파산채권자에게 대항할 수 있다.

제333조【파산선고 후의 어음의 인수 또는 지급】 ① 환어음의 발행인 또는 배서인이 파산선고를 받은 경우 지급인 또는 예비지급인이 그 사실을 알지 못하고 인수 또는 지급을 한 때에는 이로 인하여 생긴 채권에 관하여 파산채권자로서 그 권리를 행사 할 수 있다.

② 제1항의 규정은 수표와 금전 그 밖의 물건이나 유가증권의 급부를 목적으로 하는 유가증권에 관하여 준용한다.

제334조【선의 또는 악의의 추정】 제331조 내지 제333조의 규정을 적용하는 때에는 파산선고의 공고 전에는 그 사실을 알지 못한 것으로 추정하고, 공고 후에는 그 사실을 안 것으로 추정한다.

제335조【쌍방미이행 쌍무계약에 관한 선택】 ① 쌍무계약에 관하여 채무자 및 그 상대방이 모두 파산선고 당시 아직 이행을 완료하지 아니한 때에는 파산관재인은 계약을 해제 또는 해지하거나 채무자의 채무를 이행하고 상대방의 채무이행을 청구할 수 있다.

② 제1항의 경우 상대방은 파산관재인에 대하여 상당한 기간을 정하여 그 기간 안에 계약의 해제 또는 해지나 이행 여부를 확답할 것을 최고할 수 있다. 이 경우 파산관재인이 그 기간 안에 확답을 하지 아니한 때에는 계약을 해제 또는 해지한 것으로 본다.

③ 제1항에 따라 파산관재인이 국가를 상대방으로 하는 「방위사업법」 제3조에 따른 방위력개선사업 관련 계약을 해제 또는 해지하고자 하는 경우 방위사업청장과 협의하여야 한다.

제336조【지급결제제도 등에 대한 특칙】 제120조의 규정은 같은 조에서 정한 지급결제제도 또는 청산결제제도의 참가자 또는 적격금융거래의 당사자 일방에 대하여 파산선고가 있는 경우 이를 준용한다. 이 경우 제120조 제1항 내지 제3항의 "회생절차가 개시된 경우"는 "파산선고가 있는 경우"로 보고, 제120조 제3항 단서의 "회생채권자 또는 회생담보권자"는 "파산채권자 또는 별제권자"로 본다.

제337조【파산관재인의 해제 또는 해지와 상대방의 권리】 ① 제335조의 규정에 의한 계약의 해제 또는 해지가 있는 때에는 상대방은 손해배상에 관하여 파산채권자로서 권리를 행사할 수 있다.

② 제1항의 규정에 의한 계약의 해제 또는 해지의 경우 채무자가 받은 반대급부가 파산재단 중에 현존하는 때에는 상대방은 그 반환을 청구하고, 현존하지 아니하는 때에는 그 가액에 관하여 재단채권자로서 권리를 행사할 수 있다.

제338조【거래소의 시세있는 상품의 정기매매】 ① 거래소의 시세있는 상품의 매매에 관하여 일정한 일시 또는 일정한 기간 안에 이행을 하지 아니하면 계약의 목적을 달성하지 못하는 경우 그 시기가 파산선고 후에 도래하는 때에는 계약의 해제가 있은 것으로 본다. 이 경우 손해배상액은 이행지에서 동종의 거래가 동일한 시기에 이행되는 때의 시세와 매매대가와의 차액에 의하여 정한다.

② 제337조 제1항의 규정은 제1항의 규정에 의한 손해배상에 관하여 준용한다.

③ 제1항의 경우에 관하여 거래소에서 달리 규정한 것이 있는 때에는 그 규정에 의한다.

제339조【「민법」상의 해지 또는 해제권이 있는 경우】 제335조 제2항의 규정은 「민법」 제637조(임차인의 파산과 해지통고), 제663조(사용자파산과 해지통고) 또는 제674조(도급인의 파산과 해

제권) 제1항의 규정에 의하여 상대방 또는 파산관재인이 갖는 해지권 또는 해제권의 행사에 관하여 준용한다.

제340조【임대차계약】 ① 임대인이 파산선고를 받은 때에는 차임의 선급 또는 차임채권의 처분은 파산선고시의 당기(當期) 및 차기(次期)에 관한 것을 제외하고는 파산채권자에게 대항할 수 없다.

② 제1항의 규정에 의하여 파산채권자에게 대항할 수 없음으로 인하여 손해를 받은 자는 그 손해배상에 관하여 파산채권자로서 권리를 행사할 수 있다.

③ 제1항 및 제2항의 규정은 지상권에 관하여 준용한다.

④ 임대인이 파산선고를 받은 경우 임차인이 다음 각호의 어느 하나에 해당하는 때에는 제335조의 규정을 적용하지 아니한다.

1. 「주택임대차보호법」 제3조(대항력 등) 제1항의 대항요건을 갖춘 때
2. 「상가건물 임대차보호법」 제3조(대항력 등)의 대항요건을 갖춘 때

제341조【도급계약】 ① 채무자가 도급계약에 의하여 일을 하여야 하는 의무가 있는 때에는 파산관재인은 필요한 재료를 제공하여 채무자로 하여금 그 일을 하게 할 수 있다. 이 경우 그 일이 채무자 자신이 함을 필요로 하지 아니하는 때에는 제3자로 하여금 이를 하게 할 수 있다.

② 제1항의 경우 채무자가 그 상대방으로부터 받을 보수는 파산재단에 속한다.

제342조【위임계약】 위임자가 파산선고를 받은 경우 수임자가 파산선고의 통지를 받지 아니하고 파산선고의 사실도 알지 못하고 위임사무를 처리한 때에는 이로 인하여 파산선고를 받은 자에게 생긴 채권에 관하여 수임자는 파산채권자로서 그 권리를 행사할 수 있다.

제343조【상호계산】 ① 상호계산은 당사자의 일방이 파산선고를 받은 때에는 종료한다. 이 경우 각 당사자는 계산을 폐쇄하고 잔액의 지급을 청구할 수 있다.

② 제1항의 규정에 의한 청구권을 채무자가 가지는 때에는 파산재단에 속하고, 상대방이 가지는 때에는 파산채권이 된다.

제344조【공유자의 파산】 ① 공유자 중에 파산선고를 받은 자가 있는 때에는 분할하지 아니한다는 약정이 있는 때에도 파산절차에 의하지 아니하고 그 분할을 할 수 있다.

② 제1항의 경우 파산선고를 받은 자가 아닌 다른 공유자는 상당한 대가를 지급하고 그 파산선고를 받은 자의 지분을 취득할 수 있다.

제345조【배우자 등의 재산관리】 「민법」 제829조(부부재산의 약정과 그 변경) 제3항 및 제5항의 규정은 배우자의 재산을 관리하는 자가 파산선고를 받은 경우에, 같은 법 제924조(친권상실의 선고)의 규정은 친권을 행사하는 자가 파산선고를 받은 경우에 관하여 각각 준용한다.

제346조【파산과 한정승인 및 재산분리】 상속인이나 상속재산에 대한 파산선고는 한정승인 또는 재산분리에 영향을 미치지 아니한다. 다만, 파산취소 또는 파산폐지의 결정이 확정되거나 파산종결의 결정이 있을 때까지 그 절차를 중지한다.

제347조【파산재단에 속하는 재산에 관한 소송수계】 ① 파산재단에 속하는 재산에 관하여 파산선고 당시 법원에 계속되어 있는 소송은 파산관재인 또는 상대방이 이를 수계할 수 있다. 제335조 제1항의 규정에 의하여 파산관재인이 채무를 이행하는 경우에 상대방이 가지는 청구권에 관한 소송의 경우에도 또한 같다.

② 제1항의 규정에 의한 소송비용은

재단채권으로 한다.

제348조 【강제집행 및 보전처분에 대한 효력】 ① 파산채권에 기하여 파산재단에 속하는 재산에 대하여 행하여진 강제집행·가압류 또는 가처분은 파산재단에 대하여는 그 효력을 잃는다. 다만, 파산관재인은 파산재단을 위하여 강제집행절차를 속행할 수 있다.

② 제1항 단서의 규정에 의하여 파산관재인이 강제집행의 절차를 속행하는 때의 비용은 재단채권으로 하고, 강제집행에 대한 제3자의 이의의 소에서는 파산관재인을 피고로 한다.

제349조 【체납처분에 대한 효력】 ① 파산선고 전에 파산재단에 속하는 재산에 대하여 「국세징수법」 또는 「지방세기본법」에 의하여 징수할 수 있는 청구권(국세징수의 예에 의하여 징수할 수 있는 청구권으로서 그 징수우선순위가 일반 파산채권보다 우선하는 것을 포함한다)에 기한 체납처분을 한 때에는 파산선고는 그 처분의 속행을 방해하지 아니한다.

② 파산선고 후에는 파산재단에 속하는 재산에 대하여 「국세징수법」 또는 「지방세기본법」에 의하여 징수할 수 있는 청구권(국세징수의 예에 의하여 징수할 수 있는 청구권을 포함한다)에 기한 체납처분을 할 수 없다.

제350조 【행정사건에 대한 효력】 ① 파산재단에 속하는 재산에 관하여 파산선고 당시에 행정청에 계속되어 있는 사건이 있는 때에는 그 절차는 수계 또는 파산절차의 종료가 있을 때까지 중단된다.

② 제347조의 규정은 제1항의 경우에 관하여 준용한다.

제4절 법인의 이사 등의 책임

제351조 【법인의 이사 등의 재산에 대한 보전처분】 ① 법원은 법인인 채무자에 대하여 파산선고가 있는 경우 필요하다고 인정하는 때에는 파산관재인의 신청에 의하거나 직권으로 채무자의 발기인·이사(「상법」 제401조의2 제1항의 규정에 의하여 이사로 보는 자를 포함한다), 감사·검사인 또는 청산인(이하 이 조 내지 제353조에서 "이사 등"이라 한다)에 대한 출자이행청구권 또는 이사 등의 책임에 기한 손해배상청구권을 보전하기 위하여 이사 등의 재산에 대한 보전처분을 할 수 있다.

② 파산관재인은 제1항의 규정에 의한 청구권이 있음을 알게 된 때에는 법원에 제1항의 규정에 의한 보전처분을 신청하여야 한다.

③ 법원은 긴급한 필요가 있다고 인정하는 때에는 파산선고 전이라도 채무자의 신청에 의하거나 직권으로 제1항의 규정에 의한 보전처분을 할 수 있다.

④ 법원은 관리위원회의 의견을 들어 제1항 또는 제3항의 규정에 의한 보전처분을 변경하거나 취소할 수 있다.

⑤ 제1항 또는 제3항의 규정에 의한 보전처분과 제4항의 규정에 의한 결정에 대하여는 즉시항고를 할 수 있다.

⑥ 제5항의 즉시항고는 집행정지의 효력이 없다.

⑦ 제1항 또는 제3항의 규정에 의한 보전처분이나 제4항의 규정에 의한 결정과 이에 대한 즉시항고에 대한 재판이 있는 때에는 그 결정서를 당사자에게 송달하여야 한다.

제352조 【손해배상청구권 등의 조사확정재판】 ① 법원은 법인인 채무자에 대하여 파산선고가 있는 경우 필요하다고 인정하는 때에는 파산관재인의 신청에 의하거나 직권으로 이사 등에 대한 출자이행청구권이나 이사 등의 책임에 기한 손해배상청구권의 존부와 그 내용을 조사확정하는 재판을 할 수 있다.

② 파산관재인은 제1항의 규정에 의한 청구권이 있음을 알게 된 때에는 법원에 제1항의 규정에 의한 재판을 신청하여야 한다.
③ 파산관재인은 제1항의 규정에 의한 신청을 하는 때에는 그 원인되는 사실을 소명하여야 한다.
④ 법원은 직권으로 조사확정절차를 개시하는 때에는 그 취지의 결정을 하여야 한다.
⑤ 제1항의 규정에 의한 신청이 있거나 제4항의 규정에 의한 조사확정절차 개시결정이 있은 때에는 시효의 중단에 관하여는 재판상의 청구가 있은 것으로 본다.
⑥ 제1항의 규정에 의한 조사확정의 재판과 조사확정의 신청을 기각하는 재판은 이유를 붙인 결정으로 하여야 한다.
⑦ 법원은 제6항의 규정에 의한 결정을 하는 때에는 미리 이해관계인을 심문하여야 한다.
⑧ 조사확정절차(조사확정결정이 있은 후의 것을 제외한다)는 파산절차가 종료한 때에는 종료한다.
⑨ 조사확정결정이 있은 때에는 그 결정서를 당사자에게 송달하여야 한다.

제353조【이의의 소】 ① 제352조 제1항의 규정에 의한 조사확정의 재판에 불복이 있는 자는 결정을 송달받은 날부터 1월 이내에 이의의 소를 제기할 수 있다.
② 제1항의 규정에 의한 기간은 불변기간으로 한다.
③ 제1항의 소는 이를 제기하는 자가 이사 등인 때에는 파산관재인을, 파산관재인인 때에는 이사 등을 각각 피고로 하여야 한다.
④ 제1항의 소는 파산법원(파산사건이 계속되어 있는 지방법원을 말한다. 이하 같다)의 관할에 전속하고, 변론은 결정을 송달받은 날부터 1월의 기간을 경과한 후가 아니면 개시할 수 없다.
⑤ 여러 개의 소가 동시에 계속되어 있는 때에는 법원은 변론을 병합하여야 한다.
⑥ 제1항의 규정에 의한 소에 대한 판결에서는 같은 항의 결정을 인가·변경 또는 취소한다. 다만, 소를 부적법한 것으로 각하하는 때에는 그러하지 아니하다.
⑦ 조사확정의 결정을 인가하거나 변경하는 판결은 강제집행에 관하여는 이행을 명한 판결과 동일한 효력이 있다.

제354조【조사확정재판의 효력】 제353조 제1항의 규정에 의한 소가 같은 항의 기간 안에 제기되지 않거나 취하된 때 또는 각하된 때에는 조사확정재판은 이행을 명한 확정판결과 동일한 효력이 있다.

제2장 파산절차의 기관

제1절 파산관재인

제355조【파산관재인의 선임】 ① 파산관재인은 관리위원회의 의견을 들어 법원이 선임한다.
② 법인도 파산관재인이 될 수 있다. 이 경우 그 법인은 이사 중에서 파산관재인의 직무를 행할 자를 지명하고 법원에 신고하여야 한다.

제356조【파산관재인의 수】 파산관재인은 1인으로 한다. 다만, 법원이 필요하다고 인정하는 때에는 여럿의 파산관재인을 선임할 수 있다.

제357조【자격증명서】 ① 법원은 파산관재인에게 그 선임을 증명하는 서면을 교부하여야 한다.
② 파산관재인은 그 직무를 행하는 경우 이해관계인의 청구가 있는 때에는 제1항의 규정에 의한 서면을 제시하여야 한다.

제358조【법원의 감독】 파산관재인은 법원의 감독을 받는다.

제359조【당사자적격】 파산재단에 관한 소송에서는 파산관재인이 당사자가 된다.

제360조【여럿의 파산관재인의 직무집행】 ① 파산관재인이 여럿인 때에는 공동으로 그 직무를 행한다. 이 경우 법원의 허가를 받아 직무를 분장할 수 있다.

② 파산관재인이 여럿인 때에는 제3자의 의사표시는 그 1인에 대하여 하면 된다.

제361조【파산관재인의 의무 등】 ① 파산관재인은 선량한 관리자의 주의로써 그 직무를 행하여야 한다.

② 파산관재인이 제1항의 규정에 의한 주의를 게을리한 때에는 이해관계인에게 손해를 배상할 책임이 있다. 이 경우 주의를 게을리한 파산관재인이 여럿 있는 때에는 연대하여 손해를 배상할 책임이 있다.

제362조【파산관재인대리】 ① 파산관재인은 필요한 때에는 그 직무를 행하게 하기 위하여 자기의 책임으로 대리인을 선임할 수 있다.

② 제1항의 규정에 의한 대리인의 선임은 법원의 허가를 받아야 한다.

③ 채무자가 법인인 경우 제1항의 규정에 의한 허가가 있는 때에는 법원사무관 등은 직권으로 지체 없이 촉탁서에 결정서의 등본을 첨부하여 대리인의 선임에 관한 등기를 촉탁하여야 한다. 대리인의 선임에 관한 허가가 변경 또는 취소된 때에도 또한 같다.

④ 제1항의 규정에 의한 대리인은 파산관재인에 갈음하여 재판상 또는 재판 외의 모든 행위를 할 수 있다.

제363조【파산관재인의 사임】 파산관재인은 정당한 사유가 있는 때에는 법원의 허가를 받아 사임할 수 있다.

제364조【파산관재인의 해임】 ① 법원은 채권자집회의 결의, 감사위원의 신청에 의하거나 직권으로 파산관재인을 해임할 수 있다. 이 경우 법원은 그 파산관재인을 심문하여야 한다.

② 제1항의 규정에 의한 파산관재인의 해임결정에 대하여는 즉시항고를 할 수 있다.

③ 제2항의 즉시항고는 집행정지의 효력이 없다.

제365조【계산의 보고의무】 ① 파산관재인의 임무가 종료한 때에는 파산관재인 또는 그 상속인은 지체 없이 채권자집회에 계산의 보고를 하여야 한다.

② 채무자, 파산채권자 또는 후임의 파산관재인이 채권자집회에서 계산에 대하여 이의를 진술하지 아니한 때에는 이를 승인한 것으로 본다.

③ 파산관재인은 이해관계인의 열람을 위하여 계산보고서와 그 계산보고서에 관한 감사위원의 의견서를 채권자집회일 3일 전까지 법원에 제출하여야 한다.

제366조【임무종료시의 긴급처분】 파산관재인의 임무가 종료한 경우 급박한 사정이 있는 때에는 파산관재인 또는 그 상속인은 후임의 파산관재인 또는 채무자가 재산을 관리할 수 있게 될 때까지 필요한 처분을 하여야 한다.

제2절 채권자집회

제367조【소집】 법원은 파산관재인 또는 감사위원의 신청에 의하거나 직권으로 채권자집회를 소집한다. 신고를 한 총채권에 관하여 법원이 평가한 액의 5분의 1 이상에 해당하는 파산채권자의 신청이 있는 때에도 또한 같다.

제368조【기일 및 회의목적의 공고】 ① 법원은 채권자집회의 기일과 회의의 목적사항을 공고하여야 한다.

② 채권자집회의 연기 또는 속행에 관하여 선고가 있는 때에는 송달 또는 공

고를 하지 아니할 수 있다.

제369조【법원의 지휘】 채권자집회는 법원이 지휘한다.

제370조【결의의 성립요건】 ① 채권자집회의 결의에는 의결권을 행사할 수 있는 출석 파산채권자의 총채권액의 2분의 1을 초과하는 채권을 가진 자의 동의가 있어야 한다.

② 채권자집회의 결의에 관하여 특별한 이해관계를 가진 자는 그 의결권을 행사할 수 없다.

제371조【의결권의 불통일 행사】 ① 파산채권자는 의결권을 통일하지 아니하고 행사할 수 있다.

② 제1항의 경우 파산채권자는 채권자집회 7일 전까지 법원에 그 취지를 서면으로 신고하여야 한다.

제372조【의결권의 대리행사】 ① 파산채권자는 대리인에 의하여 그 의결권을 행사할 수 있다. 이 경우 대리인은 대리권을 증명하는 서면을 제출하여야 한다.

② 대리인이 위임받은 의결권을 통일하지 아니하고 행사하는 경우에는 제371조 제2항을 준용한다.

제373조【의결권을 행사할 수 있는 채권액】 ① 파산채권자는 확정채권액에 따라 의결권을 행사할 수 있다.

② 미확정채권, 정지조건부채권, 장래의 청구권 또는 별제권의 행사에 의하여 변제를 받을 수 없는 채권액에 관하여 파산관재인 또는 파산채권자의 이의가 있는 때에는 법원은 의결권을 행사하게 할 것인가의 여부와 의결권을 행사할 금액을 결정한다.

③ 법원은 이해관계인의 신청에 의하여 언제든지 제2항의 규정에 의한 결정을 변경할 수 있다.

④ 제2항 또는 제3항의 규정에 의한 결정은 그 선고가 있는 때에는 송달을 하지 아니할 수 있다.

⑤ 파산채권자는 제446조에 규정한 청구권에 관하여는 의결권을 행사할 수 없다.

제374조【감사위원의 동의에 갈음하는 효력】 ① 감사위원의 동의는 채권자집회의 결의로써 갈음할 수 있다.

② 채권자집회의 결의가 감사위원의 의견과 다른 때에는 그 결의에 따른다.

제375조【결의집행의 금지】 ① 채권자집회의 결의가 파산채권자 일반의 이익에 반하는 때에는 법원은 파산관재인·감사위원 또는 파산채권자의 신청에 의하거나 직권으로 그 결의의 집행을 금지할 수 있다.

② 의결권이 없었던 파산채권자가 제1항의 규정에 의한 신청을 하는 때에는 파산채권자임을 소명하여야 한다.

③ 제1항의 규정에 의한 금지결정의 선고가 있는 때에는 송달을 하지 아니할 수 있다.

④ 제1항의 규정에 의한 결정에 대하여는 즉시항고를 할 수 있다.

제3절 감사위원

제376조【감사위원설치의 의결】 제1회 채권자집회에서 감사위원의 설치가 필요하다는 제안이 있는 경우에는 그 설치 여부 및 감사위원의 수를 의결할 수 있다. 다만, 제1회 후의 채권자집회에서 그 결의를 변경할 수 있다.

제377조【감사위원의 자격 등】 ① 감사위원은 채권자집회에서 선임한다.

② 감사위원은 법률이나 경영에 관한 전문가로서 파산절차에 이해관계가 없는 자이어야 한다.

③ 감사위원 선임의 결의는 법원의 인가를 받아야 한다.

제378조【직무집행의 방법】 ① 감사위원이 3인 이상 있는 경우에 감사위원의 직무집행은 그 과반수의 찬성으로 결정한다.

② 특별한 이해관계가 있는 감사위원

은 제1항의 규정에 의한 표결에 참가할 수 없다.

제379조 【감사위원의 직무집행 등】 ① 감사위원은 파산관재인의 직무집행을 감사한다.

② 각 감사위원은 언제든지 파산관재인에게 파산재단에 관한 보고를 요구하거나 파산재단의 상황을 조사할 수 있다.

③ 감사위원은 파산채권자에게 현저하게 손해를 미칠 사실을 발견한 때에는 지체 없이 법원 또는 채권자집회에 보고하여야 한다.

제380조 【감사위원의 해임】 ① 감사위원은 언제든지 채권자집회의 결의로 해임할 수 있다.

② 법원은 상당한 이유가 있는 때에는 이해관계인의 신청에 의하여 감사위원을 해임할 수 있다.

③ 제2항의 규정에 의한 감사위원의 해임에 관한 재판에 대하여는 즉시항고를 할 수 있다.

④ 제3항의 규정에 의한 즉시항고는 집행정지의 효력이 없다.

제381조 【준용규정】 제30조 제1항 및 제361조의 규정은 감사위원에 관하여 준용한다.

제3장 파산재단의 구성 및 확정

제1절 파산재단의 구성

제382조 【파산재단】 ① 채무자가 파산선고 당시에 가진 모든 재산은 파산재단에 속한다.

② 채무자가 파산선고 전에 생긴 원인으로 장래에 행사할 청구권은 파산재단에 속한다.

제383조 【파산재단에 속하지 아니하는 재산】 ① 압류할 수 없는 재산은 파산재단에 속하지 아니한다.

② 법원은 개인인 채무자의 신청에 의하여 다음 각호의 어느 하나에 해당하는 재산을 파산재단에서 면제할 수 있다.

1. 채무자 또는 그 피부양자의 주거용으로 사용되고 있는 건물에 관한 임차보증금반환청구권으로서 「주택임대차보호법」 제8조(보증금 중 일정액의 보호)의 규정에 의하여 우선변제를 받을 수 있는 금액의 범위 안에서 대통령령이 정하는 금액을 초과하지 아니하는 부분
2. 채무자 및 그 피부양자의 생활에 필요한 6월간의 생계비에 사용할 특정한 재산으로서 대통령령이 정하는 금액을 초과하지 아니하는 부분

③ 제2항의 규정에 의한 신청은 파산신청일 이후 파산선고 후 14일 이내에 면제재산목록 및 소명에 필요한 자료를 첨부한 서면으로 하여야 한다.

④ 법원은 파산선고 전에 제2항의 신청이 있는 경우에는 파산선고와 동시에, 파산선고 후에 제2항의 신청이 있는 경우에는 신청일부터 14일 이내에 면제 여부 및 그 범위를 결정하여야 한다.

⑤ 제4항의 규정에 의한 결정이 있는 때에는 법원은 채무자 및 알고 있는 채권자에게 그 결정서를 송달하여야 한다.

⑥ 제4항의 규정에 의한 결정에 대하여는 즉시항고를 할 수 있다.

⑦ 제6항의 규정에 의한 즉시항고는 집행정지의 효력이 없다.

⑧ 법원은 파산선고 전에 면제신청이 있는 경우에 채무자의 신청 또는 직권으로 파산선고가 있을 때까지 제2항의 면제재산에 대하여 파산채권에 기한 강제집행, 가압류 또는 가처분의 중지 또는 금지를 명할 수 있다.

⑨ 면제결정이 확정된 때에는 제8항의 규정에 의하여 중지한 절차는 그 효력

을 잃는다.

⑩ 제4항의 규정에 의하여 면제되는 재산에 대하여는 제556조 제1항의 규정에 따라 면책신청을 할 수 있는 기한까지는 파산채권에 기한 강제집행, 가압류 또는 가처분을 할 수 없다.

제384조【관리 및 처분권】 파산재단을 관리 및 처분하는 권한은 파산관재인에게 속한다.

제385조【파산선고 후의 단순승인】 파산선고 전에 채무자를 위하여 상속개시가 있는 경우 채무자가 파산선고 후에 한 단순승인은 파산재단에 대하여는 한정승인의 효력을 가진다.

제386조【파산선고 후의 상속포기】 ① 파산선고 전에 채무자를 위하여 상속개시가 있는 경우 채무자가 파산선고 후에 한 상속포기도 파산재단에 대하여는 한정승인의 효력을 가진다.

② 파산관재인은 제1항의 규정에 불구하고 상속포기의 효력을 인정할 수 있다. 이 경우 포기가 있은 것을 안 날부터 3월 이내에 그 뜻을 법원에 신고하여야 한다.

제387조【파산과 포괄적 유증】 제385조 및 제386조의 규정은 포괄적 유증에 관하여 준용한다.

제388조【파산과 특정유증】 ① 파산선고 전에 채무자를 위하여 특정유증이 있는 경우 채무자가 파산선고 당시 승인 또는 포기를 하지 아니한 때에는 파산관재인이 채무자에 갈음하여 그 승인 또는 포기를 할 수 있다.

② 「민법」 제1077조(유증의무자의 최고권)의 규정은 제1항의 경우에 관하여 준용 한다.

제389조【상속재산의 파산】 ① 상속재산에 대하여 파산선고가 있는 때에는 이에 속하는 모든 재산을 파산재단으로 한다.

② 상속재산에 대하여 파산선고가 있는 경우 피상속인이 상속인에 대하여 가지는 권리와 상속인이 피상속인에 대하여 가지는 권리는 소멸하지 아니한다.

③ 상속재산에 대하여 파산선고가 있는 때에는 상속인은 한정승인한 것으로 본다. 다만, 「민법」 제1026조 제3호에 의하여 상속인이 단순승인한 것으로 보는 때에는 그러하지 아니하다.

제390조【상속인의 재산처분】 ① 상속인이 상속재산의 전부 또는 일부를 처분한 후 상속재산에 대하여 파산선고가 있는 때에는 상속인이 반대급부에 관하여 가지는 권리는 파산재단에 속한다.

② 제1항의 경우 상속인이 이미 반대급부를 받은 때에는 이를 파산재단에 반환하여야 한다. 다만, 그 반대급부를 받은 때에 상속인이 파산의 원인인 사실 또는 파산신청이 있은 것을 알지 못한 때에는 그 이익이 현존하는 한도 안에서 반환하면 된다.

제2절 부인권

제391조【부인할 수 있는 행위】 파산관재인은 파산재단을 위하여 다음 각호의 어느 하나에 해당하는 행위를 부인할 수 있다.

1. 채무자가 파산채권자를 해하는 것을 알고 한 행위. 다만, 이로 인하여 이익을 받은 자가 그 행위 당시 파산채권자를 해하게 되는 사실을 알지 못한 경우에는 그러하지 아니하다.
2. 채무자가 지급정지 또는 파산신청이 있은 후에 한 파산채권자를 해하는 행위와 담보의 제공 또는 채무소멸에 관한 행위. 다만, 이로 인하여 이익을 받은 자가 그 행위 당시 지급정지 또는 파산신청이 있은 것을 알고 있은 때에 한한다.
3. 채무자가 지급정지나 파산신청이 있은 후 또는 그 전 60일 이내에 한

담보의 제공 또는 채무소멸에 관한 행위로서 채무자의 의무에 속하지 아니하거나 그 방법 또는 시기가 채무자의 의무에 속하지 아니하는 것. 다만, 채권자가 그 행위 당시 지급정지나 파산신청이 있은 것 또는 파산채권자를 해하게 되는 사실을 알지 못한 경우를 제외한다.

4. 채무자가 지급정지 또는 파산신청이 있은 후 또는 그 전 6월 이내에 한 무상행위 및 이와 동일시할 수 있는 유상행위

제392조【특수관계인을 상대방으로 한 행위에 대한 특칙】 ① 제391조 제2호 단서의 규정을 적용하는 경우 이익을 받는 자가 채무자와 대통령령이 정하는 범위의 특수관계에 있는 자(이하 이 조에서 "특수관계인"이라 한다)인 때에는 그 특수관계인이 행위 당시 지급정지 또는 파산신청이 있은 것을 알고 있었던 것으로 추정한다.

② 제391조 제3호의 규정을 적용하는 경우 특수관계인을 상대방으로 하는 행위에 대하여는 같은 호 본문에 규정된 "60일"을 "1년"으로 하고, 같은 호 단서를 적용하는 경우에는 그 특수관계인이 그 행위 당시 지급정지 또는 파산신청이 있은 것과 파산채권자를 해하는 사실을 알고 있었던 것으로 추정한다.

③ 제391조 제4호의 규정을 적용하는 경우 특수관계인을 상대방으로 하는 행위인 때에는 같은 호에 규정된 "6월"을 "1년"으로 한다.

제393조【어음지급의 예외】 ① 제391조의 규정은 채무자로부터 어음의 지급을 받은 자가 그 지급을 받지 아니하면 채무자의 1인 또는 여럿에 대한 어음상의 권리를 상실하게 되었을 경우에는 적용하지 아니한다.

② 제1항의 경우 최종의 상환의무자 또는 어음의 발행을 위탁한 자가 그 발행 당시에 지급정지 또는 파산신청이 있었음을 알았거나 또는 과실로 인하여 이를 알지 못한 때에는 파산관재인은 그로 하여금 채무자가 지급한 금액을 상환하게 할 수 있다.

제394조【권리변동의 성립요건 또는 대항요건의 부인】 ① 지급정지 또는 파산신청이 있은 후에 권리의 설정·이전 또는 변경의 효력을 생기게 하는 등기 또는 등록이 행하여진 경우 그 등기 또는 등록이 그 원인인 채무부담행위가 있은 날부터 15일을 경과한 후에 지급정지 또는 파산신청이 있음을 알고 행한 것인 때에는 이를 부인할 수 있다. 다만, 가등기 또는 가등록을 한 후 이에 의하여 본등기 또는 본등록을 한 때에는 그러하지 아니하다.

② 지급정지 또는 파산신청이 있은 후에 권리의 설정·이전 또는 변경을 제3자에게 대항하기 위하여 필요한 행위를 한 경우 그 행위가 권리의 설정·이전 또는 변경이 있은 날부터 15일을 경과한 후에 지급정지 또는 파산신청이 있음을 알고 행한 것인 때에도 제1항과 같다.

제395조【집행행위의 부인】 부인권은 부인하고자 하는 행위에 관하여 집행력 있는 집행권원이 있는 때 또는 그 행위가 집행행위에 의한 것인 때에도 행사할 수 있다.

제396조【부인권의 행사방법】 ① 부인권은 소, 부인의 청구 또는 항변의 방법으로 파산관재인이 행사한다.

② 법원은 파산채권자의 신청에 의하거나 직권으로 파산관재인에게 부인권의 행사를 명할 수 있다.

③ 제1항의 소와 부인의 청구사건은 파산법원의 관할에 전속한다.

④ 제106조 및 제107조의 규정은 제1항의 규정에 의한 부인의 청구에 관하여 준용한다.

제397조【부인권행사의 효과】 ① 부인권

의 행사는 파산재단을 원상으로 회복시킨다.

② 제391조 제4호의 규정에 의한 행위가 부인된 경우 상대방이 그 행위 당시 선의인 때에는 이익이 현존하는 한도 안에서 상환하면 된다.

제398조【상대방의 지위】 ① 채무자의 행위가 부인된 경우 그가 받은 반대급부가 파산재단 중에 현존하는 때에는 상대방은 그 반환을 청구할 수 있으며, 반대급부로 인하여 생긴 이익이 현존하는 때에는 그 이익의 한도 안에서 재단채권자로서 그 권리를 행사할 수 있다.

② 채무자의 행위가 부인된 경우 반대급부로 인하여 생긴 이익이 현존하지 아니하는 때에는 상대방은 그 가액의 상환에 관하여 파산채권자로서 권리를 행사할 수 있다. 반대급부의 가액이 현존하는 이익보다 큰 경우 그 차액에 관하여도 또한 같다.

제399조【상대방의 채권의 회복】 채무자의 행위가 부인된 경우 상대방이 그가 받은 급부를 반환하거나 그 가액을 상환한 때에는 상대방의 채권은 원상으로 회복된다.

제400조【상속재산의 파산의 경우의 부인권】 제391조 · 제392조 · 제393조 · 제398조 및 제399조의 규정은 상속재산에 대하여 파산선고가 있은 경우 피상속인 · 상속인 · 상속재산관리인 및 유언집행자가 상속재산에 관하여 한 행위에 관하여 준용한다.

제401조【유증을 받은 자에 대한 변제 등의 부인】 상속재산에 대하여 파산선고가 있은 경우 유증을 받은 자에 대한 변제 그 밖의 채무의 소멸에 관한 행위가 그 채권에 우선하는 채권을 가진 파산채권자를 해하는 때에는 이를 부인할 수 있다.

제402조【부인의 상대방에 대한 변제】 상속재산에 대하여 파산선고가 있은 경우 피상속인 · 상속인 · 상속재산관리인 및 유언집행자가 상속재산에 관하여 한 행위가 부인된 때에는 상속채권자에게 변제한 후 부인된 행위의 상대방에게 그 권리의 가액에 따라 잔여재산을 분배하여야 한다.

제403조【전득자에 대한 부인권】 ① 다음 각호의 어느 하나에 해당하는 때에는 전득자(轉得者)에 대하여도 부인권을 행사할 수 있다.

1. 전득자가 전득 당시 각각 그 전자(前者)에 대한 부인의 원인이 있음을 안 때
2. 전득자가 제392조의 규정에 의한 특수관계인인 때. 다만, 전득 당시 각각 그 전자(前者)에 대한 부인의 원인이 있음을 알지 못한 때에는 그러하지 아니하다.
3. 전득자가 무상행위 또는 이와 동일시할 수 있는 유상행위로 인하여 전득한 경우 각각 그 전자(前者)에 대하여 부인의 원인이 있는 때

② 제397조 제2항의 규정은 제1항 제3호의 규정에 의하여 부인권이 행사된 경우에 관하여 준용한다.

제404조【지급정지를 안 것을 이유로 하는 부인의 제한】 파산선고가 있은 날부터 1년 전에 한 행위는 지급정지의 사실을 안 것을 이유로 하여 부인할 수 없다.

제405조【부인권행사의 기간】 부인권은 파산선고가 있은 날부터 2년이 경과한 때에는 행사할 수 없다. 제391조 각호의 행위를 한 날부터 10년이 경과한 때에도 또한 같다.

제406조【채권자취소소송 등의 중단】 ① 「민법」 제406조 제1항이나 「신탁법」 제8조에 따라 파산채권자가 제기한 소송이 파산선고 당시 법원에 계속되어 있는 때에는 그 소송절차는 수계 또는 파산절차의 종료에 이르기까지 중단된다.

② 제347조의 규정은 제1항의 경우에 관하여 준용한다.

제406조의2 【신탁행위의 부인에 관한 특칙】 위탁자인 채무자에 대하여 파산이 선고된 경우 해당 채무자가 「신탁법」에 따라 한 신탁행위의 부인에 관하여는 제113조의2를 준용한다. 이 경우 "제100조 제1항"은 "제391조"로, "채무자의 재산"은 "파산재단"으로, "공익채권자"는 "재단채권자"로 각각 본다.

제3절 환취권

제407조 【채무자에게 속하지 아니한 재산의 환취】 파산선고는 채무자에 속하지 아니하는 재산을 파산재단으로부터 환취하는 권리에 영향을 미치지 아니한다.

제407조의2 【수탁자에 대한 파산절차에서의 환취권에 관한 특칙】 ① 「신탁법」에 따라 신탁이 설정된 후 수탁자가 파산선고를 받은 경우 신탁재산을 환취하는 권리는 신수탁자 또는 신탁재산관리인이 행사한다.
② 신탁이 종료된 경우에는 「신탁법」 제101조에 따라 신탁재산이 귀속된 자가 제1항의 권리를 행사한다.

제408조 【운송 중인 매도물의 환취】 ① 매도인이 매매의 목적인 물건을 매수인에게 발송하였으나 매수인이 그 대금의 전액을 변제하지 아니하고, 도달지에서 그 물건을 수령하지 아니한 상태에서 매수인이 파산선고를 받은 때에는 매도인은 그 물건을 환취할 수 있다. 다만, 파산관재인이 대금전액을 지급하고 그 물건의 인도를 청구한 때에는 그러하지 아니하다.
② 제1항의 규정은 제335조의 적용을 배제하지 아니한다.

제409조 【위탁매매인의 환취권】 제408조 제1항의 규정은 물품매수의 위탁을 받은 위탁매매인이 그 물품을 위탁자에게 발송한 경우에 관하여 준용한다.

제410조 【대체적 환취권】 ① 채무자가 파산선고 전에 환취권의 목적인 재산을 양도한 때에는 환취권자는 반대급부의 이행청구권의 이전을 청구할 수 있다. 파산관재인이 환취권의 목적인 재산을 양도한 때에도 또한 같다.
② 제1항의 경우 파산관재인이 반대급부의 이행을 받은 때에는 환취권자는 파산관재인이 반대급부로 받은 재산의 반환을 청구할 수 있다.

제4절 별제권

제411조 【별제권자】 파산재단에 속하는 재산상에 존재하는 유치권·질권·저당권·「동산·채권 등의 담보에 관한 법률」에 따른 담보권 또는 전세권을 가진 자는 그 목적인 재산에 관하여 별제권을 가진다.

제412조 【별제권의 행사】 별제권은 파산절차에 의하지 아니하고 행사한다.

제413조 【별제권자의 파산채권행사】 별제권자는 그 별제권의 행사에 의하여 변제를 받을 수 없는 채권액에 관하여만 파산채권자로서 그 권리를 행사할 수 있다. 다만, 별제권을 포기한 채권액에 관하여 파산채권자로서 그 권리를 행사하는 것에 영향을 미치지 아니한다.

제414조 【준별제권자】 ① 파산재단에 속하지 아니하는 채무자의 재산상에 질권·저당권 또는 「동산·채권 등의 담보에 관한 법률」에 따른 담보권을 가진 자는 그 권리의 행사에 의하여 변제를 받을 수 없는 채권액에 한하여 파산채권자로서 그 권리를 행사할 수 있다.
② 제1항의 규정에 의한 권리를 가진 자에 대하여는 별제권에 관한 규정을 준용한다.

제415조 【주택임차인 등】 ① 「주택임대차보호법」 제3조(대항력 등) 제1항의 규정에 의한 대항요건을 갖추고 임대차계약증서상의 확정일자를 받은 임차

인은 파산재단에 속하는 주택(대지를 포함한다)의 환가대금에서 후순위권리자 그 밖의 채권자보다 우선하여 보증금을 변제받을 권리가 있다.

② 「주택임대차보호법」 제8조(보증금 중 일정액의 보호)의 규정에 의한 임차인은 같은 조의 규정에 의한 보증금을 파산재단에 속하는 주택(대지를 포함한다)의 환가대금에서 다른 담보물권자보다 우선하여 변제받을 권리가 있다. 이 경우 임차인은 파산신청일까지 「주택임대차보호법」 제3조(대항력 등) 제1항의 규정에 의한 대항요건을 갖추어야 한다.

③ 제1항 및 제2항의 규정은 「상가건물 임대차보호법」 제3조(대항력 등)의 규정에 의한 대항요건을 갖추고 임대차계약증서상의 확정일자를 받은 임차인과 같은 법 제14조(보증금 중 일정액의 보호)의 규정에 의한 임차인에 관하여 준용한다.

제415조의2 【임금채권자 등】 「근로기준법」 제38조 제2항 각 호에 따른 채권과 「근로자퇴직급여 보장법」 제12조 제2항에 따른 최종 3년간의 퇴직급여 등 채권의 채권자는 해당 채권을 파산재단에 속하는 재산에 대한 별제권 행사 또는 제349조 제1항의 체납처분에 따른 환가대금에서 다른 담보물권자보다 우선하여 변제받을 권리가 있다. 다만, 「임금채권보장법」 제8조에 따라 해당 채권을 대위하는 경우에는 그러하지 아니하다.

제5절 상계권

제416조 【상계권】 파산채권자가 파산선고 당시 채무자에 대하여 채무를 부담하는 때에는 파산절차에 의하지 아니하고 상계할 수 있다.

제417조 【기한부 및 해제조건부 등 채권채무의 상계】 파산채권자의 채권이 파산선고시에 기한부 또는 해제조건부이거나 제426조에 규정된 것인 때에도 상계할 수 있다. 채무가 기한부나 조건부인 때 또는 장래의 청구권에 관한 것인 때에도 또한 같다.

제418조 【정지조건부채권 및 장래의 청구권과의 상계】 정지조건부채권 또는 장래의 청구권을 가진 자가 그 채무를 변제하는 때에는 후일 상계를 하기 위하여 그 채권액의 한도 안에서 변제액의 임치를 청구할 수 있다.

제419조 【해제조건부채권의 상계】 해제조건부채권을 가진 자가 상계를 하는 때에는 그 상계액에 관하여 담보를 제공하거나 임치를 하여야 한다.

제420조 【자동채권의 상계액】 ① 파산채권자의 채권이 이자없는 채권 또는 정기금채권인 때에는 제446조 제1항 제5호 내지 제7호에 해당하는 부분을 공제한 액의 한도 안에서 상계할 수 있다.

② 제426조 및 제427조의 규정은 파산채권자의 채권에 관하여 준용한다.

제421조 【차임 · 보증금 및 지료의 상계】 ① 파산채권자가 임차인인 때에는 파산선고시의 당기(當期) 및 차기(次期)의 차임에 관하여 상계를 할 수 있다. 보증금이 있는 경우 그 후의 차임에 관하여도 또한 같다.

② 제1항의 규정은 지료(地料)에 관하여 준용한다.

제422조 【상계의 금지】 다음 각호의 어느 하나에 해당하는 때에는 상계를 할 수 없다.

1. 파산채권자가 파산선고 후에 파산재단에 대하여 채무를 부담한 때
2. 파산채권자가 지급정지 또는 파산신청이 있었음을 알고 채무자에 대하여 채무를 부담한 때. 다만, 다음 각목의 어느 하나에 해당하는 때를 제외한다.
   가. 그 부담이 법정의 원인에 의한 때
   나. 파산채권자가 지급정지나 파산

신청이 있었음을 알기 전에 생긴 원인에 의한 때
다. 파산선고가 있은 날부터 1년 전에 생긴 원인에 의한 때
3. 파산선고를 받은 채무자의 채무자가 파산선고 후에 타인의 파산채권을 취득한 때
4. 파산선고를 받은 채무자의 채무자가 지급정지 또는 파산신청이 있었음을 알고 파산채권을 취득한 때. 다만, 제2호 각목의 어느 하나에 해당하는 때를 제외한다.

제4장 파산채권 및 재단채권

제1절 파산채권

제423조【파산채권】 채무자에 대하여 파산선고 전의 원인으로 생긴 재산상의 청구권은 파산채권으로 한다.

제424조【파산채권의 행사】 파산채권은 파산절차에 의하지 아니하고는 행사할 수 없다.

제425조【기한부채권의 변제기도래】 기한부채권은 파산선고시에 변제기에 이른 것으로 본다.

제426조【비금전채권 등의 파산채권액】 ① 채권의 목적이 금전이 아니거나 그 액이 불확정한 때나 외국의 통화로 정하여진 때에는 파산선고시의 평가액을 파산채권액으로 한다.
② 정기금채권의 금액 또는 존속기간이 확정되지 아니한 때에도 제1항과 같다.

제427조【조건부채권 등의 파산채권액】 ① 조건부채권은 그 전액을 파산채권액으로 한다.
② 제1항의 규정은 채무자에 대한 장래의 청구권에 관하여 준용한다.

제428조【전부의 채무를 이행할 의무를 지는 자가 파산한 경우의 파산채권액】 여럿의 채무자가 각각 전부의 채무를 이행하여야 하는 경우 그 채무자의 전원 또는 일부가 파산선고를 받은 때에는 채권자는 파산선고시에 가진 채권의 전액에 관하여 각 파산재단에 대하여 파산채권자로서 권리를 행사할 수 있다.

제429조【보증인이 파산한 경우의 파산채권액】 보증인이 파산선고를 받은 때에는 채권자는 파산선고시에 가진 채권의 전액에 관하여 파산채권자로서 그 권리를 행사할 수 있다.

제430조【장래의 구상권자】 ① 여럿의 채무자가 각각 전부의 채무를 이행하여야 하는 경우 그 채무자의 전원 또는 일부가 파산선고를 받은 때에는 그 채무자에 대하여 장래의 구상권을 가진 자는 그 전액에 관하여 각 파산재단에 대하여 파산채권자로서 그 권리를 행사할 수 있다. 다만, 채권자가 그 채권의 전액에 관하여 파산채권자로서 그 권리를 행사한 때에는 예외로 한다.
② 제1항 단서의 경우 제1항의 규정에 의한 구상권을 가진 자가 변제를 한 때에는 그 변제의 비율에 따라 채권자의 권리를 취득한다.
③ 제1항 및 제2항의 규정은 담보를 제공한 제3자가 채무자에 대하여 갖는 장래의 구상권에 관하여 준용한다.

제431조【여럿이 일부보증을 한 때의 파산채권액】 제428조, 제429조 및 제430조 제1항·제2항의 규정은 여럿의 보증인이 각각 채무의 일부를 보증하는 때에 그 보증하는 부분에 관하여 준용한다.

제432조【무한책임사원의 파산】 법인의 채무에 관하여 무한책임을 지는 사원이 파산선고를 받은 때에는 법인의 채권자는 파산선고시에 가진 채권의 전액에 관하여 그 파산재단에 대하여 파산채권자로서 그 권리를 행사할 수 있다.

제433조【유한책임사원의 파산】 법인의

채무에 관하여 유한책임을 지는 사원 또는 그 법인이 파산선고를 받은 때에는 법인의 채권자는 유한책임을 지는 사원에 대하여 그 권리를 행사할 수 없다. 다만, 법인은 출자청구권을 파산채권으로서 행사할 수 있다.

제434조【상속인의 파산】 상속인이 파산선고를 받은 경우에는 재산의 분리가 있는 때에도 상속채권자 및 유증을 받은 자는 그 채권의 전액에 관하여 파산재단에 대하여 파산채권자로서 그 권리를 행사할 수 있다.

제435조【상속재산 및 상속인의 파산】 상속재산 및 상속인에 대하여 파산선고가 있는 때에는 상속채권자 및 유증을 받은 자는 그 채권의 전액에 관하여 각 파산재단에 대하여 파산채권자로서 그 권리를 행사할 수 있다.

제436조【상속인의 한정승인】 제434조 및 제435조의 경우 파산선고를 받은 상속인이 한정승인을 한 때에는 상속채권자와 유증을 받은 자는 그 상속인의 고유재산에 대하여 파산채권자로서 그 권리를 행사할 수 없다. 제385조 또는 제386조 제1항의 규정에 의하여 한정승인의 효력이 있는 때에도 또한 같다.

제437조【상속인의 피상속인에 대한 채권 등】 상속재산에 대하여 파산선고가 있는 때에는 상속인은 그 피상속인에 대한 채권 및 피상속인의 채무소멸을 위하여 한 출연에 관하여 상속채권자와 동일한 권리를 가진다.

제438조【상속인의 채권자】 상속재산에 대하여 파산선고가 있는 때에는 상속인의 채권자는 그 파산재단에 대하여 파산채권자로서 그 권리를 행사할 수 없다.

제439조【파산절차참가의 비용】 파산절차참가의 비용은 파산채권으로 한다.

제440조【동일순위자에 대한 평등변제】 동일순위로 변제하여야 하는 채권은 각각 그 채권액의 비율에 따라 변제한다.

제441조【우선권 있는 파산채권】 파산재단에 속하는 재산에 대하여 일반의 우선권이 있는 파산채권은 다른 채권에 우선한다.

제442조【우선권의 기간계산】 일정한 기간 안의 채권액에 관하여 우선권이 있는 경우 그 기간은 파산선고시부터 소급하여 계산한다.

제443조【상속채권자의 우위】 상속재산에 대하여 파산선고가 있는 때에는 상속채권자의 채권은 유증을 받은 자의 채권에 우선한다.

제444조【상속인이 파산한 경우의 채권자간의 순위】 상속재산에 대한 파산신청기간 안의 신청에 의하여 상속인에 대한 파산선고가 있는 때에는 상속인의 채권자의 채권은 그 고유재산에 대하여 상속채권자 및 유증을 받은 자의 채권에 우선하고, 상속채권자 및 유증을 받은 자의 채권은 상속재산에 대하여 상속인의 채권자의 채권에 우선한다.

제445조【상속재산 및 상속인의 파산재단의 순위】 상속재산 및 상속인에 대하여 파산선고가 있는 때에는 상속인의 채권자의 채권은 상속인의 파산재단에 대하여는 상속채권자 및 유증을 받은 자의 채권에 우선한다.

제446조【후순위파산채권】 ① 다음 각호의 청구권은 다른 파산채권보다 후순위파산채권으로 한다.

1. 파산선고 후의 이자
2. 파산선고 후의 불이행으로 인한 손해배상액 및 위약금
3. 파산절차참가비용
4. 벌금 · 과료 · 형사소송비용 · 추징금 및 과태료
5. 기한이 파산선고 후에 도래하는 이자없는 채권의 경우 파산선고가 있은 때부터 그 기한에 이르기까지의 법정이율에 의한 원리의 합계액이 채권액이 될 계산에 의하여 산출되는 이자의 액에 상당하는 부분

6. 기한이 불확정한 이자없는 채권의 경우 그 채권액과 파산선고 당시의 평가액과의 차액에 상당하는 부분
7. 채권액 및 존속기간이 확정된 정기금채권인 경우 각 정기금에 관하여 제5호의 규정에 준하여 산출되는 이자의 액의 합계액에 상당하는 부분과 각 정기금에 관하여 같은 호의 규정에 준하여 산출되는 원본의 액의 합계액이 법정이율에 의하여 그 정기금에 상당하는 이자가 생길 원본액을 초과하는 때에는 그 초과액에 상당하는 부분

② 채무자가 채권자와 파산절차에서 다른 채권보다 후순위로 하기로 정한 채권은 그 정한 바에 따라 다른 채권보다 후순위로 한다.

제2절 파산채권의 신고 및 조사

제447조【채권신고방법】 ① 파산채권자는 법원이 정하는 기간(이하 이 장에서 "신고기간"이라 한다) 안에 다음 각호의 사항을 법원에 신고하고 증거서류 또는 그 등본이나 초본을 제출하여야 한다.
1. 그 채권액 및 원인
2. 일반의 우선권이 있는 때에는 그 권리
3. 제446조 제1항 각호의 어느 하나에 해당하는 청구권을 포함하는 때에는 그 구분

② 별제권자는 제1항 각호의 사항 외에 별제권의 목적과 그 행사에 의하여 변제를 받을 수 없는 채권액을 신고하여야 한다.

③ 파산채권에 관하여 파산선고 당시 소송이 계속되어 있는 때에는 제1항 각호의 사항 외에 파산채권자는 그 법원·당사자·사건명 및 사건번호를 신고하여야 한다.

제448조【파산채권자표의 작성】 ① 법원사무관 등은 다음 각호의 사항을 기재한 파산채권자표를 작성하여야 한다.
1. 채권자의 성명 및 주소
2. 채권액 및 원인
3. 일반의 우선권이 있는 때에는 그 권리
4. 제446조 제1항 각호의 어느 하나에 해당하는 청구권을 포함하는 때에는 그 구분
5. 별제권자가 제447조 제2항의 규정에 의하여 신고한 채권액

② 법원사무관 등은 파산채권자표의 등본을 파산관재인에게 교부하여야 한다.

제449조【파산채권자표 및 채권신고서류의 비치】 ① 법원은 파산채권자표 및 채권의 신고에 관한 서류를 이해관계인이 열람할 수 있도록 법원에 비치하여야 한다.

② 법원사무관 등은 채권자의 신청이 있는 경우 그 채권자의 채권에 관한 파산채권자표의 초본을 교부하여야 한다.

제450조【채권조사의 대상】 채권조사기일에는 신고한 각 채권에 관하여 제448조 제1항 각호의 사항을 조사한다.

제451조【관계인의 출석】 ① 채무자, 신고한 파산채권자 또는 그 대리인은 채권조사기일에 출석하여 의견을 진술할 수 있다.

② 제1항의 규정에 의한 대리인은 대리권을 증명하는 서면을 제출하여야 한다.

제452조【파산관재인의 출석】 채권의 조사는 파산관재인이 출석하지 아니하면 할 수 없다.

제453조【신고기간 후에 신고한 채권의 조사】 ① 신고기간 후에 신고한 채권에 관하여는 파산관재인 및 파산채권자의 이의가 있는 때를 제외하고는 채권조사의 일반기일에 그 조사를 할 수 있다.

② 파산관재인 또는 파산채권자의 이의가 있는 때에는 법원은 제1항의 규정에 의한 채권조사를 하기 위하여 특별기일을 정하여야 한다. 이 경우 채권조사에 소요되는 비용은 신고기간 후에 신고한 파산채권자의 부담으로 한다.

제454조【파산채권자의 이익을 해하는 변경】 제453조의 규정은 파산채권자가 신고한 사항에 관하여 신고기간 후에 다른 파산채권자의 이익을 해할 변경을 가한 경우에 관하여 준용한다.

제455조【일반기일 후의 채권신고】 제453조 제2항의 규정은 파산채권자가 채권조사의 일반기일 후에 채권을 신고한 경우에 관하여 준용한다.

제456조【특별기일의 공고 및 송달】 채권조사의 특별기일을 정하는 결정은 이를 공고하여야 하며 파산관재인 · 채무자 및 신고한 파산채권자에게 송달하여야 한다.

제457조【채권조사기일의 변경 등】 제456조의 규정은 채권조사기일의 변경과 채권조사의 연기 및 속행에 관하여 준용한다. 다만, 선고가 있는 때에는 공고 및 송달을 하지 아니하여도 된다.

제458조【채권의 확정】 채권조사기일에 파산관재인 및 파산채권자의 이의가 없는 때에는 다음 각호의 사항이 확정된다.

1. 채권액
2. 우선권
3. 제446조 제1항 각호의 어느 하나에 해당하는 청구권의 구분

제459조【조사결과의 파산채권자표 기재】 ① 법원사무관 등은 채권조사의 결과와 채무자가 진술한 이의를 파산채권자표에 기재하여야 한다.

② 법원사무관 등은 확정된 채권의 증서에 확정된 뜻을 기재하고 법원의 인(印)을 찍어야 한다.

제460조【확정채권에 관한 파산채권자표 기재의 파산채권자에 대한 효력】 확정채권에 관하여 파산채권자표에 기재한 때에는 그 기재는 파산채권자 전원에 대하여 확정판결과 동일한 효력이 있다.

제461조【파산채권의 이의에 관한 통지】 ① 파산채권자가 채권조사기일에 출석하지 아니한 경우 그 채권에 관하여 이의가 있는 때에는 법원은 그 사실을 파산채권자에게 통지하여야 한다.

② 제1항의 규정에 의한 통지는 서류를 우편으로 발송하여 할 수 있다.

제462조【파산채권 조사확정의 재판】 ① 파산채권의 조사에서 신고한 파산채권의 내용에 대하여 파산관재인 또는 파산채권자가 이의를 한 때에는 그 파산채권(이하 이 편에서 "이의채권"이라 한다)을 보유한 파산채권자는 그 내용의 확정을 위하여 이의자 전원을 상대방으로 하여 법원에 채권조사확정의 재판(이하 이 편에서 "채권조사확정재판"이라 한다)을 신청할 수 있다. 다만, 제464조 및 제466조의 경우에는 그러하지 아니하다.

② 채권조사확정재판에서는 이의가 있는 파산채권의 존부 또는 그 내용을 정한다.

③ 법원은 채권조사확정재판을 하는 때에는 이의자를 심문하여야 한다.

④ 법원은 채권조사확정재판의 결정서를 당사자에게 송달하여야 한다.

⑤ 제1항의 규정에 의한 신청은 이의가 있는 파산채권에 관한 조사를 위한 일반조사기일 또는 특별조사기일부터 1월 이내에 하여야 한다.

제463조【채권조사확정재판에 대한 이의의 소】 ① 채권조사확정재판에 불복하는 자는 그 결정서의 송달을 받은 날부터 1월 이내에 이의의 소를 제기할 수 있다.

② 제1항의 소는 파산법원의 관할에 전속한다.

③ 제1항의 소를 제기하는 자가 이의

채권을 보유하는 파산채권자인 때에는 이의자 전원을 피고로 하고, 이의자인 때에는 그 파산채권자를 피고로 하여야 한다.

④ 동일한 채권에 관하여 여러 개의 소가 계속되어 있는 때에는 법원은 변론을 병합하여야 한다.

⑤ 제1항의 소에 대한 판결은 소를 부적법한 것으로 각하하는 경우를 제외하고는 같은 항의 재판을 인가하거나 변경한다.

제464조【이의채권에 관한 소송의 수계】 이의채권에 관하여 파산선고 당시 소송이 계속되어 있는 경우 채권자가 그 권리의 확정을 구하고자 하는 때에는 이의자 전원을 그 소송의 상대방으로 하여 소송을 수계하여야 한다.

제465조【청구원인의 제한】 파산채권자는 제459조 제1항의 규정에 의하여 파산채권자표에 기재한 사항에 한하여 채권조사확정재판의 신청을 하거나 제463조 제1항의 소를 제기하거나 제464조의 규정에 의하여 소송을 수계할 수 있다.

제466조【집행권원이 있는 채권에 대한 이의주장방법】 ① 집행력있는 집행권원이나 종국판결 있는 채권에 관하여 이의가 있는 자는 채무자가 할 수 있는 소송절차에 의하여만 이의를 주장할 수 있다.

② 제1항의 규정에 의한 파산채권에 관하여 파산선고 당시 법원에 소송이 계속되어 있는 경우 이의자가 같은 항의 규정에 의한 이의를 주장하고자 하는 때에는 이의자는 그 파산채권을 보유한 파산채권자를 상대방으로 하는 소송절차를 수계하여야 한다.

③ 제463조 제4항 및 제465조의 규정은 제1항 및 제2항에 관하여 준용한다.

제467조【파산채권의 확정에 관한 소송결과의 기재】 법원사무관 등은 파산관재인 또는 파산채권자의 신청에 의하여 파산채권의 확정에 관한 소송의 결과(채권조사확정재판에 대한 이의의 소가 제463조 제1항의 규정에 의한 기간 안에 제기되지 아니하거나 각하된 때에는 그 재판의 내용을 말한다)를 파산채권자표에 기재하여야 한다.

제468조【파산채권의 확정에 관한 소송의 판결 등의 효력】 ① 파산채권의 확정에 관한 소송에 대한 판결은 파산채권자 전원에 대하여 그 효력이 있다.

② 채권조사확정재판에 대한 이의의 소가 제463조 제1항의 규정에 의한 기간 안에 제기되지 아니하거나 각하된 때에는 그 재판은 파산채권자 전원에 대하여 확정판결과 동일한 효력이 있다.

제469조【소송비용의 상환】 파산재단이 파산채권의 확정에 관한 소송(채권조사확정재판을 포함한다)으로 이익을 받은 때에는 이의를 주장한 파산채권자는 그 이익의 한도 안에서 재단채권자로서 소송비용의 상환을 청구할 수 있다.

제470조【파산채권확정소송의 목적의 가액】 파산채권의 확정에 관한 소송의 목적의 가액은 배당예정액을 표준으로 하여 파산법원이 정한다.

제471조【벌금 등의 신고】 ① 제446조 제1항 제4호의 규정에 의한 청구권을 가진 자는 지체 없이 그 액 및 원인을 법원에 신고하여야 한다.

② 제459조 제1항의 규정은 제1항의 규정에 의하여 신고된 청구권에 관하여 준용한다.

제472조【행정심판 또는 행정소송의 대상인 경우】 ① 제471조 제1항의 규정에 의하여 신고한 청구권의 원인이 행정심판 또는 행정소송의 대상이 되는 처분인 때에는 법원은 지체 없이 그 청구권의 금액 및 원인을 파산관재인에게 통지하여야 한다.

② 제466조 내지 제468조의 규정은 파

산관재인이 이의를 주장하는 경우에 관하여 준용한다.

제3절 재단채권

제473조 【재단채권의 범위】 다음 각호의 어느 하나에 해당하는 청구권은 재단채권으로 한다.

1. 파산채권자의 공동의 이익을 위한 재판상 비용에 대한 청구권
2. 「국세징수법」 또는 「지방세기본법」에 의하여 징수할 수 있는 청구권(국세징수의 예에 의하여 징수할 수 있는 청구권으로서 그 징수우선순위가 일반 파산채권보다 우선하는 것을 포함하며, 제446조의 규정에 의한 후순위파산채권을 제외한다). 다만, 파산선고 후의 원인으로 인한 청구권은 파산재단에 관하여 생긴 것에 한한다.
3. 파산재단의 관리·환가 및 배당에 관한 비용
4. 파산재단에 관하여 파산관재인이 한 행위로 인하여 생긴 청구권
5. 사무관리 또는 부당이득으로 인하여 파산선고 후 파산재단에 대하여 생긴 청구권
6. 위임의 종료 또는 대리권의 소멸 후에 긴급한 필요에 의하여 한 행위로 인하여 파산재단에 대하여 생긴 청구권
7. 제335조 제1항의 규정에 의하여 파산관재인이 채무를 이행하는 경우에 상대방이 가지는 청구권
8. 파산선고로 인하여 쌍무계약이 해지된 경우 그때까지 생긴 청구권
9. 채무자 및 그 부양을 받는 자의 부양료
10. 채무자의 근로자의 임금·퇴직금 및 재해보상금
11. 파산선고 전의 원인으로 생긴 채무자의 근로자의 임치금 및 신원보증금의 반환청구권

제474조 【부담있는 유증의 부담의 청구권】 파산관재인이 부담있는 유증의 이행을 받은 때에는 부담의 이익을 받을 청구권은 유증목적의 가액을 초과하지 아니하는 한도 안에서 재단채권으로 한다.

제475조 【재단채권의 변제】 재단채권은 파산절차에 의하지 아니하고 수시로 변제한다.

제476조 【재단채권의 우선변제】 재단채권은 파산채권보다 먼저 변제한다.

제477조 【재단부족의 경우의 변제방법】
① 파산재단이 재단채권의 총액을 변제하기에 부족한 것이 분명하게 된 때에는 재단채권의 변제는 다른 법령이 규정하는 우선권에 불구하고 아직 변제하지 아니한 채권액의 비율에 따라 한다. 다만, 재단채권에 관하여 존재하는 유치권·질권·저당권·「동산·채권 등의 담보에 관한 법률」에 따른 담보권 및 전세권의 효력에는 영향을 미치지 아니한다.
② 제473조 제1호 내지 제7호 및 제10호에 열거된 재단채권은 다른 재단채권에 우선한다.

제478조 【파산채권에 관한 규정의 준용】
① 제425조·제426조 및 제427조 제1항의 규정은 제473조 제7호 및 제474조의 규정에 의한 재단채권에 관하여 준용한다.
② 제1항의 규정에 의한 재단채권이 이자 없는 채권 또는 정기금채권인 때에는 만약 그 채권이 파산채권이라면 제446조 제1항 제5호 내지 제7호의 규정에 의하여 다른 파산채권보다 후순위로 될 부분에 해당하는 금액을 공제한 액을 그 가액으로 한다.

제5장 파산재단의 관리 · 환가 및 배당

제1절 파산재단의 관리 및 환가

제479조【파산재단의 점유 및 관리】 파산관재인은 취임 후 즉시 파산재단에 속하는 재산의 점유 및 관리에 착수하여야 한다.

제480조【봉인】 ① 파산관재인은 필요하다고 인정하는 때에는 법원사무관등 · 집행관 또는 공증인으로 하여금 파산재단에 속하는 재산에 봉인을 하게 할 수 있다. 이 경우 봉인을 한 자는 조서를 작성하여야 한다.

② 제1항의 규정은 봉인을 제거하는 경우에 관하여 준용한다.

제481조【재산장부의 폐쇄】 파산관재인은 파산선고 후 지체 없이 채무자의 재산에 관한 장부를 폐쇄하고 그 취지를 기재한 후 기명날인하여야 한다.

제482조【재산의 가액의 평가】 파산관재인은 지체 없이 파산재단에 속하는 모든 재산의 파산선고 당시의 가액을 평가하여야 한다. 이 경우 채무자를 참여하게 할 수 있다.

제483조【재산목록 및 대차대조표의 작성】 ① 파산관재인은 재산목록 및 대차대조표를 작성하여야 한다.

② 파산관재인은 재산목록 및 대차대조표의 등본에 기명날인하고 이를 법원에 제출하여야 한다. 봉인에 관한 조서의 경우에도 또한 같다.

③ 이해관계인은 제2항의 규정에 의한 서류의 열람을 청구할 수 있다.

제484조【우편물의 관리】 ① 법원은 체신관서 · 운송인 그 밖의 자에 대하여 채무자에게 보내는 우편물 · 전보 그 밖의 운송물을 파산관재인에게 배달할 것을 촉탁할 수 있다.

② 파산관재인은 그가 수령한 제1항의 규정에 의한 우편물 · 전보 그 밖의 운송물을 열어 볼 수 있다.

③ 채무자는 파산관재인이 수령한 우편물 · 전보 그 밖의 운송물의 열람을 요구할 수 있으며, 파산재단과 관련이 없는 것의 교부를 요구할 수 있다.

제485조【우편물관리의 해제】 ①법원은 채무자 또는 파산관재인의 신청에 의하여 제484조 제1항의 규정에 의한 촉탁을 취소하거나 변경할 수 있다.

② 파산취소나 파산폐지의 결정이 확정되거나 파산종결의 결정이 있은 때에는 법원은 제484조 제1항의 규정에 의한 촉탁을 취소하여야 한다.

제486조【영업의 계속】 파산관재인은 법원의 허가를 받아 채무자의 영업을 계속할 수 있다.

제487조【고가품의 보관방법】 화폐, 유가증권 그 밖의 고가품의 보관방법은 법원이 정한다.

제488조【파산경과의 보고】 파산관재인은 파산선고에 이르게 된 사정과 채무자 및 파산재단에 관한 경과 및 현상에 관하여 제1회 채권자집회에 보고하여야 한다.

제489조【채권자집회의 결의사항】 채권자집회는 다음 각호의 사항에 관하여 결의를 할 수 있다.

1. 영업의 폐지 또는 계속
2. 고가품의 보관방법

제490조【별제권의 목적물의 제시】 ① 파산관재인은 별제권자에 대하여 그 권리의 목적인 재산을 제시할 것을 요구할 수 있다.

② 파산관재인이 제1항의 규정에 의한 재산을 평가하고자 하는 때에는 별제권자는 이를 거절할 수 없다.

제491조【환가시기의 제한】 제312조 제1항 제3호의 규정에 의한 채권조사기일이 종료되기 전에는 파산관재인은 파산재단에 속한 재산의 환가를 할 수 없다. 다만, 감사위원의 동의 또는 법원의 허가를 받은 때에는 그러하지 아니하다.

제492조【법원의 허가를 받아야 하는 행위】 파산관재인이 다음 각호에 해당하는 행위를 하고자 하는 경우에는 법원의 허가를 받아야 하며, 감사위원이 설치되어 있는 때에는 감사위원의 동의를 얻어야 한다. 다만, 제7호 내지 제15호에 해당하는 경우 중 그 가액이 1천만원 미만으로서 법원이 정하는 금액 미만인 때에는 그러하지 아니하다.
1. 부동산에 관한 물권이나 등기하여야 하는 국내선박 및 외국선박의 임의매각
2. 광업권·어업권·특허권·실용신안권·의장권·상표권·서비스표권 및 저작권의 임의매각
3. 영업의 양도
4. 상품의 일괄매각
5. 자금의 차입 등 차재
6. 제386조 제2항의 규정에 의한 상속포기의 승인, 제387조의 규정에 의한 포괄적 유증의 포기의 승인과 제388조 제1항의 규정에 의한 특정유증의 포기
7. 동산의 임의매각
8. 채권 및 유가증권의 양도
9. 제335조 제1항의 규정에 의한 이행의 청구
10. 소의 제기(가처분 및 가압류의 신청을 제외한다)
11. 화해
12. 권리의 포기
13. 재단채권·환취권 및 별제권의 승인
14. 별제권의 목적의 환수
15. 파산재단의 부담을 수반하는 계약의 체결
16. 그 밖에 법원이 지정하는 행위

제493조【채무자의 의견청취】 제492조의 경우 채무자는 파산관재인에게 의견을 진술할 수 있다.

제494조【법원의 중지명령】 파산관재인이 감사위원의 동의를 얻어 제492조 각호의 행위를 하는 때에도 법원은 채무자의 신청에 의하여 그 행위의 중지를 명하거나 그 행위에 관한 결의를 하게 하기 위하여 채권자집회를 소집할 수 있다.

제495조【선의의 제3자의 보호】 파산관재인이 제491조 또는 제492조의 규정을 위반하거나 제494조의 규정에 의한 중지명령을 위반한 때에도 이로써 선의의 제3자에게 대항할 수 없다.

제496조【환가방법】 ①「민사집행법」에서 환가방법을 정한 권리의 환가는「민사집행법」에 따른다.
② 제1항의 규정에 불구하고 파산관재인은 법원의 허가를 받아 영업양도 등 다른 방법으로 환가할 수 있다.

제497조【별제권의 목적물의 환가】 ① 파산관재인은「민사집행법」에 의하여 별제권의 목적인 재산을 환가할 수 있다. 이 경우 별제권자는 이를 거절할 수 없다.
② 제1항의 경우 별제권자가 받을 금액이 아직 확정되지 아니한 때에는 파산관재인은 대금을 따로 임치하여야 한다. 이 경우 별제권은 그 대금 위에 존재한다.

제498조【별제권자의 처분기간의 지정】 ① 별제권자가 법률에 정한 방법에 의하지 아니하고 별제권의 목적을 처분하는 권리를 가지는 때에는 법원은 파산관재인의 신청에 의하여 별제권자가 그 처분을 하여야 하는 기간을 정한다.
② 별제권자가 제1항의 규정에 의한 기간 안에 처분을 하지 아니하는 때에는 제1항의 규정에 의한 권리를 잃는다.

제499조【파산관재인의 상황보고】 파산관재인은 채권자집회가 정하는 바에 따라 채권자집회 또는 감사위원에게 파산재단의 상황을 보고하여야 한다.

제500조【임치품의 반환청구】 ① 파산관재인이 임치한 화폐·유가증권 그 밖

의 고가품의 반환을 요구하고자 하는 때에는 감사위원의 동의를 얻어야 하며, 감사위원이 없는 때에는 법원의 허가를 받아야 한다. 다만, 채권자집회에서 다른 결의를 한 때에는 그 결의에 의한다.

② 파산관재인이 제1항의 규정을 위반한 경우 수치인이 선의이고 과실이 없는 때에는 그 변제는 효력이 있다.

③ 제1항 및 제2항의 규정은 파산관재인이 수치인으로 하여금 지급 그 밖의 급부를 하게 하기 위하여 증권을 발행하는 경우에 관하여 준용한다.

제501조【법인파산재단의 환가】「상법」 제258조(채무완제불능과 출자청구)의 규정은 법인이 파산선고를 받은 경우에 관하여 준용한다.

제502조【익명조합원에 대한 출자청구】 익명조합계약이 영업자의 파산으로 인하여 종료된 때에는 파산관재인은 익명조합원이 부담할 손실액을 한도로 하여 출자를 하게 할 수 있다.

제503조【상속인의 파산과 상속재산의 처분】 ① 상속인이 파산선고를 받은 후에 한정승인을 하거나 재산분리가 있는 때에는 상속재산의 처분은 파산관재인이 하여야 한다. 한정승인 또는 재산분리가 있은 후에 상속인이 파산선고를 받은 때에도 또한 같다.

② 파산관재인이 제1항의 규정에 의한 처분을 종료한 때에는 잔여재산에 대하여 파산재단의 재산목록 및 대차대조표를 보충하여야 한다.

③ 제1항 및 제2항의 규정은 포괄적 유증을 받은 자가 파산선고를 받은 경우에 관하여 준용한다.

제504조【준용규정】 제503조의 규정은 제385조 또는 제386조 제1항의 규정에 의하여 한정승인의 효력이 있는 경우에 관하여 준용한다.

제2절 배 당

제505조【배당시기】 제312조 제1항 제3호의 규정에 의한 채권조사기일이 종료된 후에는 파산관재인은 배당하기에 적당한 금전이 있을 때마다 지체 없이 배당을 하여야 한다.

제506조【배당에 필요한 허가】 파산관재인이 배당을 하는 때에는 법원의 허가를 받아야 한다. 다만, 감사위원이 있는 때는 감사위원의 동의를 얻어야 한다.

제507조【배당표의 작성】 ① 파산관재인은 다음 각호의 사항을 기재한 배당표를 작성하여야 한다.

1. 배당에 참가시킬 채권자의 성명 및 주소
2. 배당에 참가시킬 채권의 액
3. 배당할 수 있는 금액

② 배당에 참가시킬 채권은 우선권의 유무에 의하여 구별한다. 이 경우 우선권이 있는 채권은 그 순위에 따라 기재하고, 우선권이 없는 채권은 제446조의 규정에 의하여 다른 채권보다 후순위인 것을 구분하여 기재하여야 한다.

제508조【배당표의 제출】 파산관재인은 이해관계인의 열람을 위하여 배당표를 법원에 제출하여야 한다.

제509조【배당액의 공고】 파산관재인은 배당에 참가시킬 채권의 총액과 배당할 수 있는 금액을 공고하여야 한다. 다만, 제513조 및 제527조의 규정에 의하여 배당표를 경정한 때에는 그러하지 아니하다.

제510조【배당중지의 공고】 배당절차의 진행 중에 회생절차개시 또는 간이회생절차개시의 신청으로 법원이 제44조 제1항의 규정에 의하여 배당의 중지를 명한 때에는 그 뜻을 공고하여야 한다.

제511조【배당절차의 속행과 공고】 제44조 제1항 제1호의 규정에 의하여 배당의 중지를 명한 경우 다음 각호의 어느

하나에 해당하는 결정이 확정된 때에는 법원은 배당절차를 속행하고 그 뜻을 공고하여야 한다.

1. 회생절차개시신청 또는 간이회생절차개시신청의 기각
2. 회생절차 또는 간이회생절차의 폐지(제293조의5 제3항에 따른 간이회생절차폐지의 결정 시 회생절차가 속행된 경우는 제외한다)
3. 회생계획불인가

제512조【이의있는 채권자 및 별제권자의 배당제외】 ① 이의있는 채권에 관하여는 채권자가 배당공고가 있은 날부터 기산하여 14일 이내에 파산관재인에 대하여 채권조사확정재판을 신청하거나 제463조 제1항의 소송을 제기하거나 소송을 수계한 것을 증명하지 아니한 때에는 그 배당으로부터 제외된다.

② 별제권자가 제1항의 규정에 의한 배당제외기간 안에 파산관재인에 대하여 그 권리의 목적의 처분에 착수한 것을 증명하고, 그 처분에 의하여 변제를 받을 수 없는 채권액을 소명하지 아니한 때에는 배당에서 제외된다.

제513조【배당표의 경정】 다음 각호의 어느 하나에 해당하는 때에는 파산관재인은 즉시 배당표를 경정하여야 한다.

1. 파산채권자표를 경정하여야 하는 사유가 배당제외기간 안에 생긴 때
2. 제512조의 규정에 의한 증명 또는 소명이 있는 때
3. 별제권자가 배당제외기간 안에 파산관재인에 대하여 그 권리포기의 의사를 표시하거나 그 권리의 행사에 의하여 변제를 받을 수 없었던 채권액을 증명한 때

제514조【배당표에 대한 이의】 ① 채권자는 배당표에 대하여 배당제외기간 경과 후 7일 이내에 한하여 법원에 이의를 신청할 수 있다.

② 법원은 배당표의 경정을 명한 때에는 이해관계인이 열람할 수 있도록 그 결정서를 법원에 비치하여야 한다. 이 경우 항고기간은 결정서를 법원에 비치한 날부터 기산한다.

③ 제1항의 신청에 대한 법원의 결정에 대하여는 즉시항고를 할 수 있다. 이 경우 법원이 배당표의 경정을 명한 때의 항고기간은 결정서를 비치한 날부터 기산한다.

제515조【배당률의 결정통지】 ① 파산관재인은 제514조 제1항의 규정에 의한 기간이 경과한 후에 이의의 신청이 있는 때에는 이에 대한 결정이 있은 후 지체 없이 배당률을 정하여 배당에 참가시킬 각 채권자에게 통지하여야 한다.

② 배당률을 정하는 때에는 법원의 허가를 받아야 한다. 다만, 감사위원이 있는 때에는 감사위원의 동의를 얻어야 한다.

제516조【해제조건부채권자의 배당】 해제조건부채권을 가진 자는 상당한 담보를 제공하지 아니하면 배당을 받을 수 없다.

제517조【배당방법】 ① 파산채권자는 파산관재인이 그 직무를 행하는 장소에서 배당을 받아야 한다. 다만, 파산관재인과 파산채권자 사이에 별도의 합의가 있는 경우에는 그러하지 아니하다.

② 파산관재인은 배당을 한 때에는 파산채권자표 및 채권의 증서에 배당한 금액을 기입하고 기명날인하여야 한다.

제518조【종전의 배당에서 제외된 자의 우선배당】 제512조의 규정에 의한 증명 또는 소명을 하지 아니하여 배당에서 제외된 채권자가 그 후의 배당에 관한 배당제외기간 안에 그 증명 또는 소명을 한 때에는 그 전의 배당에서 받을 수 있었을 액에 관하여 동일한 순위의 다른 채권자에 우선하여 배당을 받을 수 있다.

제519조【배당액의 임치】 파산관재인은 다음 각호의 어느 하나에 해당하는 채권에 대한 배당액을 임치하여야 한다.

1. 제462조 내지 제464조 또는 제466조의 규정에 의하여 이의가 있는 채권에 관하여 채권조사확정재판의 신청, 소의 제기 또는 소송의 수계가 있는 경우
2. 배당률의 통지를 발송하기 전에 행정심판 또는 소송 그 밖의 불복절차가 종결되지 아니한 채권
3. 제512조 제2항의 규정에 의하여 별제권자가 소명한 채권액
4. 정지조건부채권과 장래의 청구권
5. 제516조의 규정에 의하여 담보를 제공하지 아니한 해제조건부채권

제520조【최후배당의 허가】 파산관재인이 최후의 배당을 하는 경우에는 감사위원의 동의가 있는 때에도 법원의 허가를 받아야 한다.

제521조【최후배당의 배당제외기간】 최후의 배당에 관한 배당제외기간은 배당의 공고가 있은 날부터 14일 이상 30일 이내에서 법원이 정한다.

제522조【최후배당액의 결정 및 통지】 최후배당에서 파산관재인은 배당표에 대한 이의가 종결된 후 지체 없이 각 채권자에 대한 배당액을 정하여 그 통지를 하여야 한다.

제523조【정지조건부채권자의 제외】 정지조건부채권 또는 장래의 청구권이 최후의 배당에 관한 배당제외기간 안에 이를 행사할 수 있게 되지 못한 때에는 그 채권자는 배당에서 제외된다.

제524조【해제조건부채권자에 대한 지급】 해제조건부채권의 조건이 최후의 배당에 관한 배당제외기간 안에 성취되지 못한 때에는 제516조의 규정에 의하여 제공한 담보는 그 효력을 상실하고, 제519조 제5호의 규정에 의하여 임치한 금액은 이를 그 채권자에게 지급하여야 한다. 제419조의 규정에 의하여 제공한 담보나 임치한 금액의 경우에도 또한 같다.

제525조【별제권자의 제외】 별제권자가 최후의 배당에 관한 배당제외기간 안에 파산관재인에 대하여 그 권리포기의 의사를 표시하지 아니하거나 그 권리의 행사에 의하여 변제를 받을 수 없었던 채권액을 증명하지 아니한 때에는 배당에서 제외된다.

제526조【임치금의 배당】 제523조 또는 제525조의 규정에 의하여 배당에서 제외된 채권자를 위하여 임치한 금액은 이를 다른 채권자에게 배당하여야 한다. 제418조의 규정에 의하여 임치한 금액의 경우에도 또한 같다.

제527조【새로운 재산이 있게 된 때의 배당표의 경정】 배당액의 통지를 발송하기 전에 새로 배당에 충당할 재산이 있게 된 때에는 파산관재인은 지체 없이 배당표를 경정하여야 한다.

제528조【배당액의 공탁】 파산관재인은 채권자를 위하여 다음 각호의 배당액을 공탁하여야 한다.

1. 제519조 제1호 또는 제2호의 규정에 의하여 임치한 배당액
2. 배당액의 통지를 발송하기 전에 행정심판 또는 소송 그 밖의 불복절차가 종결되지 아니한 채권에 대한 배당액
3. 채권자가 수령하지 아니한 배당액

제529조【계산보고의 채권자집회】 계산보고를 위하여 소집한 채권자집회에서는 파산관재인이 가치 없다고 인정하여 환가하지 아니한 재산의 처분에 관한 결의를 하여야 한다.

제530조【파산종결의 결정 및 공고】 채권자집회가 종결된 때에는 법원은 파산종결의 결정을 하고 그 주문 및 이유의 요지를 공고하여야 한다.

제531조【추가배당의 공고 및 배당액의 통지】 ① 배당액의 통지를 한 후에 새로 배당에 충당할 재산이 있게 된 때에는

파산관재인은 법원의 허가를 받아 추가배당을 하여야 한다. 파산종결의 결정이 있은 후에 새로 배당에 충당할 재산이 있게 된 때에도 또한 같다.
② 파산관재인이 추가배당의 허가를 받은 때에는 지체 없이 배당할 수 있는 금액을 공고하고 각 채권자에 대한 배당액을 정하여 통지하여야 한다.

제532조【추가배당의 기준】 추가배당은 최후의 배당에 관하여 작성한 배당표에 의하여 한다.

제533조【계산보고서】 ① 파산관재인이 추가배당을 한 때에는 지체 없이 계산보고서를 작성하여 법원의 인가를 받아야 한다.
② 제1항의 규정에 의한 인가결정에 대하여는 즉시항고를 할 수 있다.

제534조【파산관재인이 알고 있지 아니한 재단채권자】 배당률 또는 배당액의 통지를 하기 전에 파산관재인이 알고 있지 아니한 재단채권자는 각 배당에서 배당할 금액으로써 변제를 받을 수 없다.

제535조【확정채권에 관한 파산채권자표 기재의 파산선고를 받은 채무자에 대한 효력】 ① 확정채권에 대하여 채무자가 채권조사의 기일에 이의를 진술하지 아니한 때에는 파산채권자표의 기재는 파산선고를 받은 채무자에 대하여 확정판결과 동일한 효력을 가진다.
② 채권자는 파산종결 후에 파산채권자표의 기재에 의하여 강제집행을 할 수 있다. 이 경우 「민사집행법」 제2조(집행실시자) 내지 제18조(집행비용의 예납 등), 제20조(공공기관의 원조) 및 제28조(집행력있는 정본) 내지 제55조(외국에서 할 집행)의 규정을 준용한다.

제536조【원상회복의 신청】 ① 채무자가 그 책임 없는 사유로 인하여 채권조사의 기일에 출석하지 못한 때에는 그 사유가 없어진 날부터 7일 이내에 한하여 이의를 추후 보완하기 위하여 파산법원에 원상회복의 신청을 할 수 있다.
② 법원은 직권으로 채무자의 이의가 있는 채권의 채권자에게 원상회복의 신청서를 송달하여야 한다.
③ 법원이 원상회복을 허가한 때에는 채무자가 채권조사기일에 이의를 진술한 것과 동일한 효력이 생긴다. 이 경우 법원사무관 등은 파산채권자표에 이의의 기재를 하여야 한다.
④ 제1항의 규정에 의한 원상회복신청에 관한 재판에 대하여는 즉시항고를 할 수 있다.

제537조【상속재산의 잔여재산】 상속재산에 대하여 파산선고가 있는 때에는 최후의 배당으로부터 제외된 상속채권자와 유증을 받은 자는 잔여재산에 관하여 그 권리를 행사할 수 있다.

제6장 파산폐지

제538조【동의에 의한 파산폐지의 신청】 ① 법원은 다음 각호의 어느 하나에 해당하는 때에는 채무자의 신청에 의하여 파산폐지의 결정을 할 수 있다.
1. 채무자가 제447조의 규정에 의한 채권신고기간 안에 신고한 파산채권자 전원의 동의를 얻은 때
2. 채무자가 제1호의 동의를 얻지 못한 경우에는 동의를 하지 아니한 파산채권자에 대하여 다른 파산채권자의 동의를 얻어 파산재단으로부터 담보를 제공한 때

② 미확정채권에 관하여 그 채권자의 동의가 필요한지 여부는 법원이 정한다. 파산채권자에게 제공하는 담보가 상당한지 여부도 또한 같다.
③ 제1항의 규정에 의한 재판에 대하여는 즉시항고를 할 수 있다.

제539조【법인 등의 파산폐지신청】 ① 법인의 파산폐지신청은 이사 전원의

합의가 있어야 한다.
② 상속재산의 파산폐지신청은 상속인이 한다. 이 경우 상속인이 여럿인 때에는 전원의 합의가 있어야 한다.

제540조【파산폐지신청과 법인의 존속】 파산선고를 받은 법인이 파산폐지신청을 하고자 하는 때에는 사단법인은 정관의 변경에 관한 규정에 따라, 재단법인은 주무관청의 허가를 받아 법인을 존속시키는 절차를 밟아야 한다.

제541조【입증서면의 제출】 파산폐지신청을 하는 때에는 신청요건이 구비되었음을 증명할 수 있는 서면을 제출하여야 한다.

제542조【파산폐지신청의 공고 및 서류비치】 법원은 파산폐지신청이 있다는 뜻을 공고하고, 이해관계인이 열람할 수 있도록 신청에 관한 서류를 법원에 비치하여야 한다.

제543조【채권자의 이의신청】 ① 파산채권자는 제542조의 규정에 의한 공고가 있은 날부터 14일 이내에 파산폐지신청에 관하여 법원에 이의를 신청할 수 있다.
② 제1항의 규정에 의한 기간이 경과하기 전에 신고한 파산채권자도 이의를 신청할 수 있다.

제544조【관계인의 의견청취】 법원은 제543조 제1항의 규정에 의한 기간이 경과한 후 파산폐지결정에 필요한 요건의 구비 여부에 관하여 채무자 및 파산관재인과 이의를 신청한 파산채권자의 의견을 들어야 한다.

제545조【비용부족으로 인한 파산폐지】 ① 법원은 파산선고 후에 파산재단으로써 파산절차의 비용을 충당하기에 부족하다고 인정되는 때에는 파산관재인의 신청에 의하거나 직권으로 파산폐지결정을 하여야 한다. 이 경우 법원은 채권자집회의 의견을 들어야 한다.
② 제1항의 규정은 파산절차비용을 충당하기에 충분한 금액이 미리 납부되어 있는 때에는 적용하지 아니한다.
③ 제1항의 규정에 의한 재판에 대하여는 즉시항고를 할 수 있다.

제546조【파산폐지결정의 공고】 법원은 파산폐지결정을 한 때에는 그 주문 및 이유의 요지를 공고하여야 한다.

제547조【재단채권의 변제 및 공탁】 파산폐지결정이 확정된 때에는 파산관재인은 재단채권의 변제를 하여야 하며, 이의가 있는 것에 관하여는 채권자를 위하여 공탁을 하여야 한다.

제548조【준용규정】 ① 제535조의 규정은 파산폐지의 결정이 확정된 경우에 관하여 준용한다.
② 제567조의 규정은 법인인 채무자가 파산종결 또는 파산폐지의 결정으로 소멸하는 경우에 관하여 준용한다.

제7장 간이파산

제549조【간이파산의 요건】 ① 파산재단에 속하는 재산액이 5억원 미만이라고 인정되는 때에는 법원은 파산선고와 동시에 간이파산의 결정을 하여야 한다.
② 제1항의 경우 법원은 제313조 제1항 각호의 사항 외에 간이파산결정의 주문을 공고하고, 같은 조 제2항의 규정에 의한 서면에 이를 기재하여야 한다.

제550조【파산절차 중의 간이파산결정】 ① 파산절차 중 파산재단에 속하는 재산액이 5억원 미만임이 발견된 때에는 법원은 이해관계인의 신청에 의하거나 직권으로 간이파산의 결정을 할 수 있다.
② 제1항의 규정에 의하여 간이파산의 결정을 한 때에는 법원은 결정의 주문을 공고하고 파산관재인 및 감사위원과 알고 있는 채권자 및 채무자에게 그 결정의 주문을 기재한 서면을 송달하여야 한다.

제551조【간이파산의 취소】 간이파산절

차 중 파산재단에 속하는 재산액이 5억원 이상임이 발견된 때에는 법원은 이해관계인의 신청에 의하거나 직권으로 간이파산취소의 결정을 할 수 있다. 이 경우 제550조 제2항의 규정을 준용한다.

제552조【채권자집회의 기일과 채권조사 기일의 병합】 간이파산절차의 경우 제1회 채권자집회의 기일과 채권조사의 기일은 부득이한 사유가 있는 때를 제외하고는 이를 병합하여야 한다.

제553조【감사위원의 불설치】 간이파산의 경우에는 감사위원을 두지 아니한다.

제554조【채권자집회의 결의에 갈음하는 결정】 간이파산절차의 경우 제1회 채권자집회의 결의와 채권조사 및 계산보고를 위한 채권자집회의 결의를 제외하고는 법원의 결정으로 채권자집회의 결의에 갈음한다.

제555조【1회 배당】 간이파산절차의 경우 배당은 1회로 하며, 최후의 배당에 관한 규정에 의한다. 다만, 추가배당을 할 수 있다.

제8장 면책 및 복권

제1절 면　책

제556조【면책신청】 ① 개인인 채무자는 파산신청일부터 파산선고가 확정된 날 이후 1월 이내에 법원에 면책신청을 할 수 있다.

② 채무자가 그 책임 없는 사유로 인하여 제1항의 규정에 의한 면책신청을 하지 못한 때에는 그 사유가 종료된 후 30일 이내에 한하여 면책신청을 할 수 있다.

③ 채무자가 파산신청을 한 경우에는 채무자가 반대의 의사표시를 한 경우를 제외하고, 당해 신청과 동시에 면책신청을 한 것으로 본다.

④ 면책신청을 하는 때에는 제538조의 규정에 의한 파산폐지의 신청을 할 수 없다.

⑤ 제538조의 규정에 의한 파산폐지의 신청을 한 때에는 그 기각의 결정이 확정된 후가 아니면 면책신청을 할 수 없다.

⑥ 면책의 신청에는 채권자목록을 첨부하여야 한다. 다만, 신청과 동시에 제출할 수 없는 때에는 그 사유를 소명하고 그 후에 지체 없이 이를 제출하여야 한다.

⑦ 제3항의 규정에 의하여 면책신청을 한 것으로 보는 경우에는 제302조 제2항 제1호의 규정에 의하여 제출한 채권자목록은 제6항의 채권자목록으로 본다.

제557조【강제집행의 정지】 ① 면책신청이 있고, 파산폐지결정의 확정 또는 파산종결결정이 있는 때에는 면책신청에 관한 재판이 확정될 때까지 채무자의 재산에 대하여 파산채권에 기한 강제집행·가압류 또는 가처분을 할 수 없고, 채무자의 재산에 대하여 파산선고 전에 이미 행하여지고 있던 강제집행·가압류 또는 가처분은 중지된다.

② 면책결정이 확정된 때에는 제1항의 규정에 의하여 중지한 절차는 그 효력을 잃는다.

제558조【채무자의 심문】 ① 면책을 신청한 자에 대하여 파산선고가 있는 때에는 법원은 기일을 정하여 채무자를 심문할 수 있다.

② 법원은 제1항의 규정에 의한 기일을 정하는 결정을 한 때에는 이를 공고하고, 파산관재인과 면책의 효력을 받을 파산채권자로서 법원이 알고 있는 파산채권자에게 송달하여야 한다.

③ 제2항의 규정은 제1항의 규정에 의한 기일의 변경과 심문의 연기 및 속행에 관하여 준용한다.

④ 제457조 단서의 규정은 제2항 및 제3항의 규정에 의한 결정에 관하여 준용한다.
⑤ 제1항의 규정에 의한 기일은 채권자집회 또는 채권조사의 기일과 병합할 수 있다.

제559조【면책신청의 기각사유】 ① 법원은 다음 각호의 어느 하나에 해당하는 때에는 면책신청을 기각할 수 있다.
1. 채무자가 신청권자의 자격을 갖추지 아니한 때
2. 채무자에 대한 파산절차의 신청이 기각된 때
3. 채무자가 절차의 비용을 예납하지 아니한 때
4. 그 밖에 신청이 성실하지 아니한 때

② 제1항의 규정에 의하여 면책신청이 기각된 채무자는 동일한 파산에 관하여 다시 면책신청을 할 수 없다.
③ 제1항의 결정에 대하여는 즉시항고를 할 수 있다.

제560조【파산관재인의 조사보고】 법원은 파산관재인으로 하여금 면책불허가사유의 유무를 조사하게 하고, 제558조의 규정에 의한 심문기일에 그 결과를 보고하게 할 수 있다.

제561조【면책신청에 관한 서류 등의 비치】 법원은 이해관계인이 열람할 수 있도록 다음 각호의 서류를 법원에 비치하여야 한다.
1. 면책신청에 관한 서류
2. 제560조의 규정에 의한 파산관재인의 보고서류

제562조【면책신청에 대한 이의】 ① 검사·파산관재인 또는 면책의 효력을 받을 파산채권자는 제558조의 규정에 의한 심문기일부터 30일(심문기일을 정하지 않은 경우에는 법원이 정하는 날) 이내에 면책신청에 관하여 법원에 이의를 신청할 수 있다. 다만, 법원은 상당한 이유가 있는 때에는 신청에 의하여 그 기간을 늘일 수 있다.
② 제1항의 규정에 의한 이의신청을 하는 때에는 제564조 제1항 각호의 면책불허가사유를 소명하여야 한다.

제563조【이의신청에 관한 의견청취】 법원은 제562조 제1항의 규정에 의하여 이의신청이 있는 때에는 채무자 및 이의신청인의 의견을 들어야 한다.

제564조【면책허가】 ① 법원은 다음 각호의 어느 하나에 해당하는 때를 제외하고는 면책을 허가하여야 한다.
1. 채무자가 제650조·제651조·제653조·제656조 또는 제658조의 죄에 해당하는 행위가 있다고 인정하는 때
2. 채무자가 파산선고 전 1년 이내에 파산의 원인인 사실이 있음에도 불구하고 그 사실이 없는 것으로 믿게 하기 위하여 그 사실을 속이거나 감추고 신용거래로 재산을 취득한 사실이 있는 때
3. 채무자가 허위의 채권자목록 그 밖의 신청서류를 제출하거나 법원에 대하여 그 재산상태에 관하여 허위의 진술을 한 때
4. 채무자가 면책의 신청 전에 이 조에 의하여 면책을 받은 경우에는 면책허가결정의 확정일부터 7년이 경과되지 아니한 때, 제624조에 의하여 면책을 받은 경우에는 면책확정일부터 5년이 경과되지 아니한 때
5. 채무자가 이 법에 정하는 채무자의 의무를 위반한 때
6. 채무자가 과다한 낭비·도박 그 밖의 사행행위를 하여 현저히 재산을 감소시키거나 과대한 채무를 부담한 사실이 있는 때

② 법원은 제1항 각호의 면책불허가사유가 있는 경우라도 파산에 이르게 된 경위, 그 밖의 사정을 고려하여 상당하다고 인정되는 경우에는 면책을 허가할 수 있다.
③ 법원은 면책허가결정을 한 때에는 그 주문과 이유의 요지를 공고하여야

한다. 이 경우 송달은 하지 아니할 수 있다.

④ 면책 여부에 관한 결정에 대하여는 즉시항고를 할 수 있다.

제565조 【면책결정의 효력발생시기】 면책결정은 확정된 후가 아니면 그 효력이 생기지 아니한다.

제566조 【면책의 효력】 면책을 받은 채무자는 파산절차에 의한 배당을 제외하고는 파산채권자에 대한 채무의 전부에 관하여 그 책임이 면제된다. 다만, 다음 각호의 청구권에 대하여는 책임이 면제되지 아니한다.

1. 조세
2. 벌금·과료·형사소송비용·추징금 및 과태료
3. 채무자가 고의로 가한 불법행위로 인한 손해배상
4. 채무자가 중대한 과실로 타인의 생명 또는 신체를 침해한 불법행위로 인하여 발생한 손해배상
5. 채무자의 근로자의 임금·퇴직금 및 재해보상금
6. 채무자의 근로자의 임치금 및 신원보증금
7. 채무자가 악의로 채권자목록에 기재하지 아니한 청구권. 다만, 채권자가 파산선고가 있음을 안 때에는 그러하지 아니하다.
8. 채무자가 양육자 또는 부양의무자로서 부담하여야 하는 비용
9. 「취업 후 학자금 상환 특별법」에 따른 취업 후 상환 학자금대출 원리금

제567조 【보증인 등에 대한 효과】 면책은 파산채권자가 채무자의 보증인 그 밖에 채무자와 더불어 채무를 부담하는 자에 대하여 가지는 권리와 파산채권자를 위하여 제공한 담보에 영향을 미치지 아니한다.

제568조 【면책결정의 기재】 법원사무관 등은 면책의 결정이 확정되면 파산채권자표가 있는 경우에는 파산채권자표에 면책의 결정이 확정된 뜻을 기재하여야 한다.

제569조 【면책의 취소】 ① 채무자가 제650조의 규정에 의한 사기파산으로 유죄의 확정판결을 받은 때에는 법원은 파산채권자의 신청에 의하거나 직권으로 면책취소의 결정을 할 수 있다. 채무자가 부정한 방법으로 면책을 받은 경우 파산채권자가 면책 후 1년 이내에 면책의 취소를 신청한 때에도 또한 같다.

② 제1항의 결정에 대하여는 즉시항고를 할 수 있다.

제570조 【면책취소에 관한 의견청취】 법원은 면책취소의 재판을 하기 전에 채무자 및 신청인의 의견을 들어야 한다.

제571조 【면책취소결정의 효력발생시기】 면책취소의 결정은 확정된 후부터 그 효력이 발생한다.

제572조 【신채권자의 우선권】 면책의 취소가 있은 때에는 면책 후 취소에 이르기까지의 사이에 생긴 원인으로 인하여 채권을 가지게 된 자는 다른 채권자에 우선하여 변제를 받을 권리를 가진다.

제573조 【면책취소결정의 기재】 법원사무관 등은 면책취소의 결정이 확정되면 파산채권자표가 있는 경우에는 파산채권자표에 면책취소의 결정이 확정된 뜻을 기재하여야 한다.

제2절 복 권

제574조 【당연복권】 ① 파산선고를 받은 채무자는 다음 각호의 어느 하나에 해당하는 경우에는 복권된다.

1. 면책의 결정이 확정된 때
2. 제538조의 규정에 의한 신청에 기한 파산폐지의 결정이 확정된 때
3. 파산선고를 받은 채무자가 파산선고 후 제650조의 규정에 의한 사기파산으로 유죄의 확정판결을 받음

이 없이 10년이 경과한 때

② 면책취소의 결정이 확정된 때에는 제1항 제1호의 규정에 의한 복권은 장래에 향하여 그 효력을 잃는다.

제575조【신청에 의한 복권】 ① 제574조의 규정에 의하여 복권될 수 없는 파산선고를 받은 채무자가 변제 그 밖의 방법으로 파산채권자에 대한 채무의 전부에 관하여 그 책임을 면한 때에는 파산법원은 파산선고를 받은 채무자의 신청에 의하여 복권의 결정을 하여야 한다.

② 파산선고를 받은 채무자는 제1항의 규정에 의하여 복권의 신청을 하는 때에는 그 책임을 면한 사실을 증명할 수 있는 서면을 제출하여야 한다.

③ 제1항의 결정에 대하여는 즉시항고를 할 수 있다.

제576조【복권신청의 공고 등】 법원은 복권의 신청이 있은 때에는 그 뜻을 공고하고, 이해관계인이 열람할 수 있도록 그 신청에 관한 서류를 법원에 비치하여야 한다.

제577조【복권신청에 관한 이의】 ① 파산채권자는 제576조의 규정에 의한 공고가 있은 날부터 3월 이내에 복권의 신청에 관하여 법원에 이의를 신청할 수 있다.

② 제1항의 규정에 의한 이의신청이 있는 때에는 법원은 파산선고를 받은 채무자와 이의를 신청한 파산채권자의 의견을 들어야 한다.

제578조【복권결정의 효력발생시기】 복권의 결정은 확정된 후부터 그 효력이 발생한다.

제9장 유한책임신탁재산의 파산에 관한 특칙

제578조의2【적용범위】 유한책임신탁재산의 파산에 관하여는 이 장에서 달리 정하는 것을 제외하고는 제3편 제1장부터 제7장까지의 규정에 따른다.

제578조의3【파산신청권자】 ① 유한책임신탁재산에 대하여 신탁채권자, 수익자, 수탁자, 신탁재산관리인 또는 「신탁법」 제133조에 따른 청산수탁자는 파산신청을 할 수 있다.

② 신탁채권자 또는 수익자가 파산신청을 하는 경우에는 신탁채권 또는 수익권의 존재와 파산의 원인인 사실을 소명하여야 한다.

③ 수탁자 또는 신탁재산관리인이 여럿 있는 경우 그 전원이 파산신청을 하는 경우가 아닐 때에는 파산의 원인인 사실을 소명하여야 한다.

④ 신탁이 종료된 후 잔여재산의 이전이 종료될 때까지는 신탁재산의 파산을 신청할 수 있다.

제578조의4【파산원인】 ① 유한책임신탁재산으로 지급을 할 수 없는 경우 법원은 신청에 의하여 결정으로 파산을 선고한다.

② 수탁자가 신탁채권자 또는 수익자에 대하여 지급을 정지한 경우에는 유한책임신탁재산으로 지급을 할 수 없는 것으로 추정한다.

③ 유한책임신탁재산으로 신탁채권자 또는 수익자에 대한 채무를 전부 변제할 수 없는 경우 법원은 신청에 의하여 결정으로 파산을 선고할 수 있다.

제578조의5【신탁재산 파산의 통지 등】 ① 유한책임신탁재산에 대하여 파산선고를 한 경우 그 목적인 사업이 행정청의 허가를 받은 사업일 때에는 법원은 파산선고 사실을 주무관청에 통지하여야 한다.

② 유한책임신탁재산에 대한 파산취소 또는 파산폐지의 결정이 확정되거나 파산종결의 결정이 있는 경우 그 목적인 사업이 행정청의 허가를 받은 사업일 때에도 제1항과 같다.

③ 유한책임신탁재산에 대하여 파산선

고를 한 경우 등기의 촉탁 등에 관하여는 제23조부터 제27조까지의 규정을 준용한다.

제578조의6【파산선고를 받은 신탁의 수탁자 등의 구인】 ① 유한책임신탁재산에 대한 파산선고를 한 경우 법원은 필요하다고 인정할 때에는 다음 각 호의 자를 구인하도록 명할 수 있다.

1. 수탁자 또는 신탁재산관리인
2. 수탁자의 법정대리인
3. 수탁자의 지배인
4. 법인인 수탁자의 이사

② 파산의 신청이 있는 때에는 법원은 파산선고 전이라도 이해관계인의 신청에 의하거나 직권으로 제1항 각 호의 자를 구인하도록 명할 수 있다.

③ 제1항 및 제2항에 따른 구인에 관하여는 제319조 제2항 및 제3항을 준용한다.

제578조의7【파산선고를 받은 신탁의 수탁자 등의 설명의무】 ① 유한책임신탁재산에 대한 파산선고를 받은 경우 제578조의6 제1항 각 호의 자는 파산관재인·감사위원 또는 채권자집회의 요청에 의하여 파산에 관하여 필요한 설명을 하여야 한다.

② 종전에 제578조의6 제1항 각 호의 자격을 가졌던 자에 대하여는 제1항을 준용한다.

제578조의8【파산선고 전의 보전처분】 ① 법원은 파산선고 전이라도 이해관계인의 신청에 의하거나 직권으로 유한책임신탁재산에 관하여 가압류, 가처분, 그 밖에 필요한 보전처분을 명할 수 있다.

② 제1항에 따른 법원의 재판에 관하여는 제323조 제2항부터 제5항까지의 규정을 준용한다.

③ 유한책임신탁재산에 속하는 권리로서 등기된 것에 대하여 제1항에 따른 보전처분이 있는 경우 그 보전처분의 등기 촉탁에 관하여는 제24조 제1항을 준용한다.

제578조의9【수탁자 등의 재산에 대한 보전처분】 ① 법원은 유한책임신탁재산에 대하여 파산선고가 있는 경우 필요하다고 인정할 때에는 파산관재인의 신청에 의하거나 직권으로 수탁자, 전수탁자(前受託者), 신탁재산관리인, 검사인 또는 「신탁법」 제133조에 따른 청산수탁자(이하 "수탁자 등"이라 한다)의 책임에 기한 손해배상청구권을 보전하기 위하여 수탁자 등의 재산에 대한 보전처분을 할 수 있다.

② 제1항에 따른 보전처분에 관하여는 제351조 제2항부터 제7항까지의 규정을 준용한다.

③ 제1항에 따른 보전처분이 있는 경우 그 보전처분의 등기 또는 등록의 촉탁에 관하여는 제24조 제1항을 준용한다.

제578조의10【수탁자등에 대한 손해배상청구권 등의 조사확정재판】 ① 법원은 유한책임신탁재산에 대하여 파산선고가 있는 경우 필요하다고 인정할 때에는 파산관재인의 신청에 의하거나 직권으로 수탁자 등의 책임에 기한 손해배상청구권의 존부와 그 내용을 조사확정하는 재판을 할 수 있다.

② 제1항에 따른 조사확정재판에 관하여는 제352조 제2항부터 제9항까지, 제353조 및 제354조를 준용한다.

제578조의11【파산관재인】 유한책임신탁재산에 대하여 파산선고가 있는 경우 다음 각 호의 권한은 파산관재인만이 행사할 수 있다.

1. 「신탁법」 제43조에 따른 원상회복 등의 청구
2. 「신탁법」 제75조 제1항에 따른 취소
3. 「신탁법」 제77조에 따른 유지 청구
4. 「신탁법」 제121조에 따른 전보 청구(수익자에 대한 청구만 해당한다)

제578조의12【파산재단】 유한책임신탁재산에 대하여 파산선고가 있는 경우

이에 속하는 모든 재산은 파산재단에 속한다.

제578조의13【유한책임신탁에서의 부인】 유한책임신탁재산에 대하여 파산선고가 있는 경우 제391조부터 제393조까지, 제398조 및 제399조를 적용할 때에는 "채무자"는 "수탁자 또는 신탁재산관리인"으로 본다.

제578조의14【유한책임신탁에서의 환취권】 유한책임신탁재산에 대하여 파산선고가 있는 경우 제407조 및 제410조를 적용할 때에는 제407조 중 "채무자에 속하지 아니하는 재산"은 "신탁재산에 속하지 아니하는 재산"으로 보고, 제410조 중 "채무자"는 "수탁자 또는 신탁재산관리인"으로 본다.

제578조의15【신탁재산 파산 시 파산채권액】 ① 유한책임신탁재산에 대하여 파산선고가 있는 경우 신탁채권자, 수익자 및 수탁자는 다음 각 호의 구분에 따른 금액에 관하여 그 파산재단에 대하여 파산채권자로서 그 권리를 행사할 수 있다.

1. 신탁채권자 및 수익자: 파산선고 시에 가지는 신탁채권 또는 「신탁법」 제62조에 따른 수익채권의 전액
2. 수탁자: 신탁재산에 대한 채권의 전액

② 유한책임신탁재산에 대하여 파산선고가 있는 경우 「신탁법」 제118조 제1항에 따른 채권을 가지는 자는 그 채권의 전액에 관하여 수탁자의 파산재단에 대하여 파산채권자로서 그 권리를 행사할 수 있다.

제578조의16【신탁재산 파산 시 파산채권의 순위】 ① 유한책임신탁재산에 대하여 파산선고가 있는 경우 신탁채권은 「신탁법」 제62조에 따른 수익채권보다 우선한다.

② 수탁자 또는 신탁재산관리인과 채권자(수익자를 포함한다)가 유한책임신탁재산의 파산절차에서 다른 채권보다 후순위로 하기로 정한 채권은 그 정한 바에 따라 다른 채권보다 후순위로 한다.

제578조의17【파산폐지에 관한 특칙】 유한책임신탁재산의 파산폐지신청은 수탁자 또는 신탁재산관리인이 한다. 이 경우 수탁자 또는 신탁재산관리인이 여럿일 때에는 전원의 합의가 있어야 한다.

제4편 개인회생절차

제1장 통 칙

제579조【용어의 정의】 이 절차에서 사용하는 용어의 정의는 다음과 같다.

1. "개인채무자"라 함은 파산의 원인인 사실이 있거나 그러한 사실이 생길 염려가있는 자로서 다음 각목의 금액 이하의 채무를 부담하는 급여소득자 또는 영업소득자를 말한다.
   가. 유치권 · 질권 · 저당권 · 양도담보권 · 가등기담보권 · 「동산 · 채권 등의 담보에 관한 법률」에 따른 담보권 · 전세권 또는 우선특권으로 담보된 개인회생채권은 10억원
   나. 가목 외의 개인회생채권은 5억원
2. "급여소득자"라 함은 급여 · 연금 그 밖에 이와 유사한 정기적이고 확실한 수입을 얻을 가능성이 있는 개인을 말한다.
3. "영업소득자"라 함은 부동산임대소득 · 사업소득 · 농업소득 · 임업소득 그 밖에 이와 유사한 수입을 장래에 계속적으로 또는 반복하여 얻을 가능성이 있는 개인을 말한다.

4. "가용소득"이라 함은 다음 가목의 금액에서 나목 내지 라목의 금액을 공제한 나머지 금액을 말한다.
   가. 채무자가 수령하는 근로소득·연금소득·부동산임대소득·사업소득·농업소득·임업소득, 그 밖에 합리적으로 예상되는 모든 종류의 소득의 합계 금액
   나. 소득세·주민세 균등분·개인지방소득세·건강보험료, 그 밖에 이에 준하는 것으로서 대통령령이 정하는 금액
   다. 채무자 및 그 피부양자의 인간다운 생활을 유지하기 위하여 필요한 생계비로서, 「국민기초생활보장법」 제6조의 규정에 따라 공표된 최저생계비, 채무자 및 그 피부양자의 연령, 피부양자의 수, 거주지역, 물가상황, 그 밖에 필요한 사항을 종합적으로 고려하여 법원이 정하는 금액
   라. 채무자가 영업에 종사하는 경우에 그 영업의 경영, 보존 및 계속을 위하여 필요한 비용

제580조【개인회생재단】 ① 다음 각호의 재산은 개인회생재단에 속한다.
1. 개인회생절차개시결정 당시 채무자가 가진 모든 재산과 채무자가 개인회생절차 개시결정 전에 생긴 원인으로 장래에 행사할 청구권
2. 개인회생절차진행 중에 채무자가 취득한 재산 및 소득

② 채무자는 개인회생재단을 관리하고 처분할 권한을 가진다. 다만, 인가된 변제계획에서 다르게 정한 때에는 그러하지 아니하다.

③ 제383조의 규정은 제1항 제1호의 개인회생재단에 관하여 준용한다. 이 경우 "파산재단"은 "개인회생재단"으로, "파산선고"는 "개인회생절차개시결정"으로, "파산절차"는 "개인회생절차"로 본다.

④ 제3항의 규정에 의하여 면제되는 재산에 대하여는 개인회생절차의 폐지결정 또는 면책결정이 확정될 때까지 개인회생채권에 기한 강제집행·가압류 또는 가처분을 할 수 없다.

제581조【개인회생채권】 ① 채무자에 대하여 개인회생절차개시결정 전의 원인으로 생긴 재산상의 청구권은 개인회생채권으로 한다.

② 제425조 내지 제433조, 제439조, 제442조 및 제446조의 규정은 개인회생채권에 관하여 준용한다. 이 경우 "파산선고"는 "개인회생절차개시결정"으로, "파산재단"은 "개인회생재단"으로, "파산채권"은 "개인회생채권"으로, "파산채권자"는 "개인회생채권자"로, "파산채권액"은 "개인회생채권액"으로, "파산절차"는 "개인회생절차"로 본다.

제582조【개인회생채권의 변제】 개인회생채권자목록에 기재된 개인회생채권에 관하여는 변제계획에 의하지 아니하고는 변제하거나 변제받는 등 이를 소멸하게 하는 행위(면제를 제외한다)를 하지 못한다.

제583조【개인회생재단채권】 ① 다음 각호의 청구권은 개인회생재단채권으로 한다.
1. 회생위원의 보수 및 비용의 청구권
2. 「국세징수법」 또는 「지방세기본법」에 의하여 징수할 수 있는 다음 각목의 청구권. 다만, 개인회생절차개시 당시 아직 납부기한이 도래하지 아니한 것에 한한다.
   가. 원천징수하는 조세
   나. 부가가치세·개별소비세·주세 및 교통·에너지·환경세
   다. 특별징수의무자가 징수하여 납부하여야 하는 지방세
   라. 가목 내지 다목의 규정에 의한 조세의 부과·징수의 예에 따라 부과·징수하는 교육세 및 농어촌특별세

3. 채무자의 근로자의 임금·퇴직금 및 재해보상금
4. 개인회생절차개시결정 전의 원인으로 생긴 채무자의 근로자의 임치금 및 신원보증금의 반환청구권
5. 채무자가 개인회생절차개시신청 후 개시결정 전에 법원의 허가를 받아 행한 자금의 차입, 자재의 구입 그 밖에 채무자의 사업을 계속하는 데 불가결한 행위로 인하여 생긴 청구권
6. 제1호 내지 제5호에 규정된 것 외의 것으로서 채무자를 위하여 지출하여야 하는 부득이한 비용

② 제475조 및 제476조의 규정은 개인회생재단채권에 관하여 준용한다. 이 경우 "재단채권"은 "개인회생재단채권"으로, "파산절차"는 "개인회생절차"로, "파산채권"은 "개인회생채권"으로 본다.

제584조【부인권】 ① 제3편 제3장 제2절(부인권)은 개인회생절차에 관하여 준용한다.
② 부인권은 채무자가 행사한다.
③ 법원은 채권자 또는 회생위원의 신청에 의하거나 직권으로 채무자에게 부인권의 행사를 명할 수 있다.
④ 회생위원은 부인권의 행사에 참가할 수 있다.
⑤ 부인권은 개인회생절차개시결정이 있은 날부터 1년이 경과한 때에는 행사할 수 없다. 제391조 각호의 행위를 한 날부터 5년이 경과한 때에도 같다.

제585조【환취권】 제407조 내지 제410조의 규정은 개인회생절차에 관하여 준용한다. 이 경우 "파산재단"은 "개인회생재단"으로, "파산선고"는 "개인회생절차개시결정"으로 본다.

제586조【별제권】 제411조 내지 제415조의 규정은 개인회생절차에 관하여 준용한다. 이 경우 "파산재단"은 "개인회생재단"으로, "파산선고"는 "개인회생절차개시결정"으로 본다.

제587조【상계권】 제416조 내지 제422조의 규정은 개인회생절차에 관하여 준용한다. 이 경우 "파산신청"은 "개인회생절차개시신청"으로, "파산재단"은 "개인회생재단"으로, "파산선고"는 "개인회생절차개시결정"으로 본다.

제2장 개인회생절차의 개시

제588조【개인회생절차개시의 신청권자】 개인채무자는 법원에 개인회생절차의 개시를 신청할 수 있다.

제589조【개인회생절차개시신청서】 ① 개인회생절차개시의 신청은 다음 각호의 사항을 기재한 서면으로 하여야 한다.
1. 채무자의 성명·주민등록번호 및 주소
2. 신청의 취지 및 원인
3. 채무자의 재산 및 채무

② 제1항의 규정에 의한 서면에는 다음 각호의 서류를 첨부하여야 한다.
1. 개인회생채권자목록(채권자의 성명 및 주소와 채권의 원인 및 금액이 기재된 것을 말한다)
2. 재산목록
3. 채무자의 수입 및 지출에 관한 목록
4. 급여소득자 또는 영업소득자임을 증명하는 자료
5. 진술서
6. 신청일 전 10년 이내에 회생사건·화의사건·파산사건 또는 개인회생사건을 신청한 사실이 있는 때에는 그 관련서류
7. 그 밖에 대법원규칙이 정하는 서류

③ 삭제

제589조의2【개인회생채권자목록의 수정】 ① 채무자는 개인회생절차개시 결정이 있을 때까지 개인회생채권자목록에 기재된 사항을 수정할 수 있다.
② 제1항에도 불구하고 채무자는 그가

책임을 질 수 없는 사유로 개인회생채권자목록에 누락(漏落)하거나 잘못 기재한 사항을 발견한 경우에는 개인회생절차개시결정 후라도 법원의 허가를 받아 개인회생채권자목록에 기재된 사항을 수정할 수 있다. 다만, 변제계획인가결정이 있은 경우에는 그러하지 아니하다.

③ 채무자가 제2항 본문에 따라 법원에 개인회생채권자목록의 수정허가를 신청하는 경우 지체 없이 법원에 수정사항을 반영한 변제계획안을 제출하여야 한다. 채무자가 수정사항을 반영한 변제계획안을 제출하지 아니하는 경우 법원은 개인회생채권자목록의 수정을 허가하지 아니할 수 있다.

④ 법원은 제2항 본문에 따라 개인회생채권자목록에 기재된 사항이 수정된 경우에는 그 수정된 사항에 관한 이의기간을 정하여 공고하고, 채무자 및 법원이 알고 있는 개인회생채권자에게 이의기간이 기재된 서면과 수정된 개인회생채권자목록을 송달하여야 한다. 다만, 수정으로 불리한 영향을 받는 개인회생채권자가 없는 경우 또는 불리한 영향을 받는 개인회생채권자의 의사에 반하지 아니한다고 볼 만한 정당한 이유가 있는 경우에는 공고나 송달을 하지 아니할 수 있다.

제590조【비용의 예납】 개인회생절차개시의 신청을 하는 때에는 절차의 비용으로 대법원규칙이 정하는 금액을 미리 납부하여야 한다.

제591조【계산의 보고 등】 법원 또는 회생위원은 언제든지 채무자에게 금전의 수입과 지출 그 밖에 채무자의 재산상의 업무에 관하여 보고를 요구할 수 있고, 필요하다고 인정하는 경우에는 재산상황의 조사, 시정의 요구 그 밖의 적절한 조치를 취할 수 있다.

제592조【보전처분】 ① 법원은 개인회생절차개시결정 전에 이해관계인의 신청에 의하거나 직권으로 채무자의 재산에 관하여 가압류·가처분 그 밖의 필요한 보전처분을 할 수 있다.

② 법원은 제1항의 규정에 의한 결정을 변경하거나 취소할 수 있다.

③ 제1항 및 제2항의 결정에 대하여는 즉시항고를 할 수 있다.

④ 제3항의 규정에 의한 즉시항고는 집행정지의 효력이 없다.

제593조【중지명령】 ① 법원은 개인회생절차개시의 신청이 있는 경우 필요하다고 인정하는 때에는 이해관계인의 신청에 의하거나 직권으로 개인회생절차의 개시신청에 대한 결정 시까지 다음 각호의 절차 또는 행위의 중지 또는 금지를 명할 수 있다.

1. 채무자에 대한 회생절차 또는 파산절차
2. 개인회생채권에 기하여 채무자의 업무 및 재산에 대하여 한 강제집행·가압류 또는 가처분
3. 채무자의 업무 및 재산에 대한 담보권의 설정 또는 담보권의 실행 등을 위한 경매
4. 개인회생채권을 변제받거나 변제를 요구하는 일체의 행위. 다만, 소송행위를 제외한다.
5. 「국세징수법」 또는 「지방세기본법」에 의한 체납처분, 국세징수의 예(국세 또는 지방세 체납처분의 예를 포함한다. 이하 같다)에 의한 체납처분 또는 조세채무담보를 위하여 제공된 물건의 처분. 이 경우 징수의 권한을 가진 자의 의견을 들어야 한다.

② 제1항 제5호의 규정에 의한 처분의 중지기간 중에는 시효는 진행하지 아니한다.

③ 개인회생절차개시의 신청이 기각되면 제1항의 규정에 의하여 중지된 절차는 속행된다.

④ 법원은 상당한 이유가 있는 때에는

이해관계인의 신청에 의하거나 직권으로 제1항의 규정에 의한 중지 또는 금지명령을 취소하거나 변경할 수 있다. 이 경우 법원은 담보를 제공하게 할 수 있다.

⑤ 제45조 내지 제47조는 개인회생절차에 관하여 준용한다.

제594조【개인회생절차개시신청의 취하】 채무자는 개인회생절차의 개시결정이 있기 전에는 신청을 취하할 수 있다. 다만, 채무자가 제592조의 규정에 의한 보전처분, 제593조의 규정에 의한 중지명령을 받은 후에는 법원의 허가를 받아야 신청을 취하할 수 있다.

제595조【개인회생절차개시신청의 기각사유】 법원은 다음 각호의 어느 하나에 해당하는 때에는 개인회생절차개시의 신청을 기각할 수 있다.

1. 채무자가 신청권자의 자격을 갖추지 아니한 때
2. 채무자가 제589조 제2항 각호의 어느 하나에 해당하는 서류를 제출하지 아니하거나, 허위로 작성하여 제출하거나 또는 법원이 정한 제출기한을 준수하지 아니한 때
3. 채무자가 절차의 비용을 납부하지 아니한 때
4. 채무자가 변제계획안의 제출기한을 준수하지 아니한 때
5. 채무자가 신청일 전 5년 이내에 면책(파산절차에 의한 면책을 포함한다)을 받은 사실이 있는 때
6. 개인회생절차에 의함이 채권자 일반의 이익에 적합하지 아니한 때
7. 그 밖에 신청이 성실하지 아니하거나 상당한 이유 없이 절차를 지연시키는 때

제596조【개인회생절차의 개시결정】 ① 법원은 신청일부터 1월 이내에 개인회생절차의 개시 여부를 결정하여야 한다.

② 법원은 개인회생절차개시결정과 동시에 다음 각호의 사항을 정하여야 한다.

1. 개인회생채권에 관한 이의기간(이하 “이의기간”이라 한다). 이 경우 그 기간은 개인회생절차개시결정일부터 2주 이상 2월 이하이어야 한다.
2. 개인회생채권자집회의 기일. 이 경우 그 기일과 이의기간의 말일 사이에는 2주 이상 1월 이하의 기간이 있어야 한다.

③ 법원은 특별한 사정이 있는 때에는 제2항 각호의 기일을 늦추거나 기간을 늘일 수 있다.

④ 제1항의 규정에 의하여 결정을 하는 때에는 결정서에 결정의 연·월·일·시를 기재하여야 한다.

⑤ 제1항의 규정에 의한 결정은 그 결정시부터 효력이 발생한다.

제597조【개시의 공고와 송달】 ① 법원은 개인회생절차개시결정을 한 때에는 지체 없이 다음 각호의 사항을 공고하여야 한다.

1. 개인회생절차개시결정의 주문
2. 이의기간
3. 개인회생채권자가 이의기간 안에 자신 또는 다른 개인회생채권자의 채권내용에 관하여 개인회생채권조사확정재판을 신청할 수 있다는 뜻
4. 개인회생채권자집회의 기일

② 법원은 다음 각호의 자에게 제1항 각호의 사항을 기재한 서면과 개인회생채권자 목록 및 변제계획안을 송달하여야 한다.

1. 채무자
2. 알고 있는 개인회생채권자
3. 개인회생절차가 개시된 채무자의 재산을 소지하고 있거나 그에게 채무를 부담하는 자

③ 제1항 및 제2항의 규정은 제1항 제2호 및 제4호의 사항에 변경이 생긴 경우에 준용하며, 제2항의 규정은 변제계획안에 변경이 생긴 경우에 준용한다.

제598조 【개인회생절차개시재판에 대한 즉시항고】 ① 개인회생절차개시신청에 관한 재판에 대하여는 즉시항고를 할 수 있다.

② 제592조 및 제593조의 규정은 개인회생절차개시신청을 기각하는 결정에 대하여 제1항의 즉시항고가 있는 경우에 준용한다.

③ 제1항의 규정에 의한 즉시항고는 집행정지의 효력이 없다.

④ 항고법원은 즉시항고의 절차가 법률에 위반되거나 즉시항고가 이유없다고 인정하는 때에는 결정으로 즉시항고를 각하 또는 기각하여야 한다.

⑤ 항고법원은 즉시항고가 이유있다고 인정하는 때에는 원래의 결정을 취소하고 사건을 원심법원에 환송하여야 한다.

제599조 【개인회생절차개시결정의 취소】 법원은 개인회생절차개시결정을 취소하는 결정이 확정된 때에는 즉시 그 주문을 공고하고 다음 각호의 자에게 그 결정의 취지를 송달하여야 한다.

1. 채무자
2. 알고 있는 개인회생채권자
3. 개인회생절차가 개시된 채무자의 재산을 소지하고 있거나 그에게 채무를 부담하는 자

제600조 【다른 절차의 중지 등】 ① 개인회생절차개시의 결정이 있는 때에는 다음 각호의 절차 또는 행위는 중지 또는 금지된다. 다만, 제2호 내지 제4호의 절차 또는 행위는 채권자목록에 기재된 채권에 의한 경우에 한한다.

1. 채무자에 대한 회생절차 또는 파산절차
2. 개인회생채권에 기하여 개인회생재단에 속하는 재산에 대하여 한 강제집행·가압류 또는 가처분
3. 개인회생채권을 변제받거나 변제를 요구하는 일체의 행위. 다만, 소송행위를 제외한다.
4. 「국세징수법」 또는 「지방세기본법」에 의한 체납처분, 국세징수의 예(국세 또는 지방세 체납처분의 예를 포함한다. 이하 같다)에 의한 체납처분 또는 조세채무담보를 위하여 제공된 물건의 처분

② 개인회생절차개시의 결정이 있는 때에는 변제계획의 인가결정일 또는 개인회생절차 폐지결정의 확정일 중 먼저 도래하는 날까지 개인회생재단에 속하는 재산에 대한 담보권의 설정 또는 담보권의 실행 등을 위한 경매는 중지 또는 금지된다.

③ 법원은 상당한 이유가 있는 때에는 이해관계인의 신청에 의하거나 직권으로 제1항 또는 제2항의 규정에 의하여 중지된 절차 또는 처분의 속행 또는 취소를 명할 수 있다. 다만, 처분의 취소의 경우에는 담보를 제공하게 할 수 있다.

④ 제1항 또는 제2항의 규정에 의하여 처분을 할 수 없거나 중지된 기간 중에 시효는 진행하지 아니한다.

제3장 회생위원

제601조 【선임 및 해임】 ① 법원은 이해관계인의 신청에 의하거나 직권으로 다음 각호의 해당하는 자를 회생위원으로 선임할 수 있다.

1. 관리위원회의 관리위원
2. 법원사무관 등
3. 변호사·공인회계사 또는 법무사의 자격이 있는 자
4. 법원주사보·검찰주사보 이상의 직에 근무한 경력이 있는 자
5. 「은행법」에 의한 은행에서 근무한 경력이 있는 사람으로서 회생위원의 직무수행에 적합한 자
6. 채무자를 상대로 신용관리교육·상담 및 신용회복을 위한 채무조정업

무 등을 수행하는 기관 또는 단체에 근무 중이거나 근무한 경력이 있는 사람으로서 회생위원의 직무수행에 적합한 자
7. 제1호 내지 제6호에 규정된 자에 준하는 자로서 회생위원의 직무수행에 적합한 자

② 법원은 상당한 이유가 있는 때에는 이해관계인의 신청에 의하거나 직권으로 회생위원을 해임할 수 있다.

③ 회생위원은 필요한 때에는 그 직무를 행하기 위하여 자기의 책임으로 1인 이상의 회생위원 대리를 선임할 수 있다.

④ 제3항의 규정에 의한 회생위원 대리의 선임은 법원의 허가를 받아야 한다.

⑤ 회생위원 대리는 회생위원에 갈음하여 재판상 또는 재판 외의 모든 행위를 할 수 있다.

제602조【회생위원의 업무】 ① 회생위원은 법원의 감독을 받아 다음 각호의 업무를 수행한다.
1. 채무자의 재산 및 소득에 대한 조사
2. 부인권 행사명령의 신청 및 그 절차 참가
3. 개인회생채권자집회의 진행
4. 그 밖에 법령 또는 법원이 정하는 업무

② 채무자는 법원의 명령 또는 회생위원의 요청이 있는 경우에는 재산 및 소득, 변제계획 그 밖의 필요한 사항에 관하여 설명을 하여야 한다.

제4장 개인회생채권의 확정

제603조【개인회생채권의 확정】 ① 다음 각호의 어느 하나에 해당하는 경우에는 개인회생채권자목록의 기재대로 채권이 확정된다.
1. 개인회생채권자목록에 기재된 채권자가 제596조 제2항 제1호의 규정에 의한 이의기간 안에 개인회생채권조사확정재판을 신청하지 아니한 경우
2. 개인회생채권조사확정재판신청이 각하된 경우

② 법원사무관 등은 제1항의 규정에 의하여 채권이 확정된 때에는 다음 각호의 사항을 기재한 개인회생채권자표를 작성하여야 한다.
1. 채권자의 성명 및 주소
2. 채권의 내용 및 원인

③ 확정된 개인회생채권을 개인회생채권자표에 기재한 경우 그 기재는 개인회생채권자 전원에 대하여 확정판결과 동일한 효력이 있다.

④ 개인회생채권자는 개인회생절차폐지결정이 확정된 때에는 채무자에 대하여 개인회생채권자표에 기하여 강제집행을 할 수 있다.

⑤ 제255조 제3항의 규정은 제4항의 경우에 준용한다.

제604조【개인회생채권조사확정재판】 ① 개인회생채권자목록의 내용에 관하여 이의가 있는 개인회생채권자는 제589조의2 제4항 또는 제596조 제2항 제1호에 따른 이의기간 안에 서면으로 이의를 신청할 수 있다. 채무자가 이의내용을 인정하는 때에는 법원의 허가를 받아 개인회생채권자목록을 변경할 수 있다. 이 경우 법원은 조사확정재판신청에 대한 결정을 하지 아니할 수 있다.

② 개인회생절차개시 당시 이미 소송이 계속 중인 권리에 대하여 이의가 있는 경우에는 별도로 조사확정재판을 신청할 수 없고 이미 계속 중인 소송의 내용을 개인회생채권조사확정의 소로 변경하여야 한다.

③ 제1항의 경우 개인회생채권자가 자신의 개인회생채권의 내용에 관하여 개인회생채권조사확정재판을 신청하

는 경우에는 채무자를 상대방으로 하고, 다른 개인회생채권자의 채권내용에 관하여 개인회생채권조사확정재판을 신청하는 경우에는 채무자와 다른 개인회생채권자를 상대방으로 하여야 한다.

④ 개인회생채권조사확정재판을 신청하는 자는 법원이 정하는 절차의 비용을 미리 납부하여야 한다. 법원은 비용을 미리 납부하지 아니하는 때에는 신청을 각하하여야 한다.

⑤ 법원은 이해관계인을 심문한 후 개인회생채권조사확정재판을 하여야 하며, 이 결정에서 이의가 있는 회생채권의 존부 또는 그 내용을 정한다.

⑥ 법원은 제5항의 규정에 의한 결정이 있는 때에는 결정서를 당사자에게 송달하여야 한다.

제605조【개인회생채권조사확정재판에 대한 이의의 소】 ① 개인회생채권조사확정재판에 불복하는 자는 결정서의 송달을 받은 날부터 1월 이내에 이의의 소를 제기할 수 있다. 이 경우 이의의 소는 개인회생법원(개인회생사건이 계속되어 있는 지방법원을 말한다. 이하 같다)의 관할에 전속한다.

② 제1항의 소의 변론은 결정서를 송달받은 날부터 1월을 경과한 후가 아니면 개시할 수 없으며, 동일한 채권에 관하여 여러 개의 소가 계속되어 있는 때에는 법원은 변론을 병합할 수 있다.

③ 제1항의 소에 대한 판결은 소를 부적법한 것으로 각하하는 경우를 제외하고는 같은 항의 재판을 인가하거나 변경한다.

제606조【개인회생채권의 확정에 관한 소송결과 등의 기재】 법원사무관 등은 채무자·회생위원 또는 개인회생채권자의 신청에 의하여 다음 각호의 사항을 기재한 개인회생채권자표를 작성하여야 한다.

1. 개인회생채권조사확정재판의 결과
2. 개인회생채권조사확정재판에 대한 이의의 소의 결과
3. 제1호 및 제2호 외의 개인회생채권의 확정에 관한 소송의 결과

제607조【개인회생채권의 확정에 관한 소송의 판결 등의 효력】 ① 개인회생채권의 확정에 관한 소송에 대한 판결은 개인회생채권자 전원에 대하여 그 효력이 있다.

② 개인회생채권조사확정재판에 대한 이의의 소가 제605조 제1항의 규정에 의한 기간안에 제기되지 아니하거나 각하된 때에는 그 재판은 개인회생채권자 전원에 대하여 확정판결과 동일한 효력이 있다.

제608조【소송비용의 상환】 채무자의 재산이 개인회생채권의 확정에 관한 소송으로 이익을 받은 때에는 소를 제기한 개인회생채권자는 얻은 이익의 한도 안에서 개인회생재단채권자로서 소송비용의 상환을 청구할 수 있다.

제609조【개인회생채권확정소송의 목적의 가액】 개인회생채권의 확정에 관한 소송의 목적의 가액은 변제계획으로 얻을 이익의 예정액을 표준으로 하여 개인회생법원이 정한다.

제609조의2【명의의 변경】 ① 개인회생채권자목록에 기재된 채권을 취득한 자는 채권자 명의변경을 신청할 수 있다.

② 제1항에 따른 명의변경을 하려는 자는 다음 각 호의 사항을 적은 신청서와 개인회생채권의 취득을 증명하는 서류 또는 그 등본이나 초본을 법원에 제출하여야 한다.

1. 채권자 명의를 변경하려는 자 및 대리인의 성명 또는 명칭과 주소
2. 통지 또는 송달을 받을 장소(대한민국 내의 장소로 한정한다), 전화번호, 그 밖의 연락처
3. 취득한 권리와 그 취득의 일시 및 원인

제5장 변제계획

제610조【변제계획안의 제출 및 수정】 ① 채무자는 개인회생절차개시의 신청일부터 14일 이내에 변제계획안을 제출하여야 한다. 다만, 법원은 상당한 이유가 있다고 인정하는 때에는 그 기간을 늘일 수 있다.

② 채무자는 변제계획안이 인가되기 전에는 변제계획안을 수정할 수 있다.

③ 법원은 이해관계인의 신청에 의하거나 직권으로 채무자에 대하여 변제계획안을 수정할 것을 명할 수 있다.

④ 제3항의 규정에 의한 수정명령이 있는 때에는 채무자는 법원이 정하는 기한 이내에 변제계획안을 수정하여야 한다.

⑤ 제597조 제2항의 규정은 제2항 및 제3항의 규정에 의하여 변제계획안을 수정하는 경우에 이를 준용한다.

제611조【변제계획의 내용】 ① 변제계획에는 다음 각호의 사항을 정하여야 한다.

1. 채무변제에 제공되는 재산 및 소득에 관한 사항
2. 개인회생재단채권 및 일반의 우선권 있는 개인회생채권의 전액의 변제에 관한 사항
3. 개인회생채권자목록에 기재된 개인회생채권의 전부 또는 일부의 변제에 관한 사항

② 변제계획에는 다음 각호의 사항을 정할 수 있다.

1. 개인회생채권의 조의 분류
2. 변제계획에서 예상한 액을 넘는 재산의 용도
3. 변제계획인가 후의 개인회생재단에 속하는 재산의 관리 및 처분권의 제한에 관한 사항
4. 그 밖에 채무자의 채무조정을 위하여 필요한 사항

③ 변제계획에서 채권의 조를 분류하는 때에는 같은 조로 분류된 채권을 평등하게 취급하여야 한다. 다만, 불이익을 받는 개인회생채권자의 동의가 있거나 소액의 개인회생채권의 경우에는 그러하지 아니하다.

④ 변제계획은 변제계획인가일부터 1월 이내에 변제를 개시하여 정기적으로 변제하는 내용을 포함하여야 한다. 다만, 법원의 허가를 받은 경우에는 그러하지 아니하다.

⑤ 변제계획에서 정하는 변제기간은 변제개시일부터 5년을 초과하여서는 아니된다.

⑥ 법원은 필요한 경우 변제계획의 이행을 위하여 인적·물적 담보를 제공하게 할 수 있다.

제612조【특별한 이익을 주는 행위의 무효】 채무자가 자신 또는 제3자의 명의로 변제계획에 의하지 아니하고 일부 개인회생채권자에게 특별한 이익을 주는 행위는 무효로 한다.

제613조【개인회생채권자집회】 ① 법원은 개인회생채권자집회의 기일과 변제계획의 요지를 채무자·개인회생채권자 및 회생위원에게 통지하여야 한다.

② 채무자는 개인회생채권자집회에 출석하여 개인회생채권자의 요구가 있는 경우 변제계획에 관하여 필요한 설명을 하여야 한다.

③ 개인회생채권자집회는 법원이 지휘한다.

④ 회생위원이 선임되어 있는 때에는 법원은 회생위원으로 하여금 개인회생채권자집회를 진행하게 할 수 있다.

⑤ 개인회생채권자는 개인회생채권자집회에서 변제계획에 관하여 이의를 진술할 수 있다.

제614조【변제계획의 인부】 ① 법원은 개인회생채권자 또는 회생위원이 이의를 진술하지 아니하고 다음 각호의 요건이 모두 충족된 때에는 변제계획인가결정을 하여야 한다. 다만, 제610조

제3항에 의한 변제계획안 수정명령에 불응한 경우에는 그러하지 아니하다.

1. 변제계획이 법률의 규정에 적합할 것
2. 변제계획이 공정하고 형평에 맞으며 수행가능할 것
3. 변제계획인가 전에 납부되어야 할 비용·수수료 그 밖의 금액이 납부되었을 것
4. 변제계획의 인가결정일을 기준일로 하여 평가한 개인회생채권에 대한 총변제액이 채무자가 파산하는 때에 배당받을 총액보다 적지 아니할 것. 다만, 채권자가 동의한 경우에는 그러하지 아니하다.

② 법원은 개인회생채권자 또는 회생위원이 이의를 진술하는 때에는 제1항 각호의 요건 외에 다음 각호의 요건을 구비하고 있는 때에 한하여 변제계획 인가결정을 할 수 있다.

1. 변제계획의 인가결정일을 기준일로 하여 평가한 이의를 진술하는 개인회생채권자에 대한 총변제액이 채무자가 파산하는 때에 배당받을 총액보다 적지 아니할 것
2. 채무자가 최초의 변제일부터 변제계획에서 정한 변제기간 동안 수령할 수 있는 가용소득의 전부가 변제계획에 따른 변제에 제공될 것
3. 변제계획의 인가결정일을 기준일로 하여 평가한 개인회생채권에 대한 총변제액이 3천만원을 초과하지 아니하는 범위 안에서 다음 각목의 금액보다 적지 아니할 것
   가. 변제계획의 인가결정일을 기준일로 하여 평가한 개인회생채권의 총금액이 5천만원 미만인 경우에는 위 총금액에 100분의 5를 곱한 금액
   나. 변제계획의 인가결정일을 기준일로 하여 평가한 개인회생채권의 총금액이 5천만원 이상인 경우에는 위 총금액에 100분의 3을 곱한 금액에 1백만원을 더한 금액

③ 법원은 변제계획인부결정을 선고하고 그 주문, 이유의 요지와 변제계획의 요지를 공고하여야 한다. 이 경우 송달은 하지 아니할 수 있다.

제615조【변제계획인가의 효력】 ① 변제계획은 인가의 결정이 있은 때부터 효력이 생긴다. 다만, 변제계획에 의한 권리의 변경은 면책결정이 확정되기까지는 생기지 아니한다.

② 변제계획인가결정이 있는 때에는 개인회생재단에 속하는 모든 재산은 채무자에게 귀속된다. 다만, 변제계획 또는 변제계획인가결정에서 다르게 정한 때에는 그러하지 아니하다.

③ 변제계획인가결정이 있는 때에는 제600조의 규정에 의하여 중지한 회생절차 및 파산절차와 개인회생채권에 기한 강제집행·가압류 또는 가처분은 그 효력을 잃는다. 다만, 변제계획 또는 변제계획인가결정에서 다르게 정한 때에는 그러하지 아니하다.

제616조【전부명령에 대한 특칙】 ① 변제계획인가결정이 있는 때에는 채무자의 급료·연금·봉급·상여금, 그 밖에 이와 비슷한 성질을 가진 급여채권에 관하여 개인회생절차개시 전에 확정된 전부명령은 변제계획인가결정 후에 제공한 노무로 인한 부분에 대하여는 그 효력이 상실된다.

② 변제계획인가결정으로 인하여 전부채권자가 변제받지 못하게 되는 채권액은 개인회생채권으로 한다.

제617조【변제의 수행】 ① 채무자는 인가된 변제계획에 따라 개인회생채권자에게 변제할 금원을 회생위원에게 임치하여야 한다.

② 개인회생채권자는 제1항의 규정에 따라 임치된 금원을 변제계획에 따라 회생위원으로부터 지급받아야 한다. 개인회생채권자가 지급받지 않는 경우

에는 회생위원은 채권자를 위하여 공탁할 수 있다.

③ 제1항 및 제2항의 규정은 회생위원이 선임되지 아니한 경우 또는 변제계획이나 변제계획인가결정에서 다르게 정한 경우에는 적용하지 아니한다.

제618조【변제계획 인부결정에 대한 즉시항고】 ① 변제계획의 인부결정에 대하여는 즉시항고를 할 수 있다.

② 제247조 제3항 내지 제7항의 규정은 변제계획의 인가여부결정에 대한 즉시항고에 관하여 준용한다.

제619조【인가 후의 변제계획변경】 ① 채무자·회생위원 또는 개인회생채권자는 변제계획에 따른 변제가 완료되기 전에는 인가된 변제계획의 변경안을 제출할 수 있다.

② 제1항의 규정에 의한 변제계획변경안에 관하여는 제597조 제2항·제611조·제613조·제614조·제615조 제1항 및 제617조의 규정을 준용한다.

제6장 폐지 및 면책

제620조【변제계획인가 전 개인회생절차의 폐지】 ① 법원은 다음 각호의 어느 하나에 해당하는 때에는 이해관계인의 신청에 의하거나 직권으로 개인회생절차폐지의 결정을 하여야 한다.

1. 개인회생절차의 개시결정 당시 제595조 제1호·제5호에 해당한 사실이 명백히 밝혀진 때
2. 채무자가 제출한 변제계획안을 인가할 수 없는 때

② 법원은 다음 각호의 어느 하나에 해당하는 때에는 직권으로 개인회생절차폐지의 결정을 할 수 있다.

1. 제595조 제2호에 해당하는 때
2. 채무자가 정당한 사유 없이 제613조 제2항의 규정에 의한 출석 또는 설명을 하지 아니하거나 허위의 설명을 한 때

제621조【변제계획인가 후 개인회생절차의 폐지】 ① 법원은 다음 각호의 어느 하나에 해당하는 때에는 이해관계인의 신청에 의하거나 직권으로 개인회생절차폐지의 결정을 하여야 한다.

1. 면책불허가결정이 확정된 때
2. 채무자가 인가된 변제계획을 이행할 수 없음이 명백할 때. 다만, 채무자가 제624조 제2항의 규정에 의한 면책결정을 받은 때에는 그러하지 아니하다.
3. 채무자가 재산 및 소득의 은닉 그 밖의 부정한 방법으로 인가된 변제계획을 수행하지 아니하는 때

② 제1항의 규정에 의한 개인회생절차의 폐지는 이미 행한 변제와 이 법의 규정에 의하여 생긴 효력에 영향을 미치지 아니한다.

제622조【개인회생절차폐지결정의 공고】 법원은 개인회생절차폐지의 결정을 한 때에는 그 주문과 이유의 요지를 공고하여야 한다. 이 경우 송달은 하지 아니할 수 있다.

제623조【개인회생절차폐지결정에 대한 즉시항고】 ① 개인회생절차폐지의 결정에 대하여는 즉시항고를 할 수 있다.

② 제247조 제4항 내지 제7항의 규정은 개인회생절차폐지의 결정에 대한 즉시항고에 관하여 이를 준용한다.

제624조【면책결정】 ① 법원은 채무자가 변제계획에 따른 변제를 완료한 때에는 당사자의 신청에 의하거나 직권으로 면책의 결정을 하여야 한다.

② 법원은 채무자가 변제계획에 따른 변제를 완료하지 못한 경우에도 다음 각호의 요건이 모두 충족되는 때에는 이해관계인의 의견을 들은 후 면책의 결정을 할 수 있다.

1. 채무자가 책임질 수 없는 사유로 인하여 변제를 완료하지 못하였을 것
2. 개인회생채권자가 면책결정일까지

변제받은 금액이 채무자가 파산절차를 신청한 경우 파산절차에서 배당받을 금액보다 적지 아니할 것
3. 변제계획의 변경이 불가능할 것
③ 제1항 및 제2항의 규정에 불구하고 법원은 다음 각호의 어느 하나에 해당하는 경우에는 면책을 불허하는 결정을 할 수 있다.
1. 면책결정 당시까지 채무자에 의하여 악의로 개인회생채권자목록에 기재되지 아니한 개인회생채권이 있는 경우
2. 채무자가 이 법에 정한 채무자의 의무를 이행하지 아니한 경우
④ 법원은 면책의 결정을 한 때에는 그 주문과 이유의 요지를 공고하여야 한다. 이 경우 송달은 하지 아니할 수 있다.

제625조【면책결정의 효력】 ① 면책의 결정은 확정된 후가 아니면 그 효력이 생기지 아니한다.
② 면책을 받은 채무자는 변제계획에 따라 변제한 것을 제외하고 개인회생채권자에 대한 채무에 관하여 그 책임이 면제된다. 다만, 다음 각호의 청구권에 관하여는 책임이 면제되지 아니한다.
1. 개인회생채권자목록에 기재되지 아니한 청구권
2. 제583조 제1항 제2호의 규정에 의한 조세 등의 청구권
3. 벌금 · 과료 · 형사소송비용 · 추징금 및 과태료
4. 채무자가 고의로 가한 불법행위로 인한 손해배상
5. 채무자가 중대한 과실로 타인의 생명 또는 신체를 침해한 불법행위로 인하여 발생한 손해배상
6. 채무자의 근로자의 임금 · 퇴직금 및 재해보상금
7. 채무자의 근로자의 임치금 및 신원보증금
8. 채무자가 양육자 또는 부양의무자로서 부담하여야 할 비용
③ 면책은 개인회생채권자가 채무자의 보증인 그 밖에 채무자와 더불어 채무를 부담하는 자에 대하여 가지는 권리와 개인회생채권자를 위하여 제공한 담보에 영향을 미치지 아니한다.

제626조【면책의 취소】 ① 법원은 채무자가 기망 그 밖의 부정한 방법으로 면책을 받은 때에는 이해관계인의 신청에 의하거나 직권으로 면책을 취소할 수 있다. 이 경우 법원은 이해관계인을 심문하여야 한다.
② 제1항의 규정에 의한 신청은 면책결정의 확정일부터 1년 이내에 제기하여야 한다.

제627조【면책결정 등에 관한 즉시항고】 면책 여부의 결정과 면책취소의 결정에 대하여는 즉시항고를 할 수 있다.

제5편 국제도산

제628조【정의】 이 편에서 사용하는 용어의 정의는 다음 각호와 같다.
1. "외국도산절차"라 함은 외국법원(이에 준하는 당국을 포함한다. 이하 같다)에 신청된 회생절차 · 파산절차 또는 개인회생절차 및 이와 유사한 절차를 말하며, 임시절차를 포함한다.
2. "국내도산절차"라 함은 대한민국 법원에 신청된 회생절차 · 파산절차 또는 개인회생절차를 말한다.
3. "외국도산절차의 승인"이라 함은 외국도산절차에 대하여 대한민국 내에 이 편의 지원처분을 할 수 있는 기초로서 승인하는 것을 말한다.
4. "지원절차"라 함은 이 편에서 정하

는 바에 의하여 외국도산절차의 승인신청에 관한 재판과 채무자의 대한민국 내에 있어서의 업무 및 재산에 관하여 당해 외국도산절차를 지원하기 위한 처분을 하는 절차를 말한다.

5. "외국도산절차의 대표자"라 함은 외국법원에 의하여 외국도산절차의 관리자 또는 대표자로 인정된 자를 말한다.
6. "국제도산관리인"이라 함은 외국도산절차의 지원을 위하여 법원이 채무자의 재산에 대한 환가 및 배당 또는 채무자의 업무 및 재산에 대한 관리 및 처분권한의 전부 또는 일부를 부여한 자를 말한다.

제629조 【적용범위】 ① 이 편의 규정은 다음 각호의 경우에 적용한다.

1. 외국도산절차의 대표자가 외국도산절차와 관련하여 대한민국 법원에 승인이나 지원을 구하는 경우
2. 외국도산절차의 대표자가 대한민국 법원에서 국내도산절차를 신청하거나 진행 중인 국내도산절차에 참가하는 경우
3. 국내도산절차와 관련하여 관리인·파산관재인·채무자 그 밖에 법원의 허가를 받은 자 등이 외국법원의 절차에 참가하거나 외국법원의 승인 및 지원을 구하는 등 외국에서 활동하는 경우
4. 채무자를 공통으로 하는 국내도산절차 및 외국도산절차가 대한민국 법원과 외국법원에서 동시에 진행되어 관련절차 간에 공조가 필요한 경우

② 이 편에서 따로 규정하지 아니한 사항은 이 법 중 다른 편의 규정에 따른다.

제630조 【관할】 외국도산절차의 승인 및 지원에 관한 사건은 서울중앙지방법원 합의부의 관할에 전속한다. 다만, 절차의 효율적인 진행이나 이해당사자의 권리보호를 위하여 필요한 때에는 서울중앙지방법원은 당사자의 신청에 의하거나 직권으로 외국도산절차의 승인결정과 동시에 또는 그 결정 후에 제3조가 규정하는 관할법원으로 사건을 이송할 수 있다.

제631조 【외국도산절차의 승인신청】 ① 외국도산절차의 대표자는 외국도산절차가 신청된 국가에 채무자의 영업소·사무소 또는 주소가 있는 경우에 다음 각호의 서면을 첨부하여 법원에 외국도산절차의 승인을 신청할 수 있다. 이 경우 외국어로 작성된 서면에는 번역문을 붙여야 한다.

1. 외국도산절차 일반에 대한 법적 근거 및 개요에 대한 진술서
2. 외국도산절차의 개시를 증명하는 서면
3. 외국도산절차의 대표자의 자격과 권한을 증명하는 서면
4. 승인을 신청하는 그 외국도산절차의 주요내용에 대한 진술서(채권자·채무자 및 이해당사자에 대한 서술을 포함한다)
5. 외국도산절차의 대표자가 알고 있는 그 채무자에 대한 다른 모든 외국도산절차에 대한 진술서

② 외국도산절차의 승인을 신청한 후 제1항 각호의 내용이 변경된 때에는 신청인은 지체 없이 변경된 사항을 기재한 서면을 법원에 제출하여야 한다.

③ 제1항의 규정에 의한 신청이 있는 때에는 법원은 지체 없이 그 요지를 공고하여야 한다.

④ 제37조 및 제39조의 규정은 제1항의 규정에 의한 신청에 관하여 준용한다.

제632조 【외국도산절차의 승인결정】 ① 법원은 외국도산절차의 승인신청이 있는 때에는 신청일부터 1월 이내에 승인 여부를 결정하여야 한다.

② 법원은 다음 각호의 어느 하나에 해당하는 경우에는 외국도산절차의 승인신청을 기각하여야 한다.
1. 법원이 정한 비용을 미리 납부하지 아니한 경우
2. 제631조 제1항 각호의 서면을 제출하지 아니하거나 그 성립 또는 내용의 진정을 인정하기에 부족한 경우
3. 외국도산절차를 승인하는 것이 대한민국의 선량한 풍속 그 밖에 사회질서에 반하는 경우

③ 법원은 외국도산절차의 승인결정이 있는 때에는 그 주문과 이유의 요지를 공고하고 그 결정서를 신청인에게 송달하여야 한다.
④ 외국도산절차의 승인신청에 관한 결정에 대하여는 즉시항고를 할 수 있다.
⑤ 제4항의 규정에 의한 즉시항고는 집행정지의 효력이 없다.

제633조【외국도산절차승인의 효력】 외국도산절차의 승인결정은 이 법에 의한 절차의 개시 또는 진행에 영향을 미치지 아니한다.

제634조【외국도산절차의 대표자의 국내도산절차개시신청 등】 외국도산절차가 승인된 때에는 외국도산절차의 대표자는 국내도산절차의 개시를 신청하거나 진행 중인 국내도산절차에 참가할 수 있다.

제635조【승인 전 명령 등】 ① 법원은 외국도산절차의 대표자의 신청에 의하거나 직권으로 외국도산절차의 승인신청이 있은 후 그 결정이 있을 때까지 제636조 제1항 제1호 내지 제3호의 조치를 명할 수 있다.
② 제1항의 규정은 외국도산절차의 승인신청을 기각하는 결정에 대하여 즉시항고가 제기된 경우에 준용한다.
③ 법원은 제1항 및 제2항의 규정에 의한 처분을 변경하거나 취소할 수 있다.
④ 제1항 내지 제3항의 결정에 대하여는 즉시항고를 할 수 있다.
⑤ 제4항의 규정에 의한 즉시항고는 집행정지의 효력이 없다.

제636조【외국도산절차에 대한 지원】 ① 법원은 외국도산절차를 승인함과 동시에 또는 승인한 후 이해관계인의 신청에 의하거나 직권으로 채무자의 업무 및 재산이나 채권자의 이익을 보호하기 위하여 다음 각호의 결정을 할 수 있다.
1. 채무자의 업무 및 재산에 대한 소송 또는 행정청에 계속하는 절차의 중지
2. 채무자의 업무 및 재산에 대한 강제집행, 담보권실행을 위한 경매, 가압류 · 가처분 등 보전절차의 금지 또는 중지
3. 채무자의 변제금지 또는 채무자 재산의 처분금지
4. 국제도산관리인의 선임
5. 그 밖에 채무자의 업무 및 재산을 보전하거나 채권자의 이익을 보호하기 위하여 필요한 처분

② 법원은 제1항의 규정에 의한 결정을 하는 때에는 채권자 · 채무자 그 밖의 이해관계인의 이익을 고려하여야 한다.
③ 법원은 제1항의 규정에 의한 지원신청이 대한민국의 선량한 풍속 그 밖의 사회질서에 반하는 때에는 그 신청을 기각하여야 한다.
④ 법원은 제1항 제2호의 금지명령 및 이를 변경하거나 취소하는 결정을 한 때에는 그 주문을 공고하고 그 결정서를 외국도산절차의 대표자나 신청인에게 송달하여야 한다.
⑤ 제1항의 규정에 의한 금지명령이 있는 때에는 그 명령의 효력이 상실된 날의 다음 날부터 2월이 경과하는 날까지 채무자에 대한 채권의 시효는 완성되지 아니한다.
⑥ 법원은 필요한 경우 이해관계인의

신청에 의하거나 직권으로 제1항의 규정에 의한 결정을 변경하거나 취소할 수 있다.

⑦ 법원은 특히 필요하다고 인정하는 때에는 이해관계인의 신청에 의하거나 직권으로 제1항 제2호의 규정에 의하여 중지된 절차의 취소를 명할 수 있다. 이 경우 법원은 담보를 제공하게 할 수 있다.

⑧ 제1항 · 제6항 및 제7항의 결정에 대하여는 즉시항고를 할 수 있다.

⑨ 제8항의 규정에 의한 즉시항고는 집행정지의 효력이 없다.

제637조【국제도산관리인】 ① 국제도산관리인이 선임된 경우 채무자의 업무의 수행 및 재산에 대한 관리 · 처분권한은 국제도산관리인에게 전속한다.

② 국제도산관리인은 대한민국 내에 있는 채무자의 재산을 처분 또는 국외로의 반출, 환가 · 배당 그 밖에 법원이 정하는 행위를 하는 경우에는 법원의 허가를 받아야 한다.

③ 제2편 제2장 제1절(관리인) 및 제3편 제2장 제1절(파산관재인)에 관한 규정은 국제도산관리인에 관하여 준용한다.

제638조【국내도산절차와 외국도산절차의 동시진행】 ① 채무자를 공통으로 하는 외국도산절차와 국내도산절차가 동시에 진행하는 경우 법원은 국내도산절차를 중심으로 제635조(승인 전 명령 등) 및 제636조(외국도산절차에 대한 지원)의 규정에 의한 지원을 결정하거나 이를 변경 또는 취소할 수 있다.

② 제1항의 결정에 대하여는 즉시항고를 할 수 있다.

③ 제2항의 즉시항고에는 집행정지의 효력이 없다.

제639조【복수의 외국도산절차】 ① 채무자를 공통으로 하는 여러 개의 외국도산절차의 승인신청이 있는 때에는 법원은 이를 병합심리하여야 한다.

② 채무자를 공통으로 하는 여러 개의 외국도산절차가 승인된 때에는 법원은 승인 및 지원절차의 효율적 진행을 위하여 채무자의 주된 영업소 소재지 또는 채권자보호조치의 정도 등을 고려하여 주된 외국도산절차를 결정할 수 있다.

③ 법원은 주된 외국도산절차를 중심으로 제636조의 규정에 의한 지원을 결정하거나 변경할 수 있다.

④ 법원은 필요한 경우 제2항의 규정에 의한 주된 외국도산절차를 변경할 수 있다.

⑤ 제2항 내지 제4항의 결정에 대하여는 즉시항고를 할 수 있다.

⑥ 제5항의 즉시항고에는 집행정지의 효력이 없다.

제640조【관리인 등이 외국에서 활동할 권한】 국내도산절차의 관리인 · 파산관재인 그 밖에 법원의 허가를 받은 자 등은 외국법이 허용하는 바에 따라 국내도산절차를 위하여 외국에서 활동할 권한이 있다.

제641조【공조】 ① 법원은 동일한 채무자 또는 상호 관련이 있는 채무자에 대하여 진행 중인 국내도산절차 및 외국도산절차나 복수의 외국도산절차 간의 원활하고 공정한 집행을 위하여 외국법원 및 외국도산절차의 대표자와 다음 각호의 사항에 관하여 공조하여야 한다.

1. 의견교환
2. 채무자의 업무 및 재산에 관한 관리 및 감독
3. 복수 절차의 진행에 관한 조정
4. 그 밖에 필요한 사항

② 법원은 제1항의 규정에 의한 공조를 위하여 외국법원 또는 외국도산절차의 대표자와 직접 정보 및 의견을 교환할 수 있다.

③ 국내도산절차의 관리인 또는 파산관재인은 법원의 감독하에 외국법원

또는 외국도산절차의 대표자와 직접 정보 및 의견을 교환할 수 있다.

④ 국내도산절차의 관리인 또는 파산관재인은 법원의 허가를 받아 외국법원 또는 외국도산절차의 대표자와 도산절차의 조정에 관한 합의를 할 수 있다.

제642조【배당의 준칙】 채무자를 공통으로 하는 국내도산절차와 외국도산절차 또는 복수의 외국도산절차가 있는 경우 외국도산절차 또는 채무자의 국외재산으로부터 변제받은 채권자는 국내도산절차에서 그와 같은 조 및 순위에 속하는 다른 채권자가 동일한 비율의 변제를 받을 때까지 국내도산절차에서 배당 또는 변제를 받을 수 없다.

제6편 벌 칙

제643조【사기회생죄】 ① 채무자가 자기 또는 타인의 이익을 도모하거나 채권자를 해할 목적으로 다음 각호의 어느 하나에 해당하는 행위를 하고, 채무자에 대하여 회생절차개시 또는 간이회생절차개시의 결정이 확정된 경우 그 채무자는 10년 이하의 징역 또는 1억원 이하의 벌금에 처한다.

1. 채무자의 재산을 손괴 또는 은닉하거나 회생채권자 · 회생담보권자 · 주주 · 지분권자에 불이익하게 처분하는 행위
2. 채무자의 부담을 허위로 증가시키는 행위
3. 법률의 규정에 의하여 작성하여야 하는 상업장부를 작성하지 아니하거나, 그 상업장부에 재산의 현황을 알 수 있는 정도의 기재를 하지 아니하거나, 그 상업장부에 부정의 기재를 하거나, 그 상업장부를 손괴 또는 은닉하는 행위
4. 「부정수표단속법」에 의한 처벌회피를 주된 목적으로 회생절차개시 또는 간이회생절차개시의 신청을 하는 행위

② 다음 각호의 어느 하나에 해당하는 자가 자기 또는 타인의 이익을 도모하거나 채권자를 해할 목적으로 제1항 각호의 행위를 하고, 채무자에 대하여 회생절차개시 또는 간이회생절차개시의 결정이 확정된 경우 그 자는 5년 이하의 징역 또는 5천만원 이하의 벌금에 처한다.

1. 채무자의 법정대리인
2. 법인인 채무자의 이사
3. 채무자의 지배인

③ 채무자가 자기 또는 타인의 이익을 도모하거나 채권자를 해할 목적으로 다음 각호의 어느 하나에 해당하는 행위를 하고, 채무자에 대하여 개인회생절차개시의 결정이 확정된 때에는 5년 이하의 징역 또는 5천만원 이하의 벌금에 처한다.

1. 재산을 은닉 또는 손괴하거나 채권자에게 불이익하게 처분하는 행위
2. 허위로 부담을 증가시키는 행위

제644조【제3자의 사기회생죄】 제643조에 규정된 자 외의 자가 다음 각호의 어느 하나에 해당하는 행위를 하고, 채무자에 대하여 회생절차개시의 결정이 확정된 경우 그 자는 5년 이하의 징역 또는 5천만원 이하의 벌금에 처한다.

1. 제643조 제1항 각호의 행위
2. 자기 또는 타인의 이익을 도모하거나 채권자를 해할 목적으로 회생채권자 · 회생담보권자 · 주주 · 지분권자로서 허위의 권리를 행사하는 행위

제644조의2【사기회생죄에 대한 특칙】 제231조의2 또는 제243조의2의 적용을 면탈할 목적으로 거짓의 정보를 제

공하거나 거짓의 자료를 제출하고, 회생계획인가의 결정이 확정된 경우 해당 정보를 제공하거나 해당 자료를 제출한 자는 5년 이하의 징역 또는 5천만원 이하의 벌금에 처한다.

제645조 【회생수뢰죄】 ① 관리위원·조사위원·간이조사위원·회생위원·보전관리인·관리인(제637조의 규정에 의한 국제도산관리인을 포함한다), 고문이나 관리인 또는 보전관리인·회생위원의 대리인이 그 직무에 관하여 뇌물을 수수·요구 또는 약속한 경우 그 자는 5년 이하의 징역 또는 5천만원 이하의 벌금에 처한다. 다음 각호의 어느 하나에 해당하는 자가 관계인집회의 결의에 관하여 뇌물을 수수·요구 또는 약속한 때에 그 자도 또한 같다.

1. 회생채권자·회생담보권자·주주·지분권자
2. 제1호에 규정된 자의 대리위원 또는 대리인
3. 제1호에 규정된 자의 임원 또는 직원

② 관리인(제637조의 규정에 의한 국제도산관리인을 포함한다)·보전관리인 또는 조사위원·간이조사위원·회생위원이 법인인 경우에는 관리인·보전관리인 또는 조사위원·간이조사위원·회생위원의 직무에 종사하는 그 임원 또는 직원이 그 직무에 관하여 뇌물을 수수·요구 또는 약속한 경우 그 임원 또는 직원은 5년 이하의 징역 또는 5천만원 이하의 벌금에 처한다. 관리인·보전관리인·회생위원 또는 조사위원·간이조사위원이 법인인 경우 그 임원 또는 직원이 관리인·보전관리인·회생위원 또는 조사위원·간이조사위원의 직무에 관하여 관리인·보전관리인·회생위원 또는 조사위원·간이조사위원에게 뇌물을 수수하게 하거나 그 공여를 요구 또는 약속한 때에도 같다.

③ 제1항 및 제2항의 경우 범인 또는 그 정을 아는 제3자가 수수한 뇌물은 몰수한다. 이 경우 몰수가 불가능한 때에는 그 가액을 추징한다.

제646조 【회생증뢰죄】 제645조 제1항 또는 제2항에 규정한 뇌물을 약속 또는 공여하거나 공여의 의사표시를 한 자는 5년 이하의 징역 또는 5천만원 이하의 벌금에 처한다.

제647조 【경영참여금지위반죄】 제284조의 규정을 위반하여 회생절차종결 또는 간이회생절차종결 후 채무자의 이사로 선임되거나 대표이사로 선정되어 취임한 자는 3년 이하의 징역 또는 3천만원 이하의 벌금에 처한다.

제648조 【무허가행위 등의 죄】 ① 관리인·파산관재인(제637조의 규정에 의한 국제도산관리인을 포함한다) 또는 보전관리인이 법원의 허가를 받아야 하는 행위를 허가를 받지 아니하고 행한 경우 그 자는 3년 이하의 징역 또는 3천만원 이하의 벌금에 처한다.

② 관리인 또는 보전관리인이 법원에 허위의 보고를 하거나 임무종료 후 정당한 사유 없이 제84조 제1항의 규정에 의한 계산에 관한 보고를 하지 아니한 경우 그 자는 1년 이하의 징역 또는 1천만원 이하의 벌금에 처한다.

제649조 【보고와 검사거절의 죄】 다음 각호의 어느 하나에 해당하는 자는 1년 이하의 징역 또는 1천만원 이하의 벌금에 처한다.

1. 정당한 사유 없이 제22조 제3항의 규정에 의한 자료제공을 거부·기피 또는 방해하거나 허위의 자료를 제공한 관리인 또는 파산관재인
2. 정당한 사유 없이 제34조 제3항의 규정에 의한 자료제출을 거부·기피 또는 방해하거나 허위의 자료를 제출한 채무자
3. 정당한 사유 없이 제79조 제1항(제88조와 제293조의7 제1항 후단에서

준용하는 경우를 포함한다)의 규정에 의한 보고를 거부·기피 또는 방해하거나 허위의 보고를 한 자
4. 정당한 사유 없이 제79조 제1항(제88조와 제293조의7 제1항 후단에서 준용하는 경우를 포함한다)의 규정에 의한 검사를 거부·기피 또는 방해한 채무자
4의2. 정당한 사유 없이 제231조의2 제3항에 따른 정보제공 또는 자료제출을 거부·기피 또는 방해하거나, 거짓의 정보를 제공하거나 거짓의 자료를 제출한 자
4의3. 정당한 사유 없이 제243조의2 제3항에 따른 정보제공 또는 자료제출을 거부·기피 또는 방해하거나, 거짓의 정보를 제공하거나 거짓의 자료를 제출한 자
5. 정당한 사유 없이 제591조의 규정에 의한 보고·조사·시정 요구를 거부하거나 허위보고를 한 채무자

제650조【사기파산죄】 ① 채무자가 파산선고의 전후를 불문하고 자기 또는 타인의 이익을 도모하거나 채권자를 해할 목적으로 다음 각호의 어느 하나에 해당하는 행위를 하고, 그 파산선고가 확정된 때에는 10년 이하의 징역 또는 1억원 이하의 벌금에 처한다.
1. 파산재단에 속하는 재산을 은닉 또는 손괴하거나 채권자에게 불이익하게 처분을 하는 행위
2. 파산재단의 부담을 허위로 증가시키는 행위
3. 법률의 규정에 의하여 작성하여야 하는 상업장부를 작성하지 아니하거나, 그 상업장부에 재산의 현황을 알 수 있는 정도의 기재를 하지 아니하거나, 그 상업장부에 부실한 기재를 하거나, 그 상업장부를 은닉 또는 손괴하는 행위
4. 제481조의 규정에 의하여 법원사무관 등이 폐쇄한 장부에 변경을 가하거나 이를 은닉 또는 손괴하는 행위

② 수탁자, 신탁재산관리인, 수탁자의 법정대리인, 수탁자의 지배인 또는 법인인 수탁자의 이사가 파산선고의 전후를 불문하고 자기 또는 타인의 이익을 도모하거나 채권자를 해할 목적으로 제1항 각 호의 어느 하나에 해당하는 행위를 하고, 유한책임신탁재산에 대한 파산선고가 확정된 경우에는 10년 이하의 징역 또는 1억원 이하의 벌금에 처한다.

제651조【과태파산죄】 ① 채무자가 파산선고의 전후를 불문하고 다음 각호의 어느 하나에 해당하는 행위를 하고, 그 파산선고가 확정된 경우 그 채무자는 5년 이하의 징역 또는 5천만원 이하의 벌금에 처한다.
1. 파산의 선고를 지연시킬 목적으로 신용거래로 상품을 구입하여 현저히 불이익한 조건으로 이를 처분하는 행위
2. 파산의 원인인 사실이 있음을 알면서 어느 채권자에게 특별한 이익을 줄 목적으로 한 담보의 제공이나 채무의 소멸에 관한 행위로서 채무자의 의무에 속하지 아니하거나 그 방법 또는 시기가 채무자의 의무에 속하지 아니하는 행위
3. 법률의 규정에 의하여 작성하여야 하는 상업장부를 작성하지 아니하거나, 그 상업장부에 재산의 현황을 알 수 있는 정도의 기재를 하지 아니하거나, 그 상업장부에 부정의 기재를 하거나, 그 상업장부를 은닉 또는 손괴하는 행위
4. 제481조의 규정에 의하여 법원사무관 등이 폐쇄한 장부에 변경을 가하거나 이를 은닉 또는 손괴하는 행위

② 수탁자, 신탁재산관리인, 수탁자의 법정대리인, 수탁자의 지배인 또는 법인인 수탁자의 이사가 파산선고의 전후를 불문하고 제1항 각 호의 어느 하

나에 해당하는 행위를 하고, 유한책임신탁재산에 대한 파산선고가 확정된 경우에는 5년 이하의 징역 또는 5천만원 이하의 벌금에 처한다.

제652조【일정한 지위에 있는 자의 사기파산 및 과태파산죄】 다음 각호의 어느 하나에 해당하는 자가 제650조 및 제651조에 규정된 행위를 하고, 채무자에 대한 파산선고가 확정된 때에는 제650조 및 제651조의 예에 의한다. 상속재산에 대한 파산의 경우 상속인 및 그 법정대리인과 지배인에 관하여도 또한 같다.

1. 채무자의 법정대리인
2. 법인인 채무자의 이사
3. 채무자의 지배인

제653조【구인불응죄】 제319조, 제320조, 제322조 및 제578조의6에 따른 구인의 명을 받은 자가 그 사실을 알면서도 파산절차를 지연시키거나 구인의 집행을 회피할 목적으로 도주한 때에는 1년 이하의 징역 또는 1천만원 이하의 벌금에 처한다.

제654조【제3자의 사기파산죄】 채무자 및 제652조 각호의 자가 아닌 자가 파산선고의 전후를 불문하고 자기 또는 타인의 이익을 도모하거나 채권자를 해할 목적으로 제650조 각호의 행위를 하거나 자기나 타인을 이롭게 할 목적으로 파산채권자로서 허위의 권리를 행사하고, 채무자에 대한 파산선고가 확정된 경우 그 행위를 한 자는 10년 이하의 징역 또는 1억원 이하의 벌금에 처한다.

제655조【파산수뢰죄】 ① 파산관재인(제637조의 규정에 의한 국제도산관리인을 포함한다) 또는 감사위원이 그 직무에 관하여 뇌물을 수수·요구 또는 약속한 경우 그 자는 5년 이하의 징역 또는 5천만원 이하의 벌금에 처한다. 다음 각호의 어느 하나에 해당하는 자가 채권자집회의 결의에 관하여 뇌물을 수수·요구 또는 약속한 때에 그 자도 또한 같다.

1. 파산채권자
2. 파산채권자의 대리인
3. 파산채권자의 이사

② 제1항의 경우 범인 또는 그 정을 아는 제3자가 수수한 뇌물은 몰수한다. 이 경우 몰수가 불가능한 때에는 그 가액을 추징한다.

제656조【파산증뢰죄】 다음 각호의 어느 하나에 해당하는 자에게 뇌물을 약속 또는 공여하거나 공여의 의사를 표시한 자는 3년 이하의 징역 또는 3천만원 이하의 벌금에 처한다.

1. 파산관재인(제637조의 규정에 의한 국제도산관리인을 포함한다)
2. 감사위원
3. 파산채권자
4. 파산채권자의 대리인
5. 파산채권자의 이사

제657조【재산조회결과의 목적외사용죄】 제29조 제1항의 규정에 의한 재산조회의 결과를 회생절차·파산절차 또는 개인회생절차를 위한 채무자의 재산상황조사 외의 목적으로 사용한 자는 2년 이하의 징역 또는 2천만원 이하의 벌금에 처한다.

제658조【설명의무위반죄】 제321조 및 제578조의7에 따라 설명의 의무가 있는 자가 정당한 사유 없이 설명을 하지 아니하거나 허위의 설명을 한 때에는 1년 이하의 징역 또는 1천만원 이하의 벌금에 처한다.

제659조【국외범】 ① 제645조 및 제655조의 규정은 대한민국 외에서 같은 조의 죄를 범한 자에게도 적용한다.

② 제646조 및 제656조의 죄는 「형법」 제5조(외국인의 국외범)의 예에 따른다.

제660조【과태료】 ① 제29조 제1항의 규정에 의하여 조회를 받은 공공기관·금융기관·단체 등의 장이 정당한 사

유 없이 자료제출을 거부하거나 허위의 자료를 제출한 경우 그 자는 500만원 이하의 과태료에 처한다.

② 다음 각호의 어느 하나에 해당하는 자가 제258조 제1항 또는 제2항의 규정에 의한 법원의 명령을 위반하는 행위를 한 경우 그 자는 500만원 이하의 과태료에 처한다.

1. 채무자, 신회사의 이사나 지배인
2. 회생채권자·회생담보권자·주주·지분권자와 회생을 위하여 채무를 부담하거나 담보를 제공한 자

③ 제251조·제566조 또는 제625조에 의하여 면책을 받은 개인인 채무자에 대하여 면책된 사실을 알면서 면책된 채권에 기하여 강제집행·가압류 또는 가처분의 방법으로 추심행위를 한 자는 500만원 이하의 과태료에 처한다.

부 칙 〈제12892호, 2014.12.30.〉

제1조【시행일】 이 법은 공포 후 6개월이 경과한 날부터 시행한다.

제2조【회생절차개시의 공고 및 관계인설명회의 개최에 관한 적용례】 제51조 제1항 제5호의 개정규정에 따른 사항에 관한 공고 및 제98조의2의 개정규정에 따른 관계인설명회의 개최는 이 법 시행 후 개시되는 회생절차부터 적용한다.

제3조【임금채권자 등에 관한 적용례】 제415조의2의 개정규정은 이 법 시행 후 최초로 발생하는 임금, 재해보상금, 퇴직금 등 근로 관계로 인한 채권부터 적용한다.

제4조【회생절차의 진행·폐지 및 배당절차의 속행·공고에 관한 경과조치】 이 법 시행 당시 회생절차가 진행 중인 사건에 대한 제1회 관계인집회의 개최 등 회생절차의 진행, 회생절차의 폐지 및 배당절차의 속행·공고에 관하여는 제50조, 제92조, 제98조, 제99조, 제182조 제2항, 제193조 제3항, 제220조, 제221조, 제223조 제1항·제4항·제6항, 제285조, 제286조 제2항 및 제511조 제2호의 개정규정에도 불구하고 종전의 규정에 따른다.

제5조 생략

채무자 회생 및 파산에 관한 규칙 [시행 2015.7.1.]

제1편 총 칙

제1장 통 칙

제1조 【목적】 이 규칙은 「채무자 회생 및 파산에 관한 법률」(이하 "법"이라 한다)에 의하여 위임된 사항과 그 시행에 관하여 필요한 사항을 규정함을 목적으로 한다.

제2조 【전자적 기록매체 등의 제출】 법원은 필요하다고 인정하는 때에는 회생절차, 파산절차, 개인회생절차 또는 국제도산절차(이하 이 모두를 "도산절차"라고 한다)에 관하여 서면을 제출한 자 또는 제출하려고 하는 자에게 그 문서의 전자파일을 전자우편이나 그 밖의 적당한 방법으로 법원에 보내도록 요청할 수 있다.

제3조 【번역문의 첨부】 외국어로 작성된 문서에는 번역문을 붙여야 한다.

제4조 【인지액】 다음 각 호의 신청의 신청서에는 2천원의 인지를 붙여야 한다.

1. 법 제43조 제1항의 보전처분 신청
2. 법 제44조의 중지·금지명령 신청 또는 중지된 절차의 취소 신청
3. 법 제45조(법 제593조 제5항에 의하여 준용하는 경우를 포함한다)의 포괄적 금지명령 신청 또는 중지된 절차의 취소 신청
4. 법 제47조(법 제593조 제5항에 의하여 준용하는 경우를 포함한다)의 포괄적 금지명령의 적용 배제 신청
5. 법 제58조 제5항의 중지된 절차·처분의 속행·취소 신청
6. 법 제114조 제1항, 제3항의 보전처분 신청
7. 법 제323조 제1항의 보전처분 신청
8. 법 제351조 제1항, 제3항의 보전처분 신청
9. 법 제592조 제1항의 보전처분 신청
10. 법 제593조의 중지·금지명령 신청 또는 중지·금지명령의 취소·변경 신청
11. 법 제600조 제3항의 중지된 절차·처분의 속행·취소 신청
12. 법 제635조 제1항의 외국도산절차의 승인전 명령 신청
13. 법 제636조의 외국도산절차의 지원 신청, 외국도산절차의 지원결정의 변경·취소 신청 또는 중지된 절차의 취소 신청

제5조 【조서】 도산절차에서는 조서를 작성하지 아니한다. 다만, 다음 각 호의 경우에는 그러하지 아니하다.

1. 변론을 연 때
2. 법 및 이 규칙에서 조서의 작성을 요구하고 있는 때
3. 재판장이 조서의 작성을 명한 때

제6조 【공고】 ① 법 제9조 제1항에 규정된 "대법원규칙이 정하는 방법"은 다음 각 호의 어느 하나에 해당하는 방법을

말한다.

1. 법원이 지정하는 일간신문에 게재
2. 전자통신매체를 이용한 공고

② 법 제9조 제1항의 규정에 따른 공고를 하는 경우에 필요하다고 인정하는 때에는 적당한 방법으로 공고사항의 요지를 공시할 수 있다.

③ 법원서기관 · 법원사무관 · 법원주사 또는 법원주사보(이하 "법원사무관등"이라 한다)는 공고한 날짜와 방법을 기록에 표시하여야 한다.

제7조 【송달에 갈음하는 공고】 법 제10조 제1항에 규정된 "대법원규칙이 정하는 사유"는 다음 각 호의 어느 하나에 해당하는 사유를 말한다.

1. 도산절차의 진행이 현저하게 지연될 우려가 있는 때
2. 회생절차의 개시 당시(변경회생계획안이 제출된 경우에는 그 제출 당시를 말한다) 주식회사인 채무자의 부채총액이 자산총액을 초과하는 때로서 송달을 받을 자가 주주인 경우

제8조 【관리인 등에 의한 법원 업무의 보조】 법원은 도산절차의 신속한 진행을 위하여 관리인, 파산관재인, 회생위원, 국제도산관리인으로부터 필요한 업무의 보조를 받을 수 있다.

제9조 【법인에 관한 등기의 촉탁】 ① 법 제23조 제1항 제4호에서 규정하는 사항 이외에도 회생계획의 수행이나 법의 규정에 의하여 회생절차의 종료 전에 법인인 채무자나 신회사에 관하여 등기할 사항이 생긴 때에는 법원사무관 등은 직권으로 지체없이 촉탁서에 결정서의 등본 또는 초본 등 관련서류를 첨부하여 채무자의 각 사무소 및 영업소(외국에 주된 사무소 또는 영업소가 있는 때에는 대한민국에 있는 사무소 또는 영업소를 말한다)의 소재지의 등기소에 그 등기를 촉탁하여야 한다.

② 법 제23조 제2항의 규정은 법 제74조 제3항에 의하여 관리인을 선임하지 아니하는 처분을 한 경우에 준용한다. 등기된 처분이 변경 또는 취소된 때에도 또한 같다.

③ 제2항의 경우 법원사무관 등은 관리인을 선임하지 아니한다는 처분과 함께 법인인 채무자의 대표자를 관리인으로 본다는 취지의 등기를 함께 촉탁하여야 한다.

제10조 【등기된 권리에 관한 등기 등의 촉탁】 ① 다음 각 호의 경우 법원사무관 등은 직권으로 지체없이 촉탁서에 결정서의 등본 또는 초본을 첨부하여 보전처분의 등기를 촉탁하여야 한다. 그 보전처분이 취소 또는 변경되거나 효력을 상실한 때에도 또한 같다.

1. 채무자의 재산에 속하는 권리로서 등기된 것에 관하여 법 제323조 제1항의 규정에 의한 보전처분이 있는 때
2. 등기된 권리에 관하여 법 제351조 제1항 또는 제3항의 규정에 의한 보전처분이 있는 때

② 제1항의 규정은 채무자 또는 법 제351조 제1항이 규정하는 이사 등의 재산에 속하는 권리로서 등록된 것에 관하여 준용한다.

제11조 【심문기일의 지정 등】 ① 법원은 도산절차의 원활하고 효율적인 진행을 위하여 이해관계인의 신청에 의하거나 직권으로 심문기일을 지정할 수 있다.

② 제1항의 경우 심문기일에 출석하여야 할 관리인(법 제74조 제4항에 따라 관리인으로 보는 자를 포함한다), 파산관재인, 회생위원, 국제도산관리인이나 채권자협의회의 대표자 또는 구성원 그 밖의 이해관계인에게 심문기일을 통지하여야 한다.

제12조 【준용규정】 이 규칙에서 규정한 것 외에 도산절차에 관하여 필요한 사항은 「민사소송규칙」 · 「민사집행규칙」 및 「재산조회규칙」의 규정을 준용한다.

제2장 관리위원회

제13조【설치법원 및 법원 간의 공조】 ① 법 제15조의 규정에 의하여 관리위원회를 설치하는 지방법원은 별표 1과 같다.

② 지방법원은 다른 지방법원의 관리위원회에 법 제17조 제1항 및 이 규칙 제22조, 제27조의 사무수행을 촉탁할 수 있다.

제14조【구성】 ① 관리위원회는 위원장 1인 및 부위원장 1인을 포함한 3인 이상 15인 이내의 관리위원으로 구성하고, 관리위원은 상임으로 할 수 있다.

② 상임 관리위원은 전임 전문계약직 공무원으로 보한다.

③ 지방법원장이 관리위원을 위촉하거나 해촉한 때에는 그 내용을 관보에 게재하여야 한다.

제15조【위원장】 ① 위원장은 당해 관리위원회 소속 관리위원 중에서 지방법원장이 지명하고 그 임기는 1년으로 한다.

② 위원장은 관리위원회의 의장이 되고, 대외적으로 관리위원회를 대표하며 관리위원회의 사무를 총괄한다.

③ 부위원장은 상임 관리위원 중에서 위원장이 지명한다.

④ 위원장은 필요한 경우 부위원장으로 하여금 그 직무를 수행하게 할 수 있다.

제16조【주무위원】 위원장은 관리위원회의 원활한 운영을 위하여 필요하다고 인정하는 때에는 특정 관리위원을 주무위원으로 지정하여 미리 안건을 검토하여 관리위원회에 보고하게 할 수 있다.

제17조【신분보장】 관리위원은 다음 각 호의 어느 하나에 해당할 때를 제외하고는 그의 의사에 반하여 해촉되지 아니한다.

1. 법 제16조 제4항 제1호 내지 제5호에 해당하게 된 때
2. 중대한 심신상의 장애로 직무를 수행할 수 없게 된 때
3. 법령 또는 직무상 의무에 위반하여 관리위원으로서 직무를 수행하는 것이 부적절하게 된 때

제18조【보수】 ① 관리위원에 대하여는 예산의 범위 안에서 보수를 지급하되 그 지급액은 별표 2와 같다.

② 관리위원이 법 제601조 제1항 제1호의 규정에 의하여 회생위원으로 선임된 경우의 보수는 제1항의 보수와 별도로 법 제30조의 규정에 따라 지급받는다.

제19조【복무】 「국가공무원법」 제56조(성실의무), 제59조(친절공정의 의무) 내지 제63조(품위유지의 의무)의 규정은 비상임 관리위원의 복무에 관하여 준용한다.

제20조【기피 등】 ① 이해관계인은 관리위원에게 심의, 의결의 공정을 기대하기 어려운 사정이 있는 경우에는 그 사유를 서면으로 소명하여 법원에 기피신청을 할 수 있다.

② 제1항의 신청이 있는 경우 법원은 결정으로 재판하여야 한다.

③ 관리위원이 제1항의 사유에 해당하는 경우에는 스스로 그 사건의 심의, 의결에서 회피할 수 있다.

제21조【간사 및 직원】 ① 관리위원회의 사무를 처리하기 위하여 간사 및 직원을 둔다.

② 지방법원장은 소속직원 중에서 관리위원회의 업무를 담당할 간사 및 직원을 지정하여 관리위원회에 통보하여야 한다.

제22조【관리위원회의 업무 및 권한】 법 제17조 제1항 제7호의 규정에 의하여 관리위원회가 수행하여야 할 업무는 다음 각 호와 같다.

1. 관리인 및 파산관재인의 부인권 행사, 회생채권 · 회생담보권 및 파산

채권에 관한 이의 제출 및 회생계획안의 작성에 관한 지도 또는 권고
2. 그 밖에 도산절차에 관한 필요한 의견의 제시

제23조【회의】 ① 관리위원회는 위원장이 필요에 따라 수시로 소집할 수 있다.
② 법원이 관리위원회의 의견을 요구한 경우에는 위원장은 즉시 관리위원회를 소집하여야 한다.
③ 관리위원회의 회의는 이를 공개하지 않는다. 다만, 관리위원회는 그 의결로 상당하다고 인정하는 자의 방청을 허가할 수 있다.

제24조【의결】 의결권은 서면에 의하여 행사할 수 있다.

제25조【업무의 위임】 ① 법 제17조 제2항의 규정에 의하여 관리위원회가 업무의 일부를 특정 관리위원에게 위임한 경우에는 이를 즉시 서면으로 법원에 보고하여야 한다.
② 법 제17조 제3항의 규정에 의하여 관리위원회가 법원으로부터 관리위원의 교체를 요구받은 경우에는 즉시 해당관리위원을 교체한 후 이를 법원에 서면으로 보고하여야 한다.

제26조【의견조회 등】 ① 관리위원회는 필요한 경우 공공기관, 관련전문가 또는 이해관계인에 대하여 의견을 조회할 수 있다.
② 관리위원회는 그 직능을 수행하기 위하여 필요한 경우에는 공공기관 또는 관계당사자에게 자료의 제출을 요청하거나 그 밖의 필요한 협력을 요청할 수 있다.

제27조【관리위원회의 현장조사 등】 ① 법원은 필요하다고 인정하는 경우 관리위원으로 하여금 채무자의 서류를 열람하거나 공장 등의 현장에 출입하여 조사, 검사, 확인하게 할 수 있다.
② 제1항의 현장조사 등에 요하는 관리위원의 여비와 숙박료는 절차의 비용으로 보고 그 실비액을 지급한다.
③ 제2항의 실비액은 「법원공무원 여비규칙」 제1장 내지 제3장에 규정한 기준에 의한다.

제28조【처리기간】 ① 관리위원회는 법원으로부터 의견을 요청받은 경우 신속하게 그 의견을 제출하여야 한다.
② 법원이 의견 제출기간을 정한 경우에는 이를 넘겨서는 아니 된다. 다만, 부득이한 사정이 있는 경우에는 관리위원회는 법원의 허가를 받아 위 기간을 연장할 수 있다.

제29조【허가사무의 위임】 ① 법 제61조 제1항 각 호의 행위에 관한 허가사무 중 법 제18조의 규정에 의하여 법원이 관리위원에게 위임할 수 있는 허가사무는 다음과 같다.
1. 재산의 처분행위(다만, 등기 또는 등록의 대상이 되는 재산의 처분행위를 제외한다)
2. 재산의 양수(다만, 제3자의 영업을 양수하는 경우를 제외한다)
3. 자금의 차입 등 차재
4. 법 제119조의 규정에 의한 계약의 해제 또는 해지
5. 소의 제기, 소송대리인의 선임 그 밖의 소송행위(다만, 소의 취하, 상소권의 포기, 화해 또는 중재계약, 청구의 포기·인낙, 소송탈퇴의 경우를 제외한다)
6. 임원을 제외한 모든 직원의 인사 및 보수결정
7. 계약의 체결 그 밖의 의무부담행위
8. 어음·수표계좌의 설정 및 어음·수표용지의 수령행위
9. 운영자금의 지출
10. 그 밖에 법원이 지정하는 허가사무

② 파산절차에 관한 허가사무 중 법 제18조의 규정에 의하여 법원이 관리위원에게 위임할 수 있는 허가사무는 다음과 같다.
1. 동산의 임의매각

2. 채권 및 유가증권의 양도
3. 법 제335조 제1항의 규정에 의한 이행의 청구
4. 그 밖에 법원이 지정하는 허가사무

제30조【위임의 절차】 ① 법 제18조의 규정에 의한 법원의 관리위원에 대한 허가사무의 위임은 결정으로 하여야 한다.
② 제1항의 위임은 가액 또는 종류별로 구분하여 위임하되 위임의 범위가 명백하도록 하여야 한다.
③ 제1항의 결정은 관리위원 및 관리인 또는 파산관재인에게 송달하여야 한다.
④ 법원은 제1항의 결정을 변경하거나 취소할 수 있다.

제31조【위임사무의 처리 결과보고】 관리위원은 법원으로부터 위임받아 수행한 허가사무의 처리 결과를 매월 법원에 보고하여야 한다.

제32조【이의신청】 ① 법 제19조의 규정에 의한 이의신청은 다음 각 호의 사항을 기재한 서면으로 하여야 한다.
1. 이의신청인의 성명 및 주소
2. 이의신청의 대상이 되는 결정 또는 처분을 한 관리위원의 성명
3. 이의신청의 대상이 되는 결정 또는 처분의 내용
4. 이의신청의 취지 및 이유

② 제1항의 이의신청서에는 신청인이 이의신청의 대상이 되는 결정 또는 처분과 이해관계가 있음을 소명하는 자료를 첨부하여야 한다.

제33조【관리위원회의 운영규정】 이 규칙에서 정한 것 외에 관리위원회의 운영에 관하여 필요한 사항은 관리위원회의 의결을 거쳐 위원장이 정한다.

제3장 채권자협의회

제34조【구성】 ① 관리위원회(관리위원회가 설치되지 아니한 경우에는 법원을 말한다. 이하 이 장에서 같다)는 회생절차개시신청 또는 파산신청이 있은 사실을 법원으로부터 통지받은 후 1주일 이내에 채권자협의회를 구성한 다음 이를 채권자협의회의 구성원들에게 팩시밀리, 전자우편, 그 밖의 적당한 방법으로 통지하고 법원에 보고하여야 한다.
② 관리위원회가 채권자협의회를 구성하는 때에는 채권액의 총액 및 채무자의 주요재산에 대한 담보권 보유상황을 참작하여 채권자 일반의 이익을 적절히 대표할 수 있도록 하여야 한다. 다만, 주요 채권자가 채무자와 특별한 이해관계를 가지고 있거나 채권자협의회 구성원으로서의 책무를 다할 의사를 가지고 있지 아니한 때에는 이를 제외할 수 있다.
③ 관리위원회는 회생절차개시신청 또는 파산신청 이전부터 채권자들의 협의체가 구성되어 있는 경우는 이를 참작하여 채권자협의회를 구성할 수 있다.
④ 관리위원회는 필요한 경우 채권자협의회의 구성원을 변경할 수 있다. 관리위원회가 채권자협의회 구성원을 변경한 경우에는 이를 법원에 보고하여야 한다.
⑤ 채권자협의회의 구성원은 채권의 양도 또는 소멸 등의 사유로 채권자협의회 구성원이 될 수 있는 자격을 상실한 때에는 즉시 그 사유 및 발생일자를 대표채권자 및 관리위원회에 통보하여야 한다.
⑥ 법원은 채권자협의회의 구성이 채권자 일반의 이익을 적절히 대표하도록 변경될 필요가 있다고 인정하는 때에는 관리위원회에 채권자협의회 구성원의 교체, 제외, 추가 등을 명할 수 있다.

제35조【대표채권자】 ① 채권자협의회

는 제34조 제1항의 규정에 의한 통지를 받은 날부터 5영업일 이내에 대표채권자를 지정하여 법원 및 관리위원회에 팩시밀리, 전자우편, 그 밖의 적당한 방법으로 신고하여야 한다.

② 위 기간 내에 대표채권자의 신고가 없는 경우는 관리위원회가 대표채권자를 지정한다.

③ 대표채권자는 채권자협의회의 의장이 되고, 대외적으로 채권자협의회를 대표하여 채권자협의회의 의견을 제시하며, 채권자협의회의 소집 및 연락 업무를 담당하고 그 밖의 사무를 총괄한다.

④ 법원 또는 관리위원회의 채권자협의회에 대한 의견조회는 대표채권자에 대하여 한다.

⑤ 제34조 제4항 · 제6항의 규정에 의하여 대표채권자가 채권자협의회의 구성원에서 제외되거나 그 밖의 사유로 대표채권자의 변경이 필요하게 된 경우 관리위원회는 지체없이 이를 채권자협의회의 구성원들에게 팩시밀리, 전자우편, 그 밖의 적당한 방법으로 통지하고 법원에 보고하여야 한다. 이 경우 새로운 대표채권자의 지정에 관하여는 제1항 및 제2항의 규정을 준용한다.

제36조【회의 및 의결】 ① 대표채권자는 회생절차 또는 파산절차와 관련하여 필요한 경우 회의를 소집할 수 있고, 법원 또는 관리위원회로부터 의견을 요청받거나 구성원의 4분의 1 이상의 요구가 있을 때에는 5영업일 이내에 회의를 소집하여야 한다.

② 의결권은 서면 또는 대리인에 의하여 행사할 수 있다.

③ 채권자협의회의 구성원이 아닌 채권자도 관리위원회의 허가를 얻어 채권자협의회의 회의에 참석하여 발언할 수 있다. 다만, 의결권은 가지지 않는다.

제37조【의견의 송부】 ① 채권자협의회는 법원 또는 관리위원회로부터 의견을 요청받은 경우 의결결과 및 출석 구성원들의 채권액과 의견을 모두 기재하여 송부하여야 한다.

② 채권자협의회의 구성원들이 의견을 기재함에 있어서는 그와 같은 의견에 이르게 된 이유를 함께 기재하여야 한다.

③ 제1항의 의결결과 등은 팩시밀리 또는 전자우편으로 송부할 수 있다.

④ 제28조는 채권자협의회의 의견제출시기에 관하여 준용한다.

제38조【채권자협의회에 통지】 법원 또는 관리위원회가 법 제21조 제1항에 따라 채권자협의회가 제시한 의견에 관한 결정을 한 경우에는 이를 채권자협의회에 통지하여야 한다.

제39조【법원의 자료제공】 법원은 법 제22조 제1항의 규정에 따라 지체없이 채권자협의회에 다음 각 호의 자료사본을 제공하여야 한다.

1. 회생절차개시신청서, 파산신청서 및 그에 첨부된 대차대조표, 손익계산서, 채권자 및 담보권자 일람표, 제3자에 대한 지급보증 또는 물상보증 제공명세서
2. 채무자의 업무 및 재산에 관한 보전처분 결정 및 그 변경 · 취소 결정
3. 보전관리명령 결정
4. 조사위원 선임결정
5. 회생절차개시신청 또는 파산신청의 기각결정
6. 회생절차개시 결정 또는 파산선고 결정(관리인의 선임 또는 불선임 결정 또는 파산관재인 선임결정을 포함한다)
7. 영업 등의 양도허가 결정
8. 회생계획을 서면결의에 부치는 결정
9. 회생계획안 제출기간연장 결정
10. 회생계획변경 불허가 결정

11. 회생계획 · 변경회생계획 인가결정
12. 회생계획 · 변경회생계획 불인가결정
13. 회생계획 · 변경회생계획 수정명령
14. 회생계획 · 변경회생계획 배제결정
15. 회생계획수행에 관한 법원의 명령
16. 회생절차 종결 결정
17. 회생절차폐지 결정 또는 파산폐지 결정
18. 관리인이 작성한 재산목록, 대차대조표, 조사보고서
19. 조사위원의 조사보고서
20. 회생계획안 · 변경회생계획안 및 그 수정안
21. 외부 회계감사보고서
22. 그 밖에 회생절차 또는 파산절차에 관한 주요 자료로서 법원이 정하는 것

제40조【채권자협의회의 자료제공청구】 ① 채권자협의회는 법 제22조 제3항의 규정에 의하여 필요한 자료의 제공을 청구하는 때에는 자료 중 필요한 부분을 특정하여 관리인 또는 파산관재인에게 열람 · 복사를 청구하여야 한다.

② 제1항의 청구가 있는 경우 관리인 또는 파산관재인은 지체없이 채권자협의회에 해당 자료의 열람 · 복사를 허용하여야 한다. 다만, 정당한 사유가 있는 경우에는 법원의 허가를 얻어 열람 · 복사를 전부 또는 일부 거부할 수 있다.

③ 제2항 단서에 따라 자료제공을 거부하고자 하는 경우 관리인 또는 파산관재인은 제1항의 청구가 있은 후 즉시 법원에 거부사유를 적은 서면으로 자료제공거부 허가신청을 하여야 한다.

④ 제2항 본문은 관리인 또는 파산관재인이 제3항의 허가신청에 대한 법원의 허가를 얻지 못한 경우에 준용한다.

제41조【채권자협의회의 자료제공의무】 법 제22조 제5항의 규정에 의하여 채권자협의회에 속하지 않은 채권자의 자료제공 요청이 있는 경우 채권자협의회는 그 채권자의 비용으로 자료의 사본을 제공하여야 한다.

제42조【변호사 등 전문가의 선임】 ① 채권자협의회는 채권자 일반의 이익을 위하여 필요한 때에는 법원의 허가를 받아 변호사, 법무법인, 회계사, 회계법인 그 밖의 전문가(이하 "변호사 등"이라 한다)를 선임하여 조력을 받을 수 있다.

② 채권자협의회가 변호사 등을 선임하는 때에는 계약조건, 계약의 상대방이 될 후보자의 경력 · 전문성 · 성실성 · 채무자 및 특정 채권자와의 이해관계의 유무, 변호사 등의 선임이 채무자의 재정 상태에 미치는 영향 등 제반 사정을 참작하여 특별한 사정이 없는 한 가장 적합한 1인을 선정한 다음 법원의 허가를 받아 그 1인과 용역계약을 체결하여야 한다.

③ 채권자협의회가 변호사 등과의 용역계약에 대하여 허가신청을 하는 때에는 다음 각 호의 사항이 기재된 서면을 첨부하여야 한다.

1. 복수 후보자가 제시한 계약조건, 경력 및 전문성에 관한 내용
2. 채권자협의회가 1인을 용역계약의 상대방으로 선정한 이유
3. 용역계약의 상대방으로 선정된 1인이 회생절차개시신청 또는 파산신청을 전후하여 채무자나 특정 채권자와 이해관계가 있는지 여부 및 그 내용(용역계약의 상대방으로 선정된 1인도 위 사항에 관하여 작성한 진술서를 첨부하여야 한다)

④ 채권자협의회는 변호사 등으로부터 용역을 제공받기 전 또는 제공받은 후, 법원에 채무자로 하여금 용역계약에서 정해진 비용 및 보수의 전부 또는 일부를 채권자협의회 또는 변호사 등에게 지급하도록 명하는 취지의 신청을 할

수 있다.

⑤ 제4항의 신청은 서면으로 하여야 하며 다음 각 호의 사항을 기재하고 그에 관한 소명자료를 첨부하여야 한다.

1. 변호사 등이 제공한 용역의 구체적인 내용
2. 변호사 등이 용역 제공에 소요한 시간
3. 변호사 등이 용역 제공에 지출한 비용
4. 변호사 등이 제공한 용역이 채권자 일반의 이익 증진에 기여한 내용 및 정도

⑥ 제4항의 신청이 있는 경우 법원은 해당용역의 제공이 채권자 일반의 이익 증진에 기여하거나 기여할 내용 및 정도 등을 참작하여 합리적인 범위 내에서 채무자가 부담할 비용 및 보수를 결정한다.

제43조【그 밖에 채권자협의회의 활동에 필요한 비용 등의 부담】 ① 채권자협의회는 제42조에서 규정하는 비용 이외에 채권자 일반의 이익을 위하여 필요한 활동에 비용을 지출한 때에는 법원에 채무자로 하여금 그 비용을 채권자협의회에 지급하도록 명하는 취지의 신청을 할 수 있다.

② 제1항의 신청은 서면으로 하여야 하며 다음 각 호의 사항을 기재하고 그에 관한 소명자료를 첨부하여야 한다.

1. 비용의 액수
2. 비용 지출의 필요성 및 그 사용처
3. 비용 지출이 채권자 일반의 이익 증진에 기여한 내용 및 정도

③ 제42조 제6항의 규정은 제1항의 신청이 있는 경우 법원의 비용부담 결정에 관하여 준용한다.

제44조【채권자협의회의 운영규정】 이 규칙에서 정한 것 외에 채권자협의회의 운영에 관하여 필요한 사항은 채권자협의회의 의결을 거쳐 대표채권자가 정한다.

제4장 재산조회

제45조【재산조회의 신청방식】 ① 법 제29조 제1항의 규정에 따라 관리인·파산관재인·회생위원·국제도산관리인이 채무자의 재산조회를 신청하는 때에는 다음 각 호의 사항을 적은 서면으로 하여야 한다.

1. 채무자의 표시
2. 신청취지와 신청사유
3. 제46조 제2항의 규정에 따라 과거의 재산보유내역에 대한 조회를 요구하는 때에는 그 취지와 조회기간

② 법 제29조 제2항의 이해관계인이 채무자의 재산조회를 신청하는 때에는 다음 각 호의 사항을 적은 서면으로 하여야 한다.

1. 채무자, 신청인과 그 대리인의 표시
2. 신청취지와 신청사유
3. 조회할 공공기관·금융기관 또는 단체
4. 조회할 재산의 종류
5. 제46조 제2항의 규정에 따라 과거의 재산보유내역에 대한 조회를 요구하는 때에는 그 취지와 조회기간

③ 제1항 및 제2항의 신청을 하는 이해관계인(다만, 회생위원을 제외한다)이 미리 내야 하는 비용은 별표 3의 "조회비용"란과 같다.

④ 법원이 법 제29조 제1항의 규정에 따라 회생위원의 신청에 의하거나 직권으로 재산조회를 하는 경우에는 채무자 또는 관리인·파산관재인·국제도산관리인에게 별표 3의 "조회비용"란 기재의 금액을 미리 내도록 명하여야 한다.

제46조【조회할 기관과 조회대상 재산 등】 ① 재산조회는 별표 3의 "기관·단체"란의 기관 또는 단체의 장에게 그 기관 또는 단체가 전산망으로 관리하는 채무자 명의의 재산(다만, 별표 3의 "조회할 재산"란의 각 해당란에 적은

재산에 한정한다)에 관하여 실시한다.

② 제1항의 경우 이해관계인의 신청이 있는 때 또는 필요하다고 인정하는 때에는 별표 3의 순번 1에 적은 기관의 장에게 도산절차의 신청이 있기 전 2년 안에 채무자가 보유한 재산내역을 조회할 수 있다.

③ 법원은 별표 3의 순번 5 내지 15 기재 "기관 · 단체"란의 금융기관이 회원사, 가맹사 등으로 되어 있는 중앙회 · 연합회 · 협회 등(이하 "협회 등"이라 한다)이 채무자의 재산 및 신용에 관한 전산망을 관리하고 있는 경우에는 그 협회 등의 장에게 채무자 명의의 재산에 관하여 조회할 수 있다.

제47조【조회의 절차 등】 ① 법 제29조의 규정에 따른 재산조회는 다음 각 호의 사항을 적은 서면으로 하여야 한다.

1. 채무자의 성명 · 주소 · 주민등록번호(주민등록번호가 없는 사람의 경우에는 여권번호 또는 등록번호, 법인 또는 법인 아닌 사단이나 재단의 경우에는 사업자등록번호 · 납세번호 또는 고유번호를 말한다), 그 밖의 채무자의 인적사항
2. 조회할 재산의 종류
3. 조회에 대한 회답기한
4. 제46조 제2항의 규정에 따라 채무자의 과거의 재산보유내역에 대한 조회를 요구하는 때에는 그 취지와 조회기간
5. 법원이 채무자의 인적 사항을 적은 문서에 의하여 해당 기관 · 단체의 장에게 채무자의 재산 및 신용에 관하여 그 기관 · 단체가 보유하고 있는 자료를 한꺼번에 모아 제출하도록 요구하는 때에는 그 취지
6. 금융기관에 대하여 재산조회를 하는 경우에 관련 법령에 따른 재산 및 신용에 관한 정보 등의 제공사실 통보의 유예를 요청하는 때에는 그 취지와 통보를 유예할 기간

② 같은 협회 등에 소속된 다수의 금융기관에 대한 재산조회는 협회 등을 통하여 할 수 있다.

③ 재산조회를 받은 기관 · 단체의 장은 다음 각 호의 사항을 적은 조회회보서를 정하여진 날까지 법원에 제출하여야 한다. 이 경우 제1항 제5호의 규정에 따라 자료의 제출을 요구받은 때에는 그 자료도 함께 제출하여야 한다.

1. 사건의 표시
2. 채무자의 표시
3. 조회를 받은 다음날 오전 영시 현재 채무자의 재산보유내역. 다만, 제1항 제4호의 규정에 따른 조회를 받은 때에는 정하여진 조회기간 동안의 재산보유내역

④ 제2항에 규정된 방법으로 재산조회를 받은 금융기관의 장은 소속협회 등의 장에게 제3항 각 호의 사항에 관한 정보와 자료를 제공하여야 하고, 그 협회 등의 장은 제공받은 정보와 자료를 정리하여 한꺼번에 제출하여야 한다.

⑤ 재산조회를 받은 기관 · 단체의 장은 제3항에 규정된 조회회보서나 자료의 제출을 위하여 필요한 때에는 소속기관 · 단체, 회원사, 가맹사, 그 밖에 이에 준하는 기관 · 단체에게 자료 또는 정보의 제공 · 제출을 요청할 수 있다.

⑥ 법원은 제출된 조회회보서나 자료에 흠이 있거나 불명확한 점이 있는 때에는 다시 조회하거나 자료를 다시 제출하도록 요구할 수 있다.

⑦ 제1항 내지 제6항에 규정된 절차는 「재산조회규칙」이 정하는 바에 따라 전자통신매체를 이용하는 방법으로 할 수 있다.

제48조【재산조회결과의 열람 · 복사 등】 법 제28조와 「민사집행규칙」 제29조의 규정은 재산조회결과의 열람 · 복사 절차에 관하여 준용한다. 다만, 제47조 제7항의 규정에 따라 전자통신매체를

이용하는 방법으로 재산조회를 한 경우의 열람 · 출력절차에 관하여는 「재산조회규칙」이 정하는 바에 따른다.

제2편 회생절차

제49조【영업양도 절차 등의 진행】 관리인은 영업 또는 사업의 양도 등에 관하여 매각주간사, 채무자의 재산 및 영업상태를 실사할 법인 또는 우선협상대상자 등을 선정하는 때에는 미리 채권자협의회의 의견을 묻는 등 공정하게 절차를 진행하여야 한다.

제50조【인수희망자의 정보 등의 제공청구】 ① 법 제57조 각 호의 어느 하나에 해당하는 행위를 하려는 자(이하 "인수희망자"라고 한다)는 다음 각 호의 사항을 적은 서면과 해당자료를 첨부하여 관리인에게 영업 및 사업에 관한 필요한 정보 및 자료의 제공을 청구할 수 있다.

1. 인수희망자의 사업자등록증, 법인등기사항증명서
2. 인수희망자의 최근 3년간의 비교 대차대조표, 최근 3년간의 요약 비교 손익계산서, 최근 3년간의 자금수지표 및 현금흐름표
3. 인수희망자의 임직원 현황, 주요 업종, 생산품, 납입자본금, 발행 주식수, 주식 소유관계
4. 인수희망자의 인수 동기, 목적 및 향후 구체적인 인수 계획의 내용 및 인수예정 시기
5. 인수에 필요한 자금의 구체적인 조달계획 및 이에 관한 증빙자료
6. 제공을 요청하는 정보 및 자료를 특정할 수 있는 사항 및 이를 필요로 하는 구체적인 사유
7. 정보 및 자료에 관한 비밀을 준수하고 이를 채무자, 채권자, 주주 등의 이익에 반하는 목적을 위하여 이용하지 아니하겠다는 진술서

② 제1항의 청구가 있는 경우 관리인은 지체없이 서면으로 법원에 정보 및 자료제공 여부에 관한 허가신청을 하여야 한다.

③ 제2항의 허가신청 중 정보 및 자료제공의 전부 또는 일부 거부에 관한 허가신청서에는 정보 및 자료를 인수희망자에게 제공하는 것이 채무자의 영업이나 사업의 유지 · 계속에 지장을 초래하거나 또는 채무자의 재산에 손해를 줄 우려가 있다는 사정 그 밖에 제1항의 청구를 거부할 정당한 사유를 기재하여야 한다.

④ 법원이 제2항의 허가신청에 대하여 정보 및 자료의 제공을 허가하거나 제공의 거부를 허가하지 아니하는 결정을 한 경우 관리인은 지체없이 인수희망자에게 해당 정보 및 자료의 열람 또는 복사를 허용하여야 한다.

⑤ 채무자의 정보 및 자료를 제공하는데 필요한 비용은 인수희망자의 부담으로 한다.

제51조【관리인을 선임하지 아니할 수 있는 채무자】 법 제74조 제3항에서 "그 밖에 대법원규칙이 정하는 자"라 함은 다음 각 호의 어느 하나에 해당하는 자를 말한다.

1. 비영리 법인 또는 합명회사 · 합자회사
2. 회생절차개시신청 당시 「증권거래법」 제2조 제13항에서 규정된 상장법인과 같은 조 제15항에서 규정된 코스닥 상장법인에 해당하는 채무자
3. 회생절차개시 당시 재정적 부실의 정도가 중대하지 아니하고 일시적인 현금 유동성의 악화로 회생절차를 신청한 채무자
4. 회생절차개시 당시 일정한 수준의

기술력, 영업력 및 시장점유율을 보유하고 있어 회생절차에서의 구조조정을 통하여 조기 회생이 가능하다고 인정되는 채무자
5. 회생절차개시결정 당시 주요 회생담보권자 및 회생채권자와 사이에 회생계획안의 주요 내용에 관하여 합의가 이루어진 채무자
6. 회생절차개시 당시 자금력 있는 제3자 또는 구 주주의 출자를 통하여 회생을 계획하고 있다고 인정되는 채무자
7. 그 밖에 관리인을 선임하지 아니하는 것이 채무자의 회생에 필요하거나 도움이 된다고 법원이 인정하는 채무자

제52조【목록 작성의 방식】 관리인이 법 제147조 제1항, 제2항, 제4항에서 규정하는 목록을 작성, 변경 또는 정정할 때에는 다음 각 호의 사항도 함께 기재하여야 한다.
1. 법 제118조 제2호 내지 제4호의 규정에 의한 회생채권일 때에는 그 취지 및 액수
2. 집행력 있는 집행권원 또는 종국판결이 있는 회생채권 또는 회생담보권인 때에는 그 뜻
3. 회생채권 또는 회생담보권에 관하여 회생절차개시 당시 소송이 계속하는 때에는 법원 · 당사자 · 사건명 및 사건번호
4. 법 제140조 제1항, 제2항에서 규정하는 벌금, 조세 등의 청구권에 관하여 회생절차개시 당시 행정심판 또는 소송이 계속 중인 때에는 그 행정심판 또는 소송이 계속하는 행정기관 또는 법원, 당사자, 사건명 및 사건번호

제53조【목록에 기재된 사항의 변경 또는 정정】 ① 관리인이 법 제147조 제4항에 의하여 목록에 기재된 사항을 변경 또는 정정하는 때에는 그 대상이 되는 회생채권 · 회생담보권 · 주식 · 지분권과 변경 또는 정정의 이유 및 그 내용 등을 기재하여 서면으로 법원에 허가신청을 하여야 한다.
② 법원은 제1항의 신청에 대하여 허가결정을 한 때에는 변경 또는 정정된 목록을 그 대상이 되는 회생채권 · 회생담보권 · 주식 · 지분권을 보유하고 있는 권리자에게 지체없이 통지하여야 한다.

제54조【주주명부의 폐쇄】 법원은 법 제150조 제2항에 의하여 주주명부를 폐쇄하는 경우 주주명부의 폐쇄가 시작되는 날로부터 2주 전에 그 취지를 공고하여야 한다.

제55조【회생채권 등의 신고의 방식】 ① 회생채권자 · 회생담보권자 · 주주 · 지분권자가 법 제148조 내지 제150조, 제152조, 제153조에 의한 신고를 할 때에는 다음 각 호의 사항을 함께 신고하여야 한다.
1. 통지 또는 송달을 받을 장소(대한민국 내의 장소로 한정한다) 및 전화번호 · 팩시밀리번호 · 전자우편주소
2. 법 제118조 제2호 내지 제4호의 규정에 의한 회생채권일 때는 그 취지 및 액수
3. 집행력 있는 집행권원 또는 종국판결이 있는 회생채권 · 회생담보권인 때에는 그 뜻

② 제1항의 신고서에는 다음 각 호의 서류를 첨부하여야 한다.
1. 회생채권자 · 회생담보권자 · 주주 · 지분권자가 대리인에 의하여 권리의 신고를 하는 때에는 대리권을 증명하는 서면
2. 회생채권 또는 회생담보권이 집행력 있는 집행권원 또는 종국판결이 있는 것일 때에는 그 사본
3. 회생채권자 또는 회생담보권자의 주민등록등본 또는 법인등기사항증명서

제56조【회생채권 등의 신고서 부본의 제출 등】 ① 회생채권자·회생담보권자·주주·지분권자가 그 권리에 관한 신고를 하는 때에는 신고서 및 그 첨부서류의 부본을 1부 제출하여야 한다.
② 제1항의 규정에 의하여 신고서 및 그 첨부서류의 부본이 제출되었을 때에는 법원사무관 등은 해당 부본을 관리인에게 교부하여야 한다.
③ 제1항 및 제2항의 규정은 법 제152조, 제153조, 제156조의 신고에 관하여 준용한다.

제57조【신고의 추후 보완 등의 방식】 ① 법 제152조 제1항에 의하여 신고의 추후 보완을 하는 때에는 회생채권 또는 회생담보권의 신고서에 채권신고기간 내에 신고를 할 수 없었던 사유 및 그 사유가 끝난 때를 기재하여야 한다.
② 법 제152조 제4항의 변경의 신고를 하는 때에는 회생채권 또는 회생담보권의 신고서에 변경의 내용 및 원인과 함께 제1항에 규정된 사항을 기재하여야 한다.
③ 법 제153조 제1항의 신고를 하는 때에는 회생채권 또는 회생담보권의 신고서에 신고를 하는 회생채권 또는 회생담보권이 발생한 때를 기재하여야 한다.

제58조【신고명의의 변경의 방식】 제55조 및 제56조 제1항·제2항은 법 제154조 제1항의 규정에 따른 신고명의의 변경에 관하여 준용한다.

제59조【벌금, 조세 등의 신고의 방식】 법 제140조 제1항 및 제2항에서 규정하는 벌금, 조세 등에 관한 청구권을 갖고 있는 자는 법 제156조에서 정한 사항 이외에 다음 각 호에서 정한 사항을 함께 신고하여야 한다.
1. 청구권자 및 대리인의 성명 또는 명칭과 주소
2. 통지 또는 송달을 받을 장소 및 전화번호·팩시밀리번호·전자우편주소
3. 회생절차개시 당시 청구권에 관하여 행정심판 또는 소송이 계속중인 때에는 그 행정심판 또는 소송이 계속하는 행정기관 또는 법원, 당사자, 사건명 및 사건번호

제60조【회생채권자표 등의 작성시기 및 기재사항】 ① 법 제158조에서 정한 회생채권자표·회생담보권자표와 주주·지분권자표는 신고기간이 종료된 후 지체없이 작성하여야 한다.
② 회생채권자표 또는 회생담보권자표에는 다음 각 호의 사항을 함께 기재하여야 한다.
1. 법 제118조 제2호 내지 제4호의 규정에 의한 회생채권일 때에는 그 뜻 및 액수
2. 집행력 있는 집행권원 또는 종국판결이 있는 회생채권 또는 회생담보권인 때에는 그 뜻

제61조【이의의 방식】 ① 법 제161조 제1항의 서면에는 이의의 내용 및 그 사유를 구체적으로 기재하여야 한다.
② 법 제164조에 의하여 특별조사기일에 출석하여 이의를 하는 자는 이의의 내용 및 그 사유를 구체적으로 진술하여야 한다.

제62조【이의 철회의 통지】 법 제161조 제1항, 제164조에 의하여 이의를 제기한 자가 그 이의를 철회한 때에는 법원은 이의철회의 대상이 된 회생채권 또는 회생담보권을 갖고 있는 자에게 그 취지를 통지하여야 한다.

제63조【관리인이 하는 이의의 방식】 ① 관리인은 목록에 기재되거나 신고된 회생채권 또는 회생담보권의 내용 및 의결권에 관하여 다음 각 호의 사항을 기재한 시부인표를 작성하여 법 제50조 제1항 제4호의 조사기간의 말일까지 법원에 제출하여야 한다.
1. 채권자의 성명, 주소(채권 신고번호 또는 목록 기재번호를 함께 기재하여야 한다)

2. 채권 내용 및 신고액 또는 목록 기재액
3. 이의 있는 채권 금액 및 이의 없는 채권 금액
4. 이의 있는 의결권 액수 및 이의 없는 의결권 액수
5. 이의를 제기하는 이유

② 법 제152조, 제153조에서 규정하는 추후 보완신고 등이 있는 경우 관리인은 제1항의 시부인표에 위 추후 보완신고 등에 관하여 제1항 각 호의 사항을 추가로 기재하여야 한다.

제64조【특별조사기일의 조사비용의 부담】 ① 법원은 법 제162조에서 규정하는 특별조사기일에서 조사의 대상이 되는 회생채권 또는 회생담보권을 갖고 있는 자에게 기간을 정하여 그 조사비용의 예납을 명할 수 있다.

② 법원은 회생채권자 또는 회생담보권자가 전항의 예납을 명받고도 정해진 기간 내에 조사비용을 납부하지 아니한 경우에는 그 권리에 관한 신고를 각하할 수 있다.

제65조【조사확정재판의 신청 등】 ① 법 제170조 제1항에서 규정하는 채권조사확정재판의 신청서에는 다음 각 호의 사항을 기재하여야 한다.

1. 당사자 및 대리인의 성명 또는 명칭과 주소
2. 신청의 취지와 이유

② 신청서에는 신청의 이유가 되는 사실을 구체적으로 기재하고 증거서류의 사본을 첨부하여야 한다.

③ 제1항의 신청서에는 당사자의 수에 1을 더한 부본을 첨부하여야 한다.

④ 법원은 제1항의 신청서 부본을 상대방 당사자에게 송달하여야 한다.

제66조【조사확정재판의 방식】 ① 채권조사확정재판의 결정은 이유의 요지만을 적을 수 있다.

② 법원은 채권조사확정재판을 구하는 신청에 대하여 화해를 권유하거나 조정에 회부하는 결정을 할 수 있다. 법원이 조정에 회부하는 결정을 한 경우 그 이후의 절차에 관하여는 「민사조정법」 및 「민사조정규칙」을 준용한다.

제67조【회생채권 등의 확정에 관한 소송결과의 기재 신청】 법 제175조의 신청을 하는 자는 재판서 등본과 재판의 확정에 관한 증명서를 제출하여야 한다.

제68조【의결권의 행사】 ① 법 제187조에 따른 의결권에 대한 이의가 제기되지 아니한 회생채권자 또는 회생담보권자는 목록에 기재되거나 신고한 액수에 따라 의결권을 행사할 수 있다.

② 법원은 법 제240조 제2항에서 규정하는 서면을 송달하기 전에 다음 각 호의 권리에 관하여 의결권을 행사하게 할 것인지 여부 및 의결권을 행사하게 할 액 또는 수를 결정하여야 한다.

1. 목록에 기재되거나 신고된 회생채권 또는 회생담보권으로서 확정되지 아니한 권리
2. 목록에 기재되거나 신고된 주식 및 출자지분

③ 제2항의 경우 법 제187조 각 호의 자는 법원에 서면으로 의견을 진술할 수 있다.

④ 제2항의 결정은 그 의결권에 관계된 회생채권자, 회생담보권자 또는 주주·지분권자에게 송달하여야 한다.

제69조【서면 결의의 경우 의결권 불통일 행사의 취지의 신고】 서면에 의한 결의를 하는 경우 법 제189조 제2항에서 정하는 의결권 불통일 행사의 취지의 신고는 법 제240조 제2항의 회신기간 내에 직접 의결권을 불통일 행사하여 이를 회신하는 방법에 의한다.

제70조【회생을 위하여 채무를 부담하는 자 등의 동의】 법 제233조 제3항에서 규정하는 동의는 서면의 방식에 의하여야 한다.

제71조【항고와 보증으로 공탁하게 할 금액】 ① 회생계획불인가 또는 회생절

차폐지의 결정에 대하여 항고장이 제출된 경우 원심법원은 1주일 이내에 항고인에게 보증으로 공탁하게 할 것인지 여부를 결정하여야 한다.

② 제1항의 경우 항고인에게 보증으로 공탁하게 할 금액은 회생채권자와 회생담보권자의 확정된 의결권액(그 액이 확정되지 않은 경우에는 목록에 기재되거나 신고된 의결권액)의 총액의 20분의 1에 해당하는 금액 범위 내에서 정한다.

③ 제2항의 금액을 정함에 있어 다음 각 호의 사항을 고려하여야 한다.

1. 채무자의 자산·부채의 규모 및 재산상태
2. 항고인의 지위 및 항고에 이르게 된 경위
3. 향후 사정변경의 가능성
4. 그 동안의 절차 진행경과 및 그 밖의 여러 사정

④ 원심법원이 기간을 정하여 항고인에게 보증으로 공탁할 것을 명한 경우에 항고인이 정해진 기간 내에 보증을 제공하지 아니한 때에는 원심법원은 결정으로 항고장을 각하하여야 한다.

⑤ 원심법원이 기간을 정하여 항고인에게 보증으로 공탁할 것을 명한 경우의 항고기록의 송부는 제4항의 규정에 의하여 항고장이 각하되지 아니하는 한 그 보증이 제공된 날로부터 1주일 이내에 하여야 한다.

⑥ 제1항 내지 제5항의 규정은 제1항의 항고에 관한 재판의 불복에 관하여 준용한다.

제71조의2【간이회생절차개시의 신청서에 첨부할 서류】 법 제293조의4 제4항 제4호에 규정된 "그 밖에 대법원규칙으로 정하는 서류"란 다음 각 호의 서류를 말한다.

1. 채무자가 개인인 경우에는 주민등록등본, 개인회생절차 또는 파산절차에 따른 면책을 받은 사실이 있으면 그에 관한 서류, 그 밖의 소명자료
2. 채무자가 개인이 아닌 경우에는 법인등기사항증명서, 정관, 회생절차개시의 신청에 관한 이사회 회의록, 그 밖의 소명자료
3. 과거 3년간의 비교재무상태표와 비교손익계산서 또는 이에 준하는 서류
4. 소송이 계속 중이거나 존부에 관하여 다툼이 있는 회생채권·회생담보권의 존재에 관한 소명자료

제71조의3【간이조사위원 등의 간이한 업무수행 방법】 ① 법 제293조의7 제2항에 따른 간이조사위원의 간이한 업무수행 방법은 다음 각 호와 같다.

1. 법 제90조에 따른 재산가액의 평가는 일반적으로 공정·타당하다고 인정되는 회계관행이 허용하는 범위 내에서 다음의 각 목의 방법 중 채무자의 업종 및 영업특성에 비추어 효율적이라고 판단되는 하나 또는 그 이상의 방법을 선택하여 할 수 있다.
   가. 회계장부의 검토
   나. 문서의 열람
   다. 자산의 실사
   라. 채무자 임직원에 대한 면담
   마. 외부자료의 검색
   바. 과거 영업실적을 통한 추세의 분석
   사. 동종업계의 영업에 관한 통계자료의 분석
2. 법 제91조의 재산목록 및 대차대조표는 제1호에 따른 재산가액의 평가결과를 반영하여 작성한다. 이 경우 재산의 규모와 재산 내역별 중요도를 고려하여 대차대조표의 계정과목을 통합할 수 있다.
3. 법 제92조 제1항 각 호의 사항 중 채무자의 회생계획 또는 회생절차에 중대한 영향을 미치지 아니하는 사항은 그 요지만을 보고할 수 있다.

4. 법 제87조 제3항에 따라 회생절차를 진행함이 적정한지 여부에 관한 의견을 제출하는 경우, 채무자의 영업 전망, 거래처의 유지 가능성, 공익채권의 규모, 운영자금의 조달 가능성 등에 관한 조사만을 토대로 의견을 제시할 수 있다.

② 제1항은 법 제293조의7 제3항에 따른 관리인의 간이한 업무수행 방법에 관하여 준용한다.

제3편 파산절차

제72조【파산신청서에 첨부할 서류】 ① 법 제302조 제2항 제4호에 규정된 "그 밖에 대법원규칙에서 정하는 서류"는 다음 각 호의 서류를 말한다.

1. 채무자가 개인인 경우에는 호적등본, 주민등록등본, 진술서, 그 밖의 소명자료
2. 채무자가 개인이 아닌 경우에는 법인등기사항증명서, 정관, 파산신청에 관한 이사회 회의록, 그 밖의 소명자료

② 제1항 제1호의 진술서에는 다음 각 호의 사항을 기재하여야 한다.

1. 채무자에 관하여 법원에 회생절차 또는 개인회생절차가 계속되어 있는 경우 당해 사건이 계속되어 있는 법원 및 사건의 표시
2. 채무자가 개인인 경우에는 법 제564조에 의한 면책허가결정 또는 법 제624조에 의한 면책결정을 받은 적이 있는지 여부 및 있는 경우 그 결정의 확정일자

제73조【채권신고방법】 ① 파산채권자가 법 제447조의 규정에 따라 채권을 신고할 때에는 다음 각 호의 사항을 함께 신고하여야 한다.

1. 채권자 및 대리인의 성명 또는 명칭과 주소
2. 통지 또는 송달을 받을 장소(대한민국 내의 장소로 한정한다) 및 전화번호 · 팩시밀리번호 · 전자우편주소
3. 집행력 있는 집행권원 또는 종국판결이 있는 파산채권인 때에는 그 뜻

② 제1항의 신고서에는 다음 각 호의 서류를 첨부하여야 한다.

1. 채권자가 대리인에 의하여 채권을 신고할 때에는 대리권을 증명하는 서면
2. 파산채권이 집행력 있는 집행권원 또는 종국판결이 있는 것일 때에는 그 사본
3. 채권자의 주민등록등본 또는 법인등기사항증명서

③ 제59조는 법 제471조 제1항의 규정에 따른 신고에 관하여 준용한다.

제74조【채권신고서 부본의 제출 등】 ① 채권을 신고할 때에는 채권신고서 및 첨부서류의 부본을 2부 제출하여야 한다.

② 제1항의 규정에 따라 채권신고서 및 첨부서류의 부본이 제출되었을 때에는 법원사무관 등은 이 중 1부를 파산관재인에게 교부하여야 한다.

제75조【신고사항의 변경】 ① 파산채권자는 신고한 사항에 관하여 다른 파산채권자의 이익을 해하지 않는 내용의 변경이 생긴 때에는 증거서류 또는 그 사본을 첨부하여 지체없이 그 변경의 내용 및 원인을 법원에 신고하여야 한다.

② 법원사무관 등은 제1항의 규정에 따른 신고가 있는 때에는 그 신고 내용을 파산채권자표에 기재하여야 한다.

제76조【명의의 변경】 ① 신고된 파산채권을 취득한 자는 채권조사의 기일 후에도 신고명의를 변경할 수 있다.

② 제1항의 규정에 따른 명의변경을

하고자 하는 자는 증거서류 또는 그 사본을 첨부하여 다음 각 호의 사항을 법원에 신고하여야 한다.
1. 신고명의를 변경하고자 하는 자 및 대리인의 성명 또는 명칭과 주소
2. 통지 또는 송달을 받을 장소(대한민국 내의 장소로 한정한다) 및 전화번호·팩시밀리번호·전자우편주소
3. 취득한 권리와 그 취득의 일시 및 원인

③ 제73조 제2항(제2호는 제외한다) 및 제75조 제2항의 규정은 제2항의 신고에 관하여 준용한다.

제77조【준용규정】 제65조 내지 제67조는 파산채권 조사확정재판에 관하여 준용한다.

제78조【면책신청에 대한 이의신청서 부본의 제출 등】 ① 법 제562조의 규정에 따라 면책신청에 대하여 이의신청서를 제출하는 때에는 그 부본 1부를 함께 제출하여야 한다.

② 법원은 제1항의 신청서 부본을 채무자에게 송달하여야 한다.

제4편 개인회생절차

제79조【개인회생절차개시신청서에 첨부할 서류】 ① 법 제589조 제2항 제7호의 규정에 따라 개인회생절차개시신청서에 첨부하여야 하는 서류는 다음 각 호와 같다.
1. 채무자의 주소·주민등록번호(주민등록번호가 없는 사람의 경우에는 여권번호 또는 등록번호를 말한다), 그 밖에 채무자의 인적사항에 관한 자료
2. 법 제579조 제4호 가목의 규정에 따른 소득금액에 관한 자료
3. 법 제579조 제4호 나목의 규정에 따른 소득세·주민세·건강보험료, 그 밖에 이에 준하는 것으로서 대통령령이 정하는 금액에 관한 자료
4. 법 제579조 제4호 다목의 규정에 따라 법원이 생계비를 정하기 위하여 필요한 사항에 관한 자료
5. 법 제579조 제4호 라목의 규정에 따른 영업의 경영, 보존 및 계속을 위하여 필요한 비용에 관한 자료
6. 법 제589조 제2항 제2호의 재산목록에 기재된 재산가액에 관한 자료
7. 유치권·질권·저당권·양도담보권·가등기담보권·전세권 또는 우선특권(이하 "저당권 등"이라 한다)으로 담보된 개인회생채권이 있는 때에는 저당권 등의 담보채권액 및 피담보재산의 가액의 평가에 필요한 자료
8. 채무자의 재산에 속하는 권리로서 등기 또는 등록이 된 것에 관한 등기사항증명서 또는 등록원부등본
9. 채무자가 법원 이외의 기관을 통하여 사적인 채무조정을 시도한 사실이 있는 경우에 이를 확인할 수 있는 자료

② 법 제589조 제1항의 규정에 따른 개인회생절차개시신청서에는 채무자에게 연락할 수 있는 전화번호(집, 직장 및 휴대전화)를 기재하여야 한다.

제80조【개인회생채권자목록의 기재사항】 ① 개인회생채권자목록에는 다음 각 호의 사항을 기재하여야 한다.
1. 채권자의 성명 및 주소
2. 채권의 원인 및 금액

② 별제권자가 있는 때에는 제1항에 규정한 사항 외에 별제권의 목적과 그 행사에 의하여 변제받을 수 없는 채권액을 기재하여야 한다.

③ 개인회생채권에 관하여 개인회생절차개시 신청 당시에 소송이 계속하는 때에는 제1항에 규정한 사항 외에 법

원 · 당사자 · 사건명 및 사건번호를 기재하여야 한다.

④ 개인회생채권에 관하여 개인회생절차개시 신청 당시에 전부명령이 있는 때에는 제1항에 규정한 사항 외에 전부명령을 내린 법원 · 당사자 · 사건명 및 사건번호, 전부명령의 대상이 되는 채권의 범위, 제3채무자에 대한 송달일, 전부명령의 확정 여부를 기재하여야 한다.

제81조【개인회생채권자목록의 수정】 ① 채무자는 그 책임을 질 수 없는 사유로 인하여 개인회생채권자목록에 누락하거나 잘못 기재한 사항을 발견한 때에는 개인회생절차개시결정 후라도 법원의 허가를 받아 개인회생채권자목록에 기재된 사항을 수정할 수 있다. 다만, 변제계획인가결정이 있은 때에는 그러하지 아니하다.

② 법원은 제1항의 규정에 따라 개인회생채권자목록에 기재된 사항이 수정된 때에는 그 수정된 사항에 관한 이의기간을 정하여 공고하고, 채무자 및 알고 있는 개인회생채권자에게 이의기간이 기재된 서면과 수정된 개인회생채권자목록을 송달하여야 한다. 다만, 수정으로 인하여 불리한 영향을 받는 개인회생채권자가 없는 경우 또는 불리한 영향을 받는 개인회생채권자의 의사에 반하지 아니한다고 볼 만한 상당한 이유가 있는 경우에는 그러하지 아니하다.

제82조【개인회생채권에 관한 자료 제출】 ① 채무자는 개인회생채권자목록의 작성 및 수정에 참고하기 위하여 필요한 경우에는 개인회생채권자에게 개인회생채권의 존부 및 액수, 담보채권액 및 피담보재산의 가액 평가, 담보부족전망액에 관한 자료의 송부를 청구할 수 있다.

② 개인회생채권자는 제1항의 규정에 의한 자료송부청구가 있는 경우에는 신속하게 이에 응하여야 한다.

제83조【명의의 변경】 ① 법 제603조의 규정에 의하여 확정된 개인회생채권을 취득한 자는 채권자 명의변경을 신청할 수 있다.

② 제76조 제2항 및 제3항의 규정은 제1항의 명의변경에 관하여 준용한다.

제84조【계좌번호의 신고】 ① 개인회생채권자는 법 제613조의 규정에 따른 개인회생채권자집회의 기일 종료시까지 변제계획에 따른 변제액을 송금받기 위한 금융기관(은행법에 의한 금융기관을 말한다) 계좌 번호를 회생위원에게 신고하여야 한다.

② 위 신고를 하지 아니한 개인회생채권자에 대하여 지급할 변제액은 변제계획에서 정하는 바에 따라 공탁할 수 있다.

제85조【부본의 제출】 ① 개인회생절차개시의 신청을 하는 경우에는 신청서 부본 1부 및 알고 있는 개인회생채권자 수에 2를 더한 만큼의 개인회생채권자목록 부본을 함께 제출하여야 한다.

② 변제계획안 또는 변제계획의 변경안을 제출하는 경우에는 알고 있는 개인회생채권자 수에 1을 더한 만큼의 부본을 함께 제출하여야 한다.

제86조【개인회생채권자목록의 비치】 법원사무관 등은 개인회생채권자목록을 개인회생채권에 관한 이의기간의 말일까지 법원 내 일정한 장소에 비치하여야 한다.

제87조【비용의 예납】 ① 법 제590조의 규정에 따라 신청인이 미리 납부하여야 하는 절차의 비용은 다음 각 호와 같다.

1. 송달료
2. 공고비용
3. 회생위원의 보수
4. 그 밖에 절차 진행을 위하여 필요한 비용

② 제1항 각 호의 비용은 개인회생채권자의 수, 재산 및 부채 상황, 회생위원의 선임여부 및 필요한 보수액, 그 밖의 여러 사정을 고려하여 정한다.
③ 법원은 제1항에 따라 예납된 비용이 부족하게 된 때에는 신청인에게 추가 예납을 하도록 할 수 있다.

제88조【회생위원의 업무】 ① 회생위원은 법 제602조 제1항 제4호의 규정에 따라 다음 각 호의 업무를 행한다.
1. 법 제602조 제1항의 규정에 정해진 업무수행의 결과보고
2. 삭제
3. 저당권 등으로 담보된 개인회생채권이 있는 경우 그 담보목적물의 평가
4. 변제계획에 따른 변제가 지체되고 그 지체액이 3개월분 변제액에 달한 경우 법원에 대한 보고
5. 변제계획에 따른 변제가 완료된 경우 법원에 대한 보고
6. 회생위원의 임무가 종료된 때에 법원에 대한 업무수행 및 계산의 보고
7. 변제계획안에 대한 이의가 있었는지 여부와 이의의 내용에 관한보고

② 채무자는 법 제591조에 따른 보고, 시정 등의 요구 또는 법 제602조 제2항의 요청을 받은 경우에는 법원에 대하여 심문을 신청할 수 있다.

제89조【준용규정】 제65조 내지 제67조는 개인회생채권 조사확정재판에 관하여 준용한다.

제90조【변제계획에 관한 이의방식】 ① 법 제613조 제5항의 규정에 따른 이의 진술은 개인회생채권자가 개인회생채권자집회기일의 종료시까지 이의진술서를 법원에 제출하는 방식으로 갈음할 수 있다.
② 개인회생채권자가 제1항의 이의 진술을 개인회생채권자집회기일에서 말로 한 때에는 법원사무관 등이 그 내용을 조서에 기재하여야 한다.
③ 제1항 및 제2항의 이의 진술은 변제계획이 법 제614조에서 정하고 있는 요건을 충족하지 못하고 있음을 그 내용으로 하여야 하고, 그 이유를 구체적으로 나타내야 한다.

제91조【인가후의 변제계획 변경신청】 법 제619조 제1항의 규정에 따라 변제계획의 변경안을 제출하는 때에는 다음 각 호의 사항을 기재한 서면을 함께 법원에 제출하여야 한다.
1. 사건의 표시
2. 채무자, 제출인과 그 대리인의 표시
3. 변제계획의 변경안을 제출하는 취지 및 그 사유

제92조【개인회생절차폐지의 신청】 법 제621조 제1항의 규정에 따라 개인회생절차폐지의 신청을 하는 때에는 다음 각 호의 사항을 기재한 서면을 법원에 제출하여야 한다.
1. 사건의 표시
2. 채무자, 신청인과 그 대리인의 표시
3. 개인회생절차의 폐지를 신청한 취지 및 그 사유

제93조【항고와 보증으로 공탁하게 할 금액】 제71조의 규정은 변제계획불인가 또는 개인회생절차폐지의 결정에 대하여 항고장이 제출된 경우에 준용한다.

제94조【면책의 신청】 ① 법 제624조 제1항의 규정에 따라 면책의 신청을 하는 때에는 다음 각 호의 사항을 기재한 서면을 법원에 제출하여야 한다.
1. 사건의 표시
2. 채무자, 신청인과 그 대리인의 표시
3. 면책을 신청한 취지
4. 채무자가 변제계획에 따른 변제를 완료한 내용

② 법 제624조 제2항의 규정에 따라 면책의 신청을 하는 때에는 다음 각 호의 사항을 기재한 서면을 법원에 제출하여야 한다.
1. 사건의 표시
2. 채무자, 신청인과 그 대리인의 표시

3. 면책을 신청한 취지
4. 법 제624조 제2항 각 호의 규정에서 정한 요건을 갖춘 내용

제95조【면책취소결정의 공고】 법 제626조의 규정에 따른 면책취소의 결정은 공고하여야 한다.

제96조【개인회생절차의 종료】 법 제624조의 면책결정이 확정되면 개인회생절차는 종료한다.

제5편 국제도산

제97조【외국도산절차 승인신청서의 기재사항 등】 ① 법 제631조의 규정에 따른 외국도산절차 승인신청서에는 다음 사항을 기재하여야 한다.

1. 외국도산절차의 대표자 및 대리인의 성명 또는 명칭과 주소
2. 외국도산절차의 대표자에 대한 대한민국 내의 송달장소
3. 채무자의 성명 또는 명칭과 주소
4. 신청취지 및 신청이유
5. 외국도산절차가 신청된 국가에 소재하는 채무자의 영업소·사무소·주소
6. 외국도산절차가 신청된 국가의 명칭, 당해 외국도산절차를 담당하고 있는 법원 그 밖에 그 절차를 관장할 권한있는 기관의 명칭과 사건의 표시
7. 외국도산절차의 신청일 및 그 효력 발생일
8. 그 밖에 당해 외국도산절차를 특정할 만한 구체적 사항

② 법 제631조 제1항 제1호, 제4호, 제5호의 규정에 따른 진술서에는 다음 각 호의 사항을 기재하여야 한다.

1. 당해 외국도산절차 사건의 개요, 진행상황(절차개시의 판단유무를 포함한다) 및 향후의 전망
2. 당해 외국도산절차에 있어서 채권의 우선순위를 정하는 외국법의 규정
3. 채무자의 업무의 수행 및 재산에 대하여 외국도산절차의 대표자가 갖는 관리·처분권의 행사범위, 존속기한, 권한행사에 필요한 법원의 허가 그 밖의 조건
4. 채무자가 법인인 경우 그 설립의 준거법
5. 대한민국에 있는 채무자의 주된 영업소 또는 사무소의 명칭과 소재지
6. 채무자의 대한민국에서의 사용인 그 밖의 종업원의 과반수로 조직된 노동조합이 있는 경우에는 그 명칭 및 대표자의 성명, 주소, 전화번호·팩시밀리번호·전자우편주소. 만약 그와 같은 노동조합이 없는 경우에는 채무자의 대한민국에서의 사용인 그 밖의 종업원의 과반수를 대표하는 사람의 성명, 주소, 전화번호·팩시밀리번호·전자우편주소
7. 채무자가 법인인 경우, 그 법인의 설립이나 목적인 사업에 관하여 대한민국 행정청의 허가가 있는 때에는 그 행정청의 명칭과 소재지
8. 외국도산절차의 대표자가 채무자에 대하여 국내도산절차가 계속중인 사실을 알고 있는 경우에는 그 법원·당사자·사건명·사건번호 및 진행상황
9. 외국도산절차의 대표자가 다른 외국도산절차의 승인신청사건이 계속중인 사실을 알고 있는 경우에는 그 법원·당사자·사건명·사건번호 및 진행상황

③ 제1항과 제2항의 각 호의 어느 하나에 해당하는 사항을 기재하여 외국도산절차 승인신청서와 진술서를 제출하는 경우에는 그 기재사항을 증명하는 서면을 첨부하여야 한다.

제98조【필요한 사항의 조사 등】 법원은 상당하다고 인정할 경우 법원사무관 등 또는 법원조직법 제54조의3의 규정에 따른 조사관에게 다음 사항을 조사하여 보고하게 할 수 있다.

1. 법 제631조 제1항에 규정된 외국도산절차 승인신청 요건의 적부
2. 법 제632조 제2항 각 호에 규정된 외국도산절차 승인신청 기각사유의 유무
3. 법 제636조 제1항 각 호에 규정된 외국도산절차에 대한 지원처분의 필요 여부 및 필요한 처분의 내용 또는 같은 조 제3항에 규정된 지원신청 기각사유의 유무

제99조【변경사항에 관한 서면의 제출 등】 ① 외국도산절차의 승인신청이 있은 후 외국도산절차의 대표자가 변경되거나 당해 외국도산절차가 개시 또는 종료된 때에는 외국도산절차의 대표자는 지체없이 변경된 사항을 기재한 서면을 법원에 제출하여야 한다.

② 외국도산절차의 대표자는 외국도산절차의 승인신청이 있은 후 동일한 채무자에 대하여 국내도산절차 또는 다른 외국도산절차의 승인·지원절차가 계속된 사실을 알게 된 때에는 지체없이 이와 같은 사실을 기재한 서면을 법원에 제출하여야 한다.

③ 제1항 및 제2항의 서면을 제출하는 때에는 그 기재사항을 증명하는 서면을 첨부하여야 한다.

제100조【외국도산절차 승인결정】 외국도산절차 승인결정서에는 결정의 연·월·일·시를 기재하여야 한다.

제101조【외국도산절차에 대한 지원신청 등】 ① 법 제636조 제1항 제1호 내지 제3호의 규정에 따른 금지명령 등 지원신청서에는 다음 각 호의 사항을 기재하여야 한다.

1. 채무자, 신청인 그 밖의 당사자의 성명 또는 명칭과 주소
2. 신청인의 대한민국 내의 송달장소
3. 신청취지 및 신청이유
4. 외국도산절차가 개시되었거나 개시될 국가의 법률이 적용되는 경우 법 제636조 제1항 제1호 내지 제3호에 적은 절차에 해당하는 당해 국가의 절차가 중지되거나 금지되는지 여부 및 그 범위

② 채무자의 재산에 속하는 권리로서 등기 또는 등록이 된 것에 관하여 제1항의 지원신청을 할 경우에는 권리에 대한 등기사항증명서 또는 등록원부를 첨부하여야 한다.

③ 법원은 법 제636조 제1항 제1호 내지 제3호의 규정에 따른 지원결정을 할 때에 필요하다고 인정하는 경우 신청인 또는 외국도산절차의 대표자에게 채권자의 성명, 주소, 채권의 액 및 발생원인을 기재한 채권자일람표 또는 그 밖의 소명자료의 제출을 명할 수 있다.

④ 제1항 내지 제3항의 규정은 법 제635조의 규정에 의한 승인전 명령절차에 관하여 준용한다.

제102조【국제도산관리인의 선임 등】 ① 법 제636조 제1항 제4호의 규정에 따른 국제도산관리인의 선임신청서에는 다음 각 호의 사항을 기재하고, 대한민국에 있는 채무자의 재산목록 그 밖의 등기사항증명서 등을 첨부하여 제출하여야 한다.

1. 제101조 제1항 각 호에 적은 사항
2. 채무자의 자산, 부채 그 밖의 재산상태
3. 채무자가 사업을 영위하고 있는 때에는 그 사업의 목적과 업무의 상황, 대한민국에 있는 영업소 또는 사무소의 명칭과 소재지 및 대한민국에서의 사용인 그 밖의 종업원의 현황
4. 외국도산절차의 대표자 이외의 사람을 국제도산관리인으로 선임하기를 원하는 경우에는 그 취지 및 사유

② 법원은 국제도산관리인으로 외국도산절차의 대표자 또는 그 밖에 국제도산관리인으로서의 직무를 수행함에 적절한 사람(법인을 포함한다)을 선임하여야 한다.

③ 법인이 국제도산관리인으로 선임된 경우 그 법인은 대표자 또는 임직원 중에서 국제도산관리인의 직무를 실제 수행할 사람을 지명하여 그 취지를 법원에 신고하여야 한다.

④ 법원은 국제도산관리인에게 그 선임을 증명하는 서면을 교부하여야 한다.

⑤ 국제도산관리인은 그 직무를 행하는 경우 이해관계인의 청구가 있는 때에는 제4항의 규정에 의한 서면을 제시하여야 한다.

제103조 【국제도산관리인 등의 임무와 감독 등】 ① 국제도산관리인과 외국도산절차의 대표자는 외국도산절차에 대한 지원절차의 원활한 진행 및 채무자의 대한민국 내에서의 업무의 수행과 재산의 관리 및 처분의 공정성을 도모하기 위하여 상호 긴밀히 협조하여야 한다.

② 국제도산관리인은 외국도산절차의 대표자에 대하여 채무자의 대한민국 내에서의 업무의 수행과 재산의 관리 및 처분에 대해 필요한 협력 및 정보의 제공을 요구할 수 있다.

③ 국제도산관리인은 법원이 정하는 바에 따라 법원에 대하여 업무와 계산에 관한 보고를 하여야 한다.

제104조 【국내도산절차와 외국도산절차의 승인 · 지원절차의 조정】 ① 외국도산절차의 승인 · 지원절차가 계속중인 법원의 법원사무관 등과 동일한 채무자에 대하여 국내도산절차가 계속중인 법원의 법원사무관 등은 당해 외국도산절차의 승인절차 또는 국내도산절차가 계속중이라는 취지를 알게 된 경우 이를 각 해당 법원에 통지하여야 한다.

② 외국도산절차의 승인 · 지원절차가 계속 중인 법원이 국내도산절차의 중지를 명하고자 하는 경우에는 미리 국내도산절차가 계속 중인 법원의 의견을 들어야 한다.

③ 국내도산절차가 계속 중인 법원의 법원사무관 등은 다음 각 호의 어느 하나에 해당하게 된 경우 그 취지를 외국도산절차의 승인 · 지원절차가 계속 중인 법원에 통지하여야 한다.

1. 국내도산절차의 개시, 폐지 또는 종결 결정이 있은 때
2. 회생계획 또는 변제계획의 인가결정이 있은 때
3. 그 밖의 사유에 의하여 국내도산절차가 종료한 때

④ 외국도산절차의 승인 · 지원절차가 계속중인 법원의 법원사무관 등은 다음 각 호의 어느 하나에 해당하게 된 경우 그 취지를 국내도산절차가 계속중인 법원에 통지하여야 한다.

1. 법 제632조의 규정에 의한 외국도산절차의 승인결정이 있거나 그 변경 또는 취소결정이 있은 때
2. 법 제636조의 규정에 의한 외국도산절차에 대한 지원결정 또는 법 제635조의 규정에 의한 승인전 명령이 있거나 그 변경 또는 취소결정이 있은 때
3. 그 밖의 사유에 의하여 외국도산절차의 승인 · 지원절차가 종료한 때

제105조 【복수의 외국도산절차의 조정】 제104조의 규정은 채무자를 공통으로 하는 여러 개의 외국도산절차의 승인신청이 있거나 그 승인결정이 내려진 때 또는 이미 승인결정이 내려진 동일한 채무자에 대하여 다시 다른 외국도산절차의 승인신청이나 외국도산절차에 대한 지원신청이 있는 경우에 준용한다.

제106조 【주무관청 등에의 통지】 ① 법 제632조의 규정에 따라 법인인 채무자

에 대하여 외국도산절차의 승인결정이 있는 경우 그 법인의 설립이나 목적인 사업에 관하여 대한민국 행정청의 허가가 있는 때에는 법원은 외국도산절차의 승인결정이 있음을 주무관청에 통지하여야 한다.

② 제1항은 법 제637조의 규정에 따라 국제도산관리인이 선임된 경우에 준용한다.

제107조【채권자가 외국에서 변제를 받은 경우의 처리】 ① 채권자가 국내도산절차의 개시결정(파산선고를 포함한다)이 있은 후 외국도산절차 또는 채무자의 국외재산으로부터 변제받은 때에도 그 변제를 받기 전의 채권 전부로써 국내도산절차에 참가할 수 있다. 다만, 외국도산절차 또는 채무자의 국외재산으로부터 변제받은 채권액에 관하여는 의결권을 행사하지 못한다.

② 제1항의 채권자는 법 제642조에 따라 국내도산절차에서 그와 같은 조 및 순위에 속하는 다른 채권자가 동일한 비율의 변제를 받을때까지 국내도산절차에서 배당 또는 변제를 받지 못한다.

부　칙〈제2603호, 2015.6.2.〉

이 규칙은 2015년 7월 1일부터 시행한다.

[별표 1]

관리위원회를 설치하는 법원

관리위원회 설치법원	서울중앙지방법원, 의정부지방법원, 인천지방법원, 수원지방법원, 춘천지방법원, 대전지방법원, 청주지방법원, 대구지방법원, 부산지방법원, 울산지방법원, 창원지방법원, 광주지방법원, 전주지방법원, 제주지방법원

[별표 2]

관리위원의 보수

구 분	보 수
상임 관리위원	전임 전문계약직공무원(나급)에 해당하는 금액
비상임 관리위원	회의에 참석하는 경우에 한하여 지방법원장이 정하는 회의출석수당을 지급한다.

[별표 3]

재산조회를 할 기관 · 단체 등

순 번	기관 · 단체	조회할 재산	조회 비용
1	법원행정처	토지 · 건물의 소유권	20,000원
2	건설교통부	건물의 소유권	10,000원
3	특허청	특허권 · 실용신안권 · 의장권 · 상표권	20,000원
4	특별시 · 광역시 또는 도	자동차 · 건설기계의 소유권	기관별 5,000원
5	은행법에 의한 금융기관	금융실명거래 및 비밀보장에 관한 법률 제2조 제2호에 규정된 금융자산(다음부터 "금융자산" 이라 한다) 중 계좌별로 시가 합계액이 50만원 이상인 것	기관별 5,000원
6	종합금융회사에 관한 법률에 의한 종합금융회사	금융자산 중 계좌별로 시가 합계액이 50만원 이상인 것	기관별 5,000원
7	상호저축은행법에 의한 상호저축은행	금융자산 중 계좌별로 시가 합계액이 50만원 이상인 것	기관별 5,000원
8	농업협동조합법에 의한 농업협동조합과 그 중앙회	금융자산 중 계좌별로 시가 합계액이 50만원 이상인 것	기관별 5,000원
9	수산업협동조합법에 의한 수산업협동조합과 그 중앙회	금융자산 중 계좌별로 시가 합계액이 50만원 이상인 것	기관별 5,000원
10	신용협동조합법에 의한 신용협동조합	금융자산 중 계좌별로 시가 합계액이 50만원 이상인 것	기관별 5,000원
11	산림조합법에 의한 산림조합	금융자산 중 계좌별로 시가 합계액이 50만원 이상인 것	기관별 5,000원
12	새마을금고법에 의한 새마을금고	금융자산 중 계좌별로 시가 합계액이 50만원 이상인 것	기관별 5,000원
13	신탁업법에 의한 신탁회사와 증권투자신탁법에 의한 위탁회사	금융자산 중 계좌별로 시가 합계액이 50만원 이상인 것	기관별 5,000원
14	증권거래법에 의한 증권회사 · 증권금융회사 · 중개회사 및 명의개서 대행업무를 수행하는 기관	금융자산 중 계좌별로 시가 합계액이 50만원 이상인 것	기관별 5,000원
15	보험업법에 의한 보험사업자	해약환급금이 50만원 이상인 보험계약	기관별 5,000원
16	정보통신부	금융자산 중 계좌별로 시가 합계액이 50만원 이상인 것	5,000원

채무자 회생 및 파산에 관한 법률 시행령 [시행 2015.7.1.]

제1조【목적】 이 영은 「채무자 회생 및 파산에 관한 법률」에서 위임된 사항과 그 시행에 관하여 필요한 사항을 정함을 목적으로 한다.

제2조【관리위원의 자격】 「채무자 회생 및 파산에 관한 법률」(이하 "법"이라 한다) 제16조 제3항 제2호에서 "그 밖에 대통령령이 정하는 법인"이라 함은 다음 각 호의 법인을 말한다.

1. 「예금자보호법」 제3조에 따라 설립된 예금보험공사
2. 「금융회사부실자산 등의 효율적 처리 및 한국자산관리공사의 설립에 관한 법률」 제6조에 따라 설립된 한국자산관리공사

제3조【채권자협의회의 기능】 법 제21조 제1항 제6호에서 "그 밖에 대통령령이 정하는 행위"라 함은 다음 각 호의 사항을 말한다.

1. 법 제17조 제1항 제3호에 따른 관리위원회의 회생계획안 · 변제계획안 심사시 의견제시
2. 법 제22조 제2항 및 제3항에 따라 제공된 자료에 관하여 관리인에 대한 설명 요구
3. 법 제30조에 따른 특별보상금 및 법 제31조에 따른 보상금에 대한 의견제시
4. 법 제62조 제3항에 따른 양도대가의 사용방법에 대한 의견 제시
5. 법 제87조 및 법 제88조에 따른 조사위원의 선임 및 해임에 관한 의견제시
6. 법 제283조에 따른 회생절차의 종결 및 법 제285조 내지 제288조에 따른 회생절차의 폐지에 대한 의견 제시

제4조【특수관계인】 법 제101조 제1항, 법 제218조 제2항 각 호 및 법 제392조 제1항에서 "대통령령이 정하는 범위의 특수관계에 있는 자"라 함은 다음 각 호의 어느 하나에 해당하는 자를 말한다.

1. 본인이 개인인 경우에는 다음 각 목의 어느 하나에 해당하는 자
   가. 배우자(사실상의 혼인관계에 있는 자를 포함한다. 이하 같다)
   나. 8촌 이내의 혈족이거나 4촌 이내의 인척
   다. 본인의 금전 그 밖의 재산에 의하여 생계를 유지하는 자이거나 본인과 생계를 함께 하는 자
   라. 본인이 단독으로 또는 그와 가목 내지 다목의 관계에 있는 자와 합하여 100분의 30 이상을 출자하거나 임원의 임면 등의 방법으로 법인 그 밖의 단체의 주요 경영사항에 대하여 사실상 영향력을 행사하고 있는 경우에는 당해 법인 그 밖의 단체와 그 임원
   마. 본인이 단독으로 또는 그와 가목 내지 라목의 관계에 있는 자와 합하여 100분의 30 이상을 출자하거나 임원의 임면 등의 방법으로 법인 그 밖의 단체의 주요 경

영사항에 대하여 사실상 영향력을 행사하고 있는 경우에는 당해 법인 그 밖의 단체와 그 임원

2. 본인이 법인 그 밖의 단체인 경우에는 다음 각 목의 어느 하나에 해당하는 자
가. 임원
나. 계열회사(「독점규제 및 공정거래에 관한 법률」 제2조 제3호에 따른 계열회사를 말한다) 및 그 임원
다. 단독으로 또는 제1호 각 목의 관계에 있는 자와 합하여 본인에게 100분의 30 이상을 출자하거나 임원의 임면 등의 방법으로 본인의 주요 경영사항에 대하여 사실상 영향력을 행사하고 있는 개인 및 그와 제1호 각 목의 관계에 있는 자와 법인 그 밖의 단체(계열회사를 제외한다. 이하 이 호에서 같다) 및 그 임원
라. 본인이 단독으로 또는 그와 가목 내지 다목의 관계에 있는 자와 합하여 100분의 30 이상을 출자하거나 임원의 임면 등의 방법으로 단체의 주요 경영사항에 대하여 사실상 영향력을 행사하고 있는 경우에는 당해 법인 그 밖의 단체 및 그 임원

제5조 【지정지급결제제도의 지정 신청】 지급결제제도를 운영하는 자(이하 "운영기관"이라 한다)가 자신이 운영하는 지급결제제도에 대하여 법 제120조 제1항에 따른 지급결제제도(이하 "지정지급결제제도"라 한다)로 지정받고자 하는 경우에는 다음 각 호의 서류를 첨부하여 한국은행총재에게 신청하여야 한다.

1. 운영기관의 설립근거에 관한 서류
2. 운영기관이 지급결제업무 수행을 위하여 정한 규칙(이하 "운영규칙"이라 한다)
3. 지급결제제도의 참가자가 이체지시(자금의 이체와 유가증권의 대체를 포괄한다. 이하 같다)에 의한 결제의무 불이행시 그 처리방법과 관련하여 별도의 협약 등이 있는 경우 그 협약 등의 사본
4. 지급결제제도의 참가자격 요건 및 지정신청일 현재 참가자 명단

제6조 【지정지급결제제도의 지정】 한국은행총재는 제5조에 따라 지정을 신청한 지급결제제도가 다음 각 호의 요건을 모두 갖춘 경우 금융위원회위원장과 협의하여 당해 지급결제제도를 지정지급결제제도로 지정할 수 있다.

1. 일부 참가자의 결제불이행이 다른 참가자의 결제불이행으로 연쇄하여 파급될 위험(이하 "결제위험"이라 한다)이 있고, 결제규모 및 이체지시의 처리방법 등을 고려할 때 결제가 완결되지 못할 경우 금융시장의 정상적인 운영에 심각한 장애를 초래할 가능성이 있는 지급결제제도일 것
2. 운영기관의 운영규칙이 다음 각 목의 내용을 모두 포함하고 있을 것
가. 이체지시가 최종적이고 취소불가능해지는 시점
나. 지급결제제도의 참가자가 회생절차 또는 파산절차를 신청한 경우나 자신에 대하여 회생절차 또는 파산절차가 신청되거나 파산이 선고된 사실을 인지한 경우에 그 사실을 지체 없이 운영기관을 통하여 한국은행총재에게 통보하는 절차
다. 나목의 사실을 인지한 운영기관이 해당참가자에 대하여 취하는 지급결제제도의 이용정지 등 제재조치에 관한 사항
라. 참가자 간에 이루어지는 이체지시 또는 지급 및 이와 관련된 이행, 정산, 차감, 증거금 등 담보의

제공 · 처분 · 충당 그 밖의 결제 등(이하 "이체지시 등"이라 한다)의 처리절차에 관한 사항
마. 참가자가 이체지시 등과 관련된 결제의무를 이행하지 못하는 경우 취하여야 할 조치에 관한 사항
3. 참가자 간 원화자금이체는 한국은행 원화당좌예금이나 신용위험 및 유동성 위험이 없는 다른 결제자산을 이용하여 실행할 것
4. 그 밖에 결제위험 방지대책 등 지급결제제도의 안정을 위하여 한국은행 총재가 필요하다고 인정하여 정하는 사항을 충족할 것

제7조【지정지급결제제도의 직권 지정】 ① 한국은행총재는 제5조의 규정에 불구하고 지급결제제도의 안정을 위하여 필요하다고 인정하는 경우 금융위원회 위원장과 협의하여 직권으로 지정지급결제제도를 지정할 수 있다.
② 한국은행총재는 제1항에 따른 지정을 위하여 해당 지급결제제도의 운영기관에 대하여 제5조 각 호의 서류를 제출하도록 요구할 수 있다. 이 경우 요구를 받은 운영기관은 특별한 사유가 없는 한 이에 응하여야 한다.
③ 한국은행총재는 제1항에 따라 직권으로 지정지급결제제도로 지정하고자 하는 경우 다음 각 호의 사항을 명시하여 해당 지급결제제도의 운영기관에 사전에 서면으로 통지하고 일정기간을 정하여 이에 대한 의견제출 기회를 주어야 한다.
1. 지정하고자 하는 이유와 지정의 내용 및 법적 근거
2. 제1호에 대하여 의견을 제출할 수 있다는 뜻과 의견을 제출하지 아니하는 경우의 처리방법

제8조【지정의 통보 등】 ① 한국은행총재는 제6조 및 제7조에 따라 지정결정을 하는 경우에는 지정내용을 해당 운영기관에게 서면으로 통지하고 관보에 게재하여야 한다. 이 경우 지정내용에는 지정하는 지급결제제도, 해당 지급결제제도의 운영기관, 효력발생일 및 운영규칙을 포함하여야 한다.
② 한국은행총재는 제5조에 따른 지정신청에 대하여 지정거부 결정을 하는 경우에는 그 사유를 해당 운영기관에 서면으로 통지하여야 한다.

제9조【자료제출의 요구 등】 ① 한국은행총재는 이 영에서 정한 지정업무 수행상 필요한 경우 지정지급결제제도의 운영기관에 대하여 자료의 제출을 요구할 수 있다.
② 지정지급결제제도의 운영기관은 지정지급결제제도와 관련한 운영규칙의 변경이 제6조에 따른 지정요건을 충족하는 데 영향을 주는 것으로 판단되는 경우 사전에 한국은행총재와 협의하여야 한다.
③ 지정지급결제제도의 운영기관은 운영규칙을 변경한 경우 그 내용의 변경 후 7영업일 이내에 한국은행총재에게 제출하여야 한다.
④ 한국은행총재는 운영규칙의 변경내용이 제6조에 따른 지정요건을 충족하지 아니하는 것으로 판단되는 경우 해당 운영기관에게 운영규칙의 변경 등 필요한 조치를 취할 것을 요구할 수 있다.

제10조【지정지급결제제도의 지정 취소】 ① 한국은행총재는 지정지급결제제도가 제6조에 따른 지정요건을 충족하지 아니하게 되는 경우 금융위원회위원장과 협의하여 해당 지정지급결제제도의 지정을 취소할 수 있다.
② 제7조 제3항은 제1항의 경우에 준용한다.
③ 한국은행총재는 제1항에 따라 지정을 취소한 경우 취소의 원인이 되는 사실, 취소의 내용, 효력발생일 및 법적 근거를 해당 지급결제제도의 운영기관에 서면으로 통지하고 관보에 게재하

여야 한다.

④ 제1항에 따른 지정의 취소는 그 이전에 이루어진 이체지시 등에 영향을 미치지 아니한다.

제11조【자문위원회】 ① 한국은행총재는 지정지급결제제도의 지정 및 지정취소와 관련한 자문을 위하여 자문위원회를 둔다.

② 자문위원회의 구성 및 운영 등에 관하여 필요한 사항은 한국은행총재가 정한다.

제12조【외환동시결제제도에 대한 특례】 국제외환동시결제은행(CLS Bank International)이 운영하는 외환동시결제제도에 대하여는 국제적 지급결제제도로서의 특수성을 고려하여 필요하다고 인정하는 경우 제6조 제2호 나목 및 다목과 제9조 제2항 내지 제4항을 적용하지 아니할 수 있다.

제13조【위임】 제5조 내지 제12조의 규정 외에 지급결제제도의 지정에 관하여 필요한 구체적인 사항은 한국은행총재가 정하여 고시한다.

제14조【파생금융거래】 ① 법 제120조 제3항 제1호에서 "파생금융거래로서 대통령령이 정하는 거래"라 함은 다음 각 호의 기초자산 또는 기초자산의 가격·이자율·지표·단위나 이를 기초로 하는 지수를 대상으로 하는 선도, 옵션, 스왑거래를 말한다.

1. 금융투자상품(유가증권, 파생금융거래에 기초한 상품을 말한다)
2. 통화(외국의 통화를 포함한다)
3. 일반상품(농산물·축산물·수산물·임산물·광산물·에너지에 속하는 물품 또는 이 물품을 원재료로 하여 제조하거나 가공한 물품 그 밖에 이와 유사한 것을 말한다)
4. 신용위험(당사자 또는 제3자의 신용등급의 변동·파산 또는 채무재조정 등으로 인한 신용의 변동을 말한다)
5. 그 밖에 자연적·환경적·경제적 현상 등에 속하는 위험으로서 합리적이고 적정한 방법에 의하여 가격·이자율·지표·단위의 산출이나 평가가 가능한 것

제15조【특수관계에 있는 주주】 법 제205조 제4항에서 "그 밖에 대통령령이 정하는 범위의 특수관계에 있는 주주"라 함은 당해 주식회사의 주주로서 제4조 각 호의 어느 하나에 해당하는 자를 말한다.

제15조의2【회생계획안이 배제되거나 회생계획이 불인가되는 특수관계인의 범위】 법 제231조의2 제1항 제2호 다목, 같은 조 제2항 각 호 외의 부분 및 제243조의2 제2항에서 "대통령령으로 정하는 특수관계"란 각각 다음 각 호의 어느 하나에 해당하는 관계를 말한다.

1. 본인이 개인인 경우에는 다음 각 목의 어느 하나에 해당하는 자
   가. 배우자
   나. 본인 또는 배우자의 직계존비속
   다. 형제자매
   라. 본인의 금전, 그 밖의 재산에 의하여 생계를 유지하는 자이거나 본인과 생계를 함께하는 자
2. 본인이 법인이나 그 밖의 단체인 경우에는 다음 각 목의 어느 하나에 해당하는 자
   가. 임원 및 그와 제1호 각 목의 어느 하나에 해당하는 관계에 있는 자
   나. 계열회사(「독점규제 및 공정거래에 관한 법률」 제2조 제3호에 따른 계열회사를 말한다) 및 그 임원
   다. 단독으로 또는 제1호 각 목의 관계에 있는 자와 합하여 본인에게 100분의 30 이상을 출자하거나 임원의 임면 등의 방법으로 본인의 주요 경영사항에 대하여 사실상 영향력을 행사하고 있는 개인

및 그와 제1호 각 목의 어느 하나에 해당하는 관계에 있는 자

제15조의3【소액영업소득자의 범위】 법 제293조의2 제2호에서 "대통령령으로 정하는 금액"이란 30억원을 말한다.

제16조【면제재산】 ① 법 제383조 제2항 제1호에 따라 파산재단에서 면제할 수 있는 임차보증금반환청구권의 상한액은 「주택임대차보호법 시행령」 제10조 제1항에서 정한 금액으로 하되, 그 금액이 주택가격의 2분의 1을 초과하는 경우에는 주택가격의 2분의 1로 한다.

② 법 제383조 제2항 제2호에서 "대통령령이 정하는 금액"이란 900만원을 말한다.

제17조【가용소득】 법 제579조 제4호 나목에서 "대통령령이 정하는 금액"이라 함은 국민연금보험료·고용보험료 및 산업재해보상보험료를 말한다.

부 칙〈제26236호, 2015.5.12.〉

이 영은 2015년 7월 1일부터 시행한다.

민사집행법 [시행 2015.11.19.]

제1편 총 칙

제1조 【목적】 이 법은 강제집행, 담보권 실행을 위한 경매, 민법·상법, 그 밖의 법률의 규정에 의한 경매(이하 "민사집행"이라 한다) 및 보전처분의 절차를 규정함을 목적으로 한다.

제2조 【집행실시자】 민사집행은 이 법에 특별한 규정이 없으면 집행관이 실시한다.

제3조 【집행법원】 ① 이 법에서 규정한 집행행위에 관한 법원의 처분이나 그 행위에 관한 법원의 협력사항을 관할하는 집행법원은 법률에 특별히 지정되어 있지 아니하면 집행절차를 실시할 곳이나 실시한 곳을 관할하는 지방법원이 된다.
② 집행법원의 재판은 변론 없이 할 수 있다.

제4조 【집행신청의 방식】 민사집행의 신청은 서면으로 하여야 한다.

제5조 【집행관의 강제력 사용】 ① 집행관은 집행을 하기 위하여 필요한 경우에는 채무자의 주거·창고 그 밖의 장소를 수색하고, 잠근 문과 기구를 여는 등 적절한 조치를 할 수 있다.
② 제1항의 경우에 저항을 받으면 집행관은 경찰 또는 국군의 원조를 요청할 수 있다.
③ 제2항의 국군의 원조는 법원에 신청하여야 하며, 법원이 국군의 원조를 요청하는 절차는 대법원규칙으로 정한다.

제6조 【참여자】 집행관은 집행하는 데 저항을 받거나 채무자의 주거에서 집행을 실시하려는데 채무자나 사리를 분별할 지능이 있는 그 친족·고용인을 만나지 못한 때에는 성년 두 사람이나 특별시·광역시의 구 또는 동 직원, 시·읍·면 직원(도농복합형태의 시의 경우 동지역에서는 시 직원, 읍·면지역에서는 읍·면 직원) 또는 경찰공무원중 한 사람을 증인으로 참여하게 하여야 한다.

제7조 【집행관에 대한 원조요구】 ① 집행관 외의 사람으로서 법원의 명령에 의하여 민사집행에 관한 직무를 행하는 사람은 그 신분 또는 자격을 증명하는 문서를 지니고 있다가 관계인이 신청할 때에는 이를 내보여야 한다.
② 제1항의 사람이 그 직무를 집행하는 데 저항을 받으면 집행관에게 원조를 요구할 수 있다.
③ 제2항의 원조요구를 받은 집행관은 제5조 및 제6조에 규정된 권한을 행사할 수 있다.

제8조 【공휴일·야간의 집행】 ① 공휴일과 야간에는 법원의 허가가 있어야 집행행위를 할 수 있다.
② 제1항의 허가명령은 민사집행을 실시할 때에 내보여야 한다.

제9조 【기록열람·등본부여】 집행관은

이해관계 있는 사람이 신청하면 집행 기록을 볼 수 있도록 허가하고, 기록에 있는 서류의 등본을 교부하여야 한다.

제10조【집행조서】 ① 집행관은 집행조서(執行調書)를 작성하여야 한다.

② 제1항의 조서(調書)에는 다음 각호의 사항을 밝혀야 한다.

1. 집행한 날짜와 장소
2. 집행의 목적물과 그 중요한 사정의 개요
3. 집행참여자의 표시
4. 집행참여자의 서명날인
5. 집행참여자에게 조서를 읽어 주거나 보여 주고, 그가 이를 승인하고 서명날인한 사실
6. 집행관의 기명날인 또는 서명

③ 제2항 제4호 및 제5호의 규정에 따라 서명날인할 수 없는 경우에는 그 이유를 적어야 한다.

제11조【집행행위에 속한 최고, 그 밖의 통지】 ① 집행행위에 속한 최고(催告) 그 밖의 통지는 집행관이 말로 하고 이를 조서에 적어야 한다.

② 말로 최고나 통지를 할 수 없는 경우에는 민사소송법 제181조 · 제182조 및 제187조의 규정을 준용하여 그 조서의 등본을 송달한다. 이 경우 송달증서를 작성하지 아니한 때에는 조서에 송달한 사유를 적어야 한다.

③ 집행하는 곳과 법원의 관할구역안에서 제2항의 송달을 할 수 없는 경우에는 최고나 통지를 받을 사람에게 대법원규칙이 정하는 방법으로 조서의 등본을 발송하고 그 사유를 조서에 적어야 한다.

제12조【송달 · 통지의 생략】 채무자가 외국에 있거나 있는 곳이 분명하지 아니한 때에는 집행행위에 속한 송달이나 통지를 하지 아니하여도 된다.

제13조【외국송달의 특례】 ① 집행절차에서 외국으로 송달이나 통지를 하는 경우에는 송달이나 통지와 함께 대한민국 안에 송달이나 통지를 받을 장소와 영수인을 정하여 상당한 기간 이내에 신고하도록 명할 수 있다.

② 제1항의 기간 이내에 신고가 없는 경우에는 그 이후의 송달이나 통지를 하지 아니할 수 있다.

제14조【주소 등이 바뀐 경우의 신고의무】 ① 집행에 관하여 법원에 신청이나 신고를 한 사람 또는 법원으로부터 서류를 송달받은 사람이 송달받을 장소를 바꾼 때에는 그 취지를 법원에 바로 신고하여야 한다.

② 제1항의 신고를 하지 아니한 사람에 대한 송달은 달리 송달할 장소를 알 수 없는 경우에는 법원에 신고된 장소 또는 종전에 송달을 받던 장소에 대법원규칙이 정하는 방법으로 발송할 수 있다.

③ 제2항의 규정에 따라 서류를 발송한 경우에는 발송한 때에 송달된 것으로 본다.

제15조【즉시항고】 ① 집행절차에 관한 집행법원의 재판에 대하여는 특별한 규정이 있어야만 즉시항고(卽時抗告)를 할 수 있다.

② 항고인(抗告人)은 재판을 고지받은 날부터 1주의 불변기간 이내에 항고장(抗告狀)을 원심법원에 제출하여야 한다.

③ 항고장에 항고이유를 적지 아니한 때에는 항고인은 항고장을 제출한 날부터 10일 이내에 항고이유서를 원심법원에 제출하여야 한다.

④ 항고이유는 대법원규칙이 정하는 바에 따라 적어야 한다.

⑤ 항고인이 제3항의 규정에 따른 항고이유서를 제출하지 아니하거나 항고이유가 제4항의 규정에 위반한 때 또는 항고가 부적법하고 이를 보정(補正)할 수 없음이 분명한 때에는 원심법원은 결정으로 그 즉시항고를 각하하여야 한다.

⑥ 제1항의 즉시항고는 집행정지의 효력을 가지지 아니한다. 다만, 항고법원(재판기록이 원심법원에 남아 있는 때에는 원심법원)은 즉시항고에 대한 결정이 있을 때까지 담보를 제공하게 하거나 담보를 제공하게 하지 아니하고 원심재판의 집행을 정지하거나 집행절차의 전부 또는 일부를 정지하도록 명할 수 있고, 담보를 제공하게 하고 그 집행을 계속하도록 명할 수 있다.

⑦ 항고법원은 항고장 또는 항고이유서에 적힌 이유에 대하여서만 조사한다. 다만, 원심재판에 영향을 미칠 수 있는 법령위반 또는 사실오인이 있는지에 대하여 직권으로 조사할 수 있다.

⑧ 제5항의 결정에 대하여는 즉시항고를 할 수 있다.

⑨ 제6항 단서의 규정에 따른 결정에 대하여는 불복할 수 없다.

⑩ 제1항의 즉시항고에 대하여는 이 법에 특별한 규정이 있는 경우를 제외하고는 민사소송법 제3편 제3장 중 즉시항고에 관한 규정을 준용한다.

제16조【집행에 관한 이의신청】 ① 집행법원의 집행절차에 관한 재판으로서 즉시항고를 할 수 없는 것과, 집행관의 집행처분, 그 밖에 집행관이 지킬 집행절차에 대하여서는 법원에 이의를 신청할 수 있다.

② 법원은 제1항의 이의신청에 대한 재판에 앞서, 채무자에게 담보를 제공하게 하거나 제공하게 하지 아니하고 집행을 일시정지하도록 명하거나, 채권자에게 담보를 제공하게 하고 그 집행을 계속하도록 명하는 등 잠정처분(暫定處分)을 할 수 있다.

③ 집행관이 집행을 위임받기를 거부하거나 집행행위를 지체하는 경우 또는 집행관이 계산한 수수료에 대하여 다툼이 있는 경우에는 법원에 이의를 신청할 수 있다.

제17조【취소결정의 효력】 ① 집행절차를 취소하는 결정, 집행절차를 취소한 집행관의 처분에 대한 이의신청을 기각·각하하는 결정 또는 집행관에게 집행절차의 취소를 명하는 결정에 대하여는 즉시항고를 할 수 있다.

② 제1항의 결정은 확정되어야 효력을 가진다.

제18조【집행비용의 예납 등】 ① 민사집행의 신청을 하는 때에는 채권자는 민사집행에 필요한 비용으로서 법원이 정하는 금액을 미리 내야 한다. 법원이 부족한 비용을 미리 내라고 명하는 때에도 또한 같다.

② 채권자가 제1항의 비용을 미리 내지 아니한 때에는 법원은 결정으로 신청을 각하하거나 집행절차를 취소할 수 있다.

③ 제2항의 규정에 따른 결정에 대하여는 즉시항고를 할 수 있다.

제19조【담보제공·공탁 법원】 ① 이 법의 규정에 의한 담보의 제공이나 공탁은 채권자나 채무자의 보통재판적(普通裁判籍)이 있는 곳의 지방법원 또는 집행법원에 할 수 있다.

② 당사자가 담보를 제공하거나 공탁을 한 때에는, 법원은 그의 신청에 따라 증명서를 주어야 한다.

③ 이 법에 규정된 담보에는 특별한 규정이 있는 경우를 제외하고는 민사소송법 제122조·제123조·제125조 및 제126조의 규정을 준용한다.

제20조【공공기관의 원조】 법원은 집행을 하기 위하여 필요하면 공공기관에 원조를 요청할 수 있다.

제21조【재판적】 이 법에 정한 재판적(裁判籍)은 전속관할(專屬管轄)로 한다.

제22조【시·군법원의 관할에 대한 특례】 다음 사건은 시·군법원이 있는 곳을 관할하는 지방법원 또는 지방법원지원이 관할한다.

1. 시·군법원에서 성립된 화해·조정(민사조정법 제34조 제4항의 규정에

따라 재판상의 화해와 동일한 효력이 있는 결정을 포함한다. 이하 같다) 또는 확정된 지급명령에 관한 집행문부여의 소, 청구에 관한 이의의 소 또는 집행문부여에 대한 이의의 소로서 그 집행권원에서 인정된 권리가 소액사건심판법의 적용대상이 아닌 사건

2. 시·군법원에서 한 보전처분의 집행에 대한 제3자이의의 소
3. 시·군법원에서 성립된 화해·조정에 기초한 대체집행 또는 간접강제
4. 소액사건심판법의 적용대상이 아닌 사건을 본안으로 하는 보전처분

제23조【민사소송법의 준용 등】 ① 이 법에 특별한 규정이 있는 경우를 제외하고는 민사집행 및 보전처분의 절차에 관하여는 민사소송법의 규정을 준용한다.

② 이 법에 정한 것 외에 민사집행 및 보전처분의 절차에 관하여 필요한 사항은 대법원규칙으로 정한다.

제2편 강제집행

제1장 총 칙

제24조【강제집행과 종국판결】 강제집행은 확정된 종국판결(終局判決)이나 가집행의 선고가 있는 종국판결에 기초하여 한다.

제25조【집행력의 주관적 범위】 ① 판결이 그 판결에 표시된 당사자 외의 사람에게 효력이 미치는 때에는 그 사람에 대하여 집행하거나 그 사람을 위하여 집행할 수 있다. 다만, 민사소송법 제71조의 규정에 따른 참가인에 대하여는 그러하지 아니하다.

② 제1항의 집행을 위한 집행문(執行文)을 내어 주는 데 대하여는 제31조 내지 제33조의 규정을 준용한다.

제26조【외국재판의 강제집행】 ① 외국법원의 확정판결 또는 이와 동일한 효력이 인정되는 재판(이하 "확정재판등"이라 한다)에 기초한 강제집행은 대한민국 법원에서 집행판결로 그 강제집행을 허가하여야 할 수 있다.

② 집행판결을 청구하는 소(訴)는 채무자의 보통재판적이 있는 곳의 지방법원이 관할하며, 보통재판적이 없는 때에는 민사소송법 제11조의 규정에 따라 채무자에 대한 소를 관할하는 법원이 관할한다.

제27조【집행판결】 ① 집행판결은 재판의 옳고 그름을 조사하지 아니하고 하여야 한다.

② 집행판결을 청구하는 소는 다음 각 호 가운데 어느 하나에 해당하면 각하하여야 한다.

1. 외국법원의 확정재판 등이 확정된 것을 증명하지 아니한 때
2. 외국법원의 확정재판 등이 민사소송법 제217조의 조건을 갖추지 아니한 때

제28조【집행력 있는 정본】 ① 강제집행은 집행문이 있는 판결정본(이하 "집행력 있는 정본"이라 한다)이 있어야 할 수 있다.

② 집행문은 신청에 따라 제1심 법원의 법원서기관·법원사무관·법원주사 또는 법원주사보(이하 "법원사무관 등"이라 한다)가 내어 주며, 소송기록이 상급심에 있는 때에는 그 법원의 법원사무관 등이 내어 준다.

③ 집행문을 내어 달라는 신청은 말로 할 수 있다.

제29조【집행문】 ① 집행문은 판결정본의 끝에 덧붙여 적는다.

② 집행문에는 "이 정본은 피고 아무개 또는 원고 아무개에 대한 강제집행을

실시하기 위하여 원고 아무개 또는 피고 아무개에게 준다."라고 적고 법원사무관 등이 기명날인하여야 한다.

제30조【집행문부여】 ① 집행문은 판결이 확정되거나 가집행의 선고가 있는 때에만 내어 준다.

② 판결을 집행하는 데에 조건이 붙어 있어 그 조건이 성취되었음을 채권자가 증명하여야 하는 때에는 이를 증명하는 서류를 제출하여야만 집행문을 내어 준다. 다만, 판결의 집행이 담보의 제공을 조건으로 하는 때에는 그러하지 아니하다.

제31조【승계집행문】 ① 집행문은 판결에 표시된 채권자의 승계인을 위하여 내어 주거나 판결에 표시된 채무자의 승계인에 대한 집행을 위하여 내어 줄 수 있다. 다만, 그 승계가 법원에 명백한 사실이거나, 증명서로 승계를 증명한 때에 한한다.

② 제1항의 승계가 법원에 명백한 사실인 때에는 이를 집행문에 적어야 한다.

제32조【재판장의 명령】 ① 재판을 집행하는 데에 조건을 붙인 경우와 제31조의 경우에는 집행문은 재판장(합의부의 재판장 또는 단독판사를 말한다. 이하 같다)의 명령이 있어야 내어 준다.

② 재판장은 그 명령에 앞서 서면이나 말로 채무자를 심문(審問) 할 수 있다.

③ 제1항의 명령은 집행문에 적어야 한다.

제33조【집행문부여의 소】 제30조 제2항 및 제31조의 규정에 따라 필요한 증명을 할 수 없는 때에는 채권자는 집행문을 내어 달라는 소를 제1심 법원에 제기할 수 있다.

제34조【집행문부여 등에 관한 이의신청】 ① 집행문을 내어 달라는 신청에 관한 법원사무관 등의 처분에 대하여 이의신청이 있는 경우에는 그 법원사무관 등이 속한 법원이 결정으로 재판한다.

② 집행문부여에 대한 이의신청이 있는 경우에는 법원은 제16조 제2항의 처분에 준하는 결정을 할 수 있다.

제35조【여러 통의 집행문의 부여】 ① 채권자가 여러 통의 집행문을 신청하거나 전에 내어 준 집행문을 돌려주지 아니하고 다시 집행문을 신청한 때에는 재판장의 명령이 있어야만 이를 내어 준다.

② 재판장은 그 명령에 앞서 서면이나 말로 채무자를 심문할 수 있으며, 채무자를 심문하지 아니하고 여러 통의 집행문을 내어 주거나 다시 집행문을 내어 준 때에는 채무자에게 그 사유를 통지하여야 한다.

③ 여러 통의 집행문을 내어 주거나 다시 집행문을 내어 주는 때에는 그 사유를 원본과 집행문에 적어야 한다.

제36조【판결원본에의 기재】 집행문을 내어 주는 경우에는 판결원본 또는 상소심 판결정본에 원고 또는 피고에게 이를 내어 준다는 취지와 그 날짜를 적어야 한다.

제37조【집행력 있는 정본의 효력】 집행력 있는 정본의 효력은 전국 법원의 관할구역에 미친다.

제38조【여러 통의 집행력 있는 정본에 의한 동시집행】 채권자가 한 지역에서 또는 한 가지 방법으로 강제집행을 하여도 모두 변제를 받을 수 없는 때에는 여러 통의 집행력 있는 정본에 의하여 여러 지역에서 또는 여러 가지 방법으로 동시에 강제집행을 할 수 있다.

제39조【집행개시의 요건】 ① 강제집행은 이를 신청한 사람과 집행을 받을 사람의 성명이 판결이나 이에 덧붙여 적은 집행문에 표시되어 있고 판결을 이미 송달하였거나 동시에 송달한 때에만 개시할 수 있다.

② 판결의 집행이 그 취지에 따라 채권자가 증명할 사실에 매인 때 또는 판결

에 표시된 채권자의 승계인을 위하여 하는 것이거나 판결에 표시된 채무자의 승계인에 대하여 하는 것일 때에는 집행할 판결 외에, 이에 덧붙여 적은 집행문을 강제집행을 개시하기 전에 채무자의 승계인에게 송달하여야 한다.

③ 증명서에 의하여 집행문을 내어 준 때에는 그 증명서의 등본을 강제집행을 개시하기 전에 채무자에게 송달하거나 강제집행과 동시에 송달하여야 한다.

제40조【집행개시의 요건】 ① 집행을 받을 사람이 일정한 시일에 이르러야 그 채무를 이행하게 되어 있는 때에는 그 시일이 지난 뒤에 강제집행을 개시할 수 있다.

② 집행이 채권자의 담보제공에 매인 때에는 채권자는 담보를 제공한 증명서류를 제출하여야 한다. 이 경우의 집행은 그 증명서류의 등본을 채무자에게 이미 송달하였거나 동시에 송달하는 때에만 개시할 수 있다.

제41조【집행개시의 요건】 ① 반대의무의 이행과 동시에 집행할 수 있다는 것을 내용으로 하는 집행권원의 집행은 채권자가 반대의무의 이행 또는 이행의 제공을 하였다는 것을 증명하여야만 개시할 수 있다.

② 다른 의무의 집행이 불가능한 때에 그에 갈음하여 집행할 수 있다는 것을 내용으로 하는 집행권원의 집행은 채권자가 그 집행이 불가능하다는 것을 증명하여야만 개시할 수 있다.

제42조【집행관에 의한 영수증의 작성 · 교부】 ① 채권자가 집행관에게 집행력 있는 정본을 교부하고 강제집행을 위임한 때에는 집행관은 특별한 권한을 받지 못하였더라도 지급이나 그 밖의 이행을 받고 그에 대한 영수증서를 작성하고 교부할 수 있다. 집행관은 채무자가 그 의무를 완전히 이행한 때에는 집행력 있는 정본을 채무자에게 교부하여야 한다.

② 채무자가 그 의무의 일부를 이행한 때에는 집행관은 집행력 있는 정본에 그 사유를 덧붙여 적고 영수증서를 채무자에게 교부하여야 한다.

③ 채무자의 채권자에 대한 영수증 청구는 제2항의 규정에 의하여 영향을 받지 아니한다.

제43조【집행관의 권한】 ① 집행관은 집행력 있는 정본을 가지고 있으면 채무자와 제3자에 대하여 강제집행을 하고 제42조에 규정된 행위를 할 수 있는 권한을 가지며, 채권자는 그에 대하여 위임의 흠이나 제한을 주장하지 못한다.

② 집행관은 집행력 있는 정본을 가지고 있다가 관계인이 요청할 때에는 그 자격을 증명하기 위하여 이를 내보여야 한다.

제44조【청구에 관한 이의의 소】 ① 채무자가 판결에 따라 확정된 청구에 관하여 이의하려면 제1심 판결법원에 청구에 관한 이의의 소를 제기하여야 한다.

② 제1항의 이의는 그 이유가 변론이 종결된 뒤(변론 없이 한 판결의 경우에는 판결이 선고된 뒤)에 생긴 것이어야 한다.

③ 이의이유가 여러 가지인 때에는 동시에 주장하여야 한다.

제45조【집행문부여에 대한 이의의 소】 제30조 제2항과 제31조의 경우에 채무자가 집행문부여에 관하여 증명된 사실에 의한 판결의 집행력을 다투거나, 인정된 승계에 의한 판결의 집행력을 다투는 때에는 제44조의 규정을 준용한다. 다만, 이 경우에도 제34조의 규정에 따라 집행문부여에 대하여 이의를 신청할 수 있는 채무자의 권한은 영향을 받지 아니한다.

제46조【이의의 소와 잠정처분】 ① 제44조 및 제45조의 이의의 소는 강제집행을 계속하여 진행하는 데에는 영향을 미치지 아니한다.

② 제1항의 이의를 주장한 사유가 법률상 정당한 이유가 있다고 인정되고, 사실에 대한 소명(疎明)이 있을 때에는 수소법원(受訴法院)은 당사자의 신청에 따라 판결이 있을 때까지 담보를 제공하게 하거나 담보를 제공하게 하지 아니하고 강제집행을 정지하도록 명할 수 있으며, 담보를 제공하게 하고 그 집행을 계속하도록 명하거나 실시한 집행처분을 취소하도록 명할 수 있다.

③ 제2항의 재판은 변론 없이 하며 급박한 경우에는 재판장이 할 수 있다.

④ 급박한 경우에는 집행법원이 제2항의 권한을 행사할 수 있다. 이 경우 집행법원은 상당한 기간 이내에 제2항에 따른 수소법원의 재판서를 제출하도록 명하여야 한다.

⑤ 제4항 후단의 기간을 넘긴 때에는 채권자의 신청에 따라 강제집행을 계속하여 진행한다.

제47조【이의의 재판과 잠정처분】 ① 수소법원은 이의의 소의 판결에서 제46조의 명령을 내리고 이미 내린 명령을 취소·변경 또는 인가할 수 있다.

② 판결 중 제1항에 규정된 사항에 대하여는 직권으로 가집행의 선고를 하여야 한다.

③ 제2항의 재판에 대하여는 불복할 수 없다.

제48조【제3자이의의 소】 ① 제3자가 강제집행의 목적물에 대하여 소유권이 있다고 주장하거나 목적물의 양도나 인도를 막을 수 있는 권리가 있다고 주장하는 때에는 채권자를 상대로 그 강제집행에 대한 이의의 소를 제기할 수 있다. 다만, 채무자가 그 이의를 다투는 때에는 채무자를 공동피고로 할 수 있다.

② 제1항의 소는 집행법원이 관할한다. 다만, 소송물이 단독판사의 관할에 속하지 아니할 때에는 집행법원이 있는 곳을 관할하는 지방법원의 합의부가 이를 관할한다.

③ 강제집행의 정지와 이미 실시한 집행처분의 취소에 대하여는 제46조 및 제47조의 규정을 준용한다. 다만, 집행처분을 취소할 때에는 담보를 제공하게 하지 아니할 수 있다.

제49조【집행의 필수적 정지·제한】 강제집행은 다음 각호 가운데 어느 하나에 해당하는 서류를 제출한 경우에 정지하거나 제한하여야 한다.

1. 집행할 판결 또는 그 가집행을 취소하는 취지나, 강제집행을 허가하지 아니하거나 그 정지를 명하는 취지 또는 집행처분의 취소를 명한 취지를 적은 집행력 있는 재판의 정본
2. 강제집행의 일시정지를 명한 취지를 적은 재판의 정본
3. 집행을 면하기 위하여 담보를 제공한 증명서류
4. 집행할 판결이 있은 뒤에 채권자가 변제를 받았거나, 의무이행을 미루도록 승낙한 취지를 적은 증서
5. 집행할 판결, 그 밖의 재판이 소의 취하 등의 사유로 효력을 잃었다는 것을 증명하는 조서등본 또는 법원사무관 등이 작성한 증서
6. 강제집행을 하지 아니한다거나 강제집행의 신청이나 위임을 취하한다는 취지를 적은 화해조서(和解調書)의 정본 또는 공정증서(公正證書)의 정본

제50조【집행처분의 취소·일시유지】 ① 제49조 제1호·제3호·제5호 및 제6호의 경우에는 이미 실시한 집행처분을 취소하여야 하며, 같은 조 제2호 및 제4호의 경우에는 이미 실시한 집행처분을 일시적으로 유지하게 하여야 한다.

② 제1항에 따라 집행처분을 취소하는 경우에는 제17조의 규정을 적용하지 아니한다.

제51조【변제증서 등의 제출에 의한 집행정지의 제한】 ① 제49조 제4호의 증서

가운데 변제를 받았다는 취지를 적은 증서를 제출하여 강제집행이 정지되는 경우 그 정지기간은 2월로 한다.

② 제49조 제4호의 증서 가운데 의무이행을 미루도록 승낙하였다는 취지를 적은 증서를 제출하여 강제집행이 정지되는 경우 그 정지는 2회에 한하며 통산하여 6월을 넘길 수 없다.

제52조【집행을 개시한 뒤 채무자가 죽은 경우】 ① 강제집행을 개시한 뒤에 채무자가 죽은 때에는 상속재산에 대하여 강제집행을 계속하여 진행한다.

② 채무자에게 알려야 할 집행행위를 실시할 경우에 상속인이 없거나 상속인이 있는 곳이 분명하지 아니하면 집행법원은 채권자의 신청에 따라 상속재산 또는 상속인을 위하여 특별대리인을 선임하여야 한다.

③ 제2항의 특별대리인에 관하여는 민사소송법 제62조 제3항 내지 제6항의 규정을 준용한다.

제53조【집행비용의 부담】 ① 강제집행에 필요한 비용은 채무자가 부담하고 그 집행에 의하여 우선적으로 변상을 받는다.

② 강제집행의 기초가 된 판결이 파기된 때에는 채권자는 제1항의 비용을 채무자에게 변상하여야 한다.

제54조【군인·군무원에 대한 강제집행】 ① 군인·군무원에 대하여 병영·군사용 청사 또는 군용 선박에서 강제집행을 할 경우 법원은 채권자의 신청에 따라 군판사 또는 부대장(部隊長)이나 선장에게 촉탁하여 이를 행한다.

② 촉탁에 따라 압류한 물건은 채권자가 위임한 집행관에게 교부하여야 한다.

제55조【외국에서 할 집행】 ① 외국에서 강제집행을 할 경우에 그 외국 공공기관의 법률상 공조를 받을 수 있는 때에는 제1심 법원이 채권자의 신청에 따라 외국 공공기관에 이를 촉탁하여야 한다.

② 외국에 머물고 있는 대한민국 영사(領事)에 의하여 강제집행을 할 수 있는 때에는 제1심 법원은 그 영사에게 이를 촉탁하여야 한다.

제56조【그 밖의 집행권원】 강제집행은 다음 가운데 어느 하나에 기초하여서도 실시할 수 있다.

1. 항고로만 불복할 수 있는 재판
2. 가집행의 선고가 내려진 재판
3. 확정된 지급명령
4. 공증인이 일정한 금액의 지급이나 대체물 또는 유가증권의 일정한 수량의 급여를 목적으로 하는 청구에 관하여 작성한 공정증서로서 채무자가 강제집행을 승낙한 취지가 적혀 있는 것
5. 소송상 화해, 청구의 인낙(認諾) 등 그 밖에 확정판결과 같은 효력을 가지는 것

제57조【준용규정】 제56조의 집행권원에 기초한 강제집행에 대하여는 제58조 및 제59조에서 규정하는 바를 제외하고는 제28조 내지 제55조의 규정을 준용한다.

제58조【지급명령과 집행】 ① 확정된 지급명령에 기한 강제집행은 집행문을 부여받을 필요없이 지급명령 정본에 의하여 행한다. 다만, 다음 각호 가운데 어느 하나에 해당하는 경우에는 그러하지 아니하다.

1. 지급명령의 집행에 조건을 붙인 경우
2. 당사자의 승계인을 위하여 강제집행을 하는 경우
3. 당사자의 승계인에 대하여 강제집행을 하는 경우

② 채권자가 여러 통의 지급명령 정본을 신청하거나, 전에 내어준 지급명령 정본을 돌려주지 아니하고 다시 지급명령 정본을 신청한 때에는 법원사무관 등이 이를 부여한다. 이 경우 그 사

유를 원본과 정본에 적어야 한다.
③ 청구에 관한 이의의 주장에 대하여는 제44조 제2항의 규정을 적용하지 아니한다.
④ 집행문부여의 소, 청구에 관한 이의의 소 또는 집행문부여에 대한 이의의 소는 지급명령을 내린 지방법원이 관할한다.
⑤ 제4항의 경우에 그 청구가 합의사건인 때에는 그 법원이 있는 곳을 관할하는 지방법원의 합의부에서 재판한다.

제59조【공정증서와 집행】 ① 공증인이 작성한 증서의 집행문은 그 증서를 보존하는 공증인이 내어 준다.
② 집행문을 내어 달라는 신청에 관한 공증인의 처분에 대하여 이의신청이 있는 때에는 그 공증인의 사무소가 있는 곳을 관할하는 지방법원 단독판사가 결정으로 재판한다.
③ 청구에 관한 이의의 주장에 대하여는 제44조 제2항의 규정을 적용하지 아니한다.
④ 집행문부여의 소, 청구에 관한 이의의 소 또는 집행문부여에 대한 이의의 소는 채무자의 보통재판적이 있는 곳의 법원이 관할한다. 다만, 그러한 법원이 없는 때에는 민사소송법 제11조의 규정에 따라 채무자에 대하여 소를 제기할 수 있는 법원이 관할한다.

제60조【과태료의 집행】 ① 과태료의 재판은 검사의 명령으로 집행한다.
② 제1항의 명령은 집행력 있는 집행권원과 같은 효력을 가진다.

제2장 금전채권에 기초한 강제집행

제1절 재산명시절차 등

제61조【재산명시신청】 ① 금전의 지급을 목적으로 하는 집행권원에 기초하여 강제집행을 개시할 수 있는 채권자는 채무자의 보통재판적이 있는 곳의 법원에 채무자의 재산명시를 요구하는 신청을 할 수 있다. 다만, 민사소송법 제213조에 따른 가집행의 선고가 붙은 판결 또는 같은 조의 준용에 따른 가집행의 선고가 붙어 집행력을 가지는 집행권원의 경우에는 그러하지 아니하다.
② 제1항의 신청에는 집행력 있는 정본과 강제집행을 개시하는 데 필요한 문서를 붙여야 한다.

제62조【재산명시신청에 대한 재판】 ① 재산명시신청에 정당한 이유가 있는 때에는 법원은 채무자에게 재산상태를 명시한 재산목록을 제출하도록 명할 수 있다.
② 재산명시신청에 정당한 이유가 없거나, 채무자의 재산을 쉽게 찾을 수 있다고 인정한 때에는 법원은 결정으로 이를 기각하여야 한다.
③ 제1항 및 제2항의 재판은 채무자를 심문하지 아니하고 한다.
④ 제1항의 결정은 신청한 채권자 및 채무자에게 송달하여야 하고, 채무자에 대한 송달에서는 결정에 따르지 아니할 경우 제68조에 규정된 제재를 받을 수 있음을 함께 고지하여야 한다.
⑤ 제4항의 규정에 따라 채무자에게 하는 송달은 민사소송법 제187조 및 제194조에 의한 방법으로는 할 수 없다.
⑥ 제1항의 결정이 채무자에게 송달되지 아니한 때에는 법원은 채권자에게 상당한 기간을 정하여 그 기간 이내에 채무자의 주소를 보정하도록 명하여야 한다.
⑦ 채권자가 제6항의 명령을 받고도 이를 이행하지 아니한 때에는 법원은 제1항의 결정을 취소하고 재산명시신청을 각하하여야 한다.
⑧ 제2항 및 제7항의 결정에 대하여는 즉시항고를 할 수 있다.
⑨ 채무자는 제1항의 결정을 송달받은

뒤 송달장소를 바꾼 때에는 그 취지를 법원에 바로 신고하여야 하며, 그러한 신고를 하지 아니한 경우에는 민사소송법 제185조 제2항 및 제189조의 규정을 준용한다.

제63조【재산명시명령에 대한 이의신청】

① 채무자는 재산명시명령을 송달받은 날부터 1주 이내에 이의신청을 할 수 있다.

② 채무자가 제1항에 따라 이의신청을 한 때에는 법원은 이의신청사유를 조사할 기일을 정하고 채권자와 채무자에게 이를 통지하여야 한다.

③ 이의신청에 정당한 이유가 있는 때에는 법원은 결정으로 재산명시명령을 취소하여야 한다.

④ 이의신청에 정당한 이유가 없거나 채무자가 정당한 사유 없이 기일에 출석하지 아니한 때에는 법원은 결정으로 이의신청을 기각하여야 한다.

⑤ 제3항 및 제4항의 결정에 대하여는 즉시항고를 할 수 있다.

제64조【재산명시기일의 실시】 ① 재산명시명령에 대하여 채무자의 이의신청이 없거나 이를 기각한 때에는 법원은 재산명시를 위한 기일을 정하여 채무자에게 출석하도록 요구하여야 한다. 이 기일은 채권자에게도 통지하여야 한다.

② 채무자는 제1항의 기일에 강제집행의 대상이 되는 재산과 다음 각호의 사항을 명시한 재산목록을 제출하여야 한다.

1. 재산명시명령이 송달되기 전 1년 이내에 채무자가 한 부동산의 유상양도(有償讓渡)
2. 재산명시명령이 송달되기 전 1년 이내에 채무자가 배우자, 직계혈족 및 4촌 이내의 방계혈족과 그 배우자, 배우자의 직계혈족과 형제자매에게 한 부동산 외의 재산의 유상양도
3. 재산명시명령이 송달되기 전 2년 이내에 채무자가 한 재산상 무상처분(無償處分). 다만, 의례적인 선물은 제외한다.

③ 재산목록에 적을 사항과 범위는 대법원규칙으로 정한다.

④ 제1항의 기일에 출석한 채무자가 3월 이내에 변제할 수 있음을 소명한 때에는 법원은 그 기일을 3월의 범위 내에서 연기할 수 있으며, 채무자가 새 기일에 채무액의 3분의 2 이상을 변제하였음을 증명하는 서류를 제출한 때에는 다시 1월의 범위 내에서 연기할 수 있다.

제65조【선서】 ① 채무자는 재산명시기일에 재산목록이 진실하다는 것을 선서하여야한다.

② 제1항의 선서에 관하여는 민사소송법 제320조 및 제321조의 규정을 준용한다. 이경우 선서서(宣誓書)에는 다음과 같이 적어야 한다.

"양심에 따라 사실대로 재산목록을 작성하여 제출하였으며, 만일 숨긴 것이나 거짓 작성한 것이 있으면 처벌을 받기로 맹세합니다."

제66조【재산목록의 정정】 ① 채무자는 명시기일에 제출한 재산목록에 형식적인 흠이 있거나 불명확한 점이 있는 때에는 제65조의 규정에 의한 선서를 한 뒤라도 법원의 허가를 얻어 이미 제출한 재산목록을 정정할 수 있다.

② 제1항의 허가에 관한 결정에 대하여는 즉시항고를 할 수 있다.

제67조【재산목록의 열람·복사】 채무자에 대하여 강제집행을 개시할 수 있는 채권자는 재산목록을 보거나 복사할 것을 신청할 수 있다.

제68조【채무자의 감치 및 벌칙】 ① 채무자가 정당한 사유 없이 다음 각호 가운데 어느 하나에 해당하는 행위를 한 경우에는 법원은 결정으로 20일 이내의 감치(監置)에 처한다.

1. 명시기일 불출석

2. 재산목록 제출 거부
3. 선서 거부

② 채무자가 법인 또는 민사소송법 제52조의 사단이나 재단인 때에는 그 대표자 또는 관리인을 감치에 처한다.

③ 법원은 감치재판기일에 채무자를 소환하여 제1항 각호의 위반행위에 대하여 정당한 사유가 있는지 여부를 심리하여야 한다.

④ 제1항의 결정에 대하여는 즉시항고를 할 수 있다.

⑤ 채무자가 감치의 집행중에 재산명시명령을 이행하겠다고 신청한 때에는 법원은 바로 명시기일을 열어야 한다.

⑥ 채무자가 제5항의 명시기일에 출석하여 재산목록을 내고 선서하거나 신청채권자에 대한 채무를 변제하고 이를 증명하는 서면을 낸 때에는 법원은 바로 감치결정을 취소하고 그 채무자를 석방하도록 명하여야 한다.

⑦ 제5항의 명시기일은 신청채권자에게 통지하지 아니하고도 실시할 수 있다. 이 경우 제6항의 사실을 채권자에게 통지하여야 한다.

⑧ 제1항 내지 제7항의 규정에 따른 재판절차 및 그 집행 그 밖에 필요한 사항은 대법원규칙으로 정한다.

⑨ 채무자가 거짓의 재산목록을 낸 때에는 3년 이하의 징역 또는 500만원 이하의 벌금에 처한다.

⑩ 채무자가 법인 또는 민사소송법 제52조의 사단이나 재단인 때에는 그 대표자 또는 관리인을 제9항의 규정에 따라 처벌하고, 채무자는 제9항의 벌금에 처한다.

제69조【명시신청의 재신청】 재산명시신청이 기각·각하된 경우에는 그 명시신청을 한 채권자는 기각·각하사유를 보완하지 아니하고서는 같은 집행권원으로 다시 재산명시신청을 할 수 없다.

제70조【채무불이행자명부 등재신청】 ① 채무자가 다음 각호 가운데 어느 하나에 해당하면 채권자는 그 채무자를 채무불이행자명부(債務不履行者名簿)에 올리도록 신청할 수 있다.

1. 금전의 지급을 명한 집행권원이 확정된 후 또는 집행권원을 작성한 후 6월 이내에 채무를 이행하지 아니하는 때. 다만, 제61조 제1항 단서에 규정된 집행권원의 경우를 제외한다.
2. 제68조 제1항 각호의 사유 또는 같은 조 제9항의 사유 가운데 어느 하나에 해당하는 때

② 제1항의 신청을 할 때에는 그 사유를 소명하여야 한다.

③ 제1항의 신청에 대한 재판은 제1항 제1호의 경우에는 채무자의 보통재판적이 있는 곳의 법원이 관할하고, 제1항 제2호의 경우에는 재산명시절차를 실시한 법원이 관할한다.

제71조【등재신청에 대한 재판】 ① 제70조의 신청에 정당한 이유가 있는 때에는 법원은 채무자를 채무불이행자명부에 올리는 결정을 하여야 한다.

② 등재신청에 정당한 이유가 없거나 쉽게 강제집행할 수 있다고 인정할 만한 명백한 사유가 있는 때에는 법원은 결정으로 이를 기각하여야 한다.

③ 제1항 및 제2항의 재판에 대하여는 즉시항고를 할 수 있다. 이 경우 민사소송법 제447조의 규정은 준용하지 아니한다.

제72조【명부의 비치】 ① 채무불이행자명부는 등재결정을 한 법원에 비치한다.

② 법원은 채무불이행자명부의 부본을 채무자의 주소지(채무자가 법인인 경우에는 주된 사무소가 있는 곳) 시(구가 설치되지 아니한 시를 말한다. 이하 같다)·구·읍·면의 장(도농복합형태의 시의 경우 동지역은 시·구의 장, 읍·면지역은 읍·면의 장으로 한다. 이하 같다)에게 보내야 한다.

③ 법원은 채무불이행자명부의 부본을 대법원규칙이 정하는 바에 따라 일정한 금융기관의 장이나 금융기관 관련 단체의 장에게 보내어 채무자에 대한 신용정보로 활용하게 할 수 있다.
④ 채무불이행자명부나 그 부본은 누구든지 보거나 복사할 것을 신청할 수 있다.
⑤ 채무불이행자명부는 인쇄물 등으로 공표되어서는 아니 된다.

제73조【명부등재의 말소】 ① 변제, 그 밖의 사유로 채무가 소멸되었다는 것이 증명된 때에는 법원은 채무자의 신청에 따라 채무불이행자명부에서 그 이름을 말소하는 결정을 하여야 한다.
② 채권자는 제1항의 결정에 대하여 즉시항고를 할 수 있다. 이 경우 민사소송법 제447조의 규정은 준용하지 아니한다.
③ 채무불이행자명부에 오른 다음 해부터 10년이 지난 때에는 법원은 직권으로 그 명부에 오른 이름을 말소하는 결정을 하여야 한다.
④ 제1항과 제3항의 결정을 한 때에는 그 취지를 채무자의 주소지(채무자가 법인인 경우에는 주된 사무소가 있는 곳) 시·구·읍·면의 장 및 제72조 제3항의 규정에 따라 채무불이행자명부의 부본을 보낸 금융기관 등의 장에게 통지하여야 한다.
⑤ 제4항의 통지를 받은 시·구·읍·면의 장 및 금융기관 등의 장은 그 명부의 부본에 오른 이름을 말소하여야 한다.

제74조【재산조회】 ① 재산명시절차의 관할 법원은 다음 각호의 어느 하나에 해당하는 경우에는 그 재산명시를 신청한 채권자의 신청에 따라 개인의 재산 및 신용에 관한 전산망을 관리하는 공공기관·금융기관·단체 등에 채무자 명의의 재산에 관하여 조회할 수 있다.
1. 재산명시절차에서 채권자가 제62조 제6항의 규정에 의한 주소보정명령을 받고도 민사소송법 제194조 제1항의 규정에 의한 사유로 인하여 채권자가 이를 이행할 수 없었던 것으로 인정되는 경우
2. 재산명시절차에서 채무자가 제출한 재산목록의 재산만으로는 집행채권의 만족을 얻기에 부족한 경우
3. 재산명시절차에서 제68조 제1항 각호의 사유 또는 동조 제9항의 사유가 있는 경우

② 채권자가 제1항의 신청을 할 경우에는 조회할 기관·단체를 특정하여야 하며 조회에 드는 비용을 미리 내야 한다.
③ 법원이 제1항의 규정에 따라 조회할 경우에는 채무자의 인적 사항을 적은 문서에 의하여 해당 기관·단체의 장에게 채무자의 재산 및 신용에 관하여 그 기관·단체가 보유하고 있는 자료를 한꺼번에 모아 제출하도록 요구할 수 있다.
④ 공공기관·금융기관·단체 등은 정당한 사유 없이 제1항 및 제3항의 조회를 거부하지 못한다.

제75조【재산조회의 결과 등】 ① 법원은 제74조 제1항 및 제3항의 규정에 따라 조회한 결과를 채무자의 재산목록에 준하여 관리하여야 한다.
② 제74조 제1항 및 제3항의 조회를 받은 기관·단체의 장이 정당한 사유 없이 거짓 자료를 제출하거나 자료를 제출할 것을 거부한 때에는 결정으로 500만원 이하의 과태료에 처한다.
③ 제2항의 결정에 대하여는 즉시항고를 할 수 있다.

제76조【벌칙】 ① 누구든지 재산조회의 결과를 강제집행 외의 목적으로 사용하여서는 아니 된다.
② 제1항의 규정에 위반한 사람은 2년 이하의 징역 또는 500만원 이하의 벌금에 처한다.

제77조【대법원규칙】 제74조 제1항 및 제3항의 규정에 따라 조회를 할 공공기관·금융기관·단체 등의 범위 및 조회절차, 제74조 제2항의 규정에 따라 채권자가 내야 할 비용, 제75조 제1항의 규정에 따른 조회결과의 관리에 관한 사항, 제75조 제2항의 규정에 의한 과태료의 부과절차 등은 대법원규칙으로 정한다.

제2절 부동산에 대한 강제집행

제1관 통 칙

제78조【집행방법】 ① 부동산에 대한 강제집행은 채권자의 신청에 따라 법원이 한다.

② 강제집행은 다음 각호의 방법으로 한다.

1. 강제경매
2. 강제관리

③ 채권자는 자기의 선택에 의하여 제2항 각호 가운데 어느 한 가지 방법으로 집행하게 하거나 두 가지 방법을 함께 사용하여 집행하게 할 수 있다.

④ 강제관리는 가압류를 집행할 때에도 할 수 있다.

제79조【집행법원】 ① 부동산에 대한 강제집행은 그 부동산이 있는 곳의 지방법원이 관할한다.

② 부동산이 여러 지방법원의 관할구역에 있는 때에는 각 지방법원에 관할권이 있다. 이 경우 법원이 필요하다고 인정한 때에는 사건을 다른 관할 지방법원으로 이송할 수 있다.

제2관 강제경매

제80조【강제경매신청서】 강제경매신청서에는 다음 각호의 사항을 적어야 한다.

1. 채권자·채무자와 법원의 표시
2. 부동산의 표시
3. 경매의 이유가 된 일정한 채권과 집행할 수 있는 일정한 집행권원

제81조【첨부서류】 ① 강제경매신청서에는 집행력 있는 정본 외에 다음 각호 가운데 어느 하나에 해당하는 서류를 붙여야 한다.

1. 채무자의 소유로 등기된 부동산에 대하여는 등기사항증명서
2. 채무자의 소유로 등기되지 아니한 부동산에 대하여는 즉시 채무자명의로 등기할 수 있다는 것을 증명할 서류. 다만, 그 부동산이 등기되지 아니한 건물인 경우에는 그 건물이 채무자의 소유임을 증명할 서류, 그 건물의 지번·구조·면적을 증명할 서류 및 그 건물에 관한 건축허가 또는 건축신고를 증명할 서류

② 채권자는 공적 장부를 주관하는 공공기관에 제1항 제2호 단서의 사항들을 증명하여 줄 것을 청구할 수 있다.

③ 제1항 제2호 단서의 경우에 건물의 지번·구조·면적을 증명하지 못한 때에는, 채권자는 경매신청과 동시에 그 조사를 집행법원에 신청할 수 있다.

④ 제3항의 경우에 법원은 집행관에게 그 조사를 하게 하여야 한다.

⑤ 강제관리를 하기 위하여 이미 부동산을 압류한 경우에 그 집행기록에 제1항 각호 가운데 어느 하나에 해당하는 서류가 붙어 있으면 다시 그 서류를 붙이지 아니할 수 있다.

제82조【집행관의 권한】 ① 집행관은 제81조 제4항의 조사를 위하여 건물에 출입할 수 있고, 채무자 또는 건물을 점유하는 제3자에게 질문하거나 문서를 제시하도록 요구할 수 있다.

② 집행관은 제1항의 규정에 따라 건물에 출입하기 위하여 필요한 때에는 잠긴 문을 여는 등 적절한 처분을 할 수 있다.

제83조【경매개시결정 등】 ① 경매절차를 개시하는 결정에는 동시에 그 부동산의 압류를 명하여야 한다.

② 압류는 부동산에 대한 채무자의 관리·이용에 영향을 미치지 아니한다.
③ 경매절차를 개시하는 결정을 한 뒤에는 법원은 직권으로 또는 이해관계인의 신청에 따라 부동산에 대한 침해행위를 방지하기 위하여 필요한 조치를 할 수 있다.
④ 압류는 채무자에게 그 결정이 송달된 때 또는 제94조의 규정에 따른 등기가 된 때에 효력이 생긴다.
⑤ 강제경매신청을 기각하거나 각하하는 재판에 대하여는 즉시항고를 할 수 있다.

제84조【배당요구의 종기결정 및 공고】 ① 경매개시결정에 따른 압류의 효력이 생긴 때(그 경매개시결정 전에 다른 경매개시결정이 있은 경우를 제외한다)에는 집행법원은 절차에 필요한 기간을 감안하여 배당요구를 할 수 있는 종기(終期)를 첫 매각기일 이전으로 정한다.
② 배당요구의 종기가 정하여진 때에는 법원은 경매개시결정을 한 취지 및 배당요구의 종기를 공고하고, 제91조 제4항 단서의 전세권자 및 법원에 알려진 제88조 제1항의 채권자에게 이를 고지하여야 한다.
③ 제1항의 배당요구의 종기결정 및 제2항의 공고는 경매개시결정에 따른 압류의 효력이 생긴 때부터 1주 이내에 하여야 한다.
④ 법원사무관 등은 제148조 제3호 및 제4호의 채권자 및 조세, 그 밖의 공과금을 주관하는 공공기관에 대하여 채권의 유무, 그 원인 및 액수[원금·이자·비용, 그 밖의 부대채권(附帶債權)을 포함한다]를 배당요구의 종기까지 법원에 신고하도록 최고하여야 한다.
⑤ 제148조 제3호 및 제4호의 채권자가 제4항의 최고에 대한 신고를 하지 아니한 때에는 그 채권자의 채권액은 등기사항증명서 등 집행기록에 있는 서류와 증빙(證憑)에 따라 계산한다. 이 경우 다시 채권액을 추가하지 못한다.
⑥ 법원은 특별히 필요하다고 인정하는 경우에는 배당요구의 종기를 연기할 수 있다.
⑦ 제6항의 경우에는 제2항 및 제4항의 규정을 준용한다. 다만, 이미 배당요구 또는 채권신고를 한 사람에 대하여는 같은 항의 고지 또는 최고를 하지 아니한다.

제85조【현황조사】 ① 법원은 경매개시결정을 한 뒤에 바로 집행관에게 부동산의 현상, 점유관계, 차임(借賃) 또는 보증금의 액수, 그 밖의 현황에 관하여 조사하도록 명하여야 한다.
② 집행관이 제1항의 규정에 따라 부동산을 조사할 때에는 그 부동산에 대하여 제82조에 규정된 조치를 할 수 있다.

제86조【경매개시결정에 대한 이의신청】 ① 이해관계인은 매각대금이 모두 지급될 때까지 법원에 경매개시결정에 대한 이의신청을 할 수 있다.
② 제1항의 신청을 받은 법원은 제16조 제2항에 준하는 결정을 할 수 있다.
③ 제1항의 신청에 관한 재판에 대하여 이해관계인은 즉시항고를 할 수 있다.

제87조【압류의 경합】 ① 강제경매절차 또는 담보권 실행을 위한 경매절차를 개시하는 결정을 한 부동산에 대하여 다른 강제경매의 신청이 있는 때에는 법원은 다시 경매개시결정을 하고, 먼저 경매개시결정을 한 집행절차에 따라 경매한다.
② 먼저 경매개시결정을 한 경매신청이 취하되거나 그 절차가 취소된 때에는 법원은 제91조 제1항의 규정에 어긋나지 아니하는 한도 안에서 뒤의 경매개시결정에 따라 절차를 계속 진행하여야 한다.

③ 제2항의 경우에 뒤의 경매개시결정이 배당요구의 종기 이후의 신청에 의한 것인 때에는 집행법원은 새로이 배당요구를 할 수 있는 종기를 정하여야 한다. 이 경우 이미 제84조 제2항 또는 제4항의 규정에 따라 배당요구 또는 채권신고를 한 사람에 대하여는 같은 항의 고지 또는 최고를 하지 아니한다.
④ 먼저 경매개시결정을 한 경매절차가 정지된 때에는 법원은 신청에 따라 결정으로 뒤의 경매개시결정(배당요구의 종기까지 행하여진 신청에 의한 것에 한한다)에 기초하여 절차를 계속하여 진행할 수 있다. 다만, 먼저 경매개시결정을 한 경매절차가 취소되는 경우 제105조 제1항 제3호의 기재사항이 바뀔 때에는 그러하지 아니하다.
⑤ 제4항의 신청에 대한 재판에 대하여는 즉시항고를 할 수 있다.

제88조【배당요구】 ① 집행력 있는 정본을 가진 채권자, 경매개시결정이 등기된 뒤에 가압류를 한 채권자, 민법·상법, 그 밖의 법률에 의하여 우선변제청구권이 있는 채권자는 배당요구를 할 수 있다.
② 배당요구에 따라 매수인이 인수하여야 할 부담이 바뀌는 경우 배당요구를 한 채권자는 배당요구의 종기가 지난 뒤에 이를 철회하지 못한다.

제89조【이중경매신청 등의 통지】 법원은 제87조 제1항 및 제88조 제1항의 신청이 있는 때에는 그 사유를 이해관계인에게 통지하여야 한다.

제90조【경매절차의 이해관계인】 경매절차의 이해관계인은 다음 각호의 사람으로 한다.

1. 압류채권자와 집행력 있는 정본에 의하여 배당을 요구한 채권자
2. 채무자 및 소유자
3. 등기부에 기입된 부동산 위의 권리자
4. 부동산 위의 권리자로서 그 권리를 증명한 사람

제91조【인수주의와 잉여주의의 선택 등】 ① 압류채권자의 채권에 우선하는 채권에 관한 부동산의 부담을 매수인에게 인수하게 하거나, 매각대금으로 그 부담을 변제하는 데 부족하지 아니하다는 것이 인정된 경우가 아니면 그 부동산을 매각하지 못한다.
② 매각부동산 위의 모든 저당권은 매각으로 소멸된다.
③ 지상권·지역권·전세권 및 등기된 임차권은 저당권·압류채권·가압류채권에 대항할 수 없는 경우에는 매각으로 소멸된다.
④ 제3항의 경우 외의 지상권·지역권·전세권 및 등기된 임차권은 매수인이 인수한다. 다만, 그중 전세권의 경우에는 전세권자가 제88조에 따라 배당요구를 하면 매각으로 소멸된다.
⑤ 매수인은 유치권자(留置權者)에게 그 유치권(留置權)으로 담보하는 채권을 변제할 책임이 있다.

제92조【제3자와 압류의 효력】 ① 제3자는 권리를 취득할 때에 경매신청 또는 압류가 있다는 것을 알았을 경우에는 압류에 대항하지 못한다.
② 부동산이 압류채권을 위하여 의무를 진 경우에는 압류한 뒤 소유권을 취득한 제3자가 소유권을 취득할 때에 경매신청 또는 압류가 있다는 것을 알지 못하였더라도 경매절차를 계속하여 진행하여야 한다.

제93조【경매신청의 취하】 ① 경매신청이 취하되면 압류의 효력은 소멸된다.
② 매수신고가 있은 뒤 경매신청을 취하하는 경우에는 최고가매수신고인 또는 매수인과 제114조의 차순위매수신고인의 동의를 받아야 그 효력이 생긴다.
③ 제49조 제3호 또는 제6호의 서류를 제출하는 경우에는 제1항 및 제2항의 규정을, 제49조 제4호의 서류를 제출하

는 경우에는 제2항의 규정을 준용한다.

제94조【경매개시결정의 등기】 ① 법원이 경매개시결정을 하면 법원사무관등은 즉시 그 사유를 등기부에 기입하도록 등기관(登記官)에게 촉탁하여야 한다.

② 등기관은 제1항의 촉탁에 따라 경매개시결정사유를 기입하여야 한다.

제95조【등기사항증명서의 송부】 등기관은 제94조에 따라 경매개시결정사유를 등기부에 기입한 뒤 그 등기사항증명서를 법원에 보내야 한다.

제96조【부동산의 멸실 등으로 말미암은 경매취소】 ① 부동산이 없어지거나 매각 등으로 말미암아 권리를 이전할 수 없는 사정이 명백하게 된 때에는 법원은 강제경매의 절차를 취소하여야 한다.

② 제1항의 취소결정에 대하여는 즉시항고를 할 수 있다.

제97조【부동산의 평가와 최저매각가격의 결정】 ① 법원은 감정인(鑑定人)에게 부동산을 평가하게 하고 그 평가액을 참작하여 최저매각가격을 정하여야 한다.

② 감정인은 제1항의 평가를 위하여 필요하면 제82조 제1항에 규정된 조치를 할 수 있다.

③ 감정인은 제7조의 규정에 따라 집행관의 원조를 요구하는 때에는 법원의 허가를 얻어야 한다.

제98조【일괄매각결정】 ① 법원은 여러 개의 부동산의 위치 · 형태 · 이용관계 등을 고려하여 이를 일괄매수하게 하는 것이 알맞다고 인정하는 경우에는 직권으로 또는 이해관계인의 신청에 따라 일괄매각하도록 결정할 수 있다.

② 법원은 부동산을 매각할 경우에 그 위치 · 형태 · 이용관계 등을 고려하여 다른 종류의 재산(금전채권을 제외한다)을 그 부동산과 함께 일괄매수하게 하는 것이 알맞다고 인정하는 때에는 직권으로 또는 이해관계인의 신청에 따라 일괄매각하도록 결정할 수 있다.

③ 제1항 및 제2항의 결정은 그 목적물에 대한 매각기일 이전까지 할 수 있다.

제99조【일괄매각사건의 병합】 ① 법원은 각각 경매신청된 여러 개의 재산 또는 다른 법원이나 집행관에 계속된 경매사건의 목적물에 대하여 제98조 제1항 또는 제2항의 결정을 할 수 있다.

② 다른 법원이나 집행관에 계속된 경매사건의 목적물의 경우에 그 다른 법원 또는 집행관은 그 목적물에 대한 경매사건을 제1항의 결정을 한 법원에 이송한다.

③ 제1항 및 제2항의 경우에 법원은 그 경매사건들을 병합한다.

제100조【일괄매각사건의 관할】 제98조 및 제99조의 경우에는 민사소송법 제31조에 불구하고 같은 법 제25조의 규정을 준용한다. 다만, 등기할 수 있는 선박에 관한 경매사건에 대하여서는 그러하지 아니하다.

제101조【일괄매각절차】 ① 제98조 및 제99조의 일괄매각결정에 따른 매각절차는 이 관의 규정에 따라 행한다. 다만, 부동산 외의 재산의 압류는 그 재산의 종류에 따라 해당되는 규정에서 정하는 방법으로 행하고, 그 중에서 집행관의 압류에 따르는 재산의 압류는 집행법원이 집행관에게 이를 압류하도록 명하는 방법으로 행한다.

② 제1항의 매각절차에서 각 재산의 대금액을 특정할 필요가 있는 경우에는 각 재산에 대한 최저매각가격의 비율을 정하여야 하며, 각 재산의 대금액은 총대금액을 각 재산의 최저매각가격비율에 따라 나눈 금액으로 한다. 각 재산이 부담할 집행비용액을 특정할 필요가 있는 경우에도 또한 같다.

③ 여러 개의 재산을 일괄매각하는 경우에 그 가운데 일부의 매각대금으로 모든 채권자의 채권액과 강제집행비용

을 변제하기에 충분하면 다른 재산의 매각을 허가하지 아니한다. 다만, 토지와 그 위의 건물을 일괄매각하는 경우나 재산을 분리하여 매각하면 그 경제적 효용이 현저하게 떨어지는 경우 또는 채무자의 동의가 있는 경우에는 그러하지 아니하다.

④ 제3항 본문의 경우에 채무자는 그 재산 가운데 매각할 것을 지정할 수 있다.

⑤ 일괄매각절차에 관하여 이 법에서 정한 사항을 제외하고는 대법원규칙으로 정한다.

제102조【남을 가망이 없을 경우의 경매취소】 ① 법원은 최저매각가격으로 압류채권자의 채권에 우선하는 부동산의 모든 부담과 절차비용을 변제하면 남을 것이 없겠다고 인정한 때에는 압류채권자에게 이를 통지하여야 한다.

② 압류채권자가 제1항의 통지를 받은 날부터 1주 이내에 제1항의 부담과 비용을 변제하고 남을 만한 가격을 정하여 그 가격에 맞는 매수신고가 없을 때에는 자기가 그 가격으로 매수하겠다고 신청하면서 충분한 보증을 제공하지 아니하면, 법원은 경매절차를 취소하여야 한다.

③ 제2항의 취소 결정에 대하여는 즉시항고를 할 수 있다.

제103조【강제경매의 매각방법】 ① 부동산의 매각은 집행법원이 정한 매각방법에 따른다.

② 부동산의 매각은 매각기일에 하는 호가경매(呼價競賣), 매각기일에 입찰 및 개찰하게 하는 기일입찰 또는 입찰기간 이내에 입찰하게 하여 매각기일에 개찰하는 기간입찰의 세가지 방법으로 한다.

③ 부동산의 매각절차에 관하여 필요한 사항은 대법원규칙으로 정한다.

제104조【매각기일과 매각결정기일 등의 지정】 ① 법원은 최저매각가격으로 제102조 제1항의 부담과 비용을 변제하고도 남을 것이 있다고 인정하거나 압류채권자가 제102조 제2항의 신청을 하고 충분한 보증을 제공한 때에는 직권으로 매각기일과 매각결정기일을 정하여 대법원규칙이 정하는 방법으로 공고한다.

② 법원은 매각기일과 매각결정기일을 이해관계인에게 통지하여야 한다.

③ 제2항의 통지는 집행기록에 표시된 이해관계인의 주소에 대법원규칙이 정하는 방법으로 발송할 수 있다.

④ 기간입찰의 방법으로 매각할 경우에는 입찰기간에 관하여도 제1항 내지 제3항의 규정을 적용한다.

제105조【매각물건명세서 등】 ① 법원은 다음 각호의 사항을 적은 매각물건명세서를 작성하여야 한다.

1. 부동산의 표시
2. 부동산의 점유자와 점유의 권원, 점유할 수 있는 기간, 차임 또는 보증금에 관한 관계인의 진술
3. 등기된 부동산에 대한 권리 또는 가처분으로서 매각으로 효력을 잃지 아니하는 것
4. 매각에 따라 설정된 것으로 보게 되는 지상권의 개요

② 법원은 매각물건명세서 · 현황조사보고서 및 평가서의 사본을 법원에 비치하여 누구든지 볼 수 있도록 하여야 한다.

제106조【매각기일의 공고내용】 매각기일의 공고내용에는 다음 각호의 사항을 적어야 한다.

1. 부동산의 표시
2. 강제집행으로 매각한다는 취지와 그 매각방법
3. 부동산의 점유자, 점유의 권원, 점유하여 사용할 수 있는 기간, 차임 또는 보증금약정 및 그 액수
4. 매각기일의 일시 · 장소, 매각기일을 진행할 집행관의 성명 및 기간입

찰의 방법으로 매각할 경우에는 입찰기간 · 장소
5. 최저매각가격
6. 매각결정기일의 일시 · 장소
7. 매각물건명세서 · 현황조사보고서 및 평가서의 사본을 매각기일 전에 법원에 비치하여 누구든지 볼 수 있도록 제공한다는 취지
8. 등기부에 기입할 필요가 없는 부동산에 대한 권리를 가진 사람은 채권을 신고하여야 한다는 취지
9. 이해관계인은 매각기일에 출석할 수 있다는 취지

제107조 【매각장소】 매각기일은 법원 안에서 진행하여야 한다. 다만, 집행관은 법원의 허가를 얻어 다른 장소에서 매각기일을 진행할 수 있다.

제108조 【매각장소의 질서유지】 집행관은 다음 각호 가운데 어느 하나에 해당한다고 인정되는 사람에 대하여 매각장소에 들어오지 못하도록 하거나 매각장소에서 내보내거나 매수의 신청을 하지 못하도록 할 수 있다.
1. 다른 사람의 매수신청을 방해한 사람
2. 부당하게 다른 사람과 담합하거나 그 밖에 매각의 적정한 실시를 방해한 사람
3. 제1호 또는 제2호의 행위를 교사(敎唆)한 사람
4. 민사집행절차에서의 매각에 관하여 형법 제136조 · 제137조 · 제140조 · 제140조의2 · 제142조 · 제315조 및 제323조 내지 제327조에 규정된 죄로 유죄판결을 받고 그 판결확정일부터 2년이 지나지 아니한 사람

제109조 【매각결정기일】 ① 매각결정기일은 매각기일부터 1주 이내로 정하여야 한다.
② 매각결정절차는 법원 안에서 진행하여야 한다.

제110조 【합의에 의한 매각조건의 변경】 ① 최저매각가격 외의 매각조건은 법원이 이해관계인의 합의에 따라 바꿀 수 있다.
② 이해관계인은 배당요구의 종기까지 제1항의 합의를 할 수 있다.

제111조 【직권에 의한 매각조건의 변경】 ① 거래의 실상을 반영하거나 경매절차를 효율적으로 진행하기 위하여 필요한 경우에 법원은 배당요구의 종기까지 매각조건을 바꾸거나 새로운 매각조건을 설정할 수 있다.
② 이해관계인은 제1항의 재판에 대하여 즉시항고를 할 수 있다.
③ 제1항의 경우에 법원은 집행관에게 부동산에 대하여 필요한 조사를 하게 할 수 있다.

제112조 【매각기일의 진행】 집행관은 기일입찰 또는 호가경매의 방법에 의한 매각기일에는 매각물건명세서 · 현황조사보고서 및 평가서의 사본을 볼 수 있게 하고, 특별한 매각조건이 있는 때에는 이를 고지하며, 법원이 정한 매각방법에 따라 매수가격을 신고하도록 최고하여야 한다.

제113조 【매수신청의 보증】 매수신청인은 대법원규칙이 정하는 바에 따라 집행법원이 정하는 금액과 방법에 맞는 보증을 집행관에게 제공하여야 한다.

제114조 【차순위매수신고】 ① 최고가매수신고인 외의 매수신고인은 매각기일을 마칠 때까지 집행관에게 최고가매수신고인이 대금지급기한까지 그 의무를 이행하지 아니하면 자기의 매수신고에 대하여 매각을 허가하여 달라는 취지의 신고(이하 "차순위매수신고"라 한다)를 할 수 있다.
② 차순위매수신고는 그 신고액이 최고가매수신고액에서 그 보증액을 뺀 금액을 넘는 때에만 할 수 있다.

제115조 【매각기일의 종결】 ① 집행관은 최고가매수신고인의 성명과 그 가격을 부르고 차순위매수신고를 최고한 뒤, 적법한 차순위매수신고가 있으면 차순

위매수신고인을 정하여 그 성명과 가격을 부른 다음 매각기일을 종결한다고 고지하여야 한다.
② 차순위매수신고를 한 사람이 둘 이상인 때에는 신고한 매수가격이 높은 사람을 차순위매수신고인으로 정한다. 신고한 매수가격이 같은 때에는 추첨으로 차순위매수신고인을 정한다.
③ 최고가매수신고인과 차순위매수신고인을 제외한 다른 매수신고인은 제1항의 고지에 따라 매수의 책임을 벗게 되고, 즉시 매수신청의 보증을 돌려줄 것을 신청할 수 있다.
④ 기일입찰 또는 호가경매의 방법에 의한 매각기일에서 매각기일을 마감할 때까지 허가할 매수가격의 신고가 없는 때에는 집행관은 즉시 매각기일의 마감을 취소하고 같은 방법으로 매수가격을 신고하도록 최고할 수 있다.
⑤ 제4항의 최고에 대하여 매수가격의 신고가 없어 매각기일을 마감하는 때에는 매각기일의 마감을 다시 취소하지 못한다.

제116조【매각기일조서】 ① 매각기일조서에는 다음 각호의 사항을 적어야 한다.
1. 부동산의 표시
2. 압류채권자의 표시
3. 매각물건명세서·현황조사보고서 및 평가서의 사본을 볼 수 있게 한 일
4. 특별한 매각조건이 있는 때에는 이를 고지한 일
5. 매수가격의 신고를 최고한 일
6. 모든 매수신고가격과 그 신고인의 성명·주소 또는 허가할 매수가격의 신고가 없는 일
7. 매각기일을 마감할 때까지 허가할 매수가격의 신고가 없어 매각기일의 마감을 취소하고 다시 매수가격의 신고를 최고한 일
8. 최종적으로 매각기일의 종결을 고지한 일시
9. 매수하기 위하여 보증을 제공한 일 또는 보증을 제공하지 아니하므로 그 매수를 허가하지 아니한 일
10. 최고가매수신고인과 차순위매수신고인의 성명과 그 가격을 부른 일

② 최고가매수신고인 및 차순위매수신고인과 출석한 이해관계인은 조서에 서명날인하여야 한다. 그들이 서명날인할 수 없을 때에는 집행관이 그 사유를 적어야 한다.
③ 집행관이 매수신청의 보증을 돌려준 때에는 영수증을 받아 조서에 붙여야 한다.

제117조【조서와 금전의 인도】 집행관은 매각기일조서와 매수신청의 보증으로 받아 돌려주지 아니한 것을 매각기일부터 3일 이내에 법원사무관 등에게 인도하여야 한다.

제118조【최고가매수신고인 등의 송달영수인신고】 ① 최고가매수신고인과 차순위매수신고인은 대한민국 안에 주소·거소와 사무소가 없는 때에는 대한민국 안에 송달이나 통지를 받을 장소와 영수인을 정하여 법원에 신고하여야 한다.
② 최고가매수신고인이나 차순위매수신고인이 제1항의 신고를 하지 아니한 때에는 법원은 그에 대한 송달이나 통지를 하지 아니할 수 있다.
③ 제1항의 신고는 집행관에게 말로 할 수 있다. 이 경우 집행관은 조서에 이를 적어야 한다.

제119조【새 매각기일】 허가할 매수가격의 신고가 없이 매각기일이 최종적으로 마감된 때에는 제91조 제1항의 규정에 어긋나지 아니하는 한도에서 법원은 최저매각가격을 상당히 낮추고 새 매각기일을 정하여야 한다. 그 기일에 허가할 매수가격의 신고가 없는 때에도 또한 같다.

제120조【매각결정기일에서의 진술】 ① 법원은 매각결정기일에 출석한 이해관계인에게 매각허가에 관한 의견을 진

술하게 하여야 한다.

② 매각허가에 관한 이의는 매각허가가 있을 때까지 신청하여야 한다. 이미 신청한 이의에 대한 진술도 또한 같다.

제121조【매각허가에 대한 이의신청사유】 매각허가에 관한 이의는 다음 각호 가운데 어느 하나에 해당하는 이유가 있어야 신청할 수 있다.

1. 강제집행을 허가할 수 없거나 집행을 계속 진행할 수 없을 때
2. 최고가매수신고인이 부동산을 매수할 능력이나 자격이 없는 때
3. 부동산을 매수할 자격이 없는 사람이 최고가매수신고인을 내세워 매수신고를 한 때
4. 최고가매수신고인, 그 대리인 또는 최고가매수신고인을 내세워 매수신고를 한 사람이 제108조 각호 가운데 어느 하나에 해당되는 때
5. 최저매각가격의 결정, 일괄매각의 결정 또는 매각물건명세서의 작성에 중대한 흠이 있는 때
6. 천재지변, 그 밖에 자기가 책임을 질 수 없는 사유로 부동산이 현저하게 훼손된 사실 또는 부동산에 관한 중대한 권리관계가 변동된 사실이 경매절차의 진행중에 밝혀진 때
7. 경매절차에 그 밖의 중대한 잘못이 있는 때

제122조【이의신청의 제한】 이의는 다른 이해관계인의 권리에 관한 이유로 신청하지 못한다.

제123조【매각의 불허】 ① 법원은 이의신청이 정당하다고 인정한 때에는 매각을 허가하지 아니한다.

② 제121조에 규정한 사유가 있는 때에는 직권으로 매각을 허가하지 아니한다. 다만, 같은 조 제2호 또는 제3호의 경우에는 능력 또는 자격의 흠이 제거되지 아니한 때에 한한다.

제124조【과잉매각되는 경우의 매각불허가】 ① 여러 개의 부동산을 매각하는 경우에 한 개의 부동산의 매각대금으로 모든 채권자의 채권액과 강제집행비용을 변제하기에 충분하면 다른 부동산의 매각을 허가하지 아니한다. 다만, 제101조 제3항 단서에 따른 일괄매각의 경우에는 그러하지 아니하다.

② 제1항 본문의 경우에 채무자는 그 부동산 가운데 매각할 것을 지정할 수 있다.

제125조【매각을 허가하지 아니할 경우의 새 매각기일】 ① 제121조와 제123조의 규정에 따라 매각을 허가하지 아니하고 다시 매각을 명하는 때에는 직권으로 새 매각기일을 정하여야 한다.

② 제121조 제6호의 사유로 제1항의 새 매각기일을 열게 된 때에는 제97조 내지 제105조의 규정을 준용한다.

제126조【매각허가여부의 결정선고】 ① 매각을 허가하거나 허가하지 아니하는 결정은 선고하여야 한다.

② 매각결정기일조서에는 민사소송법 제152조 내지 제154조와 제156조 내지 제158조 및 제164조의 규정을 준용한다.

③ 제1항의 결정은 확정되어야 효력을 가진다.

제127조【매각허가결정의 취소신청】 ① 제121조 제6호에서 규정한 사실이 매각허가결정의 확정 뒤에 밝혀진 경우에는 매수인은 대금을 낼 때까지 매각허가결정의 취소신청을 할 수 있다.

② 제1항의 신청에 관한 결정에 대하여는 즉시항고를 할 수 있다.

제128조【매각허가결정】 ① 매각허가결정에는 매각한 부동산, 매수인과 매각가격을 적고 특별한 매각조건으로 매각한 때에는 그 조건을 적어야 한다.

② 제1항의 결정은 선고하는 외에 대법원규칙이 정하는 바에 따라 공고하여야 한다.

제129조【이해관계인 등의 즉시항고】 ① 이해관계인은 매각허가여부의 결정에

따라 손해를 볼 경우에만 그 결정에 대하여 즉시항고를 할 수 있다.
② 매각허가에 정당한 이유가 없거나 결정에 적은 것 외의 조건으로 허가하여야 한다고 주장하는 매수인 또는 매각허가를 주장하는 매수신고인도 즉시항고를 할 수 있다.
③ 제1항 및 제2항의 경우에 매각허가를 주장하는 매수신고인은 그 신청한 가격에 대하여 구속을 받는다.

제130조【매각허가여부에 대한 항고】 ① 매각허가결정에 대한 항고는 이 법에 규정한 매각허가에 대한 이의신청사유가 있다거나, 그 결정절차에 중대한 잘못이 있다는 것을 이유로 드는 때에만 할 수 있다.
② 민사소송법 제451조 제1항 각호의 사유는 제1항의 규정에 불구하고 매각허가 또는 불허가결정에 대한 항고의 이유로 삼을 수 있다.
③ 매각허가결정에 대하여 항고를 하고자 하는 사람은 보증으로 매각대금의 10분의 1에 해당하는 금전 또는 법원이 인정한 유가증권을 공탁하여야 한다.
④ 항고를 제기하면서 항고장에 제3항의 보증을 제공하였음을 증명하는 서류를 붙이지 아니한 때에는 원심법원은 항고장을 받은 날부터 1주 이내에 결정으로 이를 각하하여야 한다.
⑤ 제4항의 결정에 대하여는 즉시항고를 할 수 있다.
⑥ 채무자 및 소유자가 한 제3항의 항고가 기각된 때에는 항고인은 보증으로 제공한 금전이나 유가증권을 돌려줄 것을 요구하지 못한다.
⑦ 채무자 및 소유자 외의 사람이 한 제3항의 항고가 기각된 때에는 항고인은 보증으로 제공한 금전이나, 유가증권을 현금화한 금액 가운데 항고를 한 날부터 항고기각결정이 확정된 날까지의 매각대금에 대한 대법원규칙이 정하는 이율에 의한 금액(보증으로 제공한 금전이나, 유가증권을 현금화한 금액을 한도로 한다)에 대하여는 돌려줄 것을 요구할 수 없다. 다만, 보증으로 제공한 유가증권을 현금화하기 전에 위의 금액을 항고인이 지급한 때에는 그 유가증권을 돌려줄 것을 요구할 수 있다.
⑧ 항고인이 항고를 취하한 경우에는 제6항 또는 제7항의 규정을 준용한다.

제131조【항고심의 절차】 ① 항고법원은 필요한 경우에 반대진술을 하게 하기 위하여 항고인의 상대방을 정할 수 있다.
② 한 개의 결정에 대한 여러 개의 항고는 병합한다.
③ 항고심에는 제122조의 규정을 준용한다.

제132조【항고법원의 재판과 매각허가여부결정】 항고법원이 집행법원의 결정을 취소하는 경우에 그 매각허가여부의 결정은 집행법원이 한다.

제133조【매각을 허가하지 아니하는 결정의 효력】 매각을 허가하지 아니한 결정이 확정된 때에는 매수인과 매각허가를 주장한 매수신고인은 매수에 관한 책임이 면제된다.

제134조【최저매각가격의 결정부터 새로 할 경우】 제127조의 규정에 따라 매각허가결정을 취소한 경우에는 제97조 내지 제105조의 규정을 준용한다.

제135조【소유권의 취득시기】 매수인은 매각대금을 다 낸 때에 매각의 목적인 권리를 취득한다.

제136조【부동산의 인도명령 등】 ① 법원은 매수인이 대금을 낸 뒤 6월 이내에 신청하면 채무자 · 소유자 또는 부동산 점유자에 대하여 부동산을 매수인에게 인도하도록 명할 수 있다. 다만, 점유자가 매수인에게 대항할 수 있는 권원에 의하여 점유하고 있는 것으로 인정되는 경우에는 그러하지 아니

하다.

② 법원은 매수인 또는 채권자가 신청하면 매각허가가 결정된 뒤 인도할 때까지 관리인에게 부동산을 관리하게 할 것을 명할 수 있다.

③ 제2항의 경우 부동산의 관리를 위하여 필요하면 법원은 매수인 또는 채권자의 신청에 따라 담보를 제공하게 하거나 제공하게 하지 아니하고 제1항의 규정에 준하는 명령을 할 수 있다.

④ 법원이 채무자 및 소유자 외의 점유자에 대하여 제1항 또는 제3항의 규정에 따른 인도명령을 하려면 그 점유자를 심문하여야 한다. 다만, 그 점유자가 매수인에게 대항할 수 있는 권원에 의하여 점유하고 있지 아니함이 명백한 때 또는 이미 그 점유자를 심문한 때에는 그러하지 아니하다.

⑤ 제1항 내지 제3항의 신청에 관한 결정에 대하여는 즉시항고를 할 수 있다.

⑥ 채무자 · 소유자 또는 점유자가 제1항과 제3항의 인도명령에 따르지 아니할 때에는 매수인 또는 채권자는 집행관에게 그 집행을 위임할 수 있다.

제137조 【차순위매수신고인에 대한 매각허가여부결정】 ① 차순위매수신고인이 있는 경우에 매수인이 대금지급기한까지 그 의무를 이행하지 아니한 때에는 차순위매수신고인에게 매각을 허가할 것인지를 결정하여야 한다. 다만, 제142조 제4항의 경우에는 그러하지 아니하다.

② 차순위매수신고인에 대한 매각허가결정이 있는 때에는 매수인은 매수신청의 보증을 돌려줄 것을 요구하지 못한다.

제138조 【재매각】 ① 매수인이 대금지급기한 또는 제142조 제4항의 다시 정한 기한까지 그 의무를 완전히 이행하지 아니하였고, 차순위매수신고인이 없는 때에는 법원은 직권으로 부동산의 재매각을 명하여야 한다.

② 재매각절차에도 종전에 정한 최저매각가격, 그 밖의 매각조건을 적용한다.

③ 매수인이 재매각기일의 3일 이전까지 대금, 그 지급기한이 지난 뒤부터 지급일까지의 대금에 대한 대법원규칙이 정하는 이율에 따른 지연이자와 절차비용을 지급한 때에는 재매각절차를 취소하여야 한다. 이 경우 차순위매수신고인이 매각허가결정을 받았던 때에는 위 금액을 먼저 지급한 매수인이 매매목적물의 권리를 취득한다.

④ 재매각절차에서는 전의 매수인은 매수신청을 할 수 없으며 매수신청의 보증을 돌려줄 것을 요구하지 못한다.

제139조 【공유물지분에 대한 경매】 ① 공유물지분을 경매하는 경우에는 채권자의 채권을 위하여 채무자의 지분에 대한 경매개시결정이 있음을 등기부에 기입하고 다른 공유자에게 그 경매개시결정이 있다는 것을 통지하여야 한다. 다만, 상당한 이유가 있는 때에는 통지하지 아니할 수 있다.

② 최저매각가격은 공유물 전부의 평가액을 기본으로 채무자의 지분에 관하여 정하여야 한다. 다만, 그와 같은 방법으로 정확한 가치를 평가하기 어렵거나 그 평가에 부당하게 많은 비용이 드는 등 특별한 사정이 있는 경우에는 그러하지 아니하다.

제140조 【공유자의 우선매수권】 ① 공유자는 매각기일까지 제113조에 따른 보증을 제공하고 최고매수신고가격과 같은 가격으로 채무자의 지분을 우선매수하겠다는 신고를 할 수 있다.

② 제1항의 경우에 법원은 최고가매수신고가 있더라도 그 공유자에게 매각을 허가하여야 한다.

③ 여러 사람의 공유자가 우선매수하겠다는 신고를 하고 제2항의 절차를 마친 때에는 특별한 협의가 없으면 공유지분의 비율에 따라 채무자의 지분

을 매수하게 한다.

④ 제1항의 규정에 따라 공유자가 우선매수신고를 한 경우에는 최고가매수신고인을 제114조의 차순위매수신고인으로 본다.

제141조 【경매개시결정등기의 말소】 경매신청이 매각허가 없이 마쳐진 때에는 법원사무관 등은 제94조와 제139조 제1항의 규정에 따른 기입을 말소하도록 등기관에게 촉탁하여야 한다.

제142조 【대금의 지급】 ① 매각허가결정이 확정되면 법원은 대금의 지급기한을 정하고, 이를 매수인과 차순위매수신고인에게 통지하여야 한다.

② 매수인은 제1항의 대금지급기한까지 매각대금을 지급하여야 한다.

③ 매수신청의 보증으로 금전이 제공된 경우에 그 금전은 매각대금에 넣는다.

④ 매수신청의 보증으로 금전 외의 것이 제공된 경우로서 매수인이 매각대금 중 보증액을 뺀 나머지 금액만을 낸 때에는, 법원은 보증을 현금화하여 그 비용을 뺀 금액을 보증액에 해당하는 매각대금 및 이에 대한 지연이자에 충당하고, 모자라는 금액이 있으면 다시 대금지급기한을 정하여 매수인으로 하여금 내게 한다.

⑤ 제4항의 지연이자에 대하여는 제138조 제3항의 규정을 준용한다.

⑥ 차순위매수신고인은 매수인이 대금을 모두 지급한 때 매수의 책임을 벗게 되고 즉시 매수신청의 보증을 돌려줄 것을 요구할 수 있다.

제143조 【특별한 지급방법】 ① 매수인은 매각조건에 따라 부동산의 부담을 인수하는 외에 배당표(配當表)의 실시에 관하여 매각대금의 한도에서 관계채권자의 승낙이 있으면 대금의 지급에 갈음하여 채무를 인수할 수 있다.

② 채권자가 매수인인 경우에는 매각결정기일이 끝날 때까지 법원에 신고하고 배당받아야 할 금액을 제외한 대금을 배당기일에 낼 수 있다.

③ 제1항 및 제2항의 경우에 매수인이 인수한 채무나 배당받아야 할 금액에 대하여 이의가 제기된 때에는 매수인은 배당기일이 끝날 때까지 이에 해당하는 대금을 내야 한다.

제144조 【매각대금 지급 뒤의 조치】 ① 매각대금이 지급되면 법원사무관 등은 매각허가결정의 등본을 붙여 다음 각 호의 등기를 촉탁하여야 한다.

1. 매수인 앞으로 소유권을 이전하는 등기
2. 매수인이 인수하지 아니한 부동산의 부담에 관한 기입을 말소하는 등기
3. 제94조 및 제139조 제1항의 규정에 따른 경매개시결정등기를 말소하는 등기

② 매각대금을 지급할 때까지 매수인과 부동산을 담보로 제공받으려고 하는 사람이 대법원규칙으로 정하는 바에 따라 공동으로 신청한 경우, 제1항의 촉탁은 등기신청의 대리를 업으로 할 수 있는 사람으로서 신청인이 지정하는 사람에게 촉탁서를 교부하여 등기소에 제출하도록 하는 방법으로 하여야 한다. 이 경우 신청인이 지정하는 사람은 지체 없이 그 촉탁서를 등기소에 제출하여야 한다.

③ 제1항의 등기에 드는 비용은 매수인이 부담한다.

제145조 【매각대금의 배당】 ① 매각대금이 지급되면 법원은 배당절차를 밟아야 한다.

② 매각대금으로 배당에 참가한 모든 채권자를 만족하게 할 수 없는 때에는 법원은 민법 · 상법, 그 밖의 법률에 의한 우선순위에 따라 배당하여야 한다.

제146조 【배당기일】 매수인이 매각대금을 지급하면 법원은 배당에 관한 진술 및 배당을 실시할 기일을 정하고 이해

관계인과 배당을 요구한 채권자에게 이를 통지하여야 한다. 다만, 채무자가 외국에 있거나 있는 곳이 분명하지 아니한 때에는 통지하지 아니한다.

제147조【배당할 금액 등】 ① 배당할 금액은 다음 각호에 규정한 금액으로 한다.

1. 대금
2. 제138조 제3항 및 제142조 제4항의 경우에는 대금지급기한이 지난 뒤부터 대금의 지급·충당까지의 지연이자
3. 제130조 제6항의 보증(제130조 제8항에 따라 준용되는 경우를 포함한다.)
4. 제130조 제7항 본문의 보증 가운데 항고인이 돌려 줄 것을 요구하지 못하는 금액 또는 제130조 제7항 단서의 규정에 따라 항고인이 낸 금액(각각 제130조 제8항에 따라 준용되는 경우를 포함한다.)
5. 제138조 제4항의 규정에 의하여 매수인이 돌려줄 것을 요구할 수 없는 보증(보증이 금전 외의 방법으로 제공되어 있는 때에는 보증을 현금화하여 그 대금에서 비용을 뺀 금액)

② 제1항의 금액 가운데 채권자에게 배당하고 남은 금액이 있으면, 제1항 제4호의 금액의 범위 안에서 제1항 제4호의 보증 등을 제공한 사람에게 돌려준다.

③ 제1항의 금액 가운데 채권자에게 배당하고 남은 금액으로 제1항 제4호의 보증 등을 돌려주기 부족한 경우로서 그 보증 등을 제공한 사람이 여럿인 때에는 제1항 제4호의 보증 등의 비율에 따라 나누어 준다.

제148조【배당받을 채권자의 범위】 제147조 제1항에 규정한 금액을 배당받을 채권자는 다음 각호에 규정된 사람으로 한다.

1. 배당요구의 종기까지 경매신청을 한 압류채권자
2. 배당요구의 종기까지 배당요구를 한 채권자
3. 첫 경매개시결정등기 전에 등기된 가압류채권자
4. 저당권·전세권, 그 밖의 우선변제청구권으로서 첫 경매개시결정등기 전에 등기되었고 매각으로 소멸하는 것을 가진 채권자

제149조【배당표의 확정】 ① 법원은 채권자와 채무자에게 보여 주기 위하여 배당기일의 3일 전에 배당표원안(配當表原案)을 작성하여 법원에 비치하여야 한다.

② 법원은 출석한 이해관계인과 배당을 요구한 채권자를 심문하여 배당표를 확정하여야 한다.

제150조【배당표의 기재 등】 ① 배당표에는 매각대금, 채권자의 채권의 원금, 이자, 비용, 배당의 순위와 배당의 비율을 적어야 한다.

② 출석한 이해관계인과 배당을 요구한 채권자가 합의한 때에는 이에 따라 배당표를 작성하여야 한다.

제151조【배당표에 대한 이의】 ① 기일에 출석한 채무자는 채권자의 채권 또는 그 채권의 순위에 대하여 이의할 수 있다.

② 제1항의 규정에 불구하고 채무자는 제149조 제1항에 따라 법원에 배당표원안이 비치된 이후 배당기일이 끝날 때까지 채권자의 채권 또는 그 채권의 순위에 대하여 서면으로 이의할 수 있다.

③ 기일에 출석한 채권자는 자기의 이해에 관계되는 범위 안에서는 다른 채권자를 상대로 그의 채권 또는 그 채권의 순위에 대하여 이의할 수 있다.

제152조【이의의 완결】 ① 제151조의 이의에 관계된 채권자는 이에 대하여 진술하여야 한다.

② 관계인이 제151조의 이의를 정당하

다고 인정하거나 다른 방법으로 합의한 때에는 이에 따라 배당표를 경정(更正)하여 배당을 실시하여야 한다.

③ 제151조의 이의가 완결되지 아니한 때에는 이의가 없는 부분에 한하여 배당을 실시하여야 한다.

제153조 【불출석한 채권자】 ① 기일에 출석하지 아니한 채권자는 배당표와 같이 배당을 실시하는 데에 동의한 것으로 본다.

② 기일에 출석하지 아니한 채권자가 다른 채권자가 제기한 이의에 관계된 때에는 그 채권자는 이의를 정당하다고 인정하지 아니한 것으로 본다.

제154조 【배당이의의 소 등】 ① 집행력 있는 집행권원의 정본을 가지지 아니한 채권자(가압류채권자를 제외한다)에 대하여 이의한 채무자와 다른 채권자에 대하여 이의한 채권자는 배당이의의 소를 제기하여야 한다.

② 집행력 있는 집행권원의 정본을 가진 채권자에 대하여 이의한 채무자는 청구이의의 소를 제기하여야 한다.

③ 이의한 채권자나 채무자가 배당기일부터 1주 이내에 집행법원에 대하여 제1항의 소를 제기한 사실을 증명하는 서류를 제출하지 아니한 때 또는 제2항의 소를 제기한 사실을 증명하는 서류와 그 소에 관한 집행정지재판의 정본을 제출하지 아니한 때에는 이의가 취하된 것으로 본다.

제155조 【이의한 사람 등의 우선권 주장】 이의한 채권자가 제154조 제3항의 기간을 지키지 아니한 경우에도 배당표에 따른 배당을 받은 채권자에 대하여 소로 우선권 및 그 밖의 권리를 행사하는 데 영향을 미치지 아니한다.

제156조 【배당이의의 소의 관할】 ① 제154조 제1항의 배당이의의 소는 배당을 실시한 집행법원이 속한 지방법원의 관할로 한다. 다만, 소송물이 단독판사의 관할에 속하지 아니할 경우에는 지방법원의 합의부가 이를 관할한다.

② 여러 개의 배당이의의 소가 제기된 경우에 한 개의 소를 합의부가 관할하는 때에는 그 밖의 소도 함께 관할한다.

③ 이의한 사람과 상대방이 이의에 관하여 단독판사의 재판을 받을 것을 합의한 경우에는 제1항 단서와 제2항의 규정을 적용하지 아니한다.

제157조 【배당이의의 소의 판결】 배당이의의 소에 대한 판결에서는 배당액에 대한 다툼이 있는 부분에 관하여 배당을 받을 채권자와 그 액수를 정하여야 한다. 이를 정하는 것이 적당하지 아니하다고 인정한 때에는 판결에서 배당표를 다시 만들고 다른 배당절차를 밟도록 명하여야 한다.

제158조 【배당이의의 소의 취하간주】 이의한 사람이 배당이의의 소의 첫 변론기일에 출석하지 아니한 때에는 소를 취하한 것으로 본다.

제159조 【배당실시절차 · 배당조서】 ① 법원은 배당표에 따라 제2항 및 제3항에 규정된 절차에 의하여 배당을 실시하여야 한다.

② 채권 전부의 배당을 받을 채권자에게는 배당액지급증을 교부하는 동시에 그가 가진 집행력 있는 정본 또는 채권증서를 받아 채무자에게 교부하여야 한다.

③ 채권 일부의 배당을 받을 채권자에게는 집행력 있는 정본 또는 채권증서를 제출하게 한 뒤 배당액을 적어서 돌려주고 배당액지급증을 교부하는 동시에 영수증을 받아 채무자에게 교부하여야 한다.

④ 제1항 내지 제3항의 배당실시절차는 조서에 명확히 적어야 한다.

제160조 【배당금액의 공탁】 ① 배당을 받아야 할 채권자의 채권에 대하여 다음 각호 가운데 어느 하나의 사유가 있

으면 그에 대한 배당액을 공탁하여야 한다.
1. 채권에 정지조건 또는 불확정기한이 붙어 있는 때
2. 가압류채권자의 채권인 때
3. 제49조 제2호 및 제266조 제1항 제5호에 규정된 문서가 제출되어 있는 때
4. 저당권설정의 가등기가 마쳐져 있는 때
5. 제154조 제1항에 의한 배당이의의 소가 제기된 때
6. 민법 제340조 제2항 및 같은 법 제370조에 따른 배당금액의 공탁청구가 있는 때

② 채권자가 배당기일에 출석하지 아니한 때에는 그에 대한 배당액을 공탁하여야 한다.

제161조【공탁금에 대한 배당의 실시】 ① 법원이 제160조 제1항의 규정에 따라 채권자에 대한 배당액을 공탁한 뒤 공탁의 사유가 소멸한 때에는 법원은 공탁금을 지급하거나 공탁금에 대한 배당을 실시하여야 한다.
② 제1항에 따라 배당을 실시함에 있어서 다음 각호 가운데 어느 하나에 해당하는 때에는 법원은 배당에 대하여 이의하지 아니한 채권자를 위하여서도 배당표를 바꾸어야 한다.
1. 제160조 제1항 제1호 내지 제4호의 사유에 따른 공탁에 관련된 채권자에 대하여 배당을 실시할 수 없게 된 때
2. 제160조 제1항 제5호의 공탁에 관련된 채권자가 채무자로부터 제기당한 배당이의의 소에서 진 때
3. 제160조 제1항 제6호의 공탁에 관련된 채권자가 저당물의 매각대가로부터 배당을 받은 때

③ 제160조 제2항의 채권자가 법원에 대하여 공탁금의 수령을 포기하는 의사를 표시한 때에는 그 채권자의 채권이 존재하지 아니하는 것으로 보고 배당표를 바꾸어야 한다.
④ 제2항 및 제3항의 배당표변경에 따른 추가 배당기일에 제151조의 규정에 따라 이의할 때에는 종전의 배당기일에서 주장할 수 없었던 사유만을 주장할 수 있다.

제162조【공동경매】 여러 압류채권자를 위하여 동시에 실시하는 부동산의 경매절차에는 제80조 내지 제161조의 규정을 준용한다.

제3관 강제관리

제163조【강제경매규정의 준용】 강제관리에는 제80조 내지 제82조, 제83조 제1항·제3항 내지 제5항, 제85조 내지 제89조 및 제94조 내지 제96조의 규정을 준용한다.

제164조【강제관리개시결정】 ① 강제관리를 개시하는 결정에는 채무자에게는 관리사무에 간섭하여서는 아니되고 부동산의 수익을 처분하여서도 아니된다고 명하여야 하며, 수익을 채무자에게 지급할 제3자에게는 관리인에게 이를 지급하도록 명하여야 한다.
② 수확하였거나 수확할 과실(果實)과, 이행기에 이르렀거나 이르게 될 과실은 제1항의 수익에 속한다.
③ 강제관리개시결정은 제3자에게는 결정서를 송달하여야 효력이 생긴다.
④ 강제관리신청을 기각하거나 각하하는 재판에 대하여는 즉시항고를 할 수 있다.

제165조【강제관리개시결정 등의 통지】 법원은 강제관리를 개시하는 결정을 한 부동산에 대하여 다시 강제관리의 개시결정을 하거나 배당요구의 신청이 있는 때에는 관리인에게 이를 통지하여야 한다.

제166조【관리인의 임명 등】 ① 관리인은 법원이 임명한다. 다만, 채권자는 적당한 사람을 관리인으로 추천할 수 있다.

② 관리인은 관리와 수익을 하기 위하여 부동산을 점유할 수 있다. 이 경우 저항을 받으면 집행관에게 원조를 요구할 수 있다.
③ 관리인은 제3자가 채무자에게 지급할 수익을 추심(推尋)할 권한이 있다.

제167조【법원의 지휘 · 감독】 ① 법원은 관리에 필요한 사항과 관리인의 보수를 정하고, 관리인을 지휘 · 감독한다.
② 법원은 관리인에게 보증을 제공하도록 명할 수 있다.
③ 관리인에게 관리를 계속할 수 없는 사유가 생긴 경우에는 법원은 직권으로 또는 이해관계인의 신청에 따라 관리인을 해임할 수 있다. 이 경우 관리인을 심문하여야 한다.

제168조【준용규정】 제3자가 부동산에 대한 강제관리를 막을 권리가 있다고 주장하는 경우에는 제48조의 규정을 준용한다.

제169조【수익의 처리】 ① 관리인은 부동산수익에서 그 부동산이 부담하는 조세, 그 밖의 공과금을 뺀 뒤에 관리비용을 변제하고, 그 나머지 금액을 채권자에게 지급한다.
② 제1항의 경우 모든 채권자를 만족하게 할 수 없는 때에는 관리인은 채권자 사이의 배당협의에 따라 배당을 실시하여야 한다.
③ 채권자 사이에 배당협의가 이루어지지 못한 경우에 관리인은 그 사유를 법원에 신고하여야 한다.
④ 제3항의 신고가 있는 경우에는 제145조 · 제146조 및 제148조 내지 제161조의 규정을 준용하여 배당표를 작성하고 이에 따라 관리인으로 하여금 채권자에게 지급하게 하여야 한다.

제170조【관리인의 계산보고】 ① 관리인은 매년 채권자 · 채무자와 법원에 계산서를 제출하여야 한다. 그 업무를 마친 뒤에도 또한 같다.
② 채권자와 채무자는 계산서를 송달받은 날부터 1주 이내에 집행법원에 이에 대한 이의신청을 할 수 있다.
③ 제2항의 기간 이내에 이의신청이 없는 때에는 관리인의 책임이 면제된 것으로 본다.
④ 제2항의 기간 이내에 이의신청이 있는 때에는 관리인을 심문한 뒤 결정으로 재판하여야 한다. 신청한 이의를 매듭 지은 때에는 법원은 관리인의 책임을 면제한다.

제171조【강제관리의 취소】 ① 강제관리의 취소는 법원이 결정으로 한다.
② 채권자들이 부동산수익으로 전부 변제를 받았을 때에는 법원은 직권으로 제1항의 취소결정을 한다.
③ 제1항 및 제2항의 결정에 대하여는 즉시항고를 할 수 있다.
④ 강제관리의 취소결정이 확정된 때에는 법원사무관 등은 강제관리에 관한 기입등기를 말소하도록 촉탁하여야 한다.

제3절 선박 등에 대한 강제집행

제172조【선박에 대한 강제집행】 등기할 수 있는 선박에 대한 강제집행은 부동산의 강제경매에 관한 규정에 따른다. 다만, 사물의 성질에 따른 차이가 있거나 특별한 규정이 있는 경우에는 그러하지 아니하다.

제173조【관할법원】 선박에 대한 강제집행의 집행법원은 압류 당시에 그 선박이 있는 곳을 관할하는 지방법원으로 한다.

제174조【선박국적증서 등의 제출】 ① 법원은 경매개시결정을 한 때에는 집행관에게 선박국적증서 그 밖에 선박운행에 필요한 문서(이하 "선박국적증서 등"이라 한다)를 선장으로부터 받아 법원에 제출하도록 명하여야 한다.
② 경매개시결정이 송달 또는 등기되기 전에 집행관이 선박국적증서 등을

받은 경우에는 그 때에 압류의 효력이 생긴다.

제175조 【선박집행신청 전의 선박국적증서등의 인도명령】 ① 선박에 대한 집행의 신청 전에 선박국적증서 등을 받지 아니하면 집행이 매우 곤란할 염려가 있을 경우에는 선적(船籍)이 있는 곳을 관할하는 지방법원(선적이 없는 때에는 대법원규칙이 정하는 법원)은 신청에 따라 채무자에게 선박국적증서 등을 집행관에게 인도하도록 명할 수 있다. 급박한 경우에는 선박이 있는 곳을 관할하는 지방법원도 이 명령을 할 수 있다.

② 집행관은 선박국적증서 등을 인도받은 날부터 5일 이내에 채권자로부터 선박집행을 신청하였음을 증명하는 문서를 제출받지 못한 때에는 그 선박국적증서 등을 돌려주어야 한다.

③ 제1항의 규정에 따른 재판에 대하여는 즉시항고를 할 수 있다.

④ 제1항의 규정에 따른 재판에는 제292조 제2항 및 제3항의 규정을 준용한다.

제176조 【압류선박의 정박】 ① 법원은 집행절차를 행하는 동안 선박이 압류 당시의 장소에 계속 머무르도록 명하여야 한다.

② 법원은 영업상의 필요, 그 밖에 상당한 이유가 있다고 인정할 경우에는 채무자의 신청에 따라 선박의 운행을 허가할 수 있다. 이 경우 채권자 · 최고가매수신고인 · 차순위매수신고인 및 매수인의 동의가 있어야 한다.

③ 제2항의 선박운행허가결정에 대하여는 즉시항고를 할 수 있다.

④ 제2항의 선박운행허가결정은 확정되어야 효력이 생긴다.

제177조 【경매신청의 첨부서류】 ① 강제경매신청을 할 때에는 다음 각호의 서류를 내야 한다.

1. 채무자가 소유자인 경우에는 소유자로서 선박을 점유하고 있다는 것을, 선장인 경우에는 선장으로서 선박을 지휘하고 있다는 것을 소명할 수 있는 증서
2. 선박에 관한 등기사항을 포함한 등기부의 초본 또는 등본

② 채권자는 공적 장부를 주관하는 공공기관이 멀리 떨어진 곳에 있는 때에는 제1항 제2호의 초본 또는 등본을 보내주도록 법원에 신청할 수 있다.

제178조 【감수 · 보존처분】 ① 법원은 채권자의 신청에 따라 선박을 감수(監守)하고 보존하기 위하여 필요한 처분을 할 수 있다.

② 제1항의 처분을 한 때에는 경매개시결정이 송달되기 전에도 압류의 효력이 생긴다.

제179조 【선장에 대한 판결의 집행】 ① 선장에 대한 판결로 선박채권자를 위하여 선박을 압류하면 그 압류는 소유자에 대하여도 효력이 미친다. 이 경우 소유자도 이해관계인으로 본다.

② 압류한 뒤에 소유자나 선장이 바뀌더라도 집행절차에는 영향을 미치지 아니한다.

③ 압류한 뒤에 선장이 바뀐 때에는 바뀐 선장만이 이해관계인이 된다.

제180조 【관할위반으로 말미암은 절차의 취소】 압류 당시 선박이 그 법원의 관할 안에 없었음이 판명된 때에는 그 절차를 취소하여야 한다.

제181조 【보증의 제공에 의한 강제경매절차의 취소】 ① 채무자가 제49조 제2호 또는 제4호의 서류를 제출하고 압류채권자 및 배당을 요구한 채권자의 채권과 집행비용에 해당하는 보증을 매수신고 전에 제공한 때에는 법원은 신청에 따라 배당절차 외의 절차를 취소하여야 한다.

② 제1항에 규정한 서류를 제출함에 따른 집행정지가 효력을 잃은 때에는 법원은 제1항의 보증금을 배당하여야

한다.
③ 제1항의 신청을 기각한 재판에 대하여는 즉시항고를 할 수 있다.
④ 제1항의 규정에 따른 집행취소결정에는 제17조 제2항의 규정을 적용하지 아니한다.
⑤ 제1항의 보증의 제공에 관하여 필요한 사항은 대법원규칙으로 정한다.

제182조【사건의 이송】 ① 압류된 선박이 관할구역 밖으로 떠난 때에는 집행법원은 선박이 있는 곳을 관할하는 법원으로 사건을 이송할 수 있다.
② 제1항의 규정에 따른 결정에 대하여는 불복할 수 없다.

제183조【선박국적증서 등을 넘겨받지 못한 경우의 경매절차취소】 경매개시결정이 있은 날부터 2월이 지나기까지 집행관이 선박국적증서 등을 넘겨받지 못하고, 선박이 있는 곳이 분명하지 아니한 때에는 법원은 강제경매절차를 취소할 수 있다.

제184조【매각기일의 공고】 매각기일의 공고에는 선박의 표시와 그 정박한 장소를 적어야 한다.

제185조【선박지분의 압류명령】 ① 선박의 지분에 대한 강제집행은 제251조에서 규정한 강제집행의 예에 따른다.
② 채권자가 선박의 지분에 대하여 강제집행신청을 하기 위하여서는 채무자가 선박의 지분을 소유하고 있다는 사실을 증명할 수 있는 선박등기부의 등본이나 그 밖의 증명서를 내야 한다.
③ 압류명령은 채무자 외에 「상법」 제764조에 의하여 선임된 선박관리인(이하 이 조에서 "선박관리인"이라 한다)에게도 송달하여야 한다.
④ 압류명령은 선박관리인에게 송달되면 채무자에게 송달된 것과 같은 효력을 가진다.

제186조【외국선박의 압류】 외국선박에 대한 강제집행에는 등기부에 기입할 절차에 관한 규정을 적용하지 아니한다.

제187조【자동차 등에 대한 강제집행】 자동차·건설기계·소형선박(「자동차 등 특정동산 저당법」 제3조 제2호에 따른 소형선박을 말한다) 및 항공기(「자동차 등 특정동산 저당법」 제3조 제4호에 따른 항공기 및 경량항공기를 말한다)에 대한 강제집행절차는 제2편 제2장 제2절부터 제4절까지의 규정에 준하여 대법원규칙으로 정한다. [개정 2015.5.18, 시행 2015.11.19]

제4절 동산에 대한 강제집행

제1관 통 칙

제188조【집행방법, 압류의 범위】 ① 동산에 대한 강제집행은 압류에 의하여 개시한다.
② 압류는 집행력 있는 정본에 적은 청구금액의 변제와 집행비용의 변상에 필요한 한도 안에서 하여야 한다.
③ 압류물을 현금화하여도 집행비용 외에 남을 것이 없는 경우에는 집행하지 못한다.

제2관 유체동산에 대한 강제집행

제189조【채무자가 점유하고 있는 물건의 압류】 ① 채무자가 점유하고 있는 유체동산의 압류는 집행관이 그 물건을 점유함으로써 한다. 다만, 채권자의 승낙이 있거나 운반이 곤란한 때에는 봉인(封印), 그 밖의 방법으로 압류물임을 명확히 하여 채무자에게 보관시킬 수 있다.
② 다음 각호 가운데 어느 하나에 해당하는 물건은 이 법에서 유체동산으로 본다.
1. 등기할 수 없는 토지의 정착물로서 독립하여 거래의 객체가 될 수 있는 것
2. 토지에서 분리하기 전의 과실로서 1월 이내에 수확할 수 있는 것
3. 유가증권으로서 배서가 금지되지

아니한 것

③ 집행관은 채무자에게 압류의 사유를 통지하여야 한다.

제190조【부부공유 유체동산의 압류】 채무자와 그 배우자의 공유로서 채무자가 점유하거나 그 배우자와 공동으로 점유하고 있는 유체동산은 제189조의 규정에 따라 압류할 수 있다.

제191조【채무자 외의 사람이 점유하고 있는 물건의 압류】 채권자 또는 물건의 제출을 거부하지 아니하는 제3자가 점유하고 있는 물건은 제189조의 규정을 준용하여 압류할 수 있다.

제192조【국고금의 압류】 국가에 대한 강제집행은 국고금을 압류함으로써 한다.

제193조【압류물의 인도】 ① 압류물을 제3자가 점유하게 된 경우에는 법원은 채권자의 신청에 따라 그 제3자에 대하여 그 물건을 집행관에게 인도하도록 명할 수 있다.

② 제1항의 신청은 압류물을 제3자가 점유하고 있는 것을 안 날부터 1주 이내에 하여야 한다.

③ 제1항의 재판은 상대방에게 송달되기 전에도 집행할 수 있다.

④ 제1항의 재판은 신청인에게 고지된 날부터 2주가 지난 때에는 집행할 수 없다.

⑤ 제1항의 재판에 대하여는 즉시항고를 할 수 있다.

제194조【압류의 효력】 압류의 효력은 압류물에서 생기는 천연물에도 미친다.

제195조【압류가 금지되는 물건】 다음 각호의 물건은 압류하지 못한다.

1. 채무자 및 그와 같이 사는 친족(사실상 관계에 따른 친족을 포함한다. 이하 이 조에서 "채무자 등"이라 한다)의 생활에 필요한 의복 · 침구 · 가구 · 부엌기구, 그 밖의 생활필수품
2. 채무자 등의 생활에 필요한 2월간의 식료품 · 연료 및 조명재료
3. 채무자 등의 생활에 필요한 1월간의 생계비로서 대통령령이 정하는 액수의 금전
4. 주로 자기 노동력으로 농업을 하는 사람에게 없어서는 아니 될 농기구 · 비료 · 가축 · 사료 · 종자, 그 밖에 이에 준하는 물건
5. 주로 자기의 노동력으로 어업을 하는 사람에게 없어서는 아니 될 고기잡이 도구 · 어망 · 미끼 · 새끼고기, 그 밖에 이에 준하는 물건
6. 전문직 종사자 · 기술자 · 노무자, 그 밖에 주로 자기의 정신적 또는 육체적 노동으로 직업 또는 영업에 종사하는 사람에게 없어서는 아니 될 제복 · 도구, 그 밖에 이에 준하는 물건
7. 채무자 또는 그 친족이 받은 훈장 · 포장 · 기장, 그 밖에 이에 준하는 명예증표
8. 위패 · 영정 · 묘비, 그 밖에 상례 · 제사 또는 예배에 필요한 물건
9. 족보 · 집안의 역사적인 기록 · 사진첩, 그 밖에 선조숭배에 필요한 물건
10. 채무자의 생활 또는 직무에 없어서는 아니 될 도장 · 문패 · 간판, 그 밖에 이에 준하는 물건
11. 채무자의 생활 또는 직업에 없어서는 아니 될 일기장 · 상업장부, 그 밖에 이에 준하는 물건
12. 공표되지 아니한 저작 또는 발명에 관한 물건
13. 채무자 등이 학교 · 교회 · 사찰, 그 밖의 교육기관 또는 종교단체에서 사용하는 교과서 · 교리서 · 학습용구, 그 밖에 이에 준하는 물건
14. 채무자 등의 일상생활에 필요한 안경 · 보청기 · 의치 · 의수족 · 지팡이 · 장애보조용 바퀴의자, 그 밖에 이에 준하는 신체보조기구
15. 채무자 등의 일상생활에 필요한 자

동차로서 자동차관리법이 정하는 바에 따른 장애인용 경형자동차
16. 재해의 방지 또는 보안을 위하여 법령의 규정에 따라 설비하여야 하는 소방설비 · 경보기구 · 피난시설, 그 밖에 이에 준하는 물건

제196조【압류금지 물건을 정하는 재판】 ① 법원은 당사자가 신청하면 채권자와 채무자의 생활형편, 그 밖의 사정을 고려하여 유체동산의 전부 또는 일부에 대한 압류를 취소하도록 명하거나 제195조의 유체동산을 압류하도록 명할 수 있다.
② 제1항의 결정이 있은 뒤에 그 이유가 소멸되거나 사정이 바뀐 때에는 법원은 직권으로 또는 당사자의 신청에 따라 그 결정을 취소하거나 바꿀 수 있다.
③ 제1항 및 제2항의 경우에 법원은 제16조 제2항에 준하는 결정을 할 수 있다.
④ 제1항 및 제2항의 결정에 대하여는 즉시항고를 할 수 있다.
⑤ 제3항의 결정에 대하여는 불복할 수 없다.

제197조【일괄매각】 ① 집행관은 여러 개의 유체동산의 형태, 이용관계 등을 고려하여 일괄매수하게 하는 것이 알맞다고 인정하는 때에는 직권으로 또는 이해관계인의 신청에 따라 일괄하여 매각할 수 있다.
② 제1항의 경우에는 제98조 제3항, 제99조, 제100조, 제101조 제2항 내지 제5항의 규정을 준용한다.

제198조【압류물의 보존】 ① 압류물을 보존하기 위하여 필요한 때에는 집행관은 적당한 처분을 하여야 한다.
② 제1항의 경우에 비용이 필요한 때에는 채권자로 하여금 이를 미리 내게 하여야 한다. 채권자가 여럿인 때에는 요구하는 액수에 비례하여 미리 내게 한다.
③ 제49조 제2호 또는 제4호의 문서가 제출된 경우에 압류물을 즉시 매각하지 아니하면 값이 크게 내릴 염려가 있거나, 보관에 지나치게 많은 비용이 드는 때에는 집행관은 그 물건을 매각할 수 있다.
④ 집행관은 제3항의 규정에 따라 압류물을 매각하였을 때에는 그 대금을 공탁하여야 한다.

제199조【압류물의 매각】 집행관은 압류를 실시한 뒤 입찰 또는 호가경매의 방법으로 압류물을 매각하여야 한다.

제200조【값비싼 물건의 평가】 매각할 물건 가운데 값이 비싼 물건이 있는 때에는 집행관은 적당한 감정인에게 이를 평가하게 하여야 한다.

제201조【압류금전】 ① 압류한 금전은 채권자에게 인도하여야 한다.
② 집행관이 금전을 추심한 때에는 채무자가 지급한 것으로 본다. 다만, 담보를 제공하거나 공탁을 하여 집행에서 벗어날 수 있도록 채무자에게 허가한 때에는 그러하지 아니하다.

제202조【매각일】 압류일과 매각일 사이에는 1주 이상 기간을 두어야 한다. 다만, 압류물을 보관하는 데 지나치게 많은 비용이 들거나, 시일이 지나면 그 물건의 값이 크게 내릴 염려가 있는 때에는 그러하지 아니하다.

제203조【매각장소】 ① 매각은 압류한 유체동산이 있는 시 · 구 · 읍 · 면(도농복합형태의 시의 경우 동지역은 시 · 구, 읍 · 면지역은 읍 · 면)에서 진행한다. 다만, 압류채권자와 채무자가 합의하면 합의된 장소에서 진행한다.
② 매각일자와 장소는 대법원규칙이 정하는 방법으로 공고한다. 공고에는 매각할 물건을 표시하여야 한다.

제204조【준용규정】 매각장소의 질서유지에 관하여는 제108조의 규정을 준용한다.

제205조【매각 · 재매각】 ① 집행관은 최

고가매수신고인의 성명과 가격을 말한 뒤 매각을 허가한다.
② 매각물은 대금과 서로 맞바꾸어 인도하여야 한다.
③ 매수인이 매각조건에 정한 지급기일에 대금의 지급과 물건의 인도청구를 게을리한 때에는 재매각을 하여야 한다. 지급기일을 정하지 아니한 경우로서 매각기일의 마감에 앞서 대금의 지급과 물건의 인도청구를 게을리한 때에도 또한 같다.
④ 제3항의 경우에는 전의 매수인은 재매각절차에 참가하지 못하며, 뒤의 매각대금이 처음의 매각대금보다 적은 때에는 그 부족한 액수를 부담하여야 한다.

제206조【배우자의 우선매수권】 ① 제190조의 규정에 따라 압류한 유체동산을 매각하는 경우에 배우자는 매각기일에 출석하여 우선매수할 것을 신고할 수 있다.
② 제1항의 우선매수신고에는 제140조 제1항 및 제2항의 규정을 준용한다.

제207조【매각의 한도】 매각은 매각대금으로 채권자에게 변제하고 강제집행비용을 지급하기에 충분하게 되면 즉시 중지하여야 한다. 다만, 제197조 제2항 및 제101조 제3항 단서에 따른 일괄매각의 경우에는 그러하지 아니하다.

제208조【집행관이 매각대금을 영수한 효과】 집행관이 매각대금을 영수한 때에는 채무자가 지급한 것으로 본다. 다만, 담보를 제공하거나 공탁을 하여 집행에서 벗어날 수 있도록 채무자에게 허가한 때에는 그러하지 아니하다.

제209조【금·은붙이의 현금화】 금·은붙이는 그 금·은의 시장가격 이상의 금액으로 일반 현금화의 규정에 따라 매각하여야 한다. 시장가격 이상의 금액으로 매수하는 사람이 없는 때에는 집행관은 그 시장가격에 따라 적당한 방법으로 매각할 수 있다.

제210조【유가증권의 현금화】 집행관이 유가증권을 압류한 때에는 시장가격이 있는 것은 매각하는 날의 시장가격에 따라 적당한 방법으로 매각하고 그 시장가격이 형성되지 아니한 것은 일반 현금화의 규정에 따라 매각하여야 한다.

제211조【기명유가증권의 명의개서】 유가증권이 기명식인 때에는 집행관은 매수인을 위하여 채무자에 갈음하여 배서 또는 명의개서에 필요한 행위를 할 수 있다.

제212조【어음 등의 제시의무】 ① 집행관은 어음·수표 그 밖의 금전의 지급을 목적으로 하는 유가증권(이하 "어음 등"이라 한다)으로서 일정한 기간 안에 인수 또는 지급을 위한 제시 또는 지급의 청구를 필요로 하는 것을 압류하였을 경우에 그 기간이 개시되면 채무자에 갈음하여 필요한 행위를 하여야 한다.
② 집행관은 미완성 어음 등을 압류한 경우에 채무자에게 기한을 정하여 어음 등에 적을 사항을 보충하도록 최고하여야 한다.

제213조【미분리과실의 매각】 ① 토지에서 분리되기 전에 압류한 과실은 충분히 익은 다음에 매각하여야 한다.
② 집행관은 매각하기 위하여 수확을 하게 할 수 있다.

제214조【특별한 현금화 방법】 ① 법원은 필요하다고 인정하면 직권으로 또는 압류채권자, 배당을 요구한 채권자 또는 채무자의 신청에 따라 일반 현금화의 규정에 의하지 아니하고 다른 방법이나 다른 장소에서 압류물을 매각하게 할 수 있다. 또한 집행관에게 위임하지 아니하고 다른 사람으로 하여금 매각하게 하도록 명할 수 있다.
② 제1항의 재판에 대하여는 불복할 수 없다.

제215조【압류의 경합】 ① 유체동산을

압류하거나 가압류한 뒤 매각기일에 이르기 전에 다른 강제집행이 신청된 때에는 집행관은 집행신청서를 먼저 압류한 집행관에게 교부하여야 한다. 이 경우 더 압류할 물건이 있으면 이를 압류한 뒤에 추가압류조서를 교부하여야 한다.

② 제1항의 경우에 집행에 관한 채권자의 위임은 먼저 압류한 집행관에게 이전된다.

③ 제1항의 경우에 각 압류한 물건은 강제집행을 신청한 모든 채권자를 위하여 압류한 것으로 본다.

④ 제1항의 경우에 먼저 압류한 집행관은 뒤에 강제집행을 신청한 채권자를 위하여 다시 압류한다는 취지를 덧붙여 그 압류조서에 적어야 한다.

제216조【채권자의 매각최고】 ① 상당한 기간이 지나도 집행관이 매각하지 아니하는 때에는 압류채권자는 집행관에게 일정한 기간 이내에 매각하도록 최고할 수 있다.

② 집행관이 제1항의 최고에 따르지 아니하는 때에는 압류채권자는 법원에 필요한 명령을 신청할 수 있다.

제217조【우선권자의 배당요구】 민법 · 상법, 그 밖의 법률에 따라 우선변제청구권이 있는 채권자는 매각대금의 배당을 요구할 수 있다.

제218조【배당요구의 절차】 제217조의 배당요구는 이유를 밝혀 집행관에게 하여야 한다.

제219조【배당요구 등의 통지】 제215조 제1항 및 제218조의 경우에는 집행관은 그 사유를 배당에 참가한 채권자와 채무자에게 통지하여야 한다.

제220조【배당요구의 시기】 ① 배당요구는 다음 각호의 시기까지 할 수 있다.

1. 집행관이 금전을 압류한 때 또는 매각대금을 영수한 때
2. 집행관이 어음 · 수표 그 밖의 금전의 지급을 목적으로 한 유가증권에 대하여 그 금전을 지급받은 때

② 제198조 제4항에 따라 공탁된 매각대금에 대하여는 동산집행을 계속하여 진행할 수 있게 된 때까지, 제296조 제5항 단서에 따라 공탁된 매각대금에 대하여는 압류의 신청을 한 때까지 배당요구를 할 수 있다.

제221조【배우자의 지급요구】 ① 제190조의 규정에 따라 압류한 유체동산에 대하여 공유지분을 주장하는 배우자는 매각대금을 지급하여 줄 것을 요구할 수 있다.

② 제1항의 지급요구에는 제218조 내지 제220조의 규정을 준용한다.

③ 제219조의 통지를 받은 채권자가 배우자의 공유주장에 대하여 이의가 있는 때에는 배우자를 상대로 소를 제기하여 공유가 아니라는 것을 확정하여야 한다.

④ 제3항의 소에는 제154조 제3항, 제155조 내지 제158조, 제160조 제1항 제5호 및 제161조 제1항 · 제2항 · 제4항의 규정을 준용한다.

제222조【매각대금의 공탁】 ① 매각대금으로 배당에 참가한 모든 채권자를 만족하게 할 수 없고 매각허가된 날부터 2주 이내에 채권자 사이에 배당협의가 이루어지지 아니한 때에는 매각대금을 공탁하여야 한다.

② 여러 채권자를 위하여 동시에 금전을 압류한 경우에도 제1항과 같다.

③ 제1항 및 제2항의 경우에 집행관은 집행절차에 관한 서류를 붙여 그 사유를 법원에 신고하여야 한다.

제3관 채권과 그 밖의 재산권에 대한 강제집행

제223조【채권의 압류명령】 제3자에 대한 채무자의 금전채권 또는 유가증권, 그 밖의 유체물의 권리이전이나 인도를 목적으로 한 채권에 대한 강제집행은 집행법원의 압류명령에 의하여 개

시한다.

제224조【집행법원】 ① 제223조의 집행법원은 채무자의 보통재판적이 있는 곳의 지방법원으로 한다.

② 제1항의 지방법원이 없는 경우 집행법원은 압류한 채권의 채무자(이하 "제3채무자"라 한다)의 보통재판적이 있는 곳의 지방법원으로 한다. 다만, 이 경우에 물건의 인도를 목적으로 하는 채권과 물적 담보권 있는 채권에 대한 집행법원은 그 물건이 있는 곳의 지방법원으로 한다.

③ 가압류에서 이전되는 채권압류의 경우에 제223조의 집행법원은 가압류를 명한 법원이 있는 곳을 관할하는 지방법원으로 한다.

제225조【압류명령의 신청】 채권자는 압류명령신청에 압류할 채권의 종류와 액수를 밝혀야 한다.

제226조【심문의 생략】 압류명령은 제3채무자와 채무자를 심문하지 아니하고 한다.

제227조【금전채권의 압류】 ① 금전채권을 압류할 때에는 법원은 제3채무자에게 채무자에 대한 지급을 금지하고 채무자에게 채권의 처분과 영수를 금지하여야 한다.

② 압류명령은 제3채무자와 채무자에게 송달하여야 한다.

③ 압류명령이 제3채무자에게 송달되면 압류의 효력이 생긴다.

④ 압류명령의 신청에 관한 재판에 대하여는 즉시항고를 할 수 있다.

제228조【저당권이 있는 채권의 압류】 ① 저당권이 있는 채권을 압류할 경우 채권자는 채권압류사실을 등기부에 기입하여 줄 것을 법원사무관 등에게 신청할 수 있다. 이 신청은 채무자의 승낙 없이 법원에 대한 압류명령의 신청과 함께 할 수 있다.

② 법원사무관 등은 의무를 지는 부동산 소유자에게 압류명령이 송달된 뒤에 제1항의 신청에 따른 등기를 촉탁하여야 한다.

제229조【금전채권의 현금화방법】 ① 압류한 금전채권에 대하여 압류채권자는 추심명령(推尋命令)이나 전부명령(轉付命令)을 신청할 수 있다.

② 추심명령이 있는 때에는 압류채권자는 대위절차(代位節次) 없이 압류채권을 추심할 수 있다.

③ 전부명령이 있는 때에는 압류된 채권은 지급에 갈음하여 압류채권자에게 이전된다.

④ 추심명령에 대하여는 제227조 제2항 및 제3항의 규정을, 전부명령에 대하여는 제227조 제2항의 규정을 각각 준용한다.

⑤ 전부명령이 제3채무자에게 송달될 때까지 그 금전채권에 관하여 다른 채권자가 압류·가압류 또는 배당요구를 한 경우에는 전부명령은 효력을 가지지 아니한다.

⑥ 제1항의 신청에 관한 재판에 대하여는 즉시항고를 할 수 있다.

⑦ 전부명령은 확정되어야 효력을 가진다.

⑧ 전부명령이 있은 뒤에 제49조 제2호 또는 제4호의 서류를 제출한 것을 이유로 전부명령에 대한 즉시항고가 제기된 경우에는 항고법원은 다른 이유로 전부명령을 취소하는 경우를 제외하고는 항고에 관한 재판을 정지하여야 한다.

제230조【저당권이 있는 채권의 이전】 저당권이 있는 채권에 관하여 전부명령이 있는 경우에는 제228조의 규정을 준용한다.

제231조【전부명령의 효과】 전부명령이 확정된 경우에는 전부명령이 제3채무자에게 송달된 때에 채무자가 채무를 변제한 것으로 본다. 다만, 이전된 채권이 존재하지 아니한 때에는 그러하지 아니하다.

제232조【추심명령의 효과】 ① 추심명령은 그 채권전액에 미친다. 다만, 법원은 채무자의 신청에 따라 압류채권자를 심문하여 압류액수를 그 채권자의 요구액수로 제한하고 채무자에게 그 초과된 액수의 처분과 영수를 허가할 수 있다.

② 제1항 단서의 제한부분에 대하여 다른 채권자는 배당요구를 할 수 없다.

③ 제1항의 허가는 제3채무자와 채권자에게 통지하여야 한다.

제233조【지시채권의 압류】 어음·수표 그 밖에 배서로 이전할 수 있는 증권으로서 배서가 금지된 증권채권의 압류는 법원의 압류명령으로 집행관이 그 증권을 점유하여 한다.

제234조【채권증서】 ① 채무자는 채권에 관한 증서가 있으면 압류채권자에게 인도하여야 한다.

② 채권자는 압류명령에 의하여 강제집행의 방법으로 그 증서를 인도받을 수 있다.

제235조【압류의 경합】 ① 채권 일부가 압류된 뒤에 그 나머지 부분을 초과하여 다시 압류명령이 내려진 때에는 각 압류의 효력은 그 채권 전부에 미친다.

② 채권 전부가 압류된 뒤에 그 채권 일부에 대하여 다시 압류명령이 내려진 때 그 압류의 효력도 제1항과 같다.

제236조【추심의 신고】 ① 채권자는 추심한 채권액을 법원에 신고하여야 한다.

② 제1항의 신고 전에 다른 압류·가압류 또는 배당요구가 있었을 때에는 채권자는 추심한 금액을 바로 공탁하고 그 사유를 신고하여야 한다.

제237조【제3채무자의 진술의무】 ① 압류채권자는 제3채무자로 하여금 압류명령을 송달받은 날부터 1주 이내에 서면으로 다음 각호의 사항을 진술하게 하도록 법원에 신청할 수 있다.

1. 채권을 인정하는지의 여부 및 인정한다면 그 한도
2. 채권에 대하여 지급할 의사가 있는지의 여부 및 의사가 있다면 그 한도
3. 채권에 대하여 다른 사람으로부터 청구가 있는지의 여부 및 청구가 있다면 그 종류
4. 다른 채권자에게 채권을 압류당한 사실이 있는지의 여부 및 그 사실이 있다면 그 청구의 종류

② 법원은 제1항의 진술을 명하는 서면을 제3채무자에게 송달하여야 한다.

③ 제3채무자가 진술을 게을리한 때에는 법원은 제3채무자에게 제1항의 사항을 심문할 수 있다.

제238조【추심의 소제기】 채권자가 명령의 취지에 따라 제3채무자를 상대로 소를 제기할 때에는 일반규정에 의한 관할법원에 제기하고 채무자에게 그 소를 고지하여야 한다. 다만, 채무자가 외국에 있거나 있는 곳이 분명하지 아니한 때에는 고지할 필요가 없다.

제239조【추심의 소홀】 채권자가 추심할 채권의 행사를 게을리한 때에는 이로써 생긴 채무자의 손해를 부담한다.

제240조【추심권의 포기】 ① 채권자는 추심명령에 따라 얻은 권리를 포기할 수 있다. 다만, 기본채권에는 영향이 없다.

② 제1항의 포기는 법원에 서면으로 신고하여야 한다. 법원사무관 등은 그 등본을 제3채무자와 채무자에게 송달하여야 한다.

제241조【특별한 현금화방법】 ① 압류된 채권이 조건 또는 기한이 있거나, 반대의무의 이행과 관련되어 있거나 그 밖의 이유로 추심하기 곤란할 때에는 법원은 채권자의 신청에 따라 다음 각호의 명령을 할 수 있다.

1. 채권을 법원이 정한 값으로 지급함에 갈음하여 압류채권자에게 양도하는 양도명령
2. 추심에 갈음하여 법원이 정한 방법

으로 그 채권을 매각하도록 집행관에게 명하는 매각명령

3. 관리인을 선임하여 그 채권의 관리를 명하는 관리명령
4. 그 밖에 적당한 방법으로 현금화하도록 하는 명령

② 법원은 제1항의 경우 그 신청을 허가하는 결정을 하기 전에 채무자를 심문하여야 한다. 다만, 채무자가 외국에 있거나 있는 곳이 분명하지 아니한 때에는 심문할 필요가 없다.

③ 제1항의 결정에 대하여는 즉시항고를 할 수 있다.

④ 제1항의 결정은 확정되어야 효력을 가진다.

⑤ 압류된 채권을 매각한 경우에는 집행관은 채무자를 대신하여 제3채무자에게 서면으로 양도의 통지를 하여야 한다.

⑥ 양도명령에는 제227조 제2항 · 제229조 제5항 · 제230조 및 제231조의 규정을, 매각명령에 의한 집행관의 매각에는 제108조의 규정을, 관리명령에는 제227조 제2항의 규정을, 관리명령에 의한 관리에는 제167조, 제169조 내지 제171조, 제222조 제2항 · 제3항의 규정을 각각 준용한다.

제242조【유체물인도청구권 등에 대한 집행】 부동산 · 유체동산 · 선박 · 자동차 · 건설기계 · 항공기 · 경량항공기 등 유체물의 인도나 권리이전의 청구권에 대한 강제집행에 대하여는 제243조부터 제245조까지의 규정을 우선적용하는 것을 제외하고는 제227조부터 제240조까지의 규정을 준용한다. [개정 2015.5.18, 시행 2015.11.19]

제243조【유체동산에 관한 청구권의 압류】 ① 유체동산에 관한 청구권을 압류하는 경우에는 법원이 제3채무자에 대하여 그 동산을 채권자의 위임을 받은 집행관에게 인도하도록 명한다.

② 채권자는 제3채무자에 대하여 제1항의 명령의 이행을 구하기 위하여 법원에 추심명령을 신청할 수 있다.

③ 제1항의 동산의 현금화에 대하여는 압류한 유체동산의 현금화에 관한 규정을 적용한다.

제244조【부동산청구권에 대한 압류】 ① 부동산에 관한 인도청구권의 압류에 대하여는 그 부동산소재지의 지방법원은 채권자 또는 제3채무자의 신청에 의하여 보관인을 정하고 제3채무자에 대하여 그 부동산을 보관인에게 인도할 것을 명하여야 한다.

② 부동산에 관한 권리이전청구권의 압류에 대하여는 그 부동산소재지의 지방법원은 채권자 또는 제3채무자의 신청에 의하여 보관인을 정하고 제3채무자에 대하여 그 부동산에 관한 채무자명의의 권리이전등기절차를 보관인에게 이행할 것을 명하여야 한다.

③ 제2항의 경우에 보관인은 채무자명의의 권리이전등기신청에 관하여 채무자의 대리인이 된다.

④ 채권자는 제3채무자에 대하여 제1항 또는 제2항의 명령의 이행을 구하기 위하여 법원에 추심명령을 신청할 수 있다.

제245조【전부명령 제외】 유체물의 인도나 권리이전의 청구권에 대하여는 전부명령을 하지 못한다.

제246조【압류금지채권】 ① 다음 각호의 채권은 압류하지 못한다.

1. 법령에 규정된 부양료 및 유족부조료(遺族扶助料)
2. 채무자가 구호사업이나 제3자의 도움으로 계속 받는 수입
3. 병사의 급료
4. 급료 · 연금 · 봉급 · 상여금 · 퇴직연금, 그 밖에 이와 비슷한 성질을 가진 급여채권의 2분의 1에 해당하는 금액. 다만, 그 금액이 국민기초생활보장법에 의한 최저생계비를 감안하여 대통령령이 정하는 금액에 미

치지 못하는 경우 또는 표준적인 가구의 생계비를 감안하여 대통령령이 정하는 금액을 초과하는 경우에는 각각 당해 대통령령이 정하는 금액으로 한다.
5. 퇴직금 그 밖에 이와 비슷한 성질을 가진 급여채권의 2분의 1에 해당하는 금액
6. 「주택임대차보호법」 제8조, 같은 법 시행령의 규정에 따라 우선변제를 받을 수 있는 금액
7. 생명, 상해, 질병, 사고 등을 원인으로 채무자가 지급받는 보장성보험의 보험금(해약환급 및 만기환급금을 포함한다). 다만, 압류금지의 범위는 생계유지, 치료 및 장애 회복에 소요될 것으로 예상되는 비용 등을 고려하여 대통령령으로 정한다.
8. 채무자의 1월간 생계유지에 필요한 예금(적금 · 부금 · 예탁금과 우편대체를 포함한다). 다만, 그 금액은 「국민기초생활 보장법」에 따른 최저생계비, 제195조 제3호에서 정한 금액 등을 고려하여 대통령령으로 정한다.

② 법원은 제1항 제1호부터 제7호까지에 규정된 종류의 금원이 금융기관에 개설된 채무자의 계좌에 이체되는 경우 채무자의 신청에 따라 그에 해당하는 부분의 압류명령을 취소하여야 한다.

③ 법원은 당사자가 신청하면 채권자와 채무자의 생활형편, 그 밖의 사정을 고려하여 압류명령의 전부 또는 일부를 취소하거나 제1항의 압류금지채권에 대하여 압류명령을 할 수 있다.

④ 제3항의 경우에는 제196조 제2항 내지 제5항의 규정을 준용한다.

제247조 【배당요구】 ① 민법 · 상법, 그 밖의 법률에 의하여 우선변제청구권이 있는 채권자와 집행력 있는 정본을 가진 채권자는 다음 각호의 시기까지 법원에 배당요구를 할 수 있다.
1. 제3채무자가 제248조 제4항에 따른 공탁의 신고를 한 때
2. 채권자가 제236조에 따른 추심의 신고를 한 때
3. 집행관이 현금화한 금전을 법원에 제출한 때

② 전부명령이 제3채무자에게 송달된 뒤에는 배당요구를 하지 못한다.

③ 제1항의 배당요구에는 제218조 및 제219조의 규정을 준용한다.

④ 제1항의 배당요구는 제3채무자에게 통지하여야 한다.

제248조 【제3채무자의 채무액의 공탁】
① 제3채무자는 압류에 관련된 금전채권의 전액을 공탁할 수 있다.

② 금전채권에 관하여 배당요구서를 송달받은 제3채무자는 배당에 참가한 채권자의 청구가 있으면 압류된 부분에 해당하는 금액을 공탁하여야 한다.

③ 금전채권 중 압류되지 아니한 부분을 초과하여 거듭 압류명령 또는 가압류명령이 내려진 경우에 그 명령을 송달받은 제3채무자는 압류 또는 가압류채권자의 청구가 있으면 그 채권의 전액에 해당하는 금액을 공탁하여야 한다.

④ 제3채무자가 채무액을 공탁한 때에는 그 사유를 법원에 신고하여야 한다. 다만, 상당한 기간 이내에 신고가 없는 때에는 압류채권자, 가압류채권자, 배당에 참가한 채권자, 채무자, 그 밖의 이해관계인이 그 사유를 법원에 신고할 수 있다.

제249조 【추심의 소】 ① 제3채무자가 추심절차에 대하여 의무를 이행하지 아니하는 때에는 압류채권자는 소로써 그 이행을 청구할 수 있다.

② 집행력 있는 정본을 가진 모든 채권자는 공동소송인으로 원고 쪽에 참가할 권리가 있다.

③ 소를 제기당한 제3채무자는 제2항

의 채권자를 공동소송인으로 원고 쪽에 참가하도록 명할 것을 첫 변론기일까지 신청할 수 있다.

④ 소에 대한 재판은 제3항의 명령을 받은 채권자에 대하여 효력이 미친다.

제250조【채권자의 추심최고】 압류채권자가 추심절차를 게을리한 때에는 집행력 있는 정본으로 배당을 요구한 채권자는 일정한 기간 내에 추심하도록 최고하고, 최고에 따르지 아니한 때에는 법원의 허가를 얻어 직접 추심할 수 있다.

제251조【그 밖의 재산권에 대한 집행】

① 앞의 여러 조문에 규정된 재산권 외에 부동산을 목적으로 하지 아니한 재산권에 대한 강제집행은 이 관의 규정 및 제98조 내지 제101조의 규정을 준용한다.

② 제3채무자가 없는 경우에 압류는 채무자에게 권리처분을 금지하는 명령을 송달한 때에 효력이 생긴다.

제4관 배당절차

제252조【배당절차의 개시】 법원은 다음 각호 가운데 어느 하나에 해당하는 경우에는 배당절차를 개시한다.

1. 제222조의 규정에 따라 집행관이 공탁한 때
2. 제236조의 규정에 따라 추심채권자가 공탁하거나 제248조의 규정에 따라 제3채무자가 공탁한 때
3. 제241조의 규정에 따라 현금화된 금전을 법원에 제출한 때

제253조【계산서 제출의 최고】 법원은 채권자들에게 1주 이내에 원금 · 이자 · 비용, 그 밖의 부대채권의 계산서를 제출하도록 최고하여야 한다.

제254조【배당표의 작성】 ① 제253조의 기간이 끝난 뒤에 법원은 배당표를 작성하여야 한다.

② 제1항의 기간을 지키지 아니한 채권자의 채권은 배당요구서와 사유신고서의 취지 및 그 증빙서류에 따라 계산한다. 이 경우 다시 채권액을 추가하지 못한다.

제255조【배당기일의 준비】 법원은 배당을 실시할 기일을 지정하고 채권자와 채무자에게 이를 통지하여야 한다. 다만, 채무자가 외국에 있거나 있는 곳이 분명하지 아니한 때에는 통지하지 아니한다.

제256조【배당표의 작성과 실시) 배당표의 작성, 배당표에 대한 이의 및 그 완결과 배당표의 실시에 대하여는 제149조 내지 제161조의 규정을 준용한다.

제3장 금전채권 외의 채권에 기초한 강제집행

제257조【동산인도청구의 집행】 채무자가 특정한 동산이나 대체물의 일정한 수량을 인도하여야 할 때에는 집행관은 이를 채무자로부터 빼앗아 채권자에게 인도하여야 한다.

제258조【부동산 등의 인도청구의 집행】

① 채무자가 부동산이나 선박을 인도하여야 할 때에는 집행관은 채무자로부터 점유를 빼앗아 채권자에게 인도하여야 한다.

② 제1항의 강제집행은 채권자나 그 대리인이 인도받기 위하여 출석한 때에만 한다.

③ 강제집행의 목적물이 아닌 동산은 집행관이 제거하여 채무자에게 인도하여야 한다.

④ 제3항의 경우 채무자가 없는 때에는 집행관은 채무자와 같이 사는 사리를 분별할 지능이 있는 친족 또는 채무자의 대리인이나 고용인에게 그 동산을 인도하여야 한다.

⑤ 채무자와 제4항에 적은 사람이 없는 때에는 집행관은 그 동산을 채무자의 비용으로 보관하여야 한다.

⑥ 채무자가 그 동산의 수취를 게을리 한 때에는 집행관은 집행법원의 허가를 받아 동산에 대한 강제집행의 매각절차에 관한 규정에 따라 그 동산을 매각하고 비용을 뺀 뒤에 나머지 대금을 공탁하여야 한다.

제259조【목적물을 제3자가 점유하는 경우】 인도할 물건을 제3자가 점유하고 있는 때에는 채권자의 신청에 따라 금전채권의 압류에 관한 규정에 따라 채무자의 제3자에 대한 인도청구권을 채권자에게 넘겨야 한다.

제260조【대체집행】 ① 민법 제389조 제2항 후단과 제3항의 경우에는 제1심 법원은 채권자의 신청에 따라 민법의 규정에 의한 결정을 하여야 한다.

② 채권자는 제1항의 행위에 필요한 비용을 미리 지급할 것을 채무자에게 명하는 결정을 신청할 수 있다. 다만, 뒷날 그 초과비용을 청구할 권리는 영향을 받지 아니한다.

③ 제1항과 제2항의 신청에 관한 재판에 대하여는 즉시항고를 할 수 있다.

제261조【간접강제】 ① 채무의 성질이 간접강제를 할 수 있는 경우에 제1심 법원은 채권자의 신청에 따라 간접강제를 명하는 결정을 한다. 그 결정에는 채무의 이행의무 및 상당한 이행기간을 밝히고, 채무자가 그 기간 이내에 이행을 하지 아니하는 때에는 늦어진 기간에 따라 일정한 배상을 하도록 명하거나 즉시 손해배상을 하도록 명할 수 있다.

② 제1항의 신청에 관한 재판에 대하여는 즉시항고를 할 수 있다.

제262조【채무자의 심문】 제260조 및 제261조의 결정은 변론 없이 할 수 있다. 다만, 결정하기 전에 채무자를 심문하여야 한다.

제263조【의사표시의무의 집행】 ① 채무자가 권리관계의 성립을 인낙한 때에는 그 조서로, 의사의 진술을 명한 판결이 확정된 때에는 그 판결로 권리관계의 성립을 인낙하거나 의사를 진술한 것으로 본다.

② 반대의무가 이행된 뒤에 권리관계의 성립을 인낙하거나 의사를 진술할 것인 경우에는 제30조와 제32조의 규정에 따라 집행문을 내어 준 때에 그 효력이 생긴다.

제3편 담보권 실행 등을 위한 경매

제264조【부동산에 대한 경매신청】 ① 부동산을 목적으로 하는 담보권을 실행하기 위한 경매신청을 함에는 담보권이 있다는 것을 증명하는 서류를 내야 한다.

② 담보권을 승계한 경우에는 승계를 증명하는 서류를 내야 한다.

③ 부동산 소유자에게 경매개시결정을 송달할 때에는 제2항의 규정에 따라 제출된 서류의 등본을 붙여야 한다.

제265조【경매개시결정에 대한 이의신청사유】 경매절차의 개시결정에 대한 이의신청사유로 담보권이 없다는 것 또는 소멸되었다는 것을 주장할 수 있다.

제266조【경매절차의 정지】 ① 다음 각 호 가운데 어느 하나에 해당하는 문서가 경매법원에 제출되면 경매절차를 정지하여야 한다.

1. 담보권의 등기가 말소된 등기사항증명서
2. 담보권 등기를 말소하도록 명한 확정판결의 정본
3. 담보권이 없거나 소멸되었다는 취지의 확정판결의 정본
4. 채권자가 담보권을 실행하지 아니하기로 하거나 경매신청을 취하하

겠다는 취지 또는 피담보채권을 변제받았거나 그 변제를 미루도록 승낙한다는 취지를 적은 서류
5. 담보권 실행을 일시정지하도록 명한 재판의 정본

② 제1항 제1호 내지 제3호의 경우와 제4호의 서류가 화해조서의 정본 또는 공정증서의 정본인 경우에는 경매법원은 이미 실시한 경매절차를 취소하여야 하며, 제5호의 경우에는 그 재판에 따라 경매절차를 취소하지 아니한 때에만 이미 실시한 경매절차를 일시적으로 유지하게 하여야 한다.

③ 제2항의 규정에 따라 경매절차를 취소하는 경우에는 제17조의 규정을 적용하지 아니한다.

제267조【대금완납에 따른 부동산취득의 효과】 매수인의 부동산 취득은 담보권 소멸로 영향을 받지 아니한다.

제268조【준용규정】 부동산을 목적으로 하는 담보권 실행을 위한 경매절차에는 제79조 내지 제162조의 규정을 준용한다.

제269조【선박에 대한 경매】 선박을 목적으로 하는 담보권 실행을 위한 경매절차에는 제172조 내지 제186조, 제264조 내지 제268조의 규정을 준용한다.

제270조【자동차 등에 대한 경매】 자동차·건설기계·소형선박(「자동차 등 특정동산 저당법」 제3조 제2호에 따른 소형선박을 말한다) 및 항공기(「자동차 등 특정동산 저당법」 제3조 제4호에 따른 항공기 및 경량항공기를 말한다)를 목적으로 하는 담보권 실행을 위한 경매절차는 제264조부터 제269조까지, 제271조 및 제272조의 규정에 준하여 대법원규칙으로 정한다. [개정 2015.5.18, 시행 2015.11.19]

제271조【유체동산에 대한 경매】 유체동산을 목적으로 하는 담보권 실행을 위한 경매는 채권자가 그 목적물을 제출하거나, 그 목적물의 점유자가 압류를 승낙한 때에 개시한다.

제272조【준용규정】 제271조의 경매절차에는 제2편 제2장 제4절 제2관의 규정과 제265조 및 제266조의 규정을 준용한다.

제273조【채권과 그 밖의 재산권에 대한 담보권의 실행】 ① 채권, 그 밖의 재산권을 목적으로 하는 담보권의 실행은 담보권의 존재를 증명하는 서류(권리의 이전에 관하여 등기나 등록을 필요로 하는 경우에는 그 등기사항증명서 또는 등록원부의 등본)가 제출된 때에 개시한다.

② 민법 제342조에 따라 담보권설정자가 받을 금전, 그 밖의 물건에 대하여 권리를 행사하는 경우에도 제1항과 같다.

③ 제1항과 제2항의 권리실행절차에는 제2편 제2장 제4절 제3관의 규정을 준용한다.

제274조【유치권 등에 의한 경매】 ① 유치권에 의한 경매와 민법·상법, 그 밖의 법률이 규정하는 바에 따른 경매(이하 "유치권 등에 의한 경매"라 한다)는 담보권 실행을 위한 경매의 예에 따라 실시한다.

② 유치권 등에 의한 경매절차는 목적물에 대하여 강제경매 또는 담보권 실행을 위한 경매절차가 개시된 경우에는 이를 정지하고, 채권자 또는 담보권자를 위하여 그 절차를 계속하여 진행한다.

③ 제2항의 경우에 강제경매 또는 담보권 실행을 위한 경매가 취소되면 유치권 등에 의한 경매절차를 계속하여 진행하여야 한다.

제275조【준용규정】 이 편에 규정한 경매 등 절차에는 제42조 내지 제44조 및 제46조 내지 제53조의 규정을 준용한다.

제4편 보전처분

제276조【가압류의 목적】 ① 가압류는 금전채권이나 금전으로 환산할 수 있는 채권에 대하여 동산 또는 부동산에 대한 강제집행을 보전하기 위하여 할 수 있다.

② 제1항의 채권이 조건이 붙어 있는 것이거나 기한이 차지 아니한 것인 경우에도 가압류를 할 수 있다.

제277조【보전의 필요】 가압류는 이를 하지 아니하면 판결을 집행할 수 없거나 판결을 집행하는 것이 매우 곤란할 염려가 있을 경우에 할 수 있다.

제278조【가압류법원】 가압류는 가압류할 물건이 있는 곳을 관할하는 지방법원이나 본안의 관할법원이 관할한다.

제279조【가압류신청】 ① 가압류신청에는 다음 각호의 사항을 적어야 한다.

1. 청구채권의 표시, 그 청구채권이 일정한 금액이 아닌 때에는 금전으로 환산한 금액
2. 제277조의 규정에 따라 가압류의 이유가 될 사실의 표시

② 청구채권과 가압류의 이유는 소명하여야 한다.

제280조【가압류명령】 ① 가압류신청에 대한 재판은 변론 없이 할 수 있다.

② 청구채권이나 가압류의 이유를 소명하지 아니한 때에도 가압류로 생길 수 있는 채무자의 손해에 대하여 법원이 정한 담보를 제공한 때에는 법원은 가압류를 명할 수 있다.

③ 청구채권과 가압류의 이유를 소명한 때에도 법원은 담보를 제공하게 하고 가압류를 명할 수 있다.

④ 담보를 제공한 때에는 그 담보의 제공과 담보제공의 방법을 가압류명령에 적어야 한다.

제281조【재판의 형식】 ① 가압류신청에 대한 재판은 결정으로 한다.

② 채권자는 가압류신청을 기각하거나 각하하는 결정에 대하여 즉시항고를 할 수 있다.

③ 담보를 제공하게 하는 재판, 가압류신청을 기각하거나 각하하는 재판과 제2항의 즉시항고를 기각하거나 각하하는 재판은 채무자에게 고지할 필요가 없다.

제282조【가압류해방금액】 가압류명령에는 가압류의 집행을 정지시키거나 집행한 가압류를 취소시키기 위하여 채무자가 공탁할 금액을 적어야 한다.

제283조【가압류결정에 대한 채무자의 이의신청】 ① 채무자는 가압류결정에 대하여 이의를 신청할 수 있다.

② 제1항의 이의신청에는 가압류의 취소나 변경을 신청하는 이유를 밝혀야 한다.

③ 이의신청은 가압류의 집행을 정지하지 아니한다.

제284조【가압류이의신청사건의 이송】 법원은 가압류이의신청사건에 관하여 현저한 손해 또는 지연을 피하기 위한 필요가 있는 때에는 직권으로 또는 당사자의 신청에 따라 결정으로 그 가압류사건의 관할권이 있는 다른 법원에 사건을 이송할 수 있다. 다만, 그 법원이 심급을 달리하는 경우에는 그러하지 아니하다.

제285조【가압류이의신청의 취하】 ① 채무자는 가압류이의신청에 대한 재판이 있기 전까지 가압류이의신청을 취하할 수 있다.

② 제1항의 취하에는 채권자의 동의를 필요로 하지 아니한다.

③ 가압류이의신청의 취하는 서면으로 하여야 한다. 다만, 변론기일 또는 심문기일에서는 말로 할 수 있다.

④ 가압류이의신청서를 송달한 뒤에는 취하의 서면을 채권자에게 송달하여야

한다.

⑤ 제3항 단서의 경우에 채권자가 변론기일 또는 심문기일에 출석하지 아니한 때에는 그 기일의 조서등본을 송달하여야 한다.

제286조【이의신청에 대한 심리와 재판】 ① 이의신청이 있는 때에는 법원은 변론기일 또는 당사자 쌍방이 참여할 수 있는 심문기일을 정하고 당사자에게 이를 통지하여야 한다.

② 법원은 심리를 종결하고자 하는 경우에는 상당한 유예기간을 두고 심리를 종결할 기일을 정하여 이를 당사자에게 고지하여야 한다. 다만, 변론기일 또는 당사자 쌍방이 참여할 수 있는 심문기일에는 즉시 심리를 종결할 수 있다.

③ 이의신청에 대한 재판은 결정으로 한다.

④ 제3항의 규정에 의한 결정에는 이유를 적어야 한다. 다만, 변론을 거치지 아니한 경우에는 이유의 요지만을 적을 수 있다.

⑤ 법원은 제3항의 규정에 의한 결정으로 가압류의 전부나 일부를 인가·변경 또는 취소할 수 있다. 이 경우 법원은 적당한 담보를 제공하도록 명할 수 있다.

⑥ 법원은 제3항의 규정에 의하여 가압류를 취소하는 결정을 하는 경우에는 채권자가 그 고지를 받은 날부터 2주를 넘지 아니하는 범위 안에서 상당하다고 인정하는 기간이 경과하여야 그 결정의 효력이 생긴다는 뜻을 선언할 수 있다.

⑦ 제3항의 규정에 의한 결정에 대하여는 즉시항고를 할 수 있다. 이 경우 민사소송법 제447조의 규정을 준용하지 아니한다.

제287조【본안의 제소명령】 ① 가압류법원은 채무자의 신청에 따라 변론 없이 채권자에게 상당한 기간 이내에 본안의 소를 제기하여 이를 증명하는 서류를 제출하거나 이미 소를 제기하였으면 소송계속사실을 증명하는 서류를 제출하도록 명하여야 한다.

② 제1항의 기간은 2주 이상으로 정하여야 한다.

③ 채권자가 제1항의 기간 이내에 제1항의 서류를 제출하지 아니한 때에는 법원은 채무자의 신청에 따라 결정으로 가압류를 취소하여야 한다.

④ 제1항의 서류를 제출한 뒤에 본안의 소가 취하되거나 각하된 경우에는 그 서류를 제출하지 아니한 것으로 본다.

⑤ 제3항의 신청에 관한 결정에 대하여는 즉시항고를 할 수 있다. 이 경우 민사소송법 제447조의 규정은 준용하지 아니한다.

제288조【사정변경 등에 따른 가압류취소】 ① 채무자는 다음 각호의 어느 하나에 해당하는 사유가 있는 경우에는 가압류가 인가된 뒤에도 그 취소를 신청할 수 있다. 제3호에 해당하는 경우에는 이해관계인도 신청할 수 있다.

1. 가압류이유가 소멸되거나 그 밖에 사정이 바뀐 때
2. 법원이 정한 담보를 제공한 때
3. 가압류가 집행된 뒤에 3년간 본안의 소를 제기하지 아니한 때

② 제1항의 규정에 의한 신청에 대한 재판은 가압류를 명한 법원이 한다. 다만, 본안이 이미 계속된 때에는 본안법원이 한다.

③ 제1항의 규정에 의한 신청에 대한 재판에는 제286조 제1항 내지 제4항·제6항 및 제7항을 준용한다.

제289조【가압류취소결정의 효력정지】 ① 가압류를 취소하는 결정에 대하여 즉시항고가 있는 경우에, 불복의 이유로 주장한 사유가 법률상 정당한 사유가 있다고 인정되고 사실에 대한 소명이 있으며, 그 가압류를 취소함으로 인

하여 회복할 수 없는 손해가 생길 위험이 있다는 사정에 대한 소명이 있는 때에는, 법원은 당사자의 신청에 따라 담보를 제공하게 하거나 담보를 제공하지 아니하게 하고 가압류취소결정의 효력을 정지시킬 수 있다.

② 제1항의 규정에 의한 소명은 보증금을 공탁하거나 주장이 진실함을 선서하는 방법으로 대신할 수 없다.

③ 재판기록이 원심법원에 있는 때에는 원심법원이 제1항의 규정에 의한 재판을 한다.

④ 항고법원은 항고에 대한 재판에서 제1항의 규정에 의한 재판을 인가·변경 또는 취소하여야 한다.

⑤ 제1항 및 제4항의 규정에 의한 재판에 대하여는 불복할 수 없다.

제290조【가압류 이의신청규정의 준용】 ① 제287조 제3항, 제288조 제1항에 따른 재판의 경우에는 제284조의 규정을 준용한다.

② 제287조 제1항·제3항 및 제288조 제1항에 따른 신청의 취하에는 제285조의 규정을 준용한다.

제291조【가압류집행에 대한 본집행의 준용】 가압류의 집행에 대하여는 강제집행에 관한 규정을 준용한다. 다만, 아래의 여러 조문과 같이 차이가 나는 경우에는 그러하지 아니하다.

제292조【집행개시의 요건】 ① 가압류에 대한 재판이 있은 뒤에 채권자나 채무자의 승계가 이루어진 경우에 가압류의 재판을 집행하려면 집행문을 덧붙여야 한다.

② 가압류에 대한 재판의 집행은 채권자에게 재판을 고지한 날부터 2주를 넘긴 때에는 하지 못한다.

③ 제2항의 집행은 채무자에게 재판을 송달하기 전에도 할 수 있다.

제293조【부동산가압류집행】 ① 부동산에 대한 가압류의 집행은 가압류재판에 관한 사항을 등기부에 기입하여야 한다.

② 제1항의 집행법원은 가압류재판을 한 법원으로 한다.

③ 가압류등기는 법원사무관 등이 촉탁한다.

제294조【가압류를 위한 강제관리】 가압류의 집행으로 강제관리를 하는 경우에는 관리인이 청구채권액에 해당하는 금액을 지급받아 공탁하여야 한다.

제295조【선박가압류집행】 ① 등기할 수 있는 선박에 대한 가압류를 집행하는 경우에는 가압류등기를 하는 방법이나 집행관에게 선박국적증서 등을 선장으로부터 받아 집행법원에 제출하도록 명하는 방법으로 한다. 이들 방법은 함께 사용할 수 있다.

② 가압류등기를 하는 방법에 의한 가압류집행은 가압류명령을 한 법원이, 선박국적증서 등을 받아 제출하도록 명하는 방법에 의한 가압류집행은 선박이 정박하여 있는 곳을 관할하는 지방법원이 집행법원으로서 관할한다.

③ 가압류등기를 하는 방법에 의한 가압류의 집행에는 제293조 제3항의 규정을 준용한다.

제296조【동산가압류집행】 ① 동산에 대한 가압류의 집행은 압류와 같은 원칙에 따라야 한다.

② 채권가압류의 집행법원은 가압류명령을 한 법원으로 한다.

③ 채권의 가압류에는 제3채무자에 대하여 채무자에게 지급하여서는 아니된다는 명령만을 하여야 한다.

④ 가압류한 금전은 공탁하여야 한다.

⑤ 가압류물은 현금화를 하지 못한다. 다만, 가압류물을 즉시 매각하지 아니하면 값이 크게 떨어질 염려가 있거나 그 보관에 지나치게 많은 비용이 드는 경우에는 집행관은 그 물건을 매각하여 매각대금을 공탁하여야 한다.

제297조【제3채무자의 공탁】 제3채무자가 가압류 집행된 금전채권액을 공탁

한 경우에는 그 가압류의 효력은 그 청구채권액에 해당하는 공탁금액에 대한 채무자의 출급청구권에 대하여 존속한다.

제298조【가압류취소결정의 취소와 집행】 ① 가압류의 취소결정을 상소법원이 취소한 경우로서 법원이 그 가압류의 집행기관이 되는 때에는 그 취소의 재판을 한 상소법원이 직권으로 가압류를 집행한다.

② 제1항의 경우에 그 취소의 재판을 한 상소법원이 대법원인 때에는 채권자의 신청에 따라 제1심 법원이 가압류를 집행한다.

제299조【가압류집행의 취소】 ① 가압류명령에 정한 금액을 공탁한 때에는 법원은 결정으로 집행한 가압류를 취소하여야 한다.

② 삭제

③ 제1항의 취소결정에 대하여는 즉시항고를 할 수 있다.

④ 제1항의 취소결정에 대하여는 제17조 제2항의 규정을 준용하지 아니한다.

제300조【가처분의 목적】 ① 다툼의 대상에 관한 가처분은 현상이 바뀌면 당사자가 권리를 실행하지 못하거나 이를 실행하는 것이 매우 곤란할 염려가 있을 경우에 한다.

② 가처분은 다툼이 있는 권리관계에 대하여 임시의 지위를 정하기 위하여도 할 수 있다. 이 경우 가처분은 특히 계속하는 권리관계에 끼칠 현저한 손해를 피하거나 급박한 위험을 막기 위하여, 또는 그 밖의 필요한 이유가 있을 경우에 하여야 한다.

제301조【가압류절차의 준용】 가처분절차에는 가압류절차에 관한 규정을 준용한다. 다만, 아래의 여러 조문과 같이 차이가 나는 경우에는 그러하지 아니하다.

제302조 삭제

제303조【관할법원】 가처분의 재판은 본안의 관할법원 또는 다툼의 대상이 있는 곳을 관할하는 지방법원이 관할한다.

제304조【임시의 지위를 정하기 위한 가처분】 제300조 제2항의 규정에 의한 가처분의 재판에는 변론기일 또는 채무자가 참석할 수 있는 심문기일을 열어야 한다. 다만, 그 기일을 열어 심리하면 가처분의 목적을 달성할 수 없는 사정이 있는 때에는 그러하지 아니하다.

제305조【가처분의 방법】 ① 법원은 신청목적을 이루는 데 필요한 처분을 직권으로 정한다.

② 가처분으로 보관인을 정하거나, 상대방에게 어떠한 행위를 하거나 하지 말도록, 또는 급여를 지급하도록 명할 수 있다.

③ 가처분으로 부동산의 양도나 저당을 금지한 때에는 법원은 제293조의 규정을 준용하여 등기부에 그 금지한 사실을 기입하게 하여야 한다.

제306조【법인임원의 직무집행정지 등 가처분의 등기촉탁】 법원사무관 등은 법원이 법인의 대표자 그 밖의 임원으로 등기된 사람에 대하여 직무의 집행을 정지하거나 그 직무를 대행할 사람을 선임하는 가처분을 하거나 그 가처분을 변경·취소한 때에는, 법인의 주사무소 및 분사무소 또는 본점 및 지점이 있는 곳의 등기소에 그 등기를 촉탁하여야 한다. 다만, 이 사항이 등기하여야 할 사항이 아닌 경우에는 그러하지 아니하다.

제307조【가처분의 취소】 ① 특별한 사정이 있는 때에는 담보를 제공하게 하고 가처분을 취소할 수 있다.

② 제1항의 경우에는 제284조, 제285조 및 제286조 제1항 내지 제4항·제6항·제7항의 규정을 준용한다.

제308조【원상회복재판】 가처분을 명한 재판에 기초하여 채권자가 물건을 인

도받거나, 금전을 지급받거나 또는 물건을 사용·보관하고 있는 경우에는, 법원은 가처분을 취소하는 재판에서 채무자의 신청에 따라 채권자에 대하여 그 물건이나 금전을 반환하도록 명할 수 있다.

제309조【가처분의 집행정지】 ① 소송물인 권리 또는 법률관계가 이행되는 것과 같은 내용의 가처분을 명한 재판에 대하여 이의신청이 있는 경우에, 이의신청으로 주장한 사유가 법률상 정당한 사유가 있다고 인정되고 주장사실에 대한 소명이 있으며, 그 집행에 의하여 회복할 수 없는 손해가 생길 위험이 있다는 사정에 대한 소명이 있는 때에는, 법원은 당사자의 신청에 따라 담보를 제공하게 하거나 담보를 제공하게 하지 아니하고 가처분의 집행을 정지하도록 명할 수 있고, 담보를 제공하게 하고 집행한 처분을 취소하도록 명할 수 있다.

② 제1항에서 규정한 소명은 보증금을 공탁하거나 주장이 진실함을 선서하는 방법으로 대신할 수 없다.

③ 재판기록이 원심법원에 있는 때에는 원심법원이 제1항의 규정에 의한 재판을 한다.

④ 법원은 이의신청에 대한 결정에서 제1항의 규정에 의한 명령을 인가·변경 또는 취소하여야 한다.

⑤ 제1항·제3항 또는 제4항의 규정에 의한 재판에 대하여는 불복할 수 없다.

제310조【준용규정】 제301조에 따라 준용되는 제287조 제3항, 제288조 제1항 또는 제307조의 규정에 따른 가처분취소신청이 있는 경우에는 제309조의 규정을 준용한다.

제311조【본안의 관할법원】 이 편에 규정한 본안법원은 제1심 법원으로 한다. 다만, 본안이 제2심에 계속된 때에는 그 계속된 법원으로 한다.

제312조【재판장의 권한】 급박한 경우에 재판장은 이 편의 신청에 대한 재판을 할 수 있다.

부 칙〈제13286호, 2015.5.18.〉

이 법은 공포 후 6개월이 경과한 날부터 시행한다.

민사소송법

제1편 총 칙

제4장 소송절차

제7절 소송절차의 중단과 중지

제239조【당사자의 파산으로 말미암은 중단】 당사자가 파산선고를 받은 때에 파산재단에 관한 소송절차는 중단된다. 이 경우 「채무자 회생 및 파산에 관한 법률」에 따른 수계가 이루어지기 전에 파산절차가 해지되면 파산선고를 받은 자가 당연히 소송절차를 수계한다.

제240조【파산절차의 해지로 말미암은 중단】 「채무자 회생 및 파산에 관한 법률」에 따라 파산재단에 관한 소송의 수계가 이루어진 뒤 파산절차가 해지된 때에 소송절차는 중단된다. 이 경우 파산선고를 받은 자가 소송절차를 수계하여야 한다.

제241조【상대방의 수계신청권】 소송절차의 수계신청은 상대방도 할 수 있다.

제242조【수계신청의 통지】 소송절차의 수계신청이 있는 때에는 법원은 상대방에게 이를 통지하여야 한다.

제243조【수계신청에 대한 재판】 ① 소송절차의 수계신청은 법원이 직권으로 조사하여 이유가 없다고 인정한 때에는 결정으로 기각하여야 한다.
② 재판이 송달된 뒤에 중단된 소송절차의 수계에 대하여는 그 재판을 한 법원이 결정하여야 한다.

제244조【직권에 의한 속행명령】 법원은 당사자가 소송절차를 수계하지 아니하는 경우에 직권으로 소송절차를 계속하여 진행하도록 명할 수 있다.

제247조【소송절차 정지의 효과】 ① 판결의 선고는 소송절차가 중단된 중에도 할 수 있다.
② 소송절차의 중단 또는 중지는 기간의 진행을 정지시키며, 소송절차의 수계사실을 통지한 때 또는 소송절차를 다시 진행한 때부터 전체기간이 새로이 진행된다.

제3편 상 소

제3장 항 고

제444조【즉시항고】 ① 즉시항고는 재판이 고지된 날부터 1주 이내에 하여야 한다.
② 제1항의 기간은 불변기간으로 한다.

제445조【항고제기의 방식】 항고는 항고장을 원심법원에 제출함으로써 한다.

제446조【항고의 처리】 원심법원이 항고에 정당한 이유가 있다고 인정하는 때에는 그 재판을 경정하여야 한다.

제447조【즉시항고의 효력】 즉시항고는 집행을 정지시키는 효력을 가진다.

민 법

제1편 총 칙

제3장 법 인

제4절 해 산

제77조【해산사유】 ① 법인은 존립기간의 만료, 법인의 목적의 달성 또는 달성의 불능 기타 정관에 정한 해산사유의 발생, 파산 또는 설립허가의 취소로 해산한다.
② 사단법인은 사원이 없게 되거나 총회의 결의로도 해산한다.

제93조【청산중의 파산】 ① 청산중 법인의 재산이 그 채무를 완제하기에 부족한 것이 분명하게 된 때에는 청산인은 지체없이 파산선고를 신청하고 이를 공고하여야 한다.
② 청산인은 파산관재인에게 그 사무를 인계함으로써 그 임무가 종료한다.
③ 제88조 제3항의 규정은 제1항의 공고에 준용한다.

제5절 벌 칙

제97조【벌칙】 법인의 이사, 감사 또는 청산인은 다음 각호의 경우에는 500만원 이하의 과태료에 처한다.
1. 본장에 규정한 등기를 해태한 때
2. 제55조의 규정에 위반하거나 재산목록 또는 사원명부에 부정기재를 한 때
3. 제37조, 제95조에 규정한 검사, 감독을 방해한 때
4. 주무관청 또는 총회에 대하여 사실아닌 신고를 하거나 사실을 은폐한 때
5. 제76조와 제90조의 규정에 위반한 때
6. 제79조, 제93조의 규정에 위반하여 파산선고의 신청을 해태한 때
7. 제88조, 제93조에 정한 공고를 해태하거나 부정한 공고를 한 때

제5장 법률행위

제3절 대 리

제127조【대리권의 소멸사유】 대리권은 다음 각 호의 어느 하나에 해당하는 사유가 있으면 소멸된다.
1. 본인의 사망
2. 대리인의 사망, 성년후견의 개시 또는 파산

제7장 소멸시효

제165조【판결 등에 의하여 확정된 채권의 소멸시효】 ① 판결에 의하여 확정된 채권은 단기의 소멸시효에 해당한 것이라도 그 소멸시효는 10년으로 한다.
② 파산절차에 의하여 확정된 채권 및

재판상의 화해, 조정 기타 판결과 동일한 효력이 있는 것에 의하여 확정된 채권도 전항과 같다.
③ 전2항의 규정은 판결확정 당시에 변제기가 도래하지 아니한 채권에 적용하지 아니한다.

제170조【재판상의 청구와 시효중단】 ① 재판상의 청구는 소송의 각하, 기각 또는 취하의 경우에는 시효중단의 효력이 없다.
② 전항의 경우에 6월 내에 재판상의 청구, 파산절차참가, 압류 또는 가압류, 가처분을 한 때에는 시효는 최초의 재판상 청구로 인하여 중단된 것으로 본다.

제171조【파산절차참가와 시효중단】 파산절차참가는 채권자가 이를 취소하거나 그 청구가 각하된 때에는 시효중단의 효력이 없다.

제174조【최고와 시효중단】 최고는 6월 내에 재판상의 청구, 파산절차참가, 화해를 위한 소환, 임의출석, 압류 또는 가압류, 가처분을 하지 아니하면 시효중단의 효력이 없다.

제181조【상속재산에 관한 권리와 시효정지】 상속재산에 속한 권리나 상속재산에 대한 권리는 상속인의 확정, 관리인의 선임 또는 파산선고가 있는 때로부터 6월 내에는 소멸시효가 완성하지 아니한다.

제3편 채 권

제1장 총 칙

제1절 채권의 목적

제379조【법정이율】 이자있는 채권의 이율은 다른 법률의 규정이나 당사자의 약정이 없으면 연 5분으로 한다.

제2절 채권의 효력

제387조【이행기와 이행지체】 ① 채무이행의 확정한 기한이 있는 경우에는 채무자는 기한이 도래한 때로부터 지체책임이 있다. 채무이행의 불확정한 기한이 있는 경우에는 채무자는 기한이 도래함을 안 때로부터 지체책임이 있다.
② 채무이행의 기한이 없는 경우에는 채무자는 이행청구를 받은 때로부터 지체책임이 있다.

제388조【기한의 이익의 상실】 채무자는 다음 각호의 경우에는 기한의 이익을 주장하지 못한다.
1. 채무자가 담보를 손상, 감소 또는 멸실하게 한 때
2. 채무자가 담보제공의 의무를 이행하지 아니한 때

제389조【강제이행】 ① 채무자가 임의로 채무를 이행하지 아니한 때에는 채권자는 그 강제이행을 법원에 청구할 수 있다. 그러나 채무의 성질이 강제이행을 하지 못할 것인 때에는 그러하지 아니하다.
② 전항의 채무가 법률행위를 목적으로 한 때에는 채무자의 의사표시에 갈음할 재판을 청구할 수 있고 채무자의 일신에 전속하지 아니한 작위를 목적으로 한 때에는 채무자의 비용으로 제삼자에게 이를 하게 할 것을 법원에 청구할 수 있다.
③ 그 채무가 부작위를 목적으로 한 경우에 채무자가 이에 위반한 때에는 채무자의 비용으로써 그 위반한 것을 제각하고 장래에 대한 적당한 처분을 법원에 청구할 수 있다.
④ 전3항의 규정은 손해배상의 청구에 영향을 미치지 아니한다.

제397조【금전채무불이행에 대한 특칙】 ① 금전채무불이행의 손해배상액은 법정이율에 의한다. 그러나 법령의 제한에 위반하지 아니한 약정이율이 있으면 그 이율에 의한다.
② 전항의 손해배상에 관하여는 채권자는 손해의 증명을 요하지 아니하고 채무자는 과실없음을 항변하지 못한다.

제398조【배상액의 예정】 ① 당사자는 채무불이행에 관한 손해배상액을 예정할 수 있다.
② 손해배상의 예정액이 부당히 과다한 경우에는 법원은 적당히 감액할 수 있다.
③ 손해배상액의 예정은 이행의 청구나 계약의 해제에 영향을 미치지 아니한다.
④ 위약금의 약정은 손해배상액의 예정으로 추정한다.
⑤ 당사자가 금전이 아닌 것으로써 손해의 배상에 충당할 것을 예정한 경우에도 전4항의 규정을 준용한다.

제404조【채권자대위권】 ① 채권자는 자기의 채권을 보전하기 위하여 채무자의 권리를 행사할 수 있다. 그러나 일신에 전속한 권리는 그러하지 아니하다.
② 채권자는 그 채권의 기한이 도래하기 전에는 법원의 허가없이 전항의 권리를 행사하지 못한다. 그러나 보전행위는 그러하지 아니하다.

제405조【채권자대위권행사의 통지】 ① 채권자가 전조 제1항의 규정에 의하여 보전행위 이외의 권리를 행사한 때에는 채무자에게 통지하여야 한다.
② 채무자가 전항의 통지를 받은 후에는 그 권리를 처분하여도 이로써 채권자에게 대항하지 못한다.

제406조【채권자취소권】 ① 채무자가 채권자를 해함을 알고 재산권을 목적으로 한 법률행위를 한 때에는 채권자는 그 취소 및 원상회복을 법원에 청구할 수 있다. 그러나 그 행위로 인하여 이익을 받은 자나 전득한 자가 그 행위 또는 전득당시에 채권자를 해함을 알지 못한 경우에는 그러하지 아니하다.
② 전항의 소는 채권자가 취소원인을 안 날로부터 1년, 법률행위 있은 날로부터 5년 내에 제기하여야 한다.

제407조【채권자취소의 효력】 전조의 규정에 의한 취소와 원상회복은 모든 채권자의 이익을 위하여 그 효력이 있다.

제3절 수인의 채권자 및 채무자

제1관 총 칙

제408조【분할채권관계】 채권자나 채무자가 수인인 경우에 특별한 의사표시가 없으면 각 채권자 또는 각 채무자는 균등한 비율로 권리가 있고 의무를 부담한다.

제3관 연대채무

제413조【연대채무의 내용】 수인의 채무자가 채무전부를 각자 이행할 의무가 있고 채무자 1인의 이행으로 다른 채무자도 그 의무를 면하게 되는 때에는 그 채무는 연대채무로 한다.

제414조【각 연대채무자에 대한 이행청구】 채권자는 어느 연대채무자에 대하여 또는 동시나 순차로 모든 연대채무자에 대하여 채무의 전부나 일부의 이행을 청구할 수 있다.

제415조【채무자에 생긴 무효, 취소】 어느 연대채무자에 대한 법률행위의 무효나 취소의 원인은 다른 연대채무자의 채무에 영향을 미치지 아니한다.

제416조【이행청구의 절대적 효력】 어느 연대채무자에 대한 이행청구는 다른 연대채무자에게도 효력이 있다.

제417조【경개의 절대적 효력】 어느 연대채무자와 채권자 간에 채무의 경개가 있는 때에는 채권은 모든 연대채무

자의 이익을 위하여 소멸한다.

제418조【상계의 절대적 효력】 ① 어느 연대채무자가 채권자에 대하여 채권이 있는 경우에 그 채무자가 상계한 때에는 채권은 모든 연대채무자의 이익을 위하여 소멸한다.

② 상계할 채권이 있는 연대채무자가 상계하지 아니한 때에는 그 채무자의 부담부분에 한하여 다른 연대채무자가 상계할 수 있다.

제419조【면제의 절대적 효력】 어느 연대채무자에 대한 채무면제는 그 채무자의 부담부분에 한하여 다른 연대채무자의 이익을 위하여 효력이 있다.

제420조【혼동의 절대적 효력】 어느 연대채무자와 채권자간에 혼동이 있는 때에는 그 채무자의 부담부분에 한하여 다른 연대채무자도 의무를 면한다.

제421조【소멸시효의 절대적 효력】 어느 연대채무자에 대하여 소멸시효가 완성한 때에는 그 부담부분에 한하여 다른 연대채무자도 의무를 면한다.

제422조【채권자지체의 절대적 효력】 어느 연대채무자에 대한 채권자의 지체는 다른 연대채무자에게도 효력이 있다.

제423조【효력의 상대성의 원칙】 전7조의 사항 외에는 어느 연대채무자에 관한 사항은 다른 연대채무자에게 효력이 없다.

제424조【부담부분의 균등】 연대채무자의 부담부분은 균등한 것으로 추정한다.

제425조【출재채무자의 구상권】 ① 어느 연대채무자가 변제 기타 자기의 출재로 공동면책이 된 때에는 다른 연대채무자의 부담부분에 대하여 구상권을 행사할 수 있다.

② 전항의 구상권은 면책된 날 이후의 법정이자 및 피할 수 없는 비용 기타 손해배상을 포함한다.

제426조【구상요건으로서의 통지】 ① 어느 연대채무자가 다른 연대채무자에게 통지하지 아니하고 변제 기타 자기의 출재로 공동면책이 된 경우에 다른 연대채무자가 채권자에게 대항할 수 있는 사유가 있었을 때에는 그 부담부분에 한하여 이 사유로 면책행위를 한 연대채무자에게 대항할 수 있고 그 대항사유가 상계인 때에는 상계로 소멸할 채권은 그 연대채무자에게 이전된다.

② 어느 연대채무자가 변제 기타 자기의 출재로 공동면책되었음을 다른 연대채무자에게 통지하지 아니한 경우에 다른 연대채무자가 선의로 채권자에게 변제 기타 유상의 면책행위를 한 때에는 그 연대채무자는 자기의 면책행위의 유효를 주장할 수 있다.

제427조【상환무자력자의 부담부분】 ① 연대채무자 중에 상환할 자력이 없는 자가 있는 때에는 그 채무자의 부담부분은 구상권자 및 다른 자력이 있는 채무자가 그 부담부분에 비례하여 분담한다. 그러나 구상권자에게 과실이 있는 때에는 다른 연대채무자에 대하여 분담을 청구하지 못한다.

② 전항의 경우에 상환할 자력이 없는 채무자의 부담부분을 분담할 다른 채무자가 채권자로부터 연대의 면제를 받은 때에는 그 채무자의 분담할 부분은 채권자의 부담으로 한다.

제4관 보증채무

제428조【보증채무의 내용】 ① 보증인은 주채무자가 이행하지 아니하는 채무를 이행할 의무가 있다.

② 보증은 장래의 채무에 대하여도 할 수 있다.

제428조의2【보증의 방식】 ① 보증은 그 의사가 보증인의 기명날인 또는 서명이 있는 서면으로 표시되어야 효력이 발생한다. 다만, 보증의 의사가 전자적 형태로 표시된 경우에는 효력이 없다.

② 보증채무를 보증인에게 불리하게 변경하는 경우에도 제1항과 같다.
③ 보증인이 보증채무를 이행한 경우에는 그 한도에서 제1항과 제2항에 따른 방식의 하자를 이유로 보증의 무효를 주장할 수 없다.
[시행일: 2016.2.4.]

제428조의3【근보증】 ① 보증은 불확정한 다수의 채무에 대해서도 할 수 있다. 이 경우 보증하는 채무의 최고액을 서면으로 특정하여야 한다.
② 제1항의 경우 채무의 최고액을 제428조의2제1항에 따른 서면으로 특정하지 아니한 보증계약은 효력이 없다.
[시행일 : 2016.2.4.]

제429조【보증채무의 범위】 ① 보증채무는 주채무의 이자, 위약금, 손해배상 기타 주채무에 종속한 채무를 포함한다.
② 보증인은 그 보증채무에 관한 위약금 기타 손해배상액을 예정할 수 있다.

제430조【목적, 형태상의 부종성】 보증인의 부담이 주채무의 목적이나 형태보다 중한 때에는 주채무의 한도로 감축한다.

제431조【보증인의 조건】 ① 채무자가 보증인을 세울 의무가 있는 경우에는 그 보증인은 행위능력 및 변제자력이 있는 자로 하여야 한다.
② 보증인이 변제자력이 없게 된 때에는 채권자는 보증인의 변경을 청구할 수 있다.
③ 채권자가 보증인을 지명한 경우에는 전2항의 규정을 적용하지 아니한다.

제432조【타담보의 제공】 채무자는 다른 상당한 담보를 제공함으로써 보증인을 세울 의무를 면할 수 있다.

제433조【보증인과 주채무자항변권】 ① 보증인은 주채무자의 항변으로 채권자에게 대항할 수 있다.
② 주채무자의 항변포기는 보증인에게 효력이 없다.

제434조【보증인과 주채무자상계권】 보증인은 주채무자의 채권에 의한 상계로 채권자에게 대항할 수 있다.

제435조【보증인과 주채무자의 취소권 등】 주채무자가 채권자에 대하여 취소권 또는 해제권이나 해지권이 있는 동안은 보증인은 채권자에 대하여 채무의 이행을 거절할 수 있다.

제436조【취소할 수 있는 채무의 보증】 취소의 원인 있는 채무를 보증한 자가 보증계약 당시에 그 원인 있음을 안 경우에 주채무의 불이행 또는 취소가 있는 때에는 주채무와 동일한 목적의 독립채무를 부담한 것으로 본다.

제436조 삭제
[시행일 : 2016.2.4.]

제436조의2【채권자의 정보제공의무와 통지의무 등】 ① 채권자는 보증계약을 체결할 때 보증계약의 체결 여부 또는 그 내용에 영향을 미칠 수 있는 주채무자의 채무 관련 신용정보를 보유하고 있거나 알고 있는 경우에는 보증인에게 그 정보를 알려야 한다. 보증계약을 갱신할 때에도 또한 같다.
② 채권자는 보증계약을 체결한 후에 다음 각 호의 어느 하나에 해당하는 사유가 있는 경우에는 지체 없이 보증인에게 그 사실을 알려야 한다.
1. 주채무자가 원본, 이자, 위약금, 손해배상 또는 그 밖에 주채무에 종속한 채무를 3개월 이상 이행하지 아니하는 경우
2. 주채무자가 이행기에 이행할 수 없음을 미리 안 경우
3. 주채무자의 채무 관련 신용정보에 중대한 변화가 생겼음을 알게 된 경우

③ 채권자는 보증인의 청구가 있으면 주채무의 내용 및 그 이행 여부를 알려야 한다.
④ 채권자가 제1항부터 제3항까지의 규정에 따른 의무를 위반하여 보증인에게 손해를 입힌 경우에는 법원은 그 내용과 정도 등을 고려하여 보증채무를 감경하거나 면제할 수 있다.
[시행일 : 2016.2.4.]

제437조【보증인의 최고, 검색의 항변】 채권자가 보증인에게 채무의 이행을 청구한 때에는 보증인은 주채무자의 변제자력이 있는 사실 및 그 집행이 용이할 것을 증명하여 먼저 주채무자에게 청구할 것과 그 재산에 대하여 집행할 것을 항변할 수 있다. 그러나 보증인이 주채무자와 연대하여 채무를 부담한 때에는 그러하지 아니하다.

제438조【최고, 검색의 해태의 효과】 전조의 규정에 의한 보증인의 항변에 불구하고 채권자의 해태로 인하여 채무자로부터 전부나 일부의 변제를 받지 못한 경우에는 채권자가 해태하지 아니하였으면 변제받았을 한도에서 보증인은 그 의무를 면한다.

제439조【공동보증의 분별의 이익】 수인의 보증인이 각자의 행위로 보증채무를 부담한 경우에도 제408조의 규정을 적용한다.

제440조【시효중단의 보증인에 대한 효력】 주채무자에 대한 시효의 중단은 보증인에 대하여 그 효력이 있다.

제441조【수탁보증인의 구상권】 ① 주채무자의 부탁으로 보증인이 된 자가 과실없이 변제 기타의 출재로 주채무를 소멸하게 한 때에는 주채무자에 대하여 구상권이 있다.
② 제425조 제2항의 규정은 전항의 경우에 준용한다.

제442조【수탁보증인의 사전구상권】 ① 주채무자의 부탁으로 보증인이 된 자는 다음 각호의 경우에 주채무자에 대하여 미리 구상권을 행사할 수 있다.
1. 보증인이 과실없이 채권자에게 변제할 재판을 받은 때
2. 주채무자가 파산선고를 받은 경우에 채권자가 파산재단에 가입하지 아니한 때
3. 채무의 이행기가 확정되지 아니하고 그 최장기도 확정할 수 없는 경우에 보증계약후 5년을 경과한 때
4. 채무의 이행기가 도래한 때

② 전항 제4호의 경우에는 보증계약후에 채권자가 주채무자에게 허여한 기한으로 보증인에게 대항하지 못한다.

제443조【주채무자의 면책청구】 전조의 규정에 의하여 주채무자가 보증인에게 배상하는 경우에 주채무자는 자기를 면책하게 하거나 자기에게 담보를 제공할 것을 보증인에게 청구할 수 있고 또는 배상할 금액을 공탁하거나 담보를 제공하거나 보증인을 면책하게 함으로써 그 배상의무를 면할 수 있다.

제448조【공동보증인 간의 구상권】 ① 수인의 보증인이 있는 경우에 어느 보증인이 자기의 부담부분을 넘은 변제를 한 때에는 제444조의 규정을 준용한다.
② 주채무가 불가분이거나 각 보증인이 상호연대로 또는 주채무자와 연대로 채무를 부담한 경우에 어느 보증인이 자기의 부담부분을 넘은 변제를 한 때에는 제425조 내지 제427조의 규정을 준용한다.

제4절 채권의 양도

제449조【채권의 양도성】 ① 채권은 양도할 수 있다. 그러나 채권의 성질이 양도를 허용하지 아니하는 때에는 그러하지 아니하다.
② 채권은 당사자가 반대의 의사를 표시한 경우에는 양도하지 못한다. 그러나 그 의사표시로써 선의의 제삼자에

게 대항하지 못한다.

제450조【지명채권양도의 대항요건】 ① 지명채권의 양도는 양도인이 채무자에게 통지하거나 채무자가 승낙하지 아니하면 채무자 기타 제삼자에게 대항하지 못한다.

② 전항의 통지나 승낙은 확정일자 있는 증서에 의하지 아니하면 채무자 이외의 제삼자에게 대항하지 못한다.

제451조【승낙, 통지의 효과】 ① 채무자가 이의를 보류하지 아니하고 전조의 승낙을 한 때에는 양도인에게 대항할 수 있는 사유로써 양수인에게 대항하지 못한다. 그러나 채무자가 채무를 소멸하게 하기 위하여 양도인에게 급여한 것이 있으면 이를 회수할 수 있고 양도인에 대하여 부담한 채무가 있으면 그 성립되지 아니함을 주장할 수 있다.

② 양도인이 양도통지만을 한 때에는 채무자는 그 통지를 받은 때까지 양도인에 대하여 생긴 사유로써 양수인에게 대항할 수 있다.

제452조【양도통지와 금반언】 ① 양도인이 채무자에게 채권양도를 통지한 때에는 아직 양도하지 아니하였거나 그 양도가 무효인 경우에도 선의인 채무자는 양수인에게 대항할 수 있는 사유로 양도인에게 대항할 수 있다.

② 전항의 통지는 양수인의 동의가 없으면 철회하지 못한다.

제5절 채무의 인수

제453조【채권자와의 계약에 의한 채무인수】 ① 제삼자는 채권자와의 계약으로 채무를 인수하여 채무자의 채무를 면하게 할 수 있다. 그러나 채무의 성질이 인수를 허용하지 아니하는 때에는 그러하지 아니하다.

② 이해관계 없는 제삼자는 채무자의 의사에 반하여 채무를 인수하지 못한다.

제454조【채무자와의 계약에 의한 채무인수】 ① 제삼자가 채무자와의 계약으로 채무를 인수한 경우에는 채권자의 승낙에 의하여 그 효력이 생긴다.

② 채권자의 승낙 또는 거절의 상대방은 채무자나 제삼자이다.

제458조【전채무자의 항변사유】 인수인은 전채무자의 항변할 수 있는 사유로 채권자에게 대항할 수 있다.

제459조【채무인수와 보증, 담보의 소멸】 전채무자의 채무에 대한 보증이나 제삼자가 제공한 담보는 채무인수로 인하여 소멸한다. 그러나 보증인이나 제삼자가 채무인수에 동의한 경우에는 그러하지 아니하다.

제6절 채권의 소멸

제1관 변 제

제460조【변제제공의 방법】 변제는 채무내용에 좇은 현실제공으로 이를 하여야 한다. 그러나 채권자가 미리 변제받기를 거절하거나 채무의 이행에 채권자의 행위를 요하는 경우에는 변제준비의 완료를 통지하고 그 수령을 최고하면 된다.

제461조【변제제공의 효과】 변제의 제공은 그때로부터 채무불이행의 책임을 면하게 한다.

제466조【대물변제】 채무자가 채권자의 승낙을 얻어 본래의 채무이행에 갈음하여 다른 급여를 한 때에는 변제와 같은 효력이 있다.

제467조【변제의 장소】 ① 채무의 성질 또는 당사자의 의사표시로 변제장소를 정하지 아니한 때에는 특정물의 인도는 채권성립 당시에 그 물건이 있던 장소에서 하여야 한다.

② 전항의 경우에 특정물인도 이외의 채무변제는 채권자의 현주소에서 하여야 한다. 그러나 영업에 관한 채무의 변제는 채권자의 현영업소에서 하여야

한다.

제468조【변제기 전의 변제】 당사자의 특별한 의사표시가 없으면 변제기 전이라도 채무자는 변제할 수 있다. 그러나 상대방의 손해는 배상하여야 한다.

제469조【제삼자의 변제】 ① 채무의 변제는 제삼자도 할 수 있다. 그러나 채무의 성질 또는 당사자의 의사표시로 제삼자의 변제를 허용하지 아니하는 때에는 그러하지 아니하다.

② 이해관계 없는 제삼자는 채무자의 의사에 반하여 변제하지 못한다.

제470조【채권의 준점유자에 대한 변제】 채권의 준점유자에 대한 변제는 변제자가 선의이며 과실없는 때에 한하여 효력이 있다.

제473조【변제비용의 부담】 변제비용은 다른 의사표시가 없으면 채무자의 부담으로 한다. 그러나 채권자의 주소이전 기타의 행위로 인하여 변제비용이 증가된 때에는 그 증가액은 채권자의 부담으로 한다.

제474조【영수증청구권】 변제자는 변제를 받는 자에게 영수증을 청구할 수 있다.

제475조【채권증서반환청구권】 채권증서가 있는 경우에 변제자가 채무전부를 변제한 때에는 채권증서의 반환을 청구할 수 있다. 채권이 변제 이외의 사유로 전부 소멸한 때에도 같다.

제476조【지정변제충당】 ① 채무자가 동일한 채권자에 대하여 같은 종류를 목적으로 한 수개의 채무를 부담한 경우에 변제의 제공이 그 채무전부를 소멸하게 하지 못하는 때에는 변제자는 그 당시 어느 채무를 지정하여 그 변제에 충당할 수 있다.

② 변제자가 전항의 지정을 하지 아니할 때에는 변제받는 자는 그 당시 어느 채무를 지정하여 변제에 충당할 수 있다. 그러나 변제자가 그 충당에 대하여 즉시 이의를 한 때에는 그러하지 아니하다.

③ 전2항의 변제충당은 상대방에 대한 의사표시로써 한다.

제477조【법정변제충당】 당사자가 변제에 충당할 채무를 지정하지 아니한 때에는 다음 각호의 규정에 의한다.

1. 채무 중에 이행기가 도래한 것과 도래하지 아니한 것이 있으면 이행기가 도래한 채무의 변제에 충당한다.
2. 채무전부의 이행기가 도래하였거나 도래하지 아니한 때에는 채무자에게 변제이익이 많은 채무의 변제에 충당한다.
3. 채무자에게 변제이익이 같으면 이행기가 먼저 도래한 채무나 먼저 도래할 채무의 변제에 충당한다.
4. 전2호의 사항이 같은 때에는 그 채무액에 비례하여 각 채무의 변제에 충당한다.

제478조【부족변제의 충당】 1개의 채무에 수개의 급여를 요할 경우에 변제자가 그 채무전부를 소멸하게 하지 못한 급여를 한 때에는 전2조의 규정을 준용한다.

제479조【비용, 이자, 원본에 대한 변제충당의 순서】 ① 채무자가 1개 또는 수개의 채무의 비용 및 이자를 지급할 경우에 변제자가 그 전부를 소멸하게 하지 못한 급여를 한 때에는 비용, 이자, 원본의 순서로 변제에 충당하여야 한다.

② 전항의 경우에 제477조의 규정을 준용한다.

제480조【변제자의 임의대위】 ① 채무자를 위하여 변제한 자는 변제와 동시에 채권자의 승낙을 얻어 채권자를 대위할 수 있다.

② 전항의 경우에 제450조 내지 제452조의 규정을 준용한다.

제481조【변제자의 법정대위】 변제할 정당한 이익이 있는 자는 변제로 당연히 채권자를 대위한다.

제482조【변제자대위의 효과, 대위자 간의 관계】 ① 전2조의 규정에 의하여 채권

자를 대위한 자는 자기의 권리에 의하여 구상할 수 있는 범위에서 채권 및 그 담보에 관한 권리를 행사할 수 있다.
② 전항의 권리행사는 다음 각호의 규정에 의하여야 한다.
1. 보증인은 미리 전세권이나 저당권의 등기에 그 대위를 부기하지 아니하면 전세물이나 저당물에 권리를 취득한 제삼자에 대하여 채권자를 대위하지 못한다.
2. 제삼취득자는 보증인에 대하여 채권자를 대위하지 못한다.
3. 제삼취득자 중의 1인은 각 부동산의 가액에 비례하여 다른 제삼취득자에 대하여 채권자를 대위한다.
4. 자기의 재산을 타인의 채무의 담보로 제공한 자가 수인인 경우에는 전호의 규정을 준용한다.
5. 자기의 재산을 타인의 채무의 담보로 제공한 자와 보증인 간에는 그 인원수에 비례하여 채권자를 대위한다. 그러나 자기의 재산을 타인의 채무의 담보로 제공한 자가 수인인 때에는 보증인의 부담부분을 제외하고 그 잔액에 대하여 각 재산의 가액에 비례하여 대위한다. 이 경우에 그 재산이 부동산인 때에는 제1호의 규정을 준용한다.

제483조【일부의 대위】 ① 채권의 일부에 대하여 대위변제가 있는 때에는 대위자는 그 변제한 가액에 비례하여 채권자와 함께 그 권리를 행사한다.
② 전항의 경우에 채무불이행을 원인으로 하는 계약의 해지 또는 해제는 채권자만이 할 수 있고 채권자는 대위자에게 그 변제한 가액과 이자를 상환하여야 한다.

제484조【대위변제와 채권증서, 담보물】 ① 채권전부의 대위변제를 받은 채권자는 그 채권에 관한 증서 및 점유한 담보물을 대위자에게 교부하여야 한다.
② 채권의 일부에 대한 대위변제가 있는 때에는 채권자는 채권증서에 그 대위를 기입하고 자기가 점유한 담보물의 보존에 관하여 대위자의 감독을 받아야 한다.

제486조【변제 이외의 방법에 의한 채무소멸과 대위】 제삼자가 공탁 기타 자기의 출재로 채무자의 채무를 면하게 한 경우에도 전6조의 규정을 준용한다.

제2관 공 탁

제487조【변제공탁의 요건, 효과】 채권자가 변제를 받지 아니하거나 받을 수 없는 때에는 변제자는 채권자를 위하여 변제의 목적물을 공탁하여 그 채무를 면할 수 있다. 변제자가 과실없이 채권자를 알 수 없는 경우에도 같다.

제488조【공탁의 방법】 ① 공탁은 채무이행지의 공탁소에 하여야 한다.
② 공탁소에 관하여 법률에 특별한 규정이 없으면 법원은 변제자의 청구에 의하여 공탁소를 지정하고 공탁물보관자를 선임하여야 한다.
③ 공탁자는 지체없이 채권자에게 공탁통지를 하여야 한다.

제489조【공탁물의 회수】 ① 채권자가 공탁을 승인하거나 공탁소에 대하여 공탁물을 받기를 통고하거나 공탁유효의 판결이 확정되기까지는 변제자는 공탁물을 회수할 수 있다. 이 경우에는 공탁하지 아니한 것으로 본다.
② 전항의 규정은 질권 또는 저당권이 공탁으로 인하여 소멸한 때에는 적용하지 아니한다.

제490조【자조매각금의 공탁】 변제의 목적물이 공탁에 적당하지 아니하거나 멸실 또는 훼손될 염려가 있거나 공탁에 과다한 비용을 요하는 경우에는 변제자는 법원의 허가를 얻어 그 물건을 경매하거나 시가로 방매하여 대금을 공탁할 수 있다.

제3관 상 계

제492조【상계의 요건】 ① 쌍방이 서로 같은 종류를 목적으로 한 채무를 부담한 경우에 그 쌍방의 채무의 이행기가 도래한 때에는 각 채무자는 대등액에 관하여 상계할 수 있다. 그러나 채무의 성질이 상계를 허용하지 아니할 때에는 그러하지 아니하다.

② 전항의 규정은 당사자가 다른 의사를 표시한 경우에는 적용하지 아니한다. 그러나 그 의사표시로써 선의의 제삼자에게 대항하지 못한다.

제493조【상계의 방법, 효과】 ① 상계는 상대방에 대한 의사표시로 한다. 이 의사표시에는 조건 또는 기한을 붙이지 못한다.

② 상계의 의사표시는 각 채무가 상계할 수 있는 때에 대등액에 관하여 소멸한 것으로 본다.

제495조【소멸시효완성된 채권에 의한 상계】 소멸시효가 완성된 채권이 그 완성 전에 상계할 수 있었던 것이면 그 채권자는 상계할 수 있다.

제496조【불법행위채권을 수동채권으로 하는 상계의 금지】 채무가 고의의 불법행위로 인한 것인 때에는 그 채무자는 상계로 채권자에게 대항하지 못한다.

제497조【압류금지채권을 수동채권으로 하는 상계의 금지】 채권이 압류하지 못할 것인 때에는 그 채무자는 상계로 채권자에게 대항하지 못한다.

제498조【지급금지채권을 수동채권으로 하는 상계의 금지】 지급을 금지하는 명령을 받은 제삼채무자는 그 후에 취득한 채권에 의한 상계로 그 명령을 신청한 채권자에게 대항하지 못한다.

제499조【준용규정】 제476조 내지 제479조의 규정은 상계에 준용한다.

제4관 경 개

제500조【경개의 요건, 효과】 당사자가 채무의 중요한 부분을 변경하는 계약을 한 때에는 구채무는 경개로 인하여 소멸한다.

제501조【채무자변경으로 인한 경개】 채무자의 변경으로 인한 경개는 채권자와 신채무자 간의 계약으로 이를 할 수 있다. 그러나 구채무자의 의사에 반하여 이를 하지 못한다.

제502조【채권자변경으로 인한 경개】 채권자의 변경으로 인한 경개는 확정일자 있는 증서로 하지 아니하면 이로써 제삼자에게 대항하지 못한다.

제505조【신채무에의 담보이전】 경개의 당사자는 구채무의 담보를 그 목적의 한도에서 신채무의 담보로 할 수 있다. 그러나 제삼자가 제공한 담보는 그 승낙을 얻어야 한다.

제5관 면 제

제506조【면제의 요건, 효과】 채권자가 채무자에게 채무를 면제하는 의사를 표시한 때에는 채권은 소멸한다. 그러나 면제로써 정당한 이익을 가진 제삼자에게 대항하지 못한다.

제6관 혼 동

제507조【혼동의 요건, 효과】 채권과 채무가 동일한 주체에 귀속한 때에는 채권은 소멸한다. 그러나 그 채권이 제삼자의 권리의 목적인 때에는 그러하지 아니하다.

제2장 계 약

제1절 총 칙

제2관 계약의 효력

제536조【동시이행의 항변권】 ① 쌍무계약의 당사자 일방은 상대방이 그 채무이행을 제공할 때 까지 자기의 채무이행을 거절할 수 있다. 그러나 상대방의 채무가 변제기에 있지 아니하는 때에

는 그러하지 아니하다.

② 당사자 일방이 상대방에게 먼저 이행하여야 할 경우에 상대방의 이행이 곤란할 현저한 사유가 있는 때에는 전항 본문과 같다.

제537조【채무자위험부담주의】 쌍무계약의 당사자 일방의 채무가 당사자쌍방의 책임없는 사유로 이행할 수 없게 된 때에는 채무자는 상대방의 이행을 청구하지 못한다.

제5절 소비대차

제599조【파산과 소비대차의 실효】 대주가 목적물을 차주에게 인도하기 전에 당사자 일방이 파산선고를 받은 때에는 소비대차는 그 효력을 잃는다.

제6절 사용대차

제614조【차주의 사망, 파산과 해지】 차주가 사망하거나 파산선고를 받은 때에는 대주는 계약을 해지할 수 있다.

제7절 임대차

제635조【기간의 약정없는 임대차의 해지통고】 ① 임대차기간의 약정이 없는 때에는 당사자는 언제든지 계약해지의 통고를 할 수 있다.

② 상대방이 전항의 통고를 받은 날로부터 다음 각호의 기간이 경과하면 해지의 효력이 생긴다.

1. 토지, 건물 기타 공작물에 대하여는 임대인이 해지를 통고한 경우에는 6월, 임차인이 해지를 통고한 경우에는 1월
2. 동산에 대하여는 5일

제636조【기간의 약정있는 임대차의 해지통고】 임대차기간의 약정이 있는 경우에도 당사자일방 또는 쌍방이 그 기간 내에 해지할 권리를 보류한 때에는 전조의 규정을 준용한다.

제637조【임차인의 파산과 해지통고】 ① 임차인이 파산선고를 받은 경우에는 임대차기간의 약정이 있는 때에도 임대인 또는 파산관재인은 제635조의 규정에 의하여 계약해지의 통고를 할 수 있다.

② 전항의 경우에 각 당사자는 상대방에 대하여 계약해지로 인하여 생긴 손해의 배상을 청구하지 못한다.

제640조【차임연체와 해지】 건물 기타 공작물의 임대차에는 임차인의 차임연체액이 2기의 차임액에 달하는 때에는 임대인은 계약을 해지할 수 있다.

제641조【동전】 건물 기타 공작물의 소유 또는 식목, 채염, 목축을 목적으로 한 토지임대차의 경우에도 전조의 규정을 준용한다.

제8절 고 용

제663조【사용자파산과 해지통고】 ① 사용자가 파산선고를 받은 경우에는 고용기간의 약정이 있는 때에도 노무자 또는 파산관재인은 계약을 해지할 수 있다.

② 전항의 경우에는 각 당사자는 계약해지로 인한 손해의 배상을 청구하지 못한다.

제9절 도 급

제674조【도급인의 파산과 해제권】 ① 도급인이 파산선고를 받은 때에는 수급인 또는 파산관재인은 계약을 해제할 수 있다. 이 경우에는 수급인은 일의 완성된 부분에 대한 보수 및 보수에 포함되지 아니한 비용에 대하여 파산재단의 배당에 가입할 수 있다.

② 전항의 경우에는 각 당사자는 상대방에 대하여 계약해제로 인한 손해의 배상을 청구하지 못한다.

제11절 위 임

제689조【위임의 상호해지의 자유】 ① 위임계약은 각 당사자가 언제든지 해지할 수 있다.

② 당사자 일방이 부득이한 사유없이 상대방의 불리한 시기에 계약을 해지한 때에는 그 손해를 배상하여야 한다.

제690조【사망 · 파산 등과 위임의 종료】 위임은 당사자 한쪽의 사망이나 파산으로 종료된다. 수임인이 성년후견개시의 심판을 받은 경우에도 이와 같다.

제691조【위임종료시의 긴급처리】 위임종료의 경우에 급박한 사정이 있는 때에는 수임인, 그 상속인이나 법정대리인은 위임인, 그 상속인이나 법정대리인이 위임사무를 처리할 수 있을 때까지 그 사무의 처리를 계속하여야 한다. 이 경우에는 위임의 존속과 동일한 효력이 있다.

제692조【위임종료의 대항요건】 위임종료의 사유는 이를 상대방에게 통지하거나 상대방이 이를 안 때가 아니면 이로써 상대방에게 대항하지 못한다.

제13절 조 합

제717조【비임의 탈퇴】 제716조의 경우 외에 조합원은 다음 각 호의 어느 하나에 해당하는 사유가 있으면 탈퇴된다.

1. 사망
2. 파산
3. 성년후견의 개시
4. 제명(除名)

신용정보의 이용 및 보호에 관한 법률 [시행 2015.9.12.]

제1장 총 칙

제1조 【목적】 이 법은 신용정보업을 건전하게 육성하고 신용정보의 효율적 이용과 체계적 관리를 도모하며 신용정보의 오용·남용으로부터 사생활의 비밀 등을 적절히 보호함으로써 건전한 신용질서의 확립에 이바지함을 목적으로 한다.

제2조 【정의】 이 법에서 사용하는 용어의 뜻은 다음과 같다.

1. "신용정보"란 금융거래 등 상거래에 있어서 거래 상대방의 신용을 판단할 때 필요한 다음 각 목의 정보로서 대통령령으로 정하는 정보를 말한다.
   가. 특정 신용정보주체를 식별할 수 있는 정보
   나. 신용정보주체의 거래내용을 판단할 수 있는 정보
   다. 신용정보주체의 신용도를 판단할 수 있는 정보
   라. 신용정보주체의 신용거래능력을 판단할 수 있는 정보
   마. 그 밖에 가목부터 라목까지와 유사한 정보
2. "개인신용정보"란 신용정보 중 개인의 신용도와 신용거래능력 등을 판단할 때 필요한 정보로서 대통령령으로 정하는 정보를 말한다.
3. "신용정보주체"란 처리된 신용정보로 식별되는 자로서 그 신용정보의 주체가 되는 자를 말한다.
4. "신용정보업"이란 제4조 제1항 각 호에 따른 업무의 전부 또는 일부를 업(業)으로 하는 것을 말한다.
5. "신용정보회사"란 신용정보업을 할 목적으로 제4조에 따라 금융위원회의 허가를 받은 자를 말한다.
6. "신용정보집중기관"이란 신용정보를 집중하여 관리·활용하는 자로서 제25조 제1항에 따라 금융위원회로부터 허가받은 자를 말한다.
7. "신용정보제공·이용자"란 고객과의 금융거래 등 상거래를 위하여 본인의 영업과 관련하여 얻거나 만들어 낸 신용정보를 타인에게 제공하거나 타인으로부터 신용정보를 제공받아 본인의 영업에 이용하는 자와 그 밖에 이에 준하는 자로서 대통령령으로 정하는 자를 말한다.
8. "신용조회업무"란 신용정보를 수집·처리하는 행위, 신용정보주체의 신용도·신용거래능력 등을 나타내는 신용정보를 만들어 내는 행위 및 의뢰인의 조회에 따라 신용정보를 제공하는 행위를 말한다.
9. "신용조사업무"란 타인의 의뢰를 받아 신용정보를 조사하고, 그 신용정보를 그 의뢰인에게 제공하는 행위를 말한다.
10. "채권추심업무"란 채권자의 위임을 받아 변제하기로 약정한 날까지 채무를 변제하지 아니한 자에 대한 재

산조사, 변제의 촉구 또는 채무자로부터의 변제금 수령을 통하여 채권자를 대신하여 추심채권을 행사하는 행위를 말한다.

11. 채권추심의 대상이 되는 "채권"이란 「상법」에 따른 상행위로 생긴 금전채권, 판결 등에 따라 권원(權原)이 인정된 민사채권으로서 대통령령으로 정하는 채권, 특별법에 따라 설립된 조합·공제조합·금고 및 그 중앙회·연합회 등의 조합원·회원 등에 대한 대출·보증, 그 밖의 여신 및 보험 업무에 따른 금전채권 및 다른 법률에서 신용정보회사에 대한 채권추심의 위탁을 허용한 채권을 말한다.
12. 삭제
13. "처리"란 다음 각 목의 어느 하나에 해당하는 행위를 말한다.
   가. 컴퓨터를 이용하여 신용정보를 입력·저장·가공·편집·검색·삭제 또는 출력하는 행위
   나. 신용정보를 배달·우송 또는 전송 등의 방법으로 타인에게 제공하는 행위
   다. 그 밖에 가목 또는 나목과 비슷한 행위

제3조【신용정보업의 육성】 ① 금융위원회는 신용정보회사의 신용정보 제공능력의 향상과 신용정보의 원활한 이용에 필요하다고 인정하면 신용정보업의 육성에 관한 계획을 세울 수 있다.
② 금융위원회는 제1항에 따른 계획을 원활하게 추진하기 위하여 필요하면 관계 행정기관의 장에게 협조를 요청할 수 있으며, 그 요청을 받은 관계 행정기관의 장은 정당한 사유가 없으면 그 요청에 따라야 한다.

제3조의2【다른 법률과의 관계】 ① 신용정보의 이용 및 보호에 관하여 다른 법률에 특별한 규정이 있는 경우를 제외하고는 이 법에서 정하는 바에 따른다.
② 개인정보의 보호에 관하여 이 법에 특별한 규정이 있는 경우를 제외하고는 「개인정보 보호법」에서 정하는 바에 따른다.

제2장 신용정보업의 허가 등

제4조【신용정보업의 종류 및 영업의 허가】 ① 신용정보업의 종류 및 그 업무는 다음 각 호와 같다. 이 경우 제2호 및 제3호의 딸린 업무는 대통령령령으로 정한다.
1. 신용조회업: 신용조회업무 및 다음 각 목의 업무
   가. 본인인증 및 신용정보주체의 식별확인업무로서 금융위원회가 승인한 업무
   나. 신용평가모형 및 위험관리모형의 개발 및 판매 업무
2. 신용조사업: 신용조사업무 및 그에 딸린 업무
3. 채권추심업: 채권추심업무 및 그에 딸린 업무
4. 삭제

② 신용정보업을 하려는 자는 제1항 각 호에 따른 업무의 종류별로 금융위원회의 허가를 받아야 한다.
③ 제2항에 따른 허가를 받으려는 자는 대통령령으로 정하는 바에 따라 금융위원회에 신청서를 제출하여야 한다.
④ 금융위원회는 제2항에 따른 허가에 조건을 붙일 수 있다.
⑤ 제2항에 따른 허가와 관련된 허가신청서의 작성 방법 등 허가신청에 관한 사항, 허가심사의 절차 및 기준에 관한 사항, 그 밖에 필요한 사항은 총리령으로 정한다.

제5조【신용정보업별 허가 대상】 ① 신용조회업, 신용조사업 및 채권추심업 허가를 받을 수 있는 자는 다음 각 호의

자로 제한한다.

1. 대통령령으로 정하는 금융기관 등이 100분의 50 이상을 출자한 법인
2. 「신용보증기금법」에 따른 신용보증기금
3. 「기술신용보증기금법」에 따른 기술신용보증기금
4. 「지역신용보증재단법」에 따라 설립된 신용보증재단
5. 「무역보험법」에 따라 설립된 한국무역보험공사
6. 제4조 제1항 제1호부터 제3호까지의 규정에 따른 업무의 전부 또는 일부를 허가받은 자가 100분의 50 이상을 출자한 법인. 다만, 출자자가 출자를 받은 법인과 같은 종류의 업무를 하는 경우는 제외한다.

② 삭제

제6조【허가의 요건】 ① 제4조 제2항에 따른 신용정보업의 허가를 받으려는 자는 다음 각 호의 요건을 갖추어야 한다.

1. 신용정보업을 하기에 충분한 인력과 전산설비 등 물적 시설을 갖출 것
2. 사업계획이 타당하고 건전할 것
3. 대통령령으로 정하는 주요출자자가 충분한 출자능력, 건전한 재무상태 및 사회적 신용을 갖출 것
4. 신용정보업을 하기에 충분한 전문성을 갖출 것

② 신용정보업의 허가를 받으려는 자는 다음 각 호의 구분에 따른 자본금 또는 기본재산을 갖추어야 한다.

1. 신용조회업을 하려는 경우에는 50억원 이상
2. 신용조사업 및 채권추심업을 각각 또는 함께 하려는 경우에는 50억원 이내에서 대통령령으로 정하는 금액 이상

③ 제1항에 따른 허가의 세부요건에 관하여 필요한 사항은 대통령령으로 정한다.

④ 신용정보회사는 신용정보업을 하는 동안에는 제1항 제1호에 따른 요건을 계속 유지하여야 한다.

제7조【허가 등의 공고】 금융위원회는 제4조 제2항에 따른 허가를 하거나 제14조 제1항에 따라 허가 또는 인가를 취소한 경우에는 지체 없이 그 내용을 관보에 공고하고 인터넷 홈페이지 등을 이용하여 일반인에게 알려야 한다.

제8조【신고 및 보고 사항】 신용정보회사가 제4조 제2항에 따라 허가받은 사항 중 대통령령으로 정하는 사항을 변경하려면 미리 금융위원회에 신고하여야 한다. 다만, 대통령령으로 정하는 경미한 사항을 변경하려면 그 사유가 발생한 날부터 7일 이내에 그 사실을 금융위원회에 보고하여야 한다.

제9조【지배주주의 변경승인 등】 ① 신용정보회사의 주식(출자지분을 포함한다. 이하 이 조에서 같다)을 취득하여 대통령령으로 정하는 지배주주가 되려는 자는 제6조 제1항 제3호에 따른 주요출자자 요건 중 건전한 경영을 위하여 대통령령으로 정하는 요건을 갖추어 미리 금융위원회의 승인을 받아야 한다.

② 금융위원회는 6개월 이내의 기간을 정하여 제1항에 따른 승인 없이 취득한 주식을 처분할 것을 명할 수 있다.

③ 제1항에 따른 승인 없이 주식을 취득한 자는 그 취득분에 대하여 의결권을 행사할 수 없다.

④ 제1항에 따른 승인 및 제2항에 따른 처분명령의 세부요건에 관하여 필요한 사항은 대통령령으로 정한다.

제10조【신용정보업의 양도·양수 등의 인가 등】 ① 신용정보회사가 그 사업의 전부 또는 일부를 양도·양수 또는 분할하거나, 다른 법인과 합병(「상법」 제530조의2에 따른 분할합병을 포함한다. 이하 같다)하려는 경우에는 대통령령으로 정하는 바에 따라 금융위원회

의 인가를 받아야 한다.

② 신용정보회사가 제1항에 따라 인가를 받아 그 사업을 양도 또는 분할하거나 다른 법인과 합병한 경우에는 양수인, 분할 후 설립되는 법인 또는 합병 후 존속하는 법인(신용정보회사인 법인이 신용정보회사가 아닌 법인을 흡수합병하는 경우는 제외한다)이나 합병에 따라 설립되는 법인은 양도인, 분할 전의 법인 또는 합병 전의 법인의 신용정보회사로서의 지위를 승계한다. 이 경우 종전의 신용정보회사에 대한 허가는 그 효력(제1항에 따른 일부 양도 또는 분할의 경우에는 그 양도 또는 분할한 사업의 범위로 제한한다)을 잃는다.

③ 제1항 및 제2항에 따른 양수인, 합병 후 존속하는 법인 및 분할 또는 합병에 따라 설립되는 법인에 대하여는 제5조, 제6조, 제22조 제1항 및 제27조 제1항부터 제7항까지의 규정을 준용한다.

④ 신용정보회사가 영업의 전부 또는 일부를 일시적으로 중단하거나 폐업하려면 총리령으로 정하는 바에 따라 미리 금융위원회에 신고하여야 한다.

제11조【겸업】 ① 신용정보회사는 다음 각 호의 업무 외에는 총리령으로 정하는 바에 따라 금융위원회에 미리 신고하고 허가받은 업무와 관련된 업무를 겸업할 수 있다. 이 경우 개별 법률에 따라 행정관청의 인가·허가·등록 및 승인 등의 조치가 필요한 업무는 해당 개별 법률에 따라 인가·허가·등록 및 승인 등을 미리 받아야 할 수 있다.

1. 개인에 대하여 타인의 신용정보 및 신용정보를 가공(加工)한 신용정보를 제공하는 업무
2. 다른 회사 채권에 대한 부채증명서 발급 대행 업무(대통령령으로 정하는 경우를 제외한다)
3. 부실채권 매입, 채권추심 등 타인의 권리실행을 위한 소송사건 등의 대리업무 등 신용정보회사의 업무 범위를 벗어난 업무
4. 그 밖에 신용정보주체 또는 사회에 명백하게 해악을 끼칠 수 있는 업무로서 대통령령으로 정하는 업무

② 제1항에도 불구하고 신용조회회사는 영리를 목적으로 신용정보업 외의 다른 업무를 겸업하여서는 아니 된다. 다만, 국가·지방자치단체 및 대통령령으로 정하는 공공단체의 의뢰에 따른 공공 목적의 조사·분석 등의 업무로서 금융위원회가 승인하는 경우에는 그러하지 아니하다.

제12조【유사명칭의 사용 금지】 이 법에 따라 허가받은 신용정보회사가 아닌 자는 상호 중에 신용정보·신용조사 또는 이와 비슷한 명칭을 사용하지 못한다.

제13조【임원의 겸직 금지】 신용정보회사의 상임 임원은 금융위원회의 승인 없이 다른 영리법인의 상무(常務)에 종사할 수 없다.

제14조【허가 등의 취소와 업무의 정지】

① 금융위원회는 신용정보회사가 다음 각 호의 어느 하나에 해당하는 경우에는 허가 또는 인가를 취소할 수 있다. 다만, 금융위원회는 신용정보회사가 다음 각 호의 어느 하나에 해당하더라도 대통령령으로 정하는 사유에 해당하면 6개월 이내의 기간을 정하여 허가 또는 인가를 취소하기 전에 시정명령을 할 수 있다.

1. 거짓이나 그 밖의 부정한 방법으로 제4조 제2항에 따른 허가를 받거나 제10조 제1항에 따른 인가를 받은 경우
2. 제5조 제1항 제1호에 따른 금융기관 등의 출자요건을 위반한 경우. 다만, 신용정보회사의 주식이 「자본시장과 금융투자업에 관한 법률」 제8조의2 제4항 제1호에 따른 증권시장에 상장되어 있는 경우로서 제5조

제1항 제1호에 따른 금융기관 등이 100분의 33 이상을 출자한 경우에는 제외한다.
3. 삭제
4. 신용정보회사[허가를 받은 날부터 3개 사업연도(신용조회업이 포함된 경우에는 5개 사업연도)가 지나지 아니한 경우는 제외한다]의 자기자본(최근 사업연도 말 현재 대차대조표상 자산총액에서 부채총액을 뺀 금액을 말한다. 이하 같다)이 제6조 제2항에 따른 자본금 또는 기본재산의 요건에 미치지 못한 경우
5. 업무정지명령을 위반하거나 업무정지에 해당하는 행위를 한 자가 그 사유발생일 전 3년 이내에 업무정지처분을 받은 사실이 있는 경우
6. 제40조 제1호부터 제4호까지의 어느 하나를 위반한 경우
7. 삭제
8. 「채권의 공정한 추심에 관한 법률」 제9조 각 호의 어느 하나를 위반하여 채권추심행위를 한 경우(채권추심업만 해당한다)
9. 허가 또는 인가의 내용이나 조건을 위반한 경우
10. 정당한 사유 없이 1년 이상 계속하여 허가받은 영업을 하지 아니한 경우
11. 제41조 제1항을 위반하여 채권추심행위를 한 경우(채권추심업만 해당한다)

② 금융위원회는 신용정보회사가 다음 각 호의 어느 하나에 해당하는 경우에는 6개월의 범위에서 기간을 정하여 그 업무의 전부 또는 일부의 정지를 명할 수 있다.
1. 제6조 제4항을 위반한 경우
2. 제11조를 위반한 경우
3. 제16조에 따른 수집·조사 등의 제한 사항을 위반한 경우
4. 제17조 제4항 또는 제19조를 위반하여 신용정보를 분실·도난·유출·변조 또는 훼손당한 경우
5. 제22조 제1항 및 제27조 제1항을 위반한 경우
6. 신용조회회사가 제22조의3을 위반하여 계열회사 등에 개인신용정보를 제공한 경우
7. 제40조 제5호를 위반한 경우
8. 제42조 제1항·제3항 또는 제4항을 위반한 경우
9. 별표에 규정된 처분 사유에 해당하는 경우
10. 「채권의 공정한 추심에 관한 법률」 제12조 제2호·제5호를 위반하여 채권추심행위를 한 경우(채권추심업만 해당한다)
11. 그 밖에 법령 또는 정관을 위반하거나 경영상태가 건전하지 못하여 공익을 심각하게 해치거나 해칠 우려가 있는 경우

제3장 신용정보의 수집·조사 및 처리

제15조【수집·조사 및 처리의 원칙】 ① 신용정보회사, 신용정보집중기관 및 신용정보제공·이용자(이하 "신용정보회사 등"이라 한다)는 신용정보를 수집·조사 및 처리할 수 있다. 이 경우 이 법 또는 정관으로 정한 업무 범위에서 수집·조사 및 처리의 목적을 명확히 하여야 하며, 이 법 및 「개인정보 보호법」에 따라 그 목적 달성에 필요한 최소한의 범위에서 합리적이고 공정한 수단을 사용하여 신용정보를 수집·조사 및 처리하여야 한다.

② 신용정보회사 등이 개인신용정보를 수집하는 때에는 해당 신용정보주체의 동의를 받아야 한다. 다만, 다음 각 호의 어느 하나에 해당하는 경우에는 그러하지 아니하다.
1. 법률에 특별한 규정이 있거나 법령

상 의무를 준수하기 위하여 불가피한 경우
2. 신용정보주체와의 금융거래 등 상거래계약의 체결 및 이행을 위하여 불가피하게 필요한 경우
3. 신용정보주체 또는 그 법정대리인이 의사표시를 할 수 없는 상태에 있거나 주소불명 등으로 사전 동의를 받을 수 없는 경우로서 명백히 신용정보주체 또는 제3자의 급박한 생명, 신체, 재산의 이익을 위하여 필요하다고 인정되는 경우
4. 신용정보제공·이용자의 정당한 이익을 달성하기 위하여 필요한 경우로서 명백하게 신용정보주체의 권리보다 우선하는 경우. 이 경우 신용정보제공·이용자의 정당한 이익과 상당한 관련이 있고 합리적인 범위를 초과하지 아니하는 경우에 한정한다.

제16조【수집·조사 및 처리의 제한】 ① 신용정보회사 등은 다음 각 호의 정보를 수집·조사하여서는 아니 된다.
1. 국가의 안보 및 기밀에 관한 정보
2. 기업의 영업비밀 또는 독창적인 연구개발 정보
3. 개인의 정치적 사상, 종교적 신념, 그 밖에 신용정보와 관계없는 사생활에 관한 정보
4. 확실하지 아니한 개인신용정보
5. 다른 법률에 따라 수집이 금지된 정보
6. 그 밖에 대통령령으로 정하는 정보

② 신용정보회사 등이 개인의 질병에 관한 정보를 수집·조사하거나 타인에게 제공하려면 미리 제32조 제1항에 따른 해당 개인의 동의를 받아야 하며 대통령령으로 정하는 목적으로만 그 정보를 이용하여야 한다.

제17조【수집·조사 및 처리의 위탁】 ① 신용정보회사 등은 그 업무 범위에서 의뢰인의 동의를 받아 다른 신용정보회사 등에 신용정보의 수집·조사를 위탁할 수 있다.

② 신용정보회사 등은 수집된 신용정보의 처리를 일정한 금액 이상의 자본금 등 대통령령으로 정하는 일정한 요건을 갖춘 자에게 위탁할 수 있으며 이에 따라 위탁을 받은 자(이하 "수탁자"라 한다)의 위탁받은 업무의 처리에 관하여는 제19조부터 제21조까지, 제40조, 제43조, 제43조의2 및 제45조(해당 조문에 대한 벌칙 및 과태료규정을 포함한다)를 적용한다.

③ 제2항에 따라 신용정보의 처리를 위탁하려는 신용정보회사 등으로서 대통령령으로 정하는 자는 제공하는 신용정보의 범위 등을 대통령령으로 정하는 바에 따라 금융위원회에 알려야 한다.

④ 신용정보회사 등은 제2항에 따라 신용정보의 처리를 위탁하기 위하여 수탁자에게 개인신용정보를 제공하는 경우 특정 신용정보주체를 식별할 수 있는 정보는 대통령령으로 정하는 바에 따라 암호화 등의 보호 조치를 하여야 한다.

⑤ 신용정보회사 등은 수탁자에게 신용정보를 제공한 경우 신용정보를 분실·도난·유출·변조 또는 훼손당하지 아니하도록 대통령령으로 정하는 바에 따라 수탁자를 교육하여야 하고 수탁자의 안전한 신용정보 처리에 관한 사항을 위탁계약에 반영하여야 한다.

⑥ 수탁자는 제2항에 따라 위탁받은 업무 범위를 초과하여 제공받은 신용정보를 이용하여서는 아니 된다.

⑦ 수탁자는 제2항에 따라 위탁받은 업무를 제3자에게 재위탁하여서는 아니 된다. 다만, 신용정보의 보호 및 안전한 처리를 저해하지 아니하는 범위에서 금융위원회가 인정하는 경우에는 그러하지 아니하다.

제4장 신용정보의 유통 · 이용 및 관리

제18조 【신용정보의 정확성 및 최신성의 유지】 ① 신용정보회사 등은 신용정보의 정확성과 최신성이 유지될 수 있도록 대통령령으로 정하는 바에 따라 신용정보의 등록 · 변경 및 관리 등을 하여야 한다.

② 신용정보회사 등은 신용정보주체에게 불이익을 줄 수 있는 신용정보를 그 불이익을 초래하게 된 사유가 해소된 날부터 최장 5년 이내에 등록 · 관리 대상에서 삭제하여야 한다.

③ 제2항에 따른 해당 신용정보의 구체적인 종류, 기록보존 및 활용기간 등은 대통령령으로 정한다.

제19조 【신용정보전산시스템의 안전보호】 ① 신용정보회사 등은 신용정보전산시스템(제25조 제6항에 따른 신용정보공동전산망을 포함한다. 이하 같다)에 대한 제3자의 불법적인 접근, 입력된 정보의 변경 · 훼손 및 파괴, 그 밖의 위험에 대하여 대통령령으로 정하는 바에 따라 기술적 · 물리적 · 관리적 보안대책을 수립 · 시행하여야 한다.

② 신용정보제공 · 이용자가 다른 신용정보제공 · 이용자 또는 신용조회회사와 서로 이 법에 따라 신용정보를 제공하는 경우에는 금융위원회가 정하여 고시하는 바에 따라 신용정보 보안관리 대책을 포함한 계약을 체결하여야 한다.

제20조 【신용정보 관리책임의 명확화 및 업무처리기록의 보존】 ① 신용정보회사 등은 신용정보의 수집 · 처리 · 이용 및 보호 등에 대하여 금융위원회가 정하는 신용정보 관리기준을 준수하여야 한다.

② 신용정보회사 등은 다음 각 호의 사항에 대한 기록을 3년간 보존하여야 한다.

1. 의뢰인의 주소와 성명 또는 정보제공 · 교환기관의 주소와 이름
2. 의뢰받은 업무 내용 및 의뢰받은 날짜
3. 의뢰받은 업무의 처리 내용 또는 제공한 신용정보의 내용과 제공한 날짜
4. 그 밖에 대통령령으로 정하는 사항

③ 신용정보회사, 신용정보집중기관 및 대통령령으로 정하는 신용정보제공 · 이용자는 제4항에 따른 업무를 하는 신용정보관리 · 보호인을 1명 이상 지정하여야 한다. 다만, 총자산, 종업원 수 등을 감안하여 대통령령으로 정하는 자는 신용정보관리 · 보호인을 임원으로 하여야 한다.

④ 제3항에 따른 신용정보관리 · 보호인은 다음 각 호의 업무를 수행한다.

1. 신용정보의 수집 · 보유 · 제공 · 삭제 등 관리 및 보호 계획의 수립 및 시행
2. 신용정보의 수집 · 보유 · 제공 · 삭제 등 관리 및 보호 실태와 관행에 대한 정기적인 조사 및 개선
3. 신용정보 열람 및 정정청구 등 신용정보주체의 권리행사 및 피해구제
4. 신용정보 유출 등을 방지하기 위한 내부통제시스템의 구축 및 운영
5. 임직원 및 전속 모집인 등에 대한 신용정보보호교육계획의 수립 및 시행
6. 임직원 및 전속 모집인 등의 신용정보보호 관련 법령 및 규정 준수 여부 점검
7. 그 밖에 신용정보의 관리 및 보호를 위하여 대통령령으로 정하는 업무

⑤ 신용정보관리 · 보호인은 제4항 각 호의 업무에 관하여 금융위원회가 정하는 바에 따라 주기적으로 보고서를 작성하여야 하며, 이를 대표이사 및 이사회에 보고하고 금융위원회에 제출하여야 한다.

⑥ 제3항에 따른 신용정보관리 · 보호

인의 자격요건과 그 밖에 지정에 필요한 사항은 대통령령으로 정한다.
⑦ 「금융지주회사법」 제48조의2 제6항에 따라 선임된 고객정보관리인이 제6항의 자격요건에 해당하면 제3항에 따라 지정된 신용정보관리·보호인으로 본다.

제20조의2【개인신용정보의 보유기간 등】 ① 신용정보제공·이용자는 금융거래 등 상거래관계(고용관계는 제외한다. 이하 같다)가 종료된 날부터 금융위원회가 정하여 고시하는 기한까지 해당 신용정보주체의 개인신용정보가 안전하게 보호될 수 있도록 접근권한을 강화하는 등 대통령령으로 정하는 바에 따라 관리하여야 한다.
② 신용정보제공·이용자는 금융거래 등 상거래관계가 종료된 날부터 최장 5년 이내(해당 기간 이전에 정보 수집·제공 등의 목적이 달성된 경우에는 그 목적이 달성된 날부터 3개월 이내)에 해당 신용정보주체의 개인신용정보를 관리대상에서 삭제하여야 한다. 다만, 다음 각 호의 경우에는 그러하지 아니하다.
1. 다른 법률에 따른 의무를 이행하기 위하여 불가피한 경우
2. 개인의 급박한 생명·신체·재산의 이익을 위하여 필요하다고 인정되는 경우
3. 그 밖에 예금·보험금의 지급, 보험사기자의 재가입 방지를 위한 경우 등 개인신용정보를 보존할 필요가 있는 경우로서 대통령령으로 정하는 경우

③ 신용정보제공·이용자가 제2항 단서에 따라 개인신용정보를 삭제하지 아니하고 보존하는 경우에는 현재 거래 중인 신용정보주체의 개인신용정보와 분리하는 등 대통령령으로 정하는 바에 따라 관리하여야 한다.
④ 신용정보제공·이용자가 제3항에 따라 분리하여 보존하는 개인신용정보를 활용하는 경우에는 신용정보주체에게 통지하여야 한다.
⑤ 제1항 및 제2항에 따른 개인신용정보의 종류, 관리기간, 삭제의 방법·절차 및 금융거래 등 상거래관계가 종료된 날의 기준 등은 대통령령으로 정한다.

[시행일 : 2016.3.12.]

제21조【폐업 시 보유정보의 처리】 신용정보회사나 신용정보집중기관이 폐업하려는 경우에는 금융위원회가 정하여 고시하는 바에 따라 보유정보를 처분하거나 폐기하여야 한다.

제5장 신용정보업

제1절 신용조회업 등

제22조【신용조회업 종사자】 ① 신용조회회사(신용조회업 허가를 받은 자를 말한다. 이하 같다)는 다음 각 호의 어느 하나에 해당하는 자를 임원으로 채용하거나 고용하여서는 아니 된다.
1. 미성년자
2. 한정치산자 또는 금치산자
3. 파산선고를 받고 복권되지 아니한 자
4. 금고 이상의 실형을 선고받고 그 집행이 끝나거나(집행이 끝난 것으로 보는 경우를 포함한다) 집행이 면제된 날부터 3년이 지나지 아니한 자
5. 금고 이상의 형의 집행유예를 선고받고 그 유예기간 중에 있는 자
6. 이 법 또는 그 밖의 법령에 따라 해임되거나 면직된 후 5년이 지나지 아니한 자
7. 이 법 또는 그 밖의 법령에 따라 영업의 허가·인가 등이 취소된 법인

이나 회사의 임직원이었던 자(그 취소사유의 발생에 직접 또는 이에 상응하는 책임이 있는 자로서 대통령령으로 정하는 자만 해당한다)로서 그 법인이나 회사에 대한 취소가 있었던 날부터 5년이 지나지 아니한 자

② 신용조회업에 종사하는 임직원이 신용정보를 수집하려는 경우에는 신용조회업에 종사하고 있음을 나타내는 증표를 지니고 이를 관계인에게 내보여야 한다.

제22조의2【신용정보 등의 보고】 신용조회회사는 신용정보의 활용범위, 활용기간, 제공 대상자 등을 대통령령으로 정하는 바에 따라 금융위원회에 보고하여야 한다.

제22조의3【계열회사 등에 대한 개인신용정보 제공 금지】 신용조회회사는 제32조 제2항에도 불구하고 제9조 제1항에 따른 지배주주 및 「독점규제 및 공정거래에 관한 법률」 제2조 제3호에 따른 계열회사에 개인신용정보를 제공할 수 없다. 다만, 다음 각 호의 어느 하나에 해당하는 경우에는 그러하지 아니하다.

1. 신용조회회사가 제4조 제1항 제1호에 따른 업무수행을 위하여 제공하는 경우
2. 제32조 제6항 제4호에 따라 제공하는 경우

제23조【공공기관에 대한 신용정보의 제공 요청 등】 ① 삭제

② 신용정보집중기관이 국가·지방자치단체 또는 대통령령으로 정하는 공공단체(이하 "공공기관"이라 한다)의 장에게 신용정보주체의 신용도·신용거래능력 등의 판단에 필요한 신용정보로서 대통령령으로 정하는 신용정보의 제공을 요청하면 그 요청을 받은 공공기관의 장은 다음 각 호의 법률에도 불구하고 해당 신용정보집중기관에 정보를 제공할 수 있다. 이 경우 정보를 제공하는 기준과 절차 등은 대통령령으로 정한다.

1. 「공공기관의 정보공개에 관한 법률」
2. 「개인정보 보호법」
3. 「국민건강보험법」
4. 「국민연금법」
5. 「한국전력공사법」
6. 「주민등록법」

③ 신용정보집중기관은 제2항에 따라 공공기관으로부터 제공받은 신용정보를 대통령령으로 정하는 신용정보의 이용자에게 제공할 수 있다.

④ 신용정보집중기관 또는 제3항에 따른 신용정보의 이용자가 신용정보제공·이용자에게 제2항 및 제3항에 따라 공공기관으로부터 제공받은 개인신용정보를 제공하는 경우에는 제32조 제3항에서 정하는 바에 따라 신용정보제공·이용자가 해당 개인으로부터 신용정보 제공·이용에 대한 동의를 받았는지를 확인하여야 한다.

⑤ 제3항에 따라 신용정보를 제공받은 신용정보의 이용자는 그 정보를 타인에게 제공하여서는 아니 된다.

⑥ 제2항에 따라 신용정보의 제공을 요청하는 자는 관계 법령에 따라 열람료 또는 수수료 등을 내야 한다.

⑦ 신용정보회사 등은 공공기관의 장이 관계 법령에서 정하는 공무상 목적으로 이용하기 위하여 신용정보의 제공을 문서로 요청한 경우에는 그 신용정보를 제공할 수 있다.

제24조【주민등록전산정보자료의 이용】 ① 신용정보집중기관 및 대통령령으로 정하는 신용정보제공·이용자는 다음 각 호의 어느 하나에 해당하는 경우에는 행정자치부장관에게 「주민등록법」 제30조 제1항에 따른 주민등록전산정보자료의 제공을 요청할 수 있다. 이 경우 요청을 받은 행정자치부장관은 특별한 사유가 없으면 그 요청에 따라

야 한다.

1. 「상법」 제64조 등 다른 법률에 따라 소멸시효가 완성된 예금 및 보험금 등의 지급을 위한 경우로서 해당 예금 및 보험금 등의 원권리자에게 관련 사항을 알리기 위한 경우
2. 금융거래계약의 만기 도래, 실효(失效), 해지 등 계약의 변경사유 발생 등 거래 상대방의 권리·의무에 영향을 미치는 사항을 알리기 위한 경우

② 제1항에 따라 주민등록전산정보자료를 요청하는 경우에는 금융위원회위원장의 심사를 받아야 한다.

③ 제2항에 따라 금융위원회위원장의 심사를 받은 경우에는 「주민등록법」 제30조 제1항에 따른 관계 중앙행정기관의 장의 심사를 거친 것으로 본다. 처리절차, 사용료 또는 수수료 등에 관한 사항은 「주민등록법」에 따른다.

제25조【신용정보집중기관】 ① 신용정보를 집중하여 수집·보관함으로써 체계적·종합적으로 관리하고, 신용정보회사 등 상호 간에 신용정보를 교환·활용(이하 "집중관리·활용"이라 한다)하려는 자는 금융위원회로부터 신용정보집중기관으로 허가를 받아야 한다.

② 제1항에 따른 신용정보집중기관은 다음 각 호의 구분에 따라 허가를 받아야 한다.

1. 종합신용정보집중기관: 대통령령으로 정하는 금융기관 전체로부터의 신용정보를 집중관리·활용하는 신용정보집중기관
2. 개별신용정보집중기관: 제1호에 따른 금융기관 외의 같은 종류의 사업자가 설립한 협회 등의 협약 등에 따라 신용정보를 집중관리·활용하는 신용정보집중기관

③ 제1항에 따른 신용정보집중기관으로 허가를 받으려는 자는 다음 각 호의 요건을 갖추어야 한다.

1. 「민법」 제32조에 따라 설립된 비영리법인일 것
2. 신용정보를 집중관리·활용하는 데 있어서 대통령령으로 정하는 바에 따라 공공성과 중립성을 갖출 것
3. 대통령령으로 정하는 시설·설비 및 인력을 갖출 것

④ 제1항 및 제2항에 따른 허가 및 그 취소 등에 필요한 사항과 집중관리·활용되는 신용정보의 내용·범위 및 교환 대상자는 대통령령으로 정한다. 다만, 신용정보집중기관과 신용조회회사 사이의 신용정보 교환 및 이용은 신용조회회사의 의뢰에 따라 신용정보집중기관이 신용조회회사에 신용정보를 제공하는 방식으로 한다.

⑤ 제2항 제1호에 따른 종합신용정보집중기관(이하 "종합신용정보집중기관"이라 한다)은 집중되는 신용정보의 정확성·신속성을 확보하기 위하여 제26조에 따른 신용정보집중관리위원회가 정하는 바에 따라 신용정보를 제공하는 금융기관의 신용정보 제공의무 이행 실태를 조사할 수 있다.

⑥ 신용정보집중기관은 대통령령으로 정하는 바에 따라 신용정보공동전산망(이하 "공동전산망"이라 한다)을 구축할 수 있으며, 공동전산망에 참여하는 자는 그 유지·관리 등에 필요한 협조를 하여야 한다. 이 경우 신용정보집중기관은 「전기통신사업법」 제2조 제1항 제1호에 따른 전기통신사업자이어야 한다.

제25조의2【종합신용정보집중기관의 업무】 종합신용정보집중기관은 다음 각 호의 업무를 수행한다.

1. 신용정보의 집중관리 및 활용
2. 공공 목적의 조사 및 분석 업무
3. 신용정보의 가공·분석 및 제공 등과 관련하여 대통령령으로 정하는 업무
4. 신용정보주체 주소변경의 통보대행 업무

5. 다른 법령에서 종합신용정보집중기관이 할 수 있도록 정한 업무
6. 그 밖에 제1호부터 제5호까지에 준하는 업무로서 대통령령으로 정하는 업무

제26조【신용정보집중관리위원회】 ① 다음 각 호의 업무를 수행하기 위하여 종합신용정보집중기관에 신용정보집중관리위원회(이하 "위원회"라 한다)를 둔다.

1. 제25조의2 각 호의 업무와 관련한 중요 사안에 대한 심의
2. 신용정보의 집중관리·활용에 드는 경상경비, 신규사업의 투자비 등의 분담에 관한 사항
3. 제25조 제2항 제1호에 따른 금융기관의 신용정보제공의무 이행 실태에 관한 조사 및 대통령령으로 정하는 바에 따른 제재를 부과하는 사항
4. 신용정보의 업무목적 외 누설 또는 이용의 방지대책에 관한 사항
5. 그 밖에 신용정보의 집중관리·활용에 필요한 사항

② 삭제

③ 위원회는 제1항 각 호의 사항을 결정한 경우 금융위원회가 정하는 바에 따라 금융위원회에 보고하여야 한다.

제26조의2【신용정보집중관리위원회의 구성·운영 등】 ① 위원회는 위원장 1명을 포함한 15명 이내의 위원으로 구성한다.

② 위원회의 위원장은 종합신용정보집중기관의 장으로 하며, 위원은 공익성, 중립성, 업권별 대표성, 신용정보에 관한 전문지식 등을 고려하여 구성한다.

③ 그 밖에 위원회의 구성 및 운영 등에 필요한 사항은 대통령령으로 정한다.

제2절 신용조사업 및 채권추심업

제27조【종사자 및 위임직채권추심인 등】 ① 신용조사회사(신용조사업 허가를 받은 자를 말한다. 이하 같다) 또는 채권추심회사(채권추심업 허가를 받은 자를 말한다. 이하 같다)는 다음 각 호의 어느 하나에 해당하는 자를 임직원으로 채용하거나 고용하여서는 아니 되며, 위임 또는 그에 준하는 방법으로 채권추심업무를 하여서는 아니 된다.

1. 미성년자. 다만, 금융위원회가 정하여 고시하는 업무에 채용하거나 고용하는 경우는 제외한다.
2. 한정치산자 또는 금치산자
3. 파산선고를 받고 복권되지 아니한 자
4. 금고 이상의 실형을 선고받고 그 집행이 끝나거나(집행이 끝난 것으로 보는 경우를 포함한다) 집행이 면제된 날부터 3년이 지나지 아니한 자
5. 금고 이상의 형의 집행유예를 선고받고 그 유예기간 중에 있는 자
6. 이 법 또는 그 밖의 법령에 따라 해임되거나 면직된 후 5년이 지나지 아니한 자
7. 이 법 또는 그 밖의 법령에 따라 영업의 허가·인가 등이 취소된 법인이나 회사의 임직원이었던 자(그 취소사유의 발생에 직접 또는 이에 상응하는 책임이 있는 자로서 대통령령으로 정하는 자만 해당한다)로서 그 법인 또는 회사에 대한 취소가 있은 날부터 5년이 지나지 아니한 자
8. 제2항 제2호에 따른 위임직채권추심인이었던 자로서 등록이 취소된 지 5년이 지나지 아니한 자

② 채권추심회사는 다음 각 호의 어느 하나에 해당하는 자를 통하여 추심업무를 하여야 한다.

1. 채권추심회사의 임직원
2. 채권추심회사가 위임 또는 그에 준하는 방법으로 채권추심업무를 하도록 한 자(이하 "위임직채권추심인"이라 한다)

③ 채권추심회사는 그 소속 위임직채

권추심인이 되려는 자를 금융위원회에 등록하여야 한다.

④ 위임직채권추심인은 소속 채권추심회사 외의 자를 위하여 채권추심업무를 할 수 없다.

⑤ 채권추심회사는 추심채권이 아닌 채권을 추심할 수 없으며 다음 각 호의 어느 하나에 해당하는 위임직채권추심인을 통하여 채권추심업무를 하여서는 아니 된다.

1. 제3항에 따라 등록되지 아니한 위임직채권추심인
2. 다른 채권추심회사의 소속으로 등록된 위임직채권추심인
3. 제7항에 따라 업무정지 중에 있는 위임직채권추심인

⑥ 금융위원회는 위임직채권추심인이 다음 각 호의 어느 하나에 해당하면 그 등록을 취소할 수 있다.

1. 거짓이나 그 밖의 부정한 방법으로 제3항에 따른 등록을 한 경우
2. 제7항에 따른 업무정지명령을 위반하거나 업무정지에 해당하는 행위를 한 자가 그 사유발생일 전 1년 이내에 업무정지처분을 받은 사실이 있는 경우
3. 제40조 제1호부터 제4호까지의 어느 하나를 위반한 경우
4. 「채권의 공정한 추심에 관한 법률」 제9조 각 호의 어느 하나를 위반하여 채권추심행위를 한 경우
5. 등록의 내용이나 조건을 위반한 경우
6. 정당한 사유 없이 1년 이상 계속하여 등록한 영업을 하지 아니한 경우

⑦ 금융위원회는 위임직채권추심인이 다음 각 호의 어느 하나에 해당하면 6개월의 범위에서 기간을 정하여 그 업무의 전부 또는 일부의 정지를 명할 수 있다.

1. 제4항을 위반한 경우
2. 제16조에 따른 수집·조사 등의 제한 사항을 위반한 경우
3. 제40조 제5호의 행위를 한 경우
4. 「채권의 공정한 추심에 관한 법률」 제12조 제2호·제5호를 위반한 경우
5. 그 밖에 법령 또는 소속 채권추심회사의 정관을 위반하여 공익을 심각하게 해치거나 해칠 우려가 있는 경우

⑧ 신용조사업 또는 채권추심업에 종사하는 임직원이나 위임직채권추심인이 신용정보의 수집·조사 또는 채권추심업무를 하려는 경우에는 신용조사업 또는 채권추심업에 종사함을 나타내는 증표를 지니고 이를 관계인에게 내보여야 한다.

⑨ 위임직채권추심인의 자격요건 및 등록절차는 대통령령으로 정한다.

⑩ 위임직채권추심인이 되고자 하는 자가 등록을 신청한 때에는 총리령으로 정하는 바에 따라 수수료를 내야 한다.

제3절 삭제

제28조 삭제
제29조 삭제
제30조 삭제

제6장 신용정보주체의 보호

제31조 【신용정보활용체제의 공시】 신용정보회사, 신용정보집중기관 및 대통령령으로 정하는 신용정보제공·이용자는 관리하는 신용정보의 종류, 이용목적, 제공 대상 및 신용정보주체의 권리 등에 관한 사항을 대통령령으로 정하는 바에 따라 공시하여야 한다.

제32조 【개인신용정보의 제공·활용에 대한 동의】 ① 신용정보제공·이용자가 대출, 보증에 관한 정보 등 대통령령으

로 정하는 개인신용정보를 타인에게 제공하려는 경우에는 대통령령으로 정하는 바에 따라 해당 개인으로부터 다음 각 호의 어느 하나에 해당하는 방식으로 미리 동의를 받아야 한다.

1. 서면
2. 「전자서명법」 제2조 제3호에 따른 공인전자서명이 있는 전자문서(「전자거래기본법」 제2조 제1호에 따른 전자문서를 말한다)
3. 개인신용정보의 제공 내용 및 제공 목적 등을 고려하여 정보 제공 동의의 안정성과 신뢰성이 확보될 수 있는 유무선 통신으로 개인비밀번호를 입력하는 방식
4. 유무선 통신으로 동의 내용을 해당 개인에게 알리고 동의를 받는 방법. 이 경우 본인 여부 및 동의 내용, 그에 대한 해당 개인의 답변을 음성녹음하는 등 증거자료를 확보·유지하여야 하며, 대통령령으로 정하는 바에 따른 사후 고지절차를 거친다.
5. 그 밖에 대통령령으로 정하는 방식

② 신용조회회사 또는 신용정보집중기관으로부터 대통령령으로 정하는 개인신용정보를 제공받으려는 자는 대통령령으로 정하는 바에 따라 해당 개인으로부터 제1항 각 호의 어느 하나에 해당하는 방식으로 동의를 받아야 한다. 이때 개인신용정보를 제공받으려는 자는 해당 개인에게 개인신용정보의 조회 시 신용등급이 하락할 수 있음을 고지하여야 한다.

③ 신용조회회사 또는 신용정보집중기관이 개인신용정보를 제2항에 따라 제공하는 경우에는 해당 개인신용정보를 제공받으려는 자가 제2항에 따른 동의를 받았는지를 대통령령으로 정하는 바에 따라 확인하여야 한다.

④ 신용정보회사 등이 개인신용정보를 제공하는 경우로서 다음 각 호의 어느 하나에 해당하는 경우에는 제1항부터 제3항까지를 적용하지 아니한다.

1. 신용정보회사가 다른 신용정보회사 또는 신용정보집중기관과 서로 집중관리·활용하기 위하여 제공하는 경우
2. 계약의 이행에 필요한 경우로서 제17조 제2항에 따라 신용정보의 처리를 위탁하기 위하여 제공하는 경우
3. 영업양도·분할·합병 등의 이유로 권리·의무의 전부 또는 일부를 이전하면서 그와 관련된 개인신용정보를 제공하는 경우
4. 채권추심(추심채권을 추심하는 경우만 해당한다), 인가·허가의 목적, 기업의 신용도 판단, 유가증권의 양수 등 대통령령으로 정하는 목적으로 사용하는 자에게 제공하는 경우
5. 법원의 제출명령 또는 법관이 발부한 영장에 따라 제공하는 경우
6. 범죄 때문에 피해자의 생명이나 신체에 심각한 위험 발생이 예상되는 등 긴급한 상황에서 제5호에 따른 법관의 영장을 발부받을 시간적 여유가 없는 경우로서 검사 또는 사법경찰관의 요구에 따라 제공하는 경우. 이 경우 개인신용정보를 제공받은 검사는 지체 없이 법관에게 영장을 청구하여야 하고, 사법경찰관은 검사에게 신청하여 검사의 청구로 영장을 청구하여야 하며, 개인신용정보를 제공받은 때부터 36시간 이내에 영장을 발부받지 못하면 지체 없이 제공받은 개인신용정보를 폐기하여야 한다.
7. 조세에 관한 법률에 따른 질문·검사 또는 조사를 위하여 관할 관서의 장이 서면으로 요구하거나 조세에 관한 법률에 따라 제출의무가 있는 과세자료의 제공을 요구함에 따라 제공하는 경우
8. 국제협약 등에 따라 외국의 금융감

독기구에 금융회사가 가지고 있는 개인신용정보를 제공하는 경우
9. 그 밖에 다른 법률에 따라 제공하는 경우
⑤ 제4항 각 호에 따라 개인신용정보를 타인에게 제공하려는 자 또는 제공받은 자는 대통령령으로 정하는 바에 따라 개인신용정보의 제공 사실 및 이유 등을 해당 신용정보주체에게 알려야 한다. 다만, 대통령령으로 정하는 경우에는 인터넷 홈페이지 게재 등 이와 유사한 방법을 통하여 공시할 수 있다.
⑥ 제4항 제3호에 따라 개인신용정보를 타인에게 제공하는 신용정보제공·이용자로서 대통령령으로 정하는 자는 제공하는 신용정보의 범위 등 대통령령으로 정하는 사항에 관하여 금융위원회의 승인을 받아야 한다.
⑦ 신용정보회사 등이 개인신용정보를 제공하는 경우에는 금융위원회가 정하여 고시하는 바에 따라 개인신용정보를 제공받는 자의 신원(身元)과 이용목적을 확인하여야 한다.
⑧ 개인신용정보를 제공한 신용정보제공·이용자는 제1항에 따라 미리 동의를 받았는지 여부 등에 대한 다툼이 있는 경우 이를 증명하여야 한다.

제32조【개인신용정보의 제공·활용에 대한 동의】 ① 신용정보제공·이용자가 개인신용정보를 타인에게 제공하려는 경우에는 대통령령으로 정하는 바에 따라 해당 신용정보주체로부터 다음 각 호의 어느 하나에 해당하는 방식으로 개인신용정보를 제공할 때마다 미리 개별적으로 동의를 받아야 한다. 다만, 기존에 동의한 목적 또는 이용 범위에서 개인신용정보의 정확성·최신성을 유지하기 위한 경우에는 그러하지 아니하다.
1. 서면
2. 「전자서명법」 제2조 제3호에 따른 공인전자서명이 있는 전자문서(「전자거래기본법」 제2조 제1호에 따른 전자문서를 말한다)
3. 개인신용정보의 제공 내용 및 제공 목적 등을 고려하여 정보 제공 동의의 안정성과 신뢰성이 확보될 수 있는 유무선 통신으로 개인비밀번호를 입력하는 방식
4. 유무선 통신으로 동의 내용을 해당 개인에게 알리고 동의를 받는 방법. 이 경우 본인 여부 및 동의 내용, 그에 대한 해당 개인의 답변을 음성녹음하는 등 증거자료를 확보·유지하여야 하며, 대통령령으로 정하는 바에 따른 사후 고지절차를 거친다.
5. 그 밖에 대통령령으로 정하는 방식
② 신용조회회사 또는 신용정보집중기관으로부터 개인신용정보를 제공받으려는 자는 대통령령으로 정하는 바에 따라 해당 신용정보주체로부터 제1항 각 호의 어느 하나에 해당하는 방식으로 개인신용정보를 제공받을 때마다 개별적으로 동의(기존에 동의한 목적 또는 이용 범위에서 개인신용정보의 정확성·최신성을 유지하기 위한 경우는 제외한다)를 받아야 한다. 이 경우 개인신용정보를 제공받으려는 자는 개인신용정보의 조회 시 신용등급이 하락할 수 있는 때에는 해당 신용정보주체에게 이를 고지하여야 한다.
③ 신용조회회사 또는 신용정보집중기관이 개인신용정보를 제2항에 따라 제공하는 경우에는 해당 개인신용정보를 제공받으려는 자가 제2항에 따른 동의를 받았는지를 대통령령으로 정하는 바에 따라 확인하여야 한다.
④ 신용정보회사 등은 개인신용정보의 제공 및 활용과 관련하여 동의를 받을 때에는 대통령령으로 정하는 바에 따라 서비스 제공을 위하여 필수적 동의사항과 그 밖의 선택적 동의사항을 구분하여 설명한 후 각각 동의를 받아야

한다. 이 경우 필수적 동의사항은 서비스 제공과의 관련성을 설명하여야 하며, 선택적 동의사항은 정보제공에 동의하지 아니할 수 있다는 사실을 고지하여야 한다.

⑤ 신용정보회사 등은 신용정보주체가 선택적 동의사항에 동의하지 아니한다는 이유로 신용정보주체에게 서비스의 제공을 거부하여서는 아니 된다.

⑥ 신용정보회사 등이 개인신용정보를 제공하는 경우로서 다음 각 호의 어느 하나에 해당하는 경우에는 제1항부터 제5항까지를 적용하지 아니한다.

1. 신용정보회사가 다른 신용정보회사 또는 신용정보집중기관과 서로 집중관리 · 활용하기 위하여 제공하는 경우
2. 계약의 이행에 필요한 경우로서 제17조 제2항에 따라 신용정보의 처리를 위탁하기 위하여 제공하는 경우
3. 영업양도 · 분할 · 합병 등의 이유로 권리 · 의무의 전부 또는 일부를 이전하면서 그와 관련된 개인신용정보를 제공하는 경우
4. 채권추심(추심채권을 추심하는 경우만 해당한다), 인가 · 허가의 목적, 기업의 신용도 판단, 유가증권의 양수 등 대통령령으로 정하는 목적으로 사용하는 자에게 제공하는 경우
5. 법원의 제출명령 또는 법관이 발부한 영장에 따라 제공하는 경우
6. 범죄 때문에 피해자의 생명이나 신체에 심각한 위험 발생이 예상되는 등 긴급한 상황에서 제5호에 따른 법관의 영장을 발부받을 시간적 여유가 없는 경우로서 검사 또는 사법경찰관의 요구에 따라 제공하는 경우. 이 경우 개인신용정보를 제공받은 검사는 지체 없이 법관에게 영장을 청구하여야 하고, 사법경찰관은 검사에게 신청하여 검사의 청구로 영장을 청구하여야 하며, 개인신용정보를 제공받은 때부터 36시간 이내에 영장을 발부받지 못하면 지체 없이 제공받은 개인신용정보를 폐기하여야 한다.
7. 조세에 관한 법률에 따른 질문 · 검사 또는 조사를 위하여 관할 관서의 장이 서면으로 요구하거나 조세에 관한 법률에 따라 제출의무가 있는 과세자료의 제공을 요구함에 따라 제공하는 경우
8. 국제협약 등에 따라 외국의 금융감독기구에 금융회사가 가지고 있는 개인신용정보를 제공하는 경우
9. 대통령령으로 정하는 금융질서문란행위자 및 기업의 과점주주, 최다출자자 등 관련인의 신용도를 판단할 수 있는 정보를 제공하는 경우
10. 그 밖에 다른 법률에 따라 제공하는 경우

⑦ 제6항 각 호에 따라 개인신용정보를 타인에게 제공하려는 자 또는 제공받은 자는 대통령령으로 정하는 바에 따라 개인신용정보의 제공 사실 및 이유 등을 사전에 해당 신용정보주체에게 알려야 한다. 다만, 대통령령으로 정하는 불가피한 사유가 있는 경우에는 인터넷 홈페이지 게재 또는 그 밖에 유사한 방법을 통하여 사후에 알리거나 공시할 수 있다.

⑧ 제6항 제3호에 따라 개인신용정보를 타인에게 제공하는 신용정보제공 · 이용자로서 대통령령으로 정하는 자는 제공하는 신용정보의 범위 등 대통령령으로 정하는 사항에 관하여 금융위원회의 승인을 받아야 한다.

⑨ 제8항에 따른 승인을 받아 개인신용정보를 제공받은 자는 해당 개인신용정보를 금융위원회가 정하는 바에 따라 현재 거래 중인 신용정보주체의 개인신용정보와 분리하여 관리하여야 한다.

⑩ 신용정보회사 등이 개인신용정보를

제공하는 경우에는 금융위원회가 정하여 고시하는 바에 따라 개인신용정보를 제공받는 자의 신원(身元)과 이용목적을 확인하여야 한다.

⑪ 개인신용정보를 제공한 신용정보제공·이용자는 제1항에 따라 미리 개별적 동의를 받았는지 여부 등에 대한 다툼이 있는 경우 이를 증명하여야 한다.

[시행일 : 2016.3.12.]

제33조【개인신용정보의 이용】 개인신용정보는 해당 신용정보주체가 신청한 금융거래 등 상거래관계의 설정 및 유지 여부 등을 판단하기 위한 목적으로만 이용하여야 한다. 다만, 다음 각 호의 어느 하나에 해당하는 경우에는 그러하지 아니하다.

1. 개인이 제32조 제1항 각 호의 방식으로 이 조 각 호 외의 부분 본문에서 정한 목적 외의 다른 목적에의 이용에 동의한 경우
2. 개인이 직접 제공한 개인신용정보(그 개인과의 상거래에서 생긴 신용정보를 포함한다)를 제공받은 목적으로 이용하는 경우(상품과 서비스를 소개하거나 그 구매를 권유할 목적으로 이용하는 경우는 제외한다)
3. 제32조 제4항 각 호의 경우
4. 그 밖에 제1호부터 제3호까지의 규정에 준하는 경우로서 대통령령으로 정하는 경우

제33조【개인신용정보의 이용】 개인신용정보는 해당 신용정보주체가 신청한 금융거래 등 상거래관계의 설정 및 유지 여부 등을 판단하기 위한 목적으로만 이용하여야 한다. 다만, 다음 각 호의 어느 하나에 해당하는 경우에는 그러하지 아니하다.

1. 개인이 제32조 제1항 각 호의 방식으로 이 조 각 호 외의 부분 본문에서 정한 목적 외의 다른 목적에의 이용에 동의한 경우
2. 개인이 직접 제공한 개인신용정보(그 개인과의 상거래에서 생긴 신용정보를 포함한다)를 제공받은 목적으로 이용하는 경우(상품과 서비스를 소개하거나 그 구매를 권유할 목적으로 이용하는 경우는 제외한다)
3. 제32조 제6항 각 호의 경우
4. 그 밖에 제1호부터 제3호까지의 규정에 준하는 경우로서 대통령령으로 정하는 경우

[시행일 : 2016.3.12.]

제34조【개인식별정보의 제공·이용】 ① 신용정보제공·이용자가 개인을 식별하기 위하여 필요로 하는 정보로서 대통령령으로 정하는 정보(이하 "개인식별정보"라 한다)를 신용정보회사 등에 제공하려는 경우에는 해당 개인의 동의를 받아야 한다.

② 개인식별정보는 해당 개인이 동의한 목적 또는 해당 개인으로부터 직접 제공받은 경우에는 그 제공받은 목적의 범위에서만 이용되어야 한다.

③ 개인식별정보가 이 법에 따라 개인신용정보를 제공받기 위하여 신용정보주체를 특정할 목적으로 제공·이용되는 경우에는 제1항 및 제2항을 적용하지 아니한다. 이 경우 개인식별정보를 제공받은 자는 제공 요구에 따르기 위한 목적 외의 용도로 그 정보를 이용하거나 제3자에게 제공하여서는 아니 된다.

④ 개인식별정보가 제32조 제4항 제4호부터 제9호까지의 규정에 따라 제공·이용되는 경우에는 제1항 및 제2항을 적용하지 아니한다.

제34조【개인식별정보의 제공·이용】 신용정보제공·이용자가 개인을 식별하기 위하여 필요로 하는 정보로서 대통령령으로 정하는 정보를 제공·이용하

는 경우에는 제32조 및 제33조를 준용한다.

[시행일 : 2016.3.12.]

제35조【신용정보 제공사실의 통보요구】 신용정보주체는 신용정보회사 등이 본인에 관한 신용정보(이하 "본인정보"라 한다)를 제공하는 경우에는 대통령령으로 정하는 바에 따라 제공받은 자, 그 이용 목적, 제공한 날짜, 제공한 본인정보의 주요 내용 등을 알리도록 요구하거나 인터넷 홈페이지를 통하여 조회할 수 있도록 하여 줄 것을 요구할 수 있다. 이 경우 신용정보회사 등은 특별한 사유가 없으면 그 요구에 따라야 한다.

제35조【신용정보 이용 및 제공사실의 조회】 ① 신용정보회사 등은 개인신용정보를 이용하거나 제공한 경우 대통령령으로 정하는 바에 따라 다음 각 호의 구분에 따른 사항을 신용정보주체가 조회할 수 있도록 하여야 한다. 다만, 내부 경영관리의 목적으로 이용하거나 반복적인 업무위탁을 위하여 제공하는 경우 등 대통령령으로 정하는 경우에는 그러하지 아니하다.

1. 개인신용정보를 이용한 경우: 이용주체, 이용 목적, 이용 날짜, 이용한 신용정보의 내용, 그 밖에 대통령령으로 정하는 사항
2. 개인신용정보를 제공한 경우: 제공주체, 제공받은 자, 제공 목적, 제공한 날짜, 제공한 신용정보의 내용, 그 밖에 대통령령으로 정하는 사항

② 신용정보회사 등은 제1항에 따라 조회를 한 신용정보주체의 요청이 있는 경우 개인신용정보를 이용하거나 제공하는 때에 제1항 각 호의 구분에 따른 사항을 대통령령으로 정하는 바에 따라 신용정보주체에게 통지하여야 한다.

③ 신용정보회사 등은 신용정보주체에게 제2항에 따른 통지를 요청할 수 있음을 알려주어야 한다.

[시행일: 2016.3.12.]

제36조【상거래 거절 근거 신용정보의 고지 등】 ① 신용정보제공·이용자가 신용조회회사 및 신용정보집중기관으로부터 제공받은 개인신용정보로서 대통령령으로 정하는 정보에 근거하여 상대방과의 상거래관계 설정을 거절하거나 중지한 경우에는 해당 신용정보주체의 요구가 있으면 그 거절 또는 중지의 근거가 된 정보 등 대통령령으로 정하는 사항을 본인에게 고지하여야 한다.

② 신용정보주체는 제1항에 따라 고지받은 본인정보의 내용에 이의가 있으면 제1항에 따른 고지를 받은 날부터 60일 이내에 해당 신용정보를 수집·제공한 신용조회회사 및 신용정보집중기관에게 그 신용정보의 정확성을 확인하도록 요청할 수 있다.

③ 제2항에 따른 확인절차 등에 관하여는 제38조를 준용한다.

제37조【개인신용정보 제공·이용 동의 철회권 등】 ① 개인인 신용정보주체는 제32조 제1항 각 호의 방식으로 동의를 받은 신용정보제공·이용자에게 신용조회회사 또는 신용정보집중기관에 제공하여 개인의 신용도 등을 평가하기 위한 목적 외의 목적으로 행한 개인신용정보 제공 동의를 대통령령으로 정하는 바에 따라 철회할 수 있다. 다만, 동의를 받은 신용정보제공·이용자 외의 신용정보제공·이용자에게 해당 개인신용정보를 제공하지 아니하면 해당 신용정보주체와 약정한 용역의 제공을 하지 못하게 되는 등 계약 이행이 어려워지거나 제33조 각 호 외의 부분 본문에 따른 목적을 달성할 수 없는 경우에는 고객이 동의를 철회하려면

그 용역의 제공을 받지 아니할 의사를 명확하게 밝혀야 한다.

② 개인인 신용정보주체는 대통령령으로 정하는 바에 따라 신용정보제공·이용자에 대하여 상품이나 용역을 소개하거나 구매를 권유할 목적으로 본인에게 연락하는 것을 중지하도록 청구할 수 있다.

③ 신용정보제공·이용자는 서면, 전자문서 또는 구두에 의한 방법으로 제1항 및 제2항에 따른 권리의 내용, 행사방법 등을 거래 상대방인 개인에게 고지하고, 거래 상대방이 제1항 및 제2항의 요구를 하면 즉시 이에 따라야 한다. 이때 구두에 의한 방법으로 이를 고지한 경우 대통령령으로 정하는 바에 따른 추가적인 사후 고지절차를 거쳐야 한다.

④ 신용정보제공·이용자는 대통령령으로 정하는 바에 따라 제3항에 따른 의무를 이행하기 위한 절차를 갖추어야 한다.

⑤ 신용정보제공·이용자는 제2항에 따른 청구에 따라 발생하는 전화요금 등 금전적 비용을 개인인 신용정보주체가 부담하지 아니하도록 대통령령으로 정하는 바에 따라 필요한 조치를 하여야 한다.

제38조【신용정보의 열람 및 정정청구 등】 ① 신용정보주체는 신용정보회사 등에 본인의 신분을 나타내는 증표를 내보이거나 전화, 인터넷 홈페이지의 이용 등 대통령령으로 정하는 방법으로 본인임을 확인받아 신용정보회사 등이 가지고 있는 본인정보의 제공 또는 열람을 청구할 수 있으며, 본인정보가 사실과 다른 경우에는 금융위원회가 정하여 고시하는 바에 따라 정정을 청구할 수 있다.

② 제1항에 따라 정정청구를 받은 신용정보회사 등은 정정청구에 정당한 사유가 있다고 인정하면 즉시 문제가 된 신용정보에 대하여 정정청구 중 또는 사실조회 중임을 기입하고, 지체 없이 해당 신용정보의 제공·이용을 중단한 후 사실인지를 조사하여 사실과 다르거나 확인할 수 없는 신용정보는 삭제하거나 정정하여야 한다.

③ 제2항에 따라 신용정보를 삭제하거나 정정한 신용정보회사 등은 해당 신용정보를 최근 6개월 이내에 제공받은 자와 해당 신용정보주체가 요구하는 자에게 해당 신용정보에서 삭제하거나 정정한 내용을 알려야 한다.

④ 신용정보회사 등은 제2항과 제3항에 따른 처리결과를 7일 이내에 해당 신용정보주체에게 알려야 하며, 해당 신용정보주체는 처리결과에 이의가 있으면 대통령령으로 정하는 바에 따라 금융위원회에 그 시정을 요청할 수 있다.

⑤ 금융위원회는 제4항에 따른 시정을 요청받으면 「금융위원회의 설치 등에 관한 법률」 제24조에 따라 설립된 금융감독원의 원장(이하 "금융감독원장"이라 한다)으로 하여금 그 사실 여부를 조사하게 하고, 조사결과에 따라 신용정보회사 등에 대하여 시정을 명하거나 그 밖에 필요한 조치를 할 수 있다.

⑥ 제5항에 따라 조사를 하는 자는 그 권한을 표시하는 증표를 지니고 이를 관계인에게 내보여야 한다.

⑦ 신용정보회사 등이 제5항에 따른 금융위원회의 시정명령에 따라 시정조치를 한 경우에는 그 결과를 금융위원회에 보고하여야 한다.

제38조의2【신용조회사실의 통지 요청】 ① 신용정보주체는 신용조회회사에 본인의 개인신용정보가 조회되는 사실을 통지하여 줄 것을 요청할 수 있다. 이 경우 신용정보주체는 금융위원회가 정하는 방식에 따라 본인임을 확인받아야 한다.

② 제1항의 요청을 받은 신용조회회사는 명의도용 가능성 등 대통령령으로 정하는 경우의 조회가 발생한 때에는 해당 조회에 따른 정보제공을 중지하고 그 사실을 지체 없이 해당 신용정보주체에게 통지하여야 한다.
③ 제2항의 정보제공 중지 및 통지 방법, 통지에 따른 비용 부담 등에 필요한 사항은 대통령령으로 정한다.
[시행일 : 2016.3.12.]

제38조의3 【개인신용정보의 삭제 요구】 ① 신용정보주체는 금융거래 등 상거래관계가 종료되고 대통령령으로 정하는 기간이 경과한 경우 신용정보제공·이용자에게 본인의 개인신용정보의 삭제를 요구할 수 있다. 다만, 제20조의2 제2항 각 호의 어느 하나에 해당하는 경우에는 그러하지 아니하다.
② 신용정보제공·이용자가 제1항의 요구를 받았을 때에는 지체 없이 해당 개인신용정보를 삭제하고 그 결과를 신용정보주체에게 통지하여야 한다.
③ 신용정보제공·이용자는 신용정보주체의 요구가 제1항 단서에 해당될 때에는 다른 개인신용정보와 분리하는 등 대통령령으로 정하는 바에 따라 관리하여야 하며, 그 결과를 신용정보주체에게 통지하여야 한다.
④ 제2항 및 제3항에 따른 통지의 방법은 금융위원회가 정하여 고시한다.
[시행일 : 2016.3.12.]

제39조 【무료 열람권】 신용조회회사는 1년 이내로서 대통령령으로 정하는 일정한 기간마다 개인인 신용정보주체가 본인정보를 1회 이상 무료로 제공받거나 열람할 수 있도록 하여야 한다.

제39조의2 【신용정보 누설통지 등】 ① 신용정보회사 등은 신용정보가 업무목적 외로 누설되었음을 알게 된 때에는 지체 없이 해당 신용정보주체에게 다음 각 호의 사실을 통지하여야 한다.
1. 누설된 신용정보의 항목
2. 누설된 시점과 그 경위
3. 누설로 인하여 발생할 수 있는 피해를 최소화하기 위하여 신용정보주체가 할 수 있는 방법 등에 관한 정보
4. 신용정보회사 등의 대응조치 및 피해 구제절차
5. 신용정보주체에게 피해가 발생한 경우 신고 등을 접수할 수 있는 담당부서 및 연락처

② 신용정보회사 등은 신용정보가 누설된 경우 그 피해를 최소화하기 위한 대책을 마련하고 필요한 조치를 하여야 한다.
③ 신용정보회사 등은 대통령령으로 정하는 규모 이상의 신용정보가 누설된 경우 제1항에 따른 통지 및 제2항에 따른 조치결과를 지체 없이 금융위원회 또는 대통령령으로 정하는 전문기관(이하 이 조에서 "금융위원회 등"이라 한다)에 신고하여야 한다. 이 경우 금융위원회 등은 피해 확산 방지, 피해 복구 등을 위한 기술을 지원할 수 있다.
④ 금융위원회 등은 제3항에 따른 신고를 받은 때에는 이를 행정자치부장관에게 알려야 한다.
⑤ 금융위원회 등은 제2항에 따라 신용정보회사 등이 행한 조치에 대하여 조사할 수 있으며, 그 조치가 미흡하다고 판단되는 경우 금융위원회는 시정을 요구할 수 있다.
⑥ 제1항에 따른 통지의 시기, 방법 및 절차 등에 필요한 사항은 대통령령으로 정한다.

제40조 【신용정보회사 등의 금지사항】 신용정보회사 등은 다음 각 호의 행위를 하여서는 아니 되며, 신용정보회사 등이 아니면 제4호 본문의 행위를 업으로 하거나 제5호의 행위를 하여서는

아니 된다.

1. 의뢰인에게 허위 사실을 알리는 일
2. 신용정보에 관한 조사 의뢰를 강요하는 일
3. 신용정보 조사 대상자에게 조사자료 제공과 답변을 강요하는 일
4. 특정인의 소재 및 연락처(이하 "소재 등"이라 한다)를 알아내거나 금융거래 등 상거래관계 외의 사생활 등을 조사하는 일. 다만, 채권추심업을 허가받은 신용정보회사가 그 업무를 하기 위하여 특정인의 소재 등을 알아내는 경우 또는 다른 법령에 따라 특정인의 소재 등을 알아내는 것이 허용되는 경우에는 그러하지 아니하다.
5. 정보원, 탐정, 그 밖에 이와 비슷한 명칭을 사용하는 일
6. 삭제
7. 개인신용정보 또는 개인식별정보를 대통령령으로 정하는 전자적 매체나 방식을 이용하여 영리목적의 광고성 정보를 전송하는 행위에 이용하는 일. 다만, 다음 각 목의 어느 하나에 해당하는 경우는 제외한다.
   가. 신용정보주체로부터 별도의 동의를 받은 경우
   나. 기존에 체결한 금융거래의 유지 및 관리를 위하여 필요한 경우
   다. 그 밖에 대통령령으로 정하는 경우

제41조【채권추심회사의 금지 사항】 ① 채권추심회사는 자기의 명의를 빌려주어 타인으로 하여금 채권추심업을 하게 하여서는 아니 된다.

② 채권추심회사는 다른 법령에서 허용된 경우 외에는 상호 중에 "신용정보"라는 표현이 포함된 명칭 이외의 명칭을 사용하여서는 아니 된다. 다만, 채권추심회사가 신용조회업 또는 「자본시장과 금융투자업에 관한 법률」 제335조의3 제1항에 따라 신용평가업인가를 받아 신용평가업을 함께하는 경우에는 그러하지 아니하다.

제41조의2【모집업무수탁자의 모집경로 확인 등】 ① 신용정보제공·이용자는 본인의 영업을 영위할 목적으로 모집업무(그 명칭과 상관없이 본인의 영업과 관련한 계약체결을 대리하거나 중개하는 업무를 말한다. 이하 같다)를 제3자에게 위탁하는 경우 그 모집업무를 위탁받은 자로서 대통령령으로 정하는 자(이하 "모집업무수탁자"라 한다)에 대하여 다음 각 호의 사항을 확인하여야 한다.

1. 거짓이나 그 밖의 부정한 수단이나 방법으로 취득하거나 제공받은 신용정보(이하 "불법취득신용정보"라 한다)를 모집업무에 이용하였는지 여부
2. 모집업무에 이용한 개인신용정보 등을 취득한 경로
3. 그 밖에 대통령령으로 정하는 사항

② 신용정보제공·이용자는 모집업무수탁자가 불법취득신용정보를 모집업무에 이용한 사실을 확인한 경우 해당 모집업무수탁자와의 위탁계약을 해지하여야 한다.

③ 신용정보제공·이용자는 제2항에 따라 모집업무수탁자와의 위탁계약을 해지한 경우 이를 금융위원회 또는 대통령령으로 정하는 등록기관에 알려야 한다.

④ 제1항에 따른 확인, 제3항에 따른 보고의 시기·방법 등에 필요한 사항은 대통령령으로 정한다.

제42조【업무 목적 외 누설금지 등】 ① 신용정보회사 등과 제17조 제2항에 따라 신용정보의 처리를 위탁받은 자의 임직원이거나 임직원이었던 자(이하 "신용정보업관련자"라 한다)는 업무상 알게 된 타인의 신용정보 및 사생활 등 개인적 비밀(이하 "개인비밀"이라 한다)을 업무 목적 외에 누설하거나 이용

하여서는 아니 된다.

② 신용정보회사 등과 신용정보업관련자가 이 법에 따라 신용정보회사 등에 신용정보를 제공하는 행위는 제1항에 따른 업무 목적 외의 누설이나 이용으로 보지 아니한다.

③ 제1항을 위반하여 누설된 개인비밀을 취득한 자(그로부터 누설된 개인비밀을 다시 취득한 자를 포함한다)는 그 개인비밀이 제1항을 위반하여 누설된 것임을 알게 된 경우 그 개인비밀을 타인에게 제공하거나 이용하여서는 아니 된다.

④ 신용정보회사 등과 신용정보업관련자로부터 개인신용정보를 제공받은 자는 그 개인신용정보를 타인에게 제공하여서는 아니 된다. 다만, 이 법 또는 다른 법률에 따라 제공이 허용되는 경우에는 그러하지 아니하다.

제42조의2【과징금의 부과 등】 ① 금융위원회는 다음 각 호의 어느 하나에 해당하는 행위가 있는 경우에는 해당 신용정보회사 등에게 대통령령으로 정하는 위반행위와 관련한 매출액의 100분의 3 이하에 해당하는 금액을 과징금으로 부과할 수 있다. 다만, 제1호에 해당하는 행위가 있는 경우에는 50억원 이하의 과징금을 부과할 수 있다.

1. 제19조 제1항을 위반하여 개인비밀을 분실·도난·누출·변조 또는 훼손당한 경우
2. 제42조 제1항을 위반하여 개인비밀을 업무 목적 외에 누설하거나 이용한 경우
3. 제42조 제3항을 위반하여 불법 누설된 개인비밀임을 알고 있음에도 그 개인비밀을 타인에게 제공하거나 이용한 경우

② 제1항에 따른 과징금을 부과하는 경우 신용정보회사 등이 매출액 산정자료의 제출을 거부하거나 거짓의 자료를 제출한 때에는 해당 신용정보회사 등과 비슷한 규모의 신용정보회사 등의 재무제표나 그 밖의 회계자료 등의 자료에 근거하여 매출액을 추정할 수 있다. 다만, 매출액이 없거나 매출액의 산정이 곤란한 경우로서 대통령령으로 정하는 경우에는 200억원 이하의 과징금을 부과할 수 있다.

③ 금융위원회는 제1항에 따른 과징금을 부과하려면 다음 각 호의 사항을 고려하여야 한다.

1. 위반행위의 내용 및 정도
2. 위반행위의 기간 및 횟수
3. 위반행위로 인하여 취득한 이익의 규모

④ 제1항에 따른 과징금은 제3항을 고려하여 산정하되, 구체적인 산정기준과 산정절차는 대통령령으로 정한다.

⑤ 금융위원회는 제1항에 따른 과징금을 내야 할 자가 납부기한까지 이를 내지 아니하면 납부기한의 다음 날부터 내지 아니한 과징금의 연 100분의 6에 해당하는 가산금을 징수한다.

⑥ 금융위원회는 제1항에 따른 과징금을 내야 할 자가 납부기한까지 이를 내지 아니한 경우에는 기간을 정하여 독촉을 하고, 그 지정된 기간에 과징금과 제5항에 따른 가산금을 내지 아니하면 국세 체납처분의 예에 따라 징수한다.

⑦ 법원의 판결 등의 사유로 제1항에 따라 부과된 과징금을 환급하는 경우에는 과징금을 낸 날부터 환급하는 날까지 연 100분의 6에 해당하는 환급가산금을 지급하여야 한다.

⑧ 신용정보제공·이용자가 위탁계약을 맺고 거래하는 모집인(「여신전문금융업법」 제14조의2 제2호에 따른 모집인을 말한다) 등 대통령령으로 정하는 자가 제1항 각 호에 해당하는 경우에는 그 위반행위의 범위에서 해당 신용정보제공·이용자의 직원으로 본다. 다만, 그 신용정보제공·이용자가 그 모집인 등의 위반행위를 방지하기 위

하여 상당한 주의와 감독을 다한 경우에는 그러하지 아니하다.

⑨ 그 밖에 과징금의 부과·징수에 관하여 필요한 사항은 대통령령으로 정한다.

제43조【손해배상의 책임】 ① 신용정보회사 등과 그 밖의 신용정보 이용자가 이 법을 위반하여 신용정보주체에게 피해를 입힌 경우에는 해당 신용정보주체에 대하여 손해배상의 책임을 진다. 다만, 신용정보회사 등과 그 밖의 신용정보 이용자가 고의 또는 과실이 없음을 증명한 경우에는 그러하지 아니하다.

② 신용정보회사 등이나 그 밖의 신용정보 이용자(수탁자를 포함한다. 이하 이 조에서 같다)가 고의 또는 중대한 과실로 이 법을 위반하여 개인신용정보가 누설되거나 분실·도난·누출·변조 또는 훼손되어 신용정보주체에게 피해를 입힌 경우에는 해당 신용정보주체에 대하여 그 손해의 3배를 넘지 아니하는 범위에서 배상할 책임이 있다. 다만, 신용정보회사 등이나 그 밖의 신용정보 이용자가 고의 또는 중대한 과실이 없음을 증명한 경우에는 그러하지 아니하다.

③ 법원은 제2항의 배상액을 정할 때에는 다음 각 호의 사항을 고려하여야 한다.

1. 고의 또는 손해 발생의 우려를 인식한 정도
2. 위반행위로 인하여 입은 피해 규모
3. 위반행위로 인하여 신용정보회사 등이나 그 밖의 신용정보 이용자가 취득한 경제적 이익
4. 위반행위에 따른 벌금 및 과징금
5. 위반행위의 기간·횟수 등
6. 신용정보회사 등이나 그 밖의 신용정보 이용자의 재산상태
7. 신용정보회사 등이나 그 밖의 신용정보 이용자의 개인신용정보 분실·도난·누출 후 해당 개인신용정보 회수 노력의 정도
8. 신용정보회사 등이나 그 밖의 신용정보 이용자의 피해구제 노력의 정도

④ 채권추심회사 또는 위임직채권추심인이 이 법을 위반하여 채무자 및 그 관계인에게 손해를 입힌 경우에는 그 손해를 배상하여야 한다. 다만, 채권추심회사 또는 위임직채권추심인이 자신에게 고의 또는 과실이 없음을 증명한 경우에는 그러하지 아니하다.

⑤ 제4조 제1항의 업무를 의뢰받은 신용정보회사가 자신에게 책임 있는 사유로 의뢰인에게 손해를 입힌 경우에는 그 손해를 배상하여야 한다.

⑥ 제17조 제2항에 따라 신용정보의 처리를 위탁받은 자가 이 법을 위반하여 신용정보주체에게 피해를 입힌 경우에는 위탁자는 수탁자와 연대하여 손해배상책임을 진다.

⑦ 위임직채권추심인이 이 법 또는 「채권의 공정한 추심에 관한 법률」을 위반하여 채무자나 채무자의 관계인에게 손해를 입힌 경우 채권추심회사는 위임직채권추심인과 연대하여 손해배상책임을 진다. 다만, 채권추심회사가 자신에게 고의 또는 과실이 없음을 증명한 경우에는 그러하지 아니하다.

제43조의2【법정손해배상의 청구】 ① 신용정보주체는 다음 각 호의 모두에 해당하는 경우에는 대통령령으로 정하는 기간 내에 신용정보회사 등이나 그 밖의 신용정보 이용자(수탁자를 포함한다. 이하 이 조에서 같다)에게 제43조에 따른 손해배상을 청구하는 대신 300만원 이하의 범위에서 상당한 금액을 손해액으로 하여 배상을 청구할 수 있다. 이 경우 해당 신용정보회사 등이나 그 밖의 신용정보 이용자는 고의 또는 과실이 없음을 입증하지 아니하면 책임을 면할 수 없다.

1. 신용정보회사 등이나 그 밖의 신용정보 이용자가 고의 또는 과실로 이 법의 규정을 위반한 경우
2. 개인신용정보가 분실 · 도난 · 누출 · 변조 또는 훼손된 경우

② 법원은 제1항에 따른 청구가 있는 경우에 변론 전체의 취지와 증거조사의 결과를 고려하여 제1항의 범위에서 상당한 손해액을 인정할 수 있다.

③ 제43조에 따른 청구를 한 자는 법원이 변론을 종결할 때까지 그 청구를 제1항에 따른 청구로 변경할 수 있다.

제43조의3【손해배상의 보장】 대통령령으로 정하는 신용정보회사 등은 제43조에 따른 손해배상책임의 이행을 위하여 금융위원회가 정하는 기준에 따라 보험 또는 공제에 가입하거나 준비금을 적립하는 등 필요한 조치를 하여야 한다.

제44조【신용정보협회】 ① 신용정보회사는 신용정보업의 건전한 발전을 도모하고 신용정보회사들 사이의 업무질서를 유지하기 위하여 신용정보협회를 설립할 수 있다.

② 신용정보협회는 법인으로 한다.

③ 신용정보협회는 정관으로 정하는 바에 따라 다음 각 호의 업무를 한다.

1. 신용정보회사 간의 건전한 업무질서를 유지하기 위한 업무
2. 신용정보업의 발전을 위한 조사 · 연구 업무
3. 신용정보업 이용자 민원의 상담 · 처리
4. 그 밖에 대통령령으로 정하는 업무

④ 신용정보협회에 대하여 이 법에서 정한 것을 제외하고는 「민법」 중 사단법인에 관한 규정을 준용한다.

제7장 보　칙

제45조【감독 · 검사 등】 ① 금융위원회는 신용정보회사 등에 대하여 이 법 또는 이 법에 따른 명령의 준수 어부를 감독한다.

② 금융위원회는 제1항에 따른 감독에 필요하면 신용정보회사 등에 대하여 그 업무 및 재산상황에 관한 보고 등 필요한 명령을 할 수 있다.

③ 금융감독원장은 그 소속 직원으로 하여금 이 법에 따른 신용정보회사 등의 업무와 재산상황을 검사하도록 할 수 있다.

④ 금융감독원장은 제3항에 따른 검사에 필요하다고 인정하면 자료의 제출, 관계자의 출석 및 의견의 진술을 신용정보회사 등에 요구할 수 있다.

⑤ 제3항에 따라 검사를 하는 자는 그 권한을 표시하는 증표를 지니고 이를 관계인에게 내보여야 한다.

⑥ 금융감독원장은 제3항에 따른 검사를 마치면 그 결과를 금융위원회가 정하는 바에 따라 금융위원회에 보고하여야 한다.

⑦ 금융위원회는 신용정보회사 등이 이 법 또는 이 법에 따른 명령을 위반하여 신용정보업의 건전한 경영과 신용정보주체의 권익을 해칠 우려가 있다고 인정하면 다음 각 호의 어느 하나에 해당하는 조치를 하거나, 금융감독원장으로 하여금 제1호부터 제3호까지의 규정에 해당하는 조치를 하게 할 수 있다.

1. 신용정보회사 등에 대한 주의 또는 경고
2. 임원에 대한 주의 또는 경고
3. 직원에 대한 주의 및 정직, 감봉, 견책 등의 문책 요구
4. 임원에 대한 해임권고, 직무정지 요구 또는 직원에 대한 면직 요구
5. 위반행위에 대한 시정명령
6. 신용정보제공의 중지

제46조 삭제

제47조【업무보고서의 제출】 ① 신용정

보회사 및 신용정보집중기관은 매 분기의 업무보고서를 매 분기 마지막 달의 다음 달 말일까지 금융감독원장이 정하는 서식에 따라 작성하여 금융감독원장에게 제출하여야 한다.

② 제1항에 따른 보고서에는 대표자, 담당 책임자 또는 그 대리인이 서명·날인하여야 한다.

③ 제1항에 따른 업무보고서를 작성하기 위한 세부 사항과 그 밖에 필요한 사항은 금융감독원장이 정한다.

제48조【청문】 금융위원회는 제14조 제1항에 따라 신용정보회사의 허가 또는 인가를 취소하거나 제27조 제6항에 따라 위임직채권추심인의 등록을 취소하려면 청문을 하여야 한다.

제49조【권한의 위임·위탁】 이 법에 따른 금융위원회의 권한 중 대통령령으로 정하는 권한은 대통령령으로 정하는 바에 따라 특별시장·광역시장·도지사·특별자치도지사, 금융감독원장, 신용정보협회, 그 밖에 대통령령으로 정하는 자에게 위임하거나 위탁할 수 있다.

제50조【벌칙】 ① 제42조 제1항 또는 제3항을 위반한 자는 10년 이하의 징역 또는 1억원 이하의 벌금에 처한다.

② 다음 각 호의 어느 하나에 해당하는 자는 5년 이하의 징역 또는 5천만원 이하의 벌금에 처한다.

1. 제4조 제2항 또는 제10조 제1항을 위반하여 허가 또는 인가를 받지 아니하고 제4조 제1항 각 호의 업무를 한 자
2. 거짓이나 그 밖의 부정한 방법으로 제4조 제2항 또는 제10조 제1항에 따른 허가 또는 인가를 받은 자
3. 제16조를 위반한 자
4. 제17조 제6항을 위반한 자
5. 권한 없이 제19조 제1항에 따른 신용정보전산시스템의 정보를 변경·삭제하거나 그 밖의 방법으로 이용할 수 없게 한 자 또는 권한 없이 신용정보를 검색·복제하거나 그 밖의 방법으로 이용한 자
6. 제32조 제1항 또는 제2항(제34조에 따라 준용하는 경우를 포함한다)을 위반한 자
7. 제33조(제34조에 따라 준용하는 경우를 포함한다)를 위반한 자
8. 제42조 제4항을 위반한 자

③ 다음 각 호의 어느 하나에 해당하는 자는 3년 이하의 징역 또는 3천만원 이하의 벌금에 처한다.

1. 제14조 제2항에 따른 업무정지 기간에 업무를 한 자
2. 신용정보집중기관이 아니면서 제25조 제6항에 따른 공동전산망을 구축한 자
3. 제40조 제1호부터 제5호까지의 어느 하나를 위반한 자
4. 제41조 제1항을 위반한 자
5. 제41조의2 제1항을 위반하여 모집업무수탁자가 불법취득신용정보를 모집업무에 이용하였는지 등을 확인하지 아니한 자

④ 다음 각 호의 어느 하나에 해당하는 자는 1년 이하의 징역 또는 1천만원 이하의 벌금에 처한다.

1. 제9조 제1항을 위반하여 승인 없이 주식을 취득한 자
2. 제9조 제2항에 따른 명령을 위반하여 승인 없이 취득한 주식을 처분하지 아니한 자
3. 제17조 제2항을 위반하여 일정한 요건을 갖추지 아니한 자에게 신용정보의 처리를 위탁한 자 및 그 위탁을 받은 자
4. 제18조 제2항을 위반한 자
5. 제20조 제2항을 위반한 자
6. 제27조 제3항을 위반하여 위임직채권추심인으로 금융위원회에 등록하지 아니하고 채권추심업무를 한 자
7. 제27조 제4항을 위반한 자

8. 제27조 제5항을 위반하여 추심채권이 아닌 채권을 추심하거나 등록되지 아니한 위임직채권추심인, 다른 채권추심회사의 소속으로 등록된 위임직채권추심인 또는 업무정지 중인 위임직채권추심인을 통하여 채권추심업무를 한 자
9. 제27조 제7항에 따른 업무정지 중에 채권추심업무를 한 자

제51조【양벌규정】 법인의 대표자나 법인 또는 개인의 대리인, 사용인, 그 밖의 종업원이 그 법인 또는 개인의 업무에 관하여 제50조의 위반행위를 하면 그 행위자를 벌하는 외에 그 법인 또는 개인에게도 해당 조문의 벌금형을 과(科)한다. 다만, 법인 또는 개인이 그 위반행위를 방지하기 위하여 해당 업무에 관하여 상당한 주의와 감독을 게을리하지 아니한 경우에는 그러하지 아니하다.

제52조【과태료】 ① 다음 각 호의 어느 하나에 해당하는 자에게는 5천만원 이하의 과태료를 부과한다.
1. 제15조 제2항을 위반한 자
2. 제19조를 위반한 자
3. 제20조 제5항을 위반한 자
4. 제32조 제4항 또는 제5항(제34조에 따라 준용하는 경우를 포함한다)을 위반한 자
5. 제41조의2 제2항을 위반하여 모집업무수탁업자와 위탁계약을 해지하지 아니한 자

② 다음 각 호의 어느 하나에 해당하는 자에게는 3천만원 이하의 과태료를 부과한다.
1. 제17조 제4항을 위반한 자
2. 제20조 제1항 또는 제3항을 위반한 자
3. 제20조의2 제2항을 위반한 자
4. 제21조를 위반한 자
5. 제23조 제5항을 위반한 자
6. 제32조 제8항 또는 제9항(제34조에 따라 준용하는 경우를 포함한다)을 위반한 자
7. 제36조 제1항 또는 제3항을 위반한 자
8. 제37조 제3항을 위반한 자
9. 제38조 제2항부터 제5항까지 또는 제7항을 위반한 자
10. 제38조의2를 위반한 자
11. 제38조의3을 위반한 자
12. 제39조를 위반한 자
13. 제39조의2 제1항을 위반하여 신용정보주체에게 같은 항 각 호의 사실을 알리지 아니한 자
14. 제39조의2 제3항을 위반하여 조치결과를 신고하지 아니한 자
15. 제40조 제7호를 위반한 자

③ 제10조 제4항 또는 제17조 제7항을 위반한 자에게는 2천만원 이하의 과태료를 부과한다.

④ 다음 각 호의 어느 하나에 해당하는 자에게는 1천만원 이하의 과태료를 부과한다.
1. 제8조를 위반한 자
2. 제11조부터 제13조까지의 어느 하나를 위반한 자
3. 제17조 제1항을 위반하여 의뢰인의 동의 없이 신용정보의 수집·조사를 위탁한 자
4. 제17조 제5항을 위반한 자
5. 제18조 제1항을 위반한 자
6. 제20조의2 제1항·제3항 또는 제4항을 위반한 자
7. 제22조의2를 위반하여 금융위원회에 보고를 하지 아니한 자
8. 제27조 제8항을 위반하여 채권추심업무를 할 때 증표를 내보이지 아니한 자
9. 제31조를 위반한 자
10. 제32조 제3항·제7항 또는 제10항(제34조에 따라 준용하는 경우를 포함한다)을 위반한 자
11. 제35조를 위반한 자

12. 제41조의2 제3항을 위반하여 위탁 계약 해지에 관한 사항을 알리지 아니한 자
13. 제45조 제2항부터 제4항까지의 규정에 따른 명령에 따르지 아니하거나 검사 및 요구를 거부·방해 또는 기피한 자
14. 제47조를 위반하여 보고서를 제출하지 아니하거나 사실과 다른 내용의 보고서를 제출한 자

⑤ 제1항부터 제4항까지의 규정에 따른 과태료는 대통령령으로 정하는 바에 따라 금융위원회가 부과·징수한다.

부 칙〈제13216호, 2015.3.11.〉

제1조【시행일】 이 법은 공포 후 6개월이 경과한 날부터 시행한다. 다만, 제20조의2, 제32조, 제33조 제3호, 제34조, 제35조, 제38조의2, 제38조의3의 개정규정은 공포 후 1년이 경과한 날부터 시행한다.

제2조【신용정보회사의 출자요건에 관한 적용례】 제14조 제1항 제2호의 개정규정은 이 법 시행 후 최초로 주식이 「자본시장과 금융투자업에 관한 법률」 제8조의2 제4항 제1호에 따른 증권시장에 상장되는 신용정보회사부터 적용한다.

제3조【허가 또는 인가의 취소에 관한 적용례】 제14조 제1항 제5호의 개정규정은 이 법 시행 후 최초로 업무정지처분을 받는 신용정보회사부터 적용한다.

제4조【업무정지에 관한 적용례】 ① 제14조 제2항 제4호 및 제8호의 개정규정은 이 법 시행 후 최초로 위반행위를 한 신용정보회사부터 적용한다.

② 제14조 제2항 제6호의 개정규정은 이 법 시행 후 최초로 계열회사 등에 신용정보를 제공한 신용조회회사부터 적용한다.

제5조【과징금의 부과에 관한 적용례】 제42조의2의 개정규정은 이 법 시행 후 최초로 위반행위를 한 신용정보회사 등부터 적용한다.

제6조【손해배상 책임에 관한 적용례】 제43조의 개정규정은 이 법 시행 후 최초로 신용정보가 유출되어 손해배상 책임을 지는 신용정보회사 등이나 그 밖의 신용정보 이용자부터 적용한다.

제7조【법정손해배상 책임에 관한 적용례】 제43조의2의 개정규정은 이 법 시행 후 최초로 신용정보가 유출되어 손해배상 책임을 지는 신용정보회사 등이나 그 밖의 신용정보 이용자부터 적용한다.

제8조【신용조회회사의 딸린 업무 및 겸업에 관한 경과조치】 ① 이 법 시행 당시 신용조회회사가 종전의 제4조 제1항 각 호의 딸린 업무 또는 제11조에 따른 겸업을 하고 있는 경우 이미 체결된 계약에 대하여는 제4조 제1항 제1호 및 제11조 제2항의 개정규정에도 불구하고 이 법 시행 후 3년까지 종전의 규정을 적용한다.

② 신용조회회사는 제4조 제1항 제1호의 개정규정에도 불구하고 이 법 시행 후 1년 6개월까지 신용정보주체 주소변경의 통보대행 업무를 수행할 수 있다.

제9조【처리위탁에 관한 경과조치】 이 법 시행 당시 종전의 규정에 따라 신용정보의 처리를 위탁한 경우에는 제17조의 개정규정에도 불구하고 종전의 규정에 따른다.

제10조【개인신용정보의 삭제에 관한 경과조치】 제20조의2 제2항의 개정규정 시행 당시 상거래관계 종료일부터 5년이 경과한 개인신용정보를 보유한 신용정보제공·이용자는 같은 개정규정에도 불구하고 같은 개정규정 시행 후 3개월 이내에 해당 개인신용정보를 삭

제하여야 한다.

제11조【신용정보집중기관의 등록 등에 관한 경과조치】 ① 이 법 시행 당시 종전의 규정에 따라 등록한 신용정보집중기관은 제25조의 개정규정에 따라 금융위원회의 허가를 받은 것으로 본다. 다만, 해당 신용정보집중기관은 이 법 시행 후 6개월 이내에 이 법에 따른 요건을 갖추어 금융위원회의 허가를 받아야 한다.

② 이 법 시행 당시 종전의 규정에 따라 종합신용정보집중기관에 둔 신용정보협의회는 제26조의 개정규정에 따른 신용정보집중관리위원회로 본다. 다만, 해당 신용정보집중기관은 제1항 단서에 따라 금융위원회에 허가를 신청하기 전까지 제26조의2의 개정규정에 적합하도록 하여야 한다.

제12조【개인신용정보 제공·활용의 동의에 관한 경과조치】 제32조의 개정규정 시행 당시 종전의 규정에 따라 신용정보제공·이용자가 적법하게 제공·활용하고 있는 개인신용정보의 경우에는 같은 개정규정에 따라 동의를 받은 것으로 본다.

제13조【개인식별정보 제공·이용의 동의에 관한 경과조치】 제34조의 개정규정 시행 당시 종전의 규정에 따라 신용정보제공·이용자가 개인식별정보의 제공·이용에 대한 동의를 받은 경우에는 같은 개정규정에 따라 동의를 받은 것으로 본다.

제14조【벌칙과 과태료에 관한 경과조치】 이 법 시행 전의 행위에 대하여 벌칙이나 과태료의 규정을 적용할 때에는 종전의 규정에 따른다.

제15조【다른 법률의 개정】 생략

[별표] 〈개정 2015.3.11.〉

신용정보회사에 대한 처분 사유
(제14조 제2항 제9호 관련)

1. 제9조 제2항에 따른 명령을 위반하여 금융위원회의 승인 없이 취득한 주식을 처분하지 아니한 경우
2. 삭제 〈2013.5.28〉
3. 제38조 제5항에 따른 금융위원회의 시정명령에 따르지 아니한 경우
4. 제45조 제2항에 따른 업무 및 재산상황에 관한 보고 등의 명령에 따르지 아니한 경우
5. 제45조 제4항에 따른 자료의 제출, 관계자의 출석 및 의견의 진술을 하지 아니한 경우
6. 제45조 제7항 제4호에 따른 임원에 대한 해임권고 또는 직무정지 요구 및 직원에 대한 면직 요구에 따르지 아니한 경우
7. 제45조 제7항 제5호에 따른 위반행위에 대한 시정명령을 따르지 아니한 경우
8. 제45조 제7항 제6호에 따른 신용정보제공의 중지 조치에 따르지 아니한 경우

신용정보의 이용 및 보호에 관한 법률 시행령 [시행 2015.7.1.]

제1조【목적】 이 영은 「신용정보의 이용 및 보호에 관한 법률」에서 위임된 사항과 그 시행에 필요한 사항을 규정함을 목적으로 한다.

제2조【정의】 ① 「신용정보의 이용 및 보호에 관한 법률」(이하 "법"이라 한다) 제2조 제1호 각 목 외의 부분에서 "대통령령으로 정하는 정보"란 다음 각 호의 어느 하나에 해당하는 정보를 말한다. 다만, 다른 법령에 따라 공시(公示) 또는 공개된 정보나 다른 법령에 위반됨이 없이 출판물 또는 방송매체나 국가 · 지방자치단체 또는 공공기관(「공공기관의 정보공개에 관한 법률」 제2조 제3호의 기관 중 국가기관 및 지방자치단체를 제외한 기관을 말한다. 이하 이 조에서 같다)의 인터넷 홈페이지 등의 공공매체를 통하여 공시 또는 공개된 정보는 제외한다.

1. 법 제2조 제1호 가목의 특정 신용정보주체를 식별할 수 있는 정보: 생존하는 개인의 성명, 주소, 주민등록번호, 외국인등록번호, 국내거소신고번호, 여권번호, 성별, 국적 및 직업 등과 기업(사업을 경영하는 개인 및 법인과 이들의 단체를 말한다. 이하 같다) 및 법인의 상호, 법인등록번호, 사업자등록번호, 본점 및 영업소의 소재지, 설립연월일, 목적, 영업실태, 종목, 대표자의 성명 및 임원 등에 관한 사항(제2호부터 제5호까지의 어느 하나에 해당하는 정보와 결합되는 경우만 해당한다)
2. 법 제2조 제1호 나목의 신용정보주체의 거래내용을 판단할 수 있는 정보: 대출, 보증, 담보제공, 당좌거래(가계당좌거래를 포함한다), 신용카드, 할부금융, 시설대여와 금융거래 등 상거래와 관련하여 그 거래의 종류, 기간, 금액 및 한도 등에 관한 사항
3. 법 제2조 제1호 다목의 신용정보주체의 신용도를 판단할 수 있는 정보: 금융거래 등 상거래와 관련하여 발생한 연체, 부도, 대위변제, 대지급과 거짓, 속임수, 그 밖의 부정한 방법에 의한 신용질서 문란행위와 관련된 금액 및 발생 · 해소의 시기 등에 관한 사항. 이 경우 신용정보주체가 기업인 경우에는 다음 각 목의 어느 하나에 해당하는 자를 포함한다.
   가. 「국세기본법」 제39조 제2항에 따른 과점주주로서 최다출자자인 자
   나. 「국세기본법」 제39조 제2항에 따른 과점주주인 동시에 해당 기업의 이사 또는 감사로서 그 기업의 채무에 연대보증을 한 자
   다. 해당 기업의 의결권 있는 발행주식총수 또는 지분총액의 100분의 30 이상을 소유하고 있는 자로서 최다출자자인 자
   라. 해당 기업의 무한책임사원

4. 법 제2조 제1호 라목의 신용정보주체의 신용거래능력을 판단할 수 있는 정보: 금융거래 등 상거래에서 신용거래능력을 판단할 수 있는 다음 각 목의 어느 하나에 해당하는 정보
   가. 개인의 재산 · 채무 · 소득의 총액 및 납세실적
   나. 기업의 연혁 · 주식 또는 지분보유 현황 등 기업의 개황(槪況), 판매명세 · 수주실적 또는 경영상의 주요 계약 등 사업의 내용, 재무제표(연결재무제표 및 결합재무제표를 포함한다. 이하 같다) 등 재무에 관한 사항과 「주식회사의 외부감사에 관한 법률」에 따른 감사인의 감사의견 및 납세실적
5. 법 제2조 제1호 마목에 따른 정보로서 다음 각 목의 어느 하나에 해당하는 정보
   가. 법원의 금치산선고 · 한정치산선고 · 실종선고의 재판, 회생 · 개인회생과 관련된 결정, 파산선고 · 면책 · 복권과 관련된 결정, 채무불이행자명부의 등재 · 말소 결정 및 경매개시결정 · 경락허가결정 등 경매와 관련된 결정에 관한 정보
   나. 국세 · 지방세 · 관세 또는 국가채권의 체납 관련 정보
   다. 벌금 · 과태료 · 과징금 또는 추징금 등의 체납 관련 정보
   라. 사회보험료 · 공공요금 또는 수수료 등 관련 정보
   마. 기업의 영업에 관한 정보로서 정부조달 실적 또는 수출 · 수입액 등의 관련 정보
   바. 개인의 주민등록 관련 정보로서 출생 · 사망 · 이민 · 부재에 관한 정보, 주민등록번호 · 성명의 변경 등에 관한 정보
   사. 기업등록 관련 정보로서 설립, 휴업 · 폐업, 양도 · 양수, 분할 · 합병, 주식 또는 지분 변동 등에 관한 정보
   아. 다른 법령에 따라 국가, 지방자치단체 또는 공공기관으로부터 받은 행정처분에 관한 정보 중에서 금융거래 등 상거래와 관련된 정보
   자. 그 밖에 신용정보주체의 신용등급, 신용조회회사의 신용정보 제공기록 또는 신용정보주체의 신용회복 등에 관한 사항으로서 금융위원회가 정하여 고시하는 정보

② 법 제2조 제2호에서 "대통령령으로 정하는 정보"란 제1항에 따른 신용정보 중 기업 및 법인에 관한 정보를 제외한 개인에 관한 신용정보를 말한다.

③ 법 제2조 제7호에서 "대통령령으로 정하는 자"란 다음 각 호의 어느 하나에 해당하는 자를 말한다.
1. 「우체국예금 · 보험에 관한 법률」에 따른 체신관서
2. 「상호저축은행법」에 따른 상호저축은행중앙회
3. 「중소기업창업 지원법」에 따른 중소기업창업투자회사 및 중소기업창업투자조합
4. 「국채법」 및 「공사채등록법」에 따른 채권등록기관
5. 특별법에 따라 설립된 조합 · 공제조합 · 금고 및 그 중앙회 · 연합회
6. 특별법에 따라 설립된 공사 · 공단 · 은행 · 보증기금 · 보증재단 및 그 중앙회 · 연합회
7. 「주식회사의 외부감사에 관한 법률」 제3조에 따른 감사인
8. 그 밖에 금융위원회가 정하여 고시하는 자

④ 법 제2조 제11호에서 "대통령령으로 정하는 채권"이란 「민사집행법」 제24조 · 제26조 또는 제56조에 따라 강제집행을 할 수 있는 금전채권을 말한다.

제3조 【신용정보업에 딸린 업무】 법 제4조 제1항에 따른 신용정보업에 딸린 업무는 해당 업(業)을 경영하는 과정에서 발생하는 업무로서 다음 각 호의 업무로 한다.

1. 법 제4조 제1항 제1호의 신용조회업에 딸린 업무
   가. 신용정보의 활용에 관한 컨설팅 사업 및 신용정보 상담업무
   나. 신용정보 관련 솔루션 및 소프트웨어(신용평가모형 및 위험관리모형을 포함한다) 개발 및 판매 업무
   다. 그 밖에 금융위원회가 정하여 고시하는 업무
2. 법 제4조 제1항 제2호의 신용조사업(가목의 업무에 한한다) 또는 제3호의 채권추심업에 딸린 업무
   가. 부동산 및 동산의 임대차 현황 및 가격조사업무
   나. 채권자 등에 대한 채권관리시스템 제공 및 구축 관련 자문업무
   다. 그 밖에 금융위원회가 정하여 고시하는 업무
3. 삭제

제4조 【영업의 허가 신청】 법 제4조 제2항에 따른 신용정보업의 허가를 받으려는 자는 금융위원회가 정하여 고시하는 신청서(전자문서로 된 신청서를 포함한다)에 다음 각 호의 서류를 첨부하여 금융위원회에 제출하여야 한다. 이 경우 금융위원회는 「전자정부법」 제36조 제1항에 따른 행정정보의 공동이용을 통하여 법인 등기사항증명서를 확인하여야 한다.

1. 정관
2. 자본금 또는 기본재산의 지분을 적은 서류
3. 재무제표
4. 2년간의 사업계획서 및 예상 수입·지출 계산서
5. 그 밖에 금융위원회가 정하는 서류

제5조 【신용정보업별 허가 대상】 ① 법 제5조 제1항 제1호에서 "대통령령으로 정하는 금융기관"이란 다음 각 호의 어느 하나에 해당하는 기관을 말한다. 다만, 제9호부터 제14호까지의 경우에는 그 연합회 또는 중앙회만 말한다.

1. 「은행법」에 따라 인가를 받아 설립된 은행(같은 법 제59조에 따라 은행으로 보는 자를 포함한다)
2. 「금융지주회사법」에 따른 금융지주회사
3. 「한국산업은행법」에 따른 한국산업은행
4. 「한국수출입은행법」에 따른 한국수출입은행
5. 삭제
6. 「중소기업은행법」에 따른 중소기업은행
7. 「한국주택금융공사법」에 따른 한국주택금융공사
8. 「자본시장과 금융투자업에 관한 법률」에 따른 투자매매업자·투자중개업자·신탁업자·집합투자업자·증권금융회사·종합금융회사·자금중개회사 및 명의개서대행회사
9. 「상호저축은행법」에 따른 상호저축은행과 그 중앙회
10. 「농업협동조합법」에 따른 농업협동조합과 그 중앙회
11. 「수산업협동조합법」에 따른 수산업협동조합과 그 중앙회
12. 「산림조합법」에 따른 산림조합과 그 중앙회
13. 「신용협동조합법」에 따른 신용협동조합과 그 중앙회
14. 「새마을금고법」에 따른 새마을금고와 그 연합회
15. 「보험업법」에 따른 보험회사
16. 「여신전문금융업법」에 따른 여신전문금융회사(「여신전문금융업법」 제3조 제3항 제1호에 따라 허가를

받거나 등록을 한 자를 포함한다)
17. 「기술신용보증기금법」에 따른 기술신용보증기금
18. 「신용보증기금법」에 따른 신용보증기금
19. 「지역신용보증재단법」에 따른 신용보증재단과 그 중앙회
20. 「무역보험법」에 따른 한국무역보험공사
21. 「예금자보호법」에 따른 예금보험공사 및 정리금융기관
22. 외국에서 제1호부터 제20호까지의 금융기관과 유사한 금융업을 경영하는 금융기관
23. 외국 법령에 따라 설립되어 외국에서 법 제4조 제1항 제1호부터 제3호까지의 업무 중 어느 하나에 해당하는 업무를 수행하는 자

② 법 제5조 제2항 제2호에서 "대통령령으로 정하는 금융기관"이란 제1항 각 호의 어느 하나에 해당하는 기관을 말한다.

제6조【허가의 세부요건 등】 ① 법 제6조 제1항 및 제3항에 따라 신용정보업의 허가를 받으려는 자가 갖추어야 할 인력 및 물적 시설의 세부요건은 다음 각 호의 구분에 따른다.
1. 신용조회업을 하는 경우 다음 각 목의 세부요건을 갖출 것
   가. 상시고용인력에는 공인회계사 또는 3년 이상 신용조회업무(신용정보의 분석에 관한 업무를 포함한다)에 종사한 경력이 있는 사람 10명 이상이 포함될 것
   나. 신용정보의 처리를 적정하게 수행할 수 있다고 금융위원회가 정하여 고시하는 정보처리·정보통신설비를 갖출 것
2. 신용조사업과 채권추심업을 각각 또는 함께하는 경우에는 20명 이상의 상시고용인력을 갖출 것
3. 삭제

② 법 제6조 제1항 제2호에 따른 사업계획은 다음 각 호의 요건에 적합하여야 한다.
1. 수입·지출 전망이 타당하고 실현 가능성이 있을 것
2. 사업계획상의 조직구조 및 관리·운용체계가 사업계획의 추진에 적합하고 이해상충 및 불공정 행위 등 신용정보업을 건전하게 하는 데에 지장을 주지 아니할 것

③ 법 제6조 제1항 제3호에서 "대통령령으로 정하는 주요출자자"란 다음 각 호의 어느 하나에 해당하는 자를 말한다.
1. 의결권 있는 발행주식 총수 또는 출자총액을 기준으로 본인 및 그와 「자본시장과 금융투자업에 관한 법률 시행령」 제8조 각 호의 어느 하나에 해당하는 관계에 있는 자(이하 "특수관계인"이라 한다)가 누구의 명의로 하든지 자기의 계산으로 소유하는 주식의 수 또는 출자지분이 가장 많은 경우의 그 본인(이하 "최대주주"라 한다)
2. 최대주주가 법인인 경우에는 다음 각 목의 어느 하나에 해당하는 자
   가. 최대주주인 법인의 최대주주(최대주주인 법인을 사실상 지배하는 자가 그 법인의 최대주주와 다른 경우에는 그 사실상 지배하는 자를 포함한다)
   나. 최대주주인 법인의 대표자
3. 최대주주의 특수관계인인 주주 또는 출자자
4. 누구의 명의로 하든지 자기의 계산으로 소유한 주식 또는 출자지분의 합계액이 의결권 있는 발행주식 총수 또는 출자총액의 100분의 10 이상에 해당하는 자
5. 임원의 임면 등 해당 법인의 주요 경영사항에 대하여 사실상 영향력을 행사하고 있는 주주 또는 출자자

로서 다음 각 목의 어느 하나에 해당하는 자
가. 단독으로 또는 다른 주주나 출자자와의 합의·계약 등에 따라 대표이사 또는 이사의 과반수를 선임한 주주 또는 출자자
나. 경영전략, 조직 변경 등 주요 의사 결정이나 업무 집행에 지배적인 영향력을 행사한다고 인정되는 자로서 금융위원회가 정하는 주주 또는 출자자

④ 제3항에 따른 주요출자자는 별표 1의 요건에 적합하여야 한다.

제7조【자본금】 법 제6조 제2항 제2호에서 "대통령령으로 정하는 금액"이란 30억 원을 말한다.

제8조【신고 및 보고 사항】 ① 법 제8조 본문에서 "대통령령으로 정하는 사항"이란 다음 각 호의 사항을 말한다.
1. 자본금 또는 기본재산의 감소
2. 상호 등 정관의 변경

② 법 제8조 단서에서 "대통령령으로 정하는 경미한 사항"이란 다음 각 호의 사항을 말한다.
1. 대표자 및 임원의 변경
2. 법령의 개정 내용을 반영하거나 법령에 따라 인가·허가받은 내용을 반영하는 사항
3. 정관의 실질적인 내용이 변경되지 아니하는 조문체계의 변경, 자구(字句) 수정 등에 관한 사항

제9조【지배주주의 변경승인 등】 ① 법 제9조 제1항에서 "대통령령으로 정하는 지배주주"란 다음 각 호의 자를 말한다. 다만, 국가, 「예금자보호법」에 따른 예금보험공사 및 의결권 있는 주식의 100분의 1 미만 보유자는 제외한다.
1. 신용조사회사(법 제4조에 따라 신용조사업의 허가를 받은 자를 말한다. 이하 같다), 채권추심회사(법 제4조에 따라 채권추심업의 허가를 받은 자를 말한다. 이하 같다), 신용조회회사(법 제4조에 따라 신용조회업의 허가를 받은 자를 말한다. 이하 같다)의 경우에는 다음 각 목의 자
가. 제6조 제3항 제1호 및 제3호 또는 제5호에 해당하는 주요출자자
나. 누구의 명의로 하든지 자기의 계산으로 소유한 주식 또는 출자지분의 합계액이 의결권 있는 발행주식 총수 또는 출자총액의 100분의 30 이상에 해당하는 자
2. 삭제

② 법 제9조 제1항에서 "대통령령으로 정하는 요건"이란 별표 1에 따른 주요출자자 요건을 말한다.

③ 법 제9조 제1항에 따른 승인을 받으려는 자는 금융위원회가 정하여 고시하는 승인신청서에 다음 각 호의 서류를 첨부하여 금융위원회에 제출하여야 한다.
1. 정관(이에 준하는 것을 포함하며, 법인인 경우만 해당한다)
2. 외국 기업인 경우에는 법인 등기사항증명서에 준하는 서류
3. 최근 사업연도 말 현재 재무제표 또는 최근 사업연도 말 이후 반기(半期)가 지난 경우에는 반기재무제표(법인인 경우만 해당한다)
4. 제3호에 따른 재무제표에 대한 회계감사인(「주식회사의 외부감사에 관한 법률」 제3조 제1항에 따른 감사인을 말한다)의 감사보고서 및 검토보고서
5. 그 밖에 승인요건의 심사에 필요한 서류로서 금융위원회가 정하는 서류

④ 제3항에 따른 승인신청서를 접수한 금융위원회는 「전자정부법」 제36조 제1항에 따른 행정정보의 공동이용을 통하여 다음 각 호의 행정정보를 확인하여야 한다.
1. 법인 등기사항증명서(국내 법인인

경우만 해당한다)
2. 주민등록표 등본 또는 사업자등록증
3. 지배주주가 되려는 자의 주식 취득 대상 신용정보회사의 법인 등기사항증명서

⑤ 금융위원회는 제3항에 따른 승인신청서를 접수한 경우에는 그 내용을 심사하여 60일 이내에 그 승인 여부를 결정하고, 그 결과와 이유를 지체 없이 신청인에게 문서로 통지하여야 한다. 이 경우 승인신청서에 흠이 있는 경우에는 보완을 요구할 수 있다.

⑥ 제5항에 따른 심사기간을 계산할 때에는 승인신청서 흠의 보완기간 등 금융위원회가 정하는 기간은 심사기간에 넣지 아니한다.

⑦ 금융위원회는 법 제9조 제2항에 따라 승인 없이 취득한 주식의 처분을 명하는 경우에는 처분 대상 주식의 수, 처분 기한 등을 명시한 서면으로 하여야 한다.

⑧ 제1항부터 제7항까지에서 규정한 사항 외에 변경승인 신청의 방법 및 절차, 제2항에 따른 요건의 구체적인 기준 등에 관하여 필요한 사항은 금융위원회가 정하여 고시한다.

제10조【신용정보업의 양도·양수 등의 인가】 ① 금융위원회는 법 제10조 제1항에 따라 신용정보업의 양도·양수 또는 분할이나 합병의 인가를 하려는 경우에는 다음 각 호의 구분에 따른 기준에 적합한지를 심사하여야 한다.
1. 양도의 경우
가. 해당 신용정보회사의 경영 및 재무 상태 등에 비추어 부득이한 경우일 것
나. 신용정보주체의 보호 및 건전한 신용질서 유지에 지장을 주지 않을 것
다. 「상법」 및 그 밖의 관계 법령에 따른 절차 이행에 하자가 없을 것
2. 양수·분할·합병의 경우
가. 신용정보업의 효율화 및 건전한 신용질서의 유지에 지장을 주지 않을 것
나. 사업의 양수·분할·합병에 따른 영업계획 및 조직운영계획이 적절할 것
다. 사업의 양수·분할·합병에 따른 신용정보회사의 소유구조 변경이 법령에 적합할 것
라. 「상법」 및 그 밖의 관계 법령에 따른 절차 이행에 하자가 없을 것

② 금융위원회는 법 제10조 제1항에 따른 인가의 세부요건, 신청서류, 그 밖에 필요한 사항을 정하여 고시할 수 있다.

제11조【겸업】 법 제11조 제2호에서 "대통령령으로 정하는 경우"란 다음 각 호의 어느 하나에 해당하는 경우를 말한다.
1. 「자산유동화에 관한 법률」 제10조에 따라 자산관리자가 부채증명서의 발급 대행을 채권추심회사에 의뢰한 경우 등 관계 법령에서 허용한 경우
2. 외국인인 채권자가 부채증명서의 발급 대행을 채권추심회사에 의뢰한 경우

제12조【허가 등의 취소 유예】 법 제14조 제1항 단서에서 "대통령령으로 정하는 사유"란 신용정보회사가 법 제14조 제1항 제2호부터 제4호까지 또는 같은 항 제9호에 따른 허가 또는 인가의 취소사유에 해당하는 경우를 말한다. 다만, 취소사유가 해소될 가능성이 매우 적거나 공익을 해칠 우려가 있는 등 시정명령의 실익(實益)이 없다고 인정되는 경우는 제외한다.

제13조【수집·조사 및 처리의 제한】 법 제16조 제2항에서 "대통령령으로 정하는 목적"이란 「보험업법」 제4조에 따라 금융위원회로부터 보험업의 허가를

받은 보험회사가 개인의 질병에 관한 정보를 그 정보가 필요한 보험의 계약 및 보험금 지급업무와 관련하여 이용하는 것을 말한다.

제14조【수집 · 조사 및 처리의 위탁】 ① 법 제17조 제2항에서 "일정한 금액 이상의 자본금 등 대통령령으로 정하는 일정한 요건을 갖춘 자"란 자본금이 1억원 이상인 기업으로서 금융위원회가 정하여 고시하는 기준에 따라 신용정보의 처리를 적정하게 수행할 수 있는 인력 및 물적 시설과 보안대책을 갖춘 자를 말한다.

② 법 제17조 제3항에서 "대통령령으로 정하는 자"란 신용정보회사, 신용정보집중기관 및 제5조 제1항에 따른 금융기관 중 금융위원회가 정하여 고시하는 자를 말한다.

③ 법 제17조 제3항에 따라 신용정보의 처리를 위탁하려는 자는 위탁계약 체결 예정일부터 7영업일 이전에 금융위원회가 정하여 고시하는 서식에 따라 제공하는 신용정보의 범위, 제공 목적 및 기간과 고객정보 관리체계 등을 금융위원회에 알려야 한다.

제15조【신용정보의 정확성 및 최신성의 유지】 ① 법 제18조 제1항에 따라 신용정보제공 · 이용자는 신용정보를 신용정보집중기관 또는 신용조회회사에 제공하려는 경우에는 그 정보의 정확성을 확인하여 사실과 다른 정보를 등록해서는 아니 된다.

② 신용정보집중기관과 신용조회회사는 등록되는 신용정보의 정확성을 점검할 수 있는 기준 및 절차를 마련하고 이에 따라 등록되는 신용정보의 정확성을 점검 · 관리하여야 한다.

③ 신용정보회사, 신용정보집중기관 및 신용정보제공 · 이용자(이하 "신용정보회사 등"이라 한다)는 신용정보의 정확성과 최신성이 유지될 수 있도록 금융위원회가 정하여 고시하는 기준과 절차에 따라 신용정보를 등록 · 변경 · 관리하여야 한다.

④ 법 제18조 제2항에 따라 등록 · 관리 대상에서 삭제하여야 하는 신용정보의 종류는 다음 각 호와 같다.

1. 제2조 제1항 제3호에 따른 신용정보 중 연체, 부도, 대위변제 및 대지급과 관련된 정보
2. 제2조 제1항 제3호에 따른 신용정보 중 신용질서 문란행위와 관련된 정보
3. 제2조 제1항 제5호 가목에 따른 신용정보 중 법원의 파산선고 · 면책 · 복권 결정 및 회생 · 개인회생의 결정과 관련된 정보
4. 제2조 제1항 제5호 나목 및 다목에 따른 체납 관련 정보
5. 제2조 제1항 제5호 라목에 따른 신용정보 중 체납 관련 정보
6. 그 밖에 제1호부터 제5호까지의 정보와 유사한 형태의 불이익정보로서 금융위원회가 정하여 고시하는 신용정보

⑤ 제4항 각 호에 따른 신용정보의 활용기간 및 보존기간은 3년 이상 5년 이내의 범위에서 금융위원회가 정하여 고시한다. 다만, 금융위원회는 신용정보의 특성, 활용용도 및 활용빈도 등을 고려하여 그 활용기간 및 보존기간을 단축할 수 있다.

⑥ 제4항 각 호에 따른 신용정보의 삭제 방법, 기준 및 절차 등에 관하여 필요한 세부사항은 금융위원회가 정하여 고시한다.

제16조【기술적 · 물리적 · 관리적 보안대책의 수립】 ① 법 제19조 제1항에 따라 신용정보회사 등은 신용정보전산시스템의 안전보호를 위하여 다음 각 호의 사항이 포함된 기술적 · 물리적 · 관리적 보안대책을 세워야 한다.

1. 신용정보에 제3자가 불법적으로 접근하는 것을 차단하기 위한 침입차

단시스템 등 접근통제장치의 설치 · 운영에 관한 사항
2. 신용정보전산시스템에 입력된 정보의 변경 · 훼손 및 파괴를 방지하기 위한 사항
3. 신용정보 취급 · 조회 권한을 직급별 · 업무별로 차등 부여하는 데에 관한 사항 및 신용정보 조회기록의 주기적인 점검에 관한 사항
4. 그 밖에 신용정보의 안정성 확보를 위하여 필요한 사항

② 금융위원회는 제1항 각 호에 따른 사항의 구체적인 내용을 정하여 고시할 수 있다.

제17조【신용정보관리 · 보호인의 지정 등】

① 법 제20조 제3항에서 "대통령령으로 정하는 신용정보제공 · 이용자"란 제5조 제1항 제1호부터 제21호까지 및 제21조 제2항 제9호에 해당하는 자를 말한다.

② 법 제20조 제3항에서 "신용정보를 보호하고 신용정보와 관련된 신용정보주체의 고충을 처리하는 등 대통령령으로 정하는 업무"란 다음 각 호의 업무를 말한다.
1. 신용정보 관리 · 보호 관련 내부관리규정의 제정 · 개정
2. 신용정보 관리 · 보호 관련 고충의 처리
3. 임직원이 신용정보 관리 · 보호 관련 법령 및 내부관리규정 등을 준수하고 있는지에 대한 점검
4. 법에 따른 신용정보주체의 정당한 권리 행사에 성실하게 대응하고 있는지에 대한 점검
5. 임직원을 대상으로 하는 신용정보 관리 · 보호 관련 교육의 실시
6. 그 밖에 신용정보 관리 · 보호에 필요한 사항으로서 금융위원회가 정하여 고시하는 사항

③ 법 제20조 제3항에 따라 지정하는 신용정보관리 · 보호인은 다음 각 호의 어느 하나에 해당하는 사람으로 하여야 한다.
1. 임원
2. 신용정보의 제공 · 활용 · 보호 및 관리 등을 총괄하는 위치에 있는 사람

④ 신용정보회사 등은 제3항에도 불구하고 다른 법령에 따라 준법감시인을 두는 경우에는 그를 신용정보관리 · 보호인으로 지정할 수 있다. 이 경우 제2항에서 규정한 업무의 내용을 해당 법령에 따른 내부통제기준에 반영하여야 한다.

제18조【신용조회업 종사자의 결격요건】

법 제22조 제1항 제7호에서 "대통령령으로 정하는 자"란 허가 · 인가 등의 취소 원인이 되는 사유가 발생하였을 당시의 임직원(「금융산업의 구조개선에 관한 법률」 제14조에 따라 허가 · 인가 등이 취소된 법인 또는 회사의 경우에는 같은 법 제10조에 따른 적기시정조치의 원인이 되는 사유 발생 당시의 임직원)으로서 다음 각 호의 어느 하나에 해당하는 사람을 말한다.
1. 감사 또는 감사위원회의 위원
2. 허가 · 인가 등의 취소 원인이 되는 사유의 발생과 관련하여 위법 또는 부당한 행위로 금융위원회 또는 「금융위원회의 설치 등에 관한 법률」 제24조에 따른 금융감독원의 원장(이하 "금융감독원장"이라 한다)으로부터 주의, 경고, 문책, 직무정지, 해임요구 또는 그 밖의 조치를 받은 임원
3. 허가 · 인가 등의 취소 원인이 되는 사유의 발생과 관련하여 위법 또는 부당한 행위로 금융위원회 또는 금융감독원장으로부터 정직요구 이상에 해당하는 조치를 받은 직원
4. 제2호 또는 제3호에 따른 제재 대상자로서 그 제재를 받기 전에 사임하거나 사직한 사람

제18조의2【신용정보 등의 보고】 ① 신용조회회사는 법 제22조의2에 따라 전년도에 수행한 다음 각 호의 업무내용을 그 다음 해 1월 31일까지 금융위원회에 보고하여야 한다.

1. 신용정보의 수집·조사 대상자 및 수집·조사·처리 정보의 종류 등에 관한 사항
2. 신용정보의 제공 대상자 및 제공 범위 등에 관한 사항
3. 신용정보의 활용기간 및 보존기간 등에 관한 사항

② 금융위원회는 제1항에 따른 보고내용이 건전한 신용질서 또는 금융소비자의 권익에 반하는 것으로 판단되는 경우에는 신용조회회사에 해당 보고내용과 관련된 업무처리절차 등을 개선하도록 권고할 수 있다.

제19조【공공기관에 대한 신용정보의 열람 및 제공 요청 등】 ① 법 제23조 제1항에서 "대통령령으로 정하는 공공단체"란 다음 각 호의 어느 하나에 해당하는 기관을 말한다.

1. 「공공기관의 운영에 관한 법률」 제4조에 따른 공공기관으로서 금융위원회가 정하여 고시하는 기관
2. 국가 또는 지방자치단체가 자본금·기금 또는 경비를 투자·출연 또는 보조하는 기관으로서 금융위원회가 정하여 고시하는 기관
3. 특별법에 따라 설립된 특수법인으로서 금융위원회가 정하여 고시하는 기관
4. 「어음법」 및 「수표법」에 따라 지정된 어음교환소와 「전자어음의 발행 및 유통에 관한 법률」 제3조에 따라 지정된 전자어음관리기관
5. 「초·중등교육법」, 「고등교육법」 및 그 밖의 다른 법률에 따라 설치된 각급 학교
6. 「보험업법」에 따른 보험요율산출기관
7. 「민법」 제32조에 따라 금융위원회로부터 허가를 받아 설립된 신용회복위원회

② 법 제23조 제2항에서 "대통령령으로 정하는 신용정보"란 다음 각 호의 신용정보를 말한다. 이 경우 신용정보의 구체적인 제공 범위는 공공기관의 장과 신용조회회사 또는 신용정보집중기관이 협의하여 결정한다.

1. 고용보험, 산업재해보상보험, 국민건강보험 및 국민연금에 관한 정보로서 보험료 납부 정보
2. 전기사용에 관한 정보로서 전력사용량 및 전기요금 납부 정보
3. 정부 납품 실적 및 납품액
4. 사망자 정보, 주민등록번호 및 성명 변경 정보
5. 국외 이주신고 및 이주포기신고의 정보

③ 법 제23조 제2항에 따라 제2항 각 호의 정보를 제공받으려는 신용조회회사 또는 신용정보집중기관은 국가나 지방자치단체 또는 제1항에 따른 공공단체(이하 "공공기관"이라 한다)의 장에게 신용정보의 제공을 문서로 요청하여야 하며, 공공기관의 장은 그 신용정보를 제공하려는 경우에는 문서 또는 주기적 파일로 제공하거나 「전자정부법」 제37조 제1항에 따른 행정정보공동이용센터 등을 통하여 제공하여야 한다.

④ 금융위원회는 공공기관의 장이 제공하는 정보의 활용 필요성 등을 고려하여 해당 정보의 등록 및 이용기준 등을 정하여 고시하여야 한다.

⑤ 법 제23조 제3항에서 "대통령령으로 정하는 신용정보제공·이용자"란 제5조 제1항 제1호부터 제20호까지의 규정에 따른 금융기관 및 제21조 제2항 각 호의 어느 하나에 해당하는 자를 말한다.

제20조【주민등록전산정보자료의 이용】 법 제24조 제1항에서 "대통령령으로 정하

는 신용정보제공 · 이용자"란 제5조 제1항 각 호의 어느 하나에 해당하는 자를 말한다.

제21조【신용정보의 집중관리 · 활용】 ① 법 제25조 제1항에 따라 신용정보집중기관으로 등록하려는 자는 금융위원회가 정하여 고시하는 신청서(전자문서로 된 신청서를 포함한다)에 다음 각 호의 사항을 적고 정관을 첨부하여 금융위원회에 제출하여야 한다. 이 경우 금융위원회는 「전자정부법」 제36조 제1항에 따른 행정정보의 공동이용을 통하여 법인 등기사항증명서를 확인하여야 한다.

1. 기관의 명칭, 주소 및 대표자의 성명
2. 집중관리 · 활용하려는 신용정보의 범위 및 교환 대상자
3. 집중관리 · 활용의 필요성

② 법 제25조 제2항 제1호에서 "대통령령으로 정하는 금융기관"이란 제5조 제1항 제1호부터 제20호까지의 금융기관 및 다음 각 호에 해당하는 기관을 말한다.

1. 「건설산업기본법」에 따른 공제조합
2. 「국채법」 및 「공사채등록법」에 따른 채권등록기관
3. 「한국농수산식품유통공사법」에 따른 한국농수산식품유통공사
4. 「민법」 제32조에 따라 금융위원회로부터 허가를 받아 설립된 신용회복위원회
5. 「산업재해보상보험법」에 따른 근로복지공단
6. 「소프트웨어산업 진흥법」에 따른 소프트웨어공제조합
7. 「엔지니어링산업 진흥법」에 따른 엔지니어링공제조합
8. 「예금자보호법」에 따른 정리금융기관
9. 「우체국예금 · 보험에 관한 법률」에 따른 체신관서
10. 「전기공사공제조합법」에 따른 전기공사공제조합
11. 「주택도시기금법」에 따른 주택도시보증공사
12. 「중소기업진흥에 관한 법률」에 따른 중소기업진흥공단
13. 「중소기업창업 지원법」에 따른 중소기업창업투자회사 및 중소기업창업투자조합
14. 「중소기업협동조합법」에 따른 중소기업중앙회
15. 「한국장학재단 설립 등에 관한 법률」에 따른 한국장학재단
16. 그 밖에 금융위원회가 정하여 고시하는 기관

③ 법 제25조 제2항 제1호에 따른 종합신용정보집중기관(이하 "종합신용정보집중기관"이라 한다)을 통하여 집중관리 · 활용되는 신용정보의 범위는 별표 2와 같다. 다만, 금융위원회는 별표 2에서 규정한 정보 외에 집중관리 · 활용이 필요하다고 인정하는 정보를 추가로 집중관리 · 활용의 대상이 될 정보로 지정하여 고시할 수 있다.

④ 법 제25조 제2항 제2호에 따른 개별신용정보집중기관은 같은 종류의 금융기관 또는 같은 종류의 사업자 간의 협약 등으로 집중관리 · 활용 대상 정보의 범위를 정하여 금융위원회의 승인을 받아야 한다.

⑤ 법 제25조 제3항 제2호에 따라 신용정보집중기관으로 등록하려는 자가 갖추어야 할 시설 · 설비 및 인력의 세부요건은 다음 각 호와 같다.

1. 신용정보 집중관리 · 활용 업무를 적절하게 수행할 수 있다고 금융위원회가 정하여 고시하는 정보처리설비 및 정보통신설비를 갖출 것
2. 상시고용인력에는 제2조 제3항 제1호 · 제3호 · 제4호에 해당하는 기관, 제5조 제1항 각 호에 해당하는 기관 또는 다음 각 목의 금융 관련

단체에서 3년 이상 신용정보 관련 업무에 종사한 경력이 있는 사람 5명 이상이 포함될 것

가. 신용조회회사

나. 신용정보집중기관

다. 「민법」 제32조에 따라 기획재정부장관의 허가를 받아 설립된 금융결제원

라. 「보험업법」에 따른 보험요율산출기관

⑥ 법 제25조 제4항에 따라 금융위원회는 등록된 신용정보집중기관이 다음 각 호의 어느 하나에 해당하게 된 경우에는 그 등록을 취소할 수 있다.

1. 법 제25조 제3항에 따른 등록요건에 미달하게 된 경우
2. 같은 종류의 업체 간에 협약의 불성립 또는 다른 법령에 따른 집중 제한 등 신용정보를 집중관리·활용할 수 없는 사유가 발생한 경우
3. 집중관리·활용하는 신용정보의 무단 활용 및 교환 등 신용정보 보호의무를 위반한 경우
4. 법 또는 다른 법령을 위반함으로써 공익을 해친 경우

⑦ 법 제25조 제4항에 따라 집중관리·활용되는 신용정보의 교환 대상자는 다음 각 호의 자로 하되, 다음 각 호의 자 사이에 집중관리·활용되는 신용정보의 구체적인 범위 및 신용정보별 세부적인 교환 대상자는 금융위원회가 정하여 고시한다.

1. 신용정보제공·이용자와 그 신용정보제공·이용자가 신용정보를 제공한 신용정보집중기관 간
2. 신용정보집중기관과 신용정보회사 간
3. 신용정보집중기관 간

⑧ 법 제25조 제6항에 따른 신용정보 공동전산망은 제2항에 따른 금융기관으로부터 신용정보를 제공받아 집중관리·활용하는 신용정보집중기관과 제2항에 따른 금융기관 외의 같은 업종의 사업자들로부터 신용정보를 제공받아 집중관리·활용하는 신용정보집중기관이 공동전산망에 참여하는 자를 각각 달리하여 구축한다.

제22조【신용정보협의회】 ① 법 제26조 제1항 제2호에서 "대통령령으로 정하는 바에 따른 제재"란 금융기관의 신용정보 제공의 누락 및 지연, 거짓 등록 등 위반행위의 종류와 정도에 따라 제재금(制裁金)을 부과하는 것을 말하며, 제재금에 관한 세부적인 기준과 절차는 종합신용정보집중기관의 장이 정한다.

② 종합신용정보집중기관의 장은 집중관리·활용되는 신용정보의 규모, 경비분담비율, 업권별 대표성 등을 고려하여 15명 이내에서 신용정보협의회를 구성하며, 신용정보협의회의 소집과 의결 등 운영에 관한 사항을 정한다.

③ 금융위원회는 법 제26조 제3항에 따라 신용정보협의회가 보고한 내용이 건전한 신용질서 또는 금융소비자의 권익에 반(反)하는 것으로 판단되는 경우에는 그 협의·결정 사항의 변경을 권고할 수 있다.

제23조【신용조사회사 및 채권추심회사의 종사자】 법 제27조 제1항 제7호에서 "대통령령으로 정하는 자"란 제18조 각 호의 어느 하나에 해당하는 자를 말한다.

제24조【위임직채권추심인의 자격요건 및 등록절차】 ① 법 제27조 제9항에 따른 위임직채권추심인으로 등록할 수 있는 사람은 다음 각 호의 어느 하나에 해당하는 사람으로 한다.

1. 다음 각 목의 어느 하나에 해당하는 기관에서 채권추심업무에 관한 연수과정을 이수한 사람

가. 법 제44조에 따른 신용정보협회(이하 "신용정보협회"라 한다)

나. 신용정보협회가 지정하는 채권

추심회사

다. 그 밖에 금융위원회가 정하여 고시하는 기관

2. 채권추심회사 또는 제5조 제1항 제1호부터 제20호까지의 어느 하나에 해당하는 금융기관에서 1년 이상 채권추심업무에 종사한 경력이 있고 제1호에 따른 연수과정을 이수한 사람
3. 그 밖에 제1호 및 제2호에 준하는 자격이 있다고 금융위원회가 인정한 사람

② 위임직채권추심인으로 등록하려는 사람은 금융위원회가 정하여 고시하는 신청서에 제1항의 자격요건을 갖추었는지를 확인할 수 있는 서류를 첨부하여 금융위원회에 제출하여야 한다.

제25조 삭제

제26조 삭제

제27조【신용정보활용체제의 공시】 ① 법 제31조에서 "대통령령으로 정하는 신용정보제공 · 이용자"란 제5조 제1항 각 호의 어느 하나에 해당하는 기관을 말한다.

② 신용정보회사, 신용정보집중기관 및 제1항에 해당하는 자는 법 제31조에 따라 다음 각 호의 사항을 공시하여야 한다.

1. 관리하는 신용정보의 종류 및 이용 목적
2. 신용정보를 제3자에게 제공하는 경우 제공하는 신용정보의 종류, 제공 대상, 제공받는 자의 이용 목적(제1항에 해당하는 자로 한정한다)
3. 신용정보의 보유 기간 및 이용 기간이 있는 경우 해당 기간, 신용정보 파기의 절차 및 방법(제1항에 해당하는 자로 한정한다)
4. 법 제17조에 따라 신용정보의 처리를 위탁하는 경우 그 업무의 내용 및 수탁자
5. 신용정보주체의 권리와 그 행사방법
6. 법 제20조 제3항에 따른 신용정보관리 · 보호인이나 같은 항에 따라 신용정보 관리 · 보호 관련 고충을 처리하는 사람의 성명, 부서 및 연락처
7. 신용등급 산정에 반영되는 신용정보의 종류, 반영비중 및 반영기간(신용조회회사만 해당한다)

③ 신용정보회사, 신용정보집중기관 및 제1항에 해당하는 자는 제2항 각 호의 사항을 공시하는 경우에는 다음 각 호의 어느 하나에 해당하는 방법으로 하여야 한다.

1. 점포 · 사무소 안의 보기 쉬운 장소에 갖춰 두고 열람하게 하는 방법
2. 해당 기관의 인터넷 홈페이지를 통하여 해당 신용정보주체가 열람할 수 있게 하는 방법

제28조【개인신용정보의 제공 · 활용에 대한 동의】 ① 법 제32조 제1항에서 "대출, 보증에 관한 정보 등 대통령령으로 정하는 개인신용정보"란 제2조 제2항의 개인에 관한 신용정보를 말한다. 다만, 신용정보집중기관 또는 신용조회회사에 제공하려는 다음 각 호의 신용정보는 제외한다.

1. 제2조 제1항 제3호의 신용정보
2. 제2조 제1항 제5호 각 목(마목 및 사목은 제외한다)에 따른 신용정보. 다만, 같은 호 라목의 경우에는 체납 관련 정보, 자목의 경우에는 신용회복정보만 해당한다.

② 신용정보제공 · 이용자는 법 제32조 제1항에 따라 해당 개인으로부터 동의를 받으려면 다음 각 호의 사항을 미리 알려야 한다. 다만, 동의 방식의 특성상 동의 내용을 전부 표시하거나 알리기 어려운 경우에는 해당 기관의 인터넷 홈페이지 주소나 사업장 전화번호 등 동의 내용을 확인할 수 있는 방법을 안내하고 동의를 받을 수 있다.

1. 개인신용정보를 제공받는 자

2. 개인신용정보를 제공받는 자의 이용 목적
3. 제공하는 개인신용정보의 내용
4. 개인신용정보를 제공받는 자(신용조회회사 및 신용정보집중기관은 제외한다)의 정보 보유 기간 및 이용 기간

③ 법 제32조 제1항 제3호에 따른 개인비밀번호는 다음 각 호의 어느 하나에 해당하는 비밀번호로 한다.

1. 해당 개인이 「여신전문금융업법」 제2조 제2호의2에 따른 신용카드업자에게 등록한 비밀번호
2. 개인신용정보를 제3자에게 제공하려는 신용정보제공·이용자로부터 해당 개인 명의의 휴대전화 문자메시지를 통하여 받은 비밀번호
3. 그 밖에 금융위원회가 정하여 고시하는 개인비밀번호

④ 신용정보제공·이용자는 법 제32조 제1항 제4호에 따라 유무선 통신을 통하여 동의를 받은 경우에는 1개월 이내에 서면, 전자우편, 휴대전화 문자메시지, 그 밖에 금융위원회가 정하여 고시하는 방법으로 제2항 각 호의 사항을 고지하여야 한다.

⑤ 법 제32조 제2항에서 "대통령령으로 정하는 개인신용정보"란 제2조 제2항의 개인에 관한 신용정보를 말한다. 다만, 다음 각 호의 신용정보는 제외한다.

1. 제2조 제1항 제3호의 신용정보
2. 제1항 제2호에 따른 정보. 다만, 제2조 제1항 제5호 라목에 따른 체납 관련 정보 중 국민건강보험 및 국민연금에 관한 정보는 제외한다.

⑥ 법 제32조 제2항에 따라 신용조회회사 또는 신용정보집중기관으로부터 개인신용정보를 제공받으려는 자는 다음 각 호의 사항을 해당 개인에게 알리고 동의를 받아야 한다. 다만, 동의방식의 특성상 동의 내용을 전부 표시하거나 알리기 어려운 경우에는 해당 기관의 인터넷 홈페이지 주소나 사업장 전화번호 등 동의 내용을 확인할 수 있는 방법을 안내하고 동의를 받을 수 있다.

1. 개인신용정보를 제공하는 자
2. 개인신용정보를 제공받는 자의 이용 목적
3. 제공받는 개인신용정보의 항목
4. 개인신용정보를 제공받는 것에 대한 동의의 효력기간

⑦ 법 제32조 제3항에 따라 신용조회회사 또는 신용정보집중기관은 개인신용정보를 제공받으려는 자가 해당 개인으로부터 동의를 받았는지를 서면, 전자적 기록 등 금융위원회가 정하는 방식으로 확인하여야 한다.

⑧ 법 제32조 제4항 제4호에서 "채권추심(추심채권을 추심하는 경우만 해당한다), 인가·허가의 목적, 기업의 신용도 판단, 유가증권의 양수 등 대통령령으로 정하는 목적"이란 다음 각 호의 목적을 말한다.

1. 채권추심을 의뢰한 채권자가 채권추심의 대상이 되는 자의 개인신용정보를 채권추심회사에 제공하거나 채권추심회사로부터 제공받기 위한 목적
2. 채권자 또는 채권추심회사가 변제기일까지 채무를 변제하지 아니한 자 또는 채권추심의 대상이 되는 자에 대한 개인신용정보를 신용조회회사로부터 제공받기 위한 목적
3. 행정기관이 인가·허가 업무에 사용하기 위하여 신용조회회사로부터 개인신용정보를 제공받기 위한 목적
4. 해당 기업과의 금융거래 등 상거래관계의 설정 및 유지 여부 등을 판단하기 위하여 그 기업의 대표자 및 제2조 제1항 제3호의 각 목에 해당하는 자의 개인신용정보를 신용정보집중기관 및 신용조회회사로부터 제공받기 위한 목적
5. 제21조 제2항에 따른 금융기관이 상

거래관계의 설정 및 유지 여부 등을 판단하기 위하여 또는 어음·수표 소지인이 어음·수표의 발행인, 인수인, 배서인 및 보증인의 변제 의사 및 변제자력을 확인하기 위하여 신용정보집중기관 및 신용조회회사로부터 어음·수표의 발행인, 인수인, 배서인 및 보증인의 개인신용정보를 제공받기 위한 목적

⑨ 법 제32조 제5항 본문에 따라 신용정보주체에게 개인신용정보의 제공 사실 및 이유 등을 알리는 경우에는 다음 각 호의 구분에 따른다. 이 경우 그 알리는 방법은 서면, 전화(휴대전화 문자메시지를 포함한다), 전자우편 또는 금융위원회가 정하여 고시하는 방법에 따른다.

1. 법 제32조 제4항 제1호부터 제3호까지 및 제8호에 따른 정보를 제공하는 경우: 해당 정보를 제공한 날을 기준으로 하여 30일부터 60일까지의 범위에서 금융위원회가 정하여 고시하는 기간 이내에 알릴 것
2. 법 제32조 제4항 제4호에 따른 정보를 제공받은 경우: 해당 정보를 제공받은 날을 기준으로 하여 30일부터 60일까지의 범위에서 금융위원회가 정하여 고시하는 기간 이내에 알릴 것. 다만, 「채권의 공정한 추심에 관한 법률」 제6조 제2항 및 제3항에 따라 채권추심회사가 채권수임사실을 통보하는 경우에는 그 수임사실을 통보한 날부터 30일 이내에 알려야 한다.
3. 법 제32조 제4항 제5호부터 제7호까지 및 제9호에 따른 정보를 제공하는 경우: 해당 정보를 제공한 날을 기준으로 하여 60일부터 180일까지의 범위에서 금융위원회가 정하여 고시하는 기간 이내에 알릴 것

⑩ 법 제32조 제5항 단서에서 "대통령령으로 정하는 경우"란 다음 각 호의 어느 하나에 해당하는 경우를 말한다. 이 경우 그 공시방법은 인터넷 홈페이지나 게시판에의 게재 또는 사무실·점포 등에서의 비치·열람 등의 방법에 따른다.

1. 신용정보회사 등의 고의 또는 과실 없이 신용정보주체의 주소 또는 거소 등을 알 수 없는 경우
2. 신용정보의 특성, 제공 대상자, 제공 경위 및 제공 목적 등을 고려하여 공시하는 것이 적정하다고 금융위원회가 인정하여 고시하는 경우(법 제32조 제4항 제1호부터 제3호까지 및 제7호에 따른 정보만 해당한다)

⑪ 법 제32조 제6항에서 "대통령령으로 정하는 자"란 제5조 제1항 각 호의 어느 하나에 해당하는 기관을 말한다.

⑫ 법 제32조 제6항에서 "제공하는 신용정보의 범위 등 대통령령으로 정하는 사항"이란 제공하는 개인신용정보의 범위, 제공받는 자의 신용정보 관리·보호 체계를 말한다.

제29조【개인식별정보의 제공·이용】 법 제34조 제1항에서 "대통령령으로 정하는 정보"란 생존하는 개인의 성명, 주소, 주민등록번호, 외국인등록번호, 국내거소신고번호, 여권번호, 성별, 국적 등 개인을 식별할 수 있는 정보를 말한다.

제30조【신용정보 제공사실의 통보요구 등】 ① 법 제35조에 따라 신용정보주체가 신용정보회사 등에 법 제35조에 따른 본인정보(이하 "본인정보"라 한다) 제공사실의 통보 등을 요구하는 경우에는 다음 각 호의 방법으로 본인임을 확인받아야 한다.

1. 「전자서명법」 제2조 제3호에 따른 공인전자서명이 있는 전자문서(「전자문서 및 전자거래 기본법」 제2조 제1호에 따른 전자문서를 말한다)
2. 개인신용정보의 제공 내용 및 제공 목적 등을 고려하여 정보 제공 동의의 안정성과 신뢰성이 확보될 수 있

는 유무선 통신으로 제28조 제3항에 따른 개인비밀번호를 입력하는 방식
3. 본인의 신분을 나타내는 증표를 내보이는 방법
4. 전화
5. 인터넷 홈페이지

② 신용정보회사 등은 제1항에 따라 통보를 요구받은 경우에는 요구받은 날부터 7일 이내에 최근 1년간 그 신용정보주체의 본인정보를 직접 제공받은 자, 그 정보의 이용 목적, 제공일 및 주요 내용 등(이하 "신용정보제공내역"이라 한다)을 금융위원회가 정하여 고시하는 서식에 따라 그 신용정보주체에게 통보하여야 하고, 종합신용정보집중기관, 신용조회회사, 그 밖에 금융위원회가 정하여 고시하는 신용정보제공·이용자는 인터넷 홈페이지를 통하여 신용정보주체가 최근 1년간 그 신용정보주체의 신용정보제공내역을 조회할 수 있도록 하여야 한다.

③ 신용정보회사 등은 제2항에 따라 신용정보제공내역을 통보하거나 인터넷 홈페이지를 통하여 조회할 수 있도록 한 경우에는 통보나 조회에 직접 드는 비용을 그 신용정보주체에게 부담하게 할 수 있다.

④ 신용정보회사 등은 제2항에 따라 인터넷 홈페이지를 통하여 신용정보제공내역을 조회할 수 있도록 한 경우에는 제3항에도 불구하고 신용정보주체가 1년에 1회 이상 무료로 조회할 수 있도록 하여야 한다.

⑤ 신용정보회사 등은 제2항에 따라 신용정보주체에게 통보하거나 신용정보주체가 조회한 내용을 3년간 보존하여야 한다.

제31조【상거래 거절 근거 신용정보의 고지 등】 ① 법 제36조 제1항에서 "대통령령으로 정하는 정보"란 제28조 제1항 제1호 및 제2호의 신용정보를 말한다.

② 법 제36조 제1항에서 "거절 또는 중지의 근거가 된 정보 등 대통령령으로 정하는 사항"이란 다음 각 호의 사항을 말한다.
1. 상거래관계 설정의 거절이나 중지의 근거가 된 신용정보
2. 제1호의 정보를 제공한 신용조회회사 및 신용정보집중기관의 명칭, 주소, 연락처
3. 신용조회회사 및 신용정보집중기관이 상거래관계의 설정을 거절하거나 중지하도록 결정한 것이 아니라는 사실 및 신용조회회사 또는 신용정보집중기관으로부터 제공받은 정보 외에 다른 정보를 함께 사용하였을 경우에는 그 사실

제32조【개인신용정보 제공·이용 동의 철회권 등】 ① 법 제37조 제1항에 따라 개인인 신용정보주체는 동의 철회의 대상 및 내용 등을 특정하여 해당 기관의 인터넷 홈페이지, 유무선 통신, 서면, 그 밖에 금융위원회가 정하여 고시하는 방법으로 동의를 철회할 수 있다. 다만, 금융거래 등 상거래 관계를 설정하면서 동의를 한 경우에는 3개월이 지나야 철회할 수 있다.

② 법 제37조 제2항에 따라 개인인 신용정보주체는 상품이나 용역을 소개하거나 구매를 권유할 목적으로 연락하는 신용정보제공·이용자에 대하여 연락중지 청구의 대상 및 내용을 특정하여 제1항의 방법으로 본인에게 연락하는 것을 중지할 것을 청구할 수 있다.

③ 제1항 및 제2항에 따른 청구를 받은 신용정보제공·이용자는 청구를 받은 날부터 1개월 이내에 그에 따른 조치를 완료하여야 한다.

④ 법 제37조 제3항에 따라 신용정보제공·이용자가 거래 상대방인 개인에게 구두에 의한 방법으로 고지한 경우에는 고지한 날부터 1개월 이내에 고지 내용을 서면, 전자우편, 휴대전화 문자메시지, 인터넷 홈페이지 및 그 밖

에 금융위원회가 정하는 방법으로 추가 고지하여야 한다.

⑤ 법 제37조 제4항 및 제5항에 따라 신용정보제공·이용자는 수신자 부담전화, 수취인 부담 우편 등의 조치를 마련하여야 한다.

제33조【신용정보의 열람 및 정정청구 등】 ① 법 제38조 제1항에서 "전화, 인터넷 홈페이지의 이용 등 대통령령으로 정하는 방법"이란 다음 각 호의 방법을 말한다.

1. 「전자서명법」 제2조 제3호에 따른 공인전자서명이 있는 전자문서(「전자문서 및 전자거래 기본법」 제2조 제1호에 따른 전자문서를 말한다)
2. 개인신용정보의 제공 내용 및 제공 목적 등을 고려하여 정보 제공 동의의 안정성과 신뢰성이 확보될 수 있는 유무선 통신으로 제28조 제3항에 따른 개인비밀번호를 입력하는 방식
3. 본인의 신분을 나타내는 증표를 내보이는 방법
4. 전화
5. 인터넷 홈페이지

② 법 제38조 제1항에 따라 신용정보주체는 본인정보를 제공받거나 열람하는 경우 서면, 전자문서 또는 인터넷 홈페이지 등을 통하여 할 수 있다.

③ 신용정보주체가 법 제38조 제4항에 따라 시정 요청을 하려는 경우에는 처리결과의 통지를 받은 날(통지가 없는 경우에는 법 제38조 제1항에 따른 정정청구를 하고 7영업일이 지난 날)부터 15일 이내에 금융위원회가 정하여 고시하는 시정요청서에 다음 각 호의 서류를 첨부하여 금융위원회에 제출하여야 한다.

1. 법 제38조 제1항에 따라 신용정보회사 등에 정정청구를 한 내용을 적은 서면
2. 신용정보회사 등으로부터 법 제38조 제4항에 따른 처리결과를 통지받은 경우에는 그 통지 내용
3. 시정 요청의 대상이 된 신용정보의 사실 여부를 확인할 수 있는 근거자료

제34조【무료 열람권】 법 제39조에서 "대통령령으로 정하는 일정한 기간"이란 4개월을 말한다.

제35조【채권추심회사 등의 금지사항】 채권추심회사 및 소속 위임직채권추심인은 채권추심행위를 하는 과정에서 「채권의 공정한 추심에 관한 법률」 제5조, 제6조 및 제8조를 준수하여야 하며, 같은 법 제9조부터 제13조까지의 규정을 위반하여 채권추심을 해서는 아니 된다.

제36조【신용정보협회의 업무】 법 제44조 제3항 제4호에서 "대통령령으로 정하는 업무"란 다음 각 호의 업무를 말한다.

1. 신용정보회사의 경영과 관련된 정보의 수집 및 통계의 작성 업무
2. 신용정보업 관련 교육업무 및 출판업무
3. 법 또는 다른 법령에서 신용정보협회에 위임·위탁한 업무
4. 그 밖에 금융위원회가 정하여 고시하는 업무

제37조【권한의 위임 또는 위탁】 ① 금융위원회는 법 제49조에 따라 별표 3에 따른 권한을 금융감독원장에게 위탁하고, 법 제27조 제3항에 따른 위임직채권추심인의 등록업무를 신용정보협회에 위탁한다.

② 금융감독원장 및 신용정보협회는 제1항에 따라 위탁받은 업무의 처리내용을 6개월마다 금융위원회에 보고하여야 한다.

제37조의2【민감정보 및 고유식별정보의 처리】 ① 금융위원회(제37조에 따라 금융위원회의 업무를 위탁받은 자를 포함한다), 금융감독원장은 다음 각 호의 사무를 수행하기 위하여 불가피한

경우 「개인정보 보호법 시행령」 제18조 제2호에 따른 범죄경력자료에 해당하는 정보, 같은 영 제19조 제1호, 제2호 또는 제4호에 따른 주민등록번호, 여권번호 또는 외국인등록번호가 포함된 자료를 처리할 수 있다.

1. 법 제4조에 따른 신용정보업 허가에 관한 사무
2. 법 제9조에 따른 지배주주 변경승인에 관한 사무
3. 법 제10조에 따른 신용정보업의 양도 · 양수 등의 인가 등에 관한 사무
4. 법 제11조에 따른 겸업 신고 수리에 관한 사무
5. 법 제13조에 따른 임원 겸직 승인에 관한 사무
6. 법 제14조에 따른 허가 등의 취소와 업무의 정지에 관한 사무
7. 법 제27조에 따른 위임직채권추심인의 등록에 관한 사무
8. 법 제38조 제4항 · 제5항 · 제7항에 따른 시정요청 처리에 관한 사무
9. 법 제45조에 따른 감독 · 검사에 관한 사무 및 이에 따른 사후조치 등에 관한 사무
10. 법 제48조에 따른 청문에 관한 사무

② 신용정보회사는 다음 각 호의 사무를 수행하기 위하여 불가피한 경우 「개인정보 보호법 시행령」 제19조에 따른 주민등록번호, 여권번호, 운전면허의 면허번호 또는 외국인등록번호(이하 "주민등록번호 등"이라 한다)가 포함된 자료를 수집 · 처리할 수 있다. 다만, 주민등록번호 등을 개인으로부터 직접 수집할 경우에는 그 개인의 동의를 받아야 한다.

1. 법 제4조 제1항에 따른 신용조회업, 신용조사업 및 금융거래와 관련하여 수행하는 채권추심업에 관한 사무
2. 법 제11조에 따른 겸업 업무 중 금융거래와 관련된 사무
3. 법 제22조 제1항 및 제27조 제1항에 따른 임직원 채용 · 고용 시 결격사유 확인에 관한 사무

③ 신용정보집중기관 및 법 제25조 제4항에 따른 교환 대상자는 법 제25조 제1항에 따른 신용정보의 집중관리 · 활용에 관한 사무를 수행하기 위하여 불가피한 경우 주민등록번호 등이 포함된 자료를 수집 · 처리할 수 있다. 다만, 주민등록번호 등을 개인으로부터 직접 수집할 경우에는 그 개인의 동의를 받아야 한다.

④ 제21조 제2항에 따른 기관은 금융거래를 위하여 신용정보를 이용하는 사무를 수행하기 위하여 불가피한 경우 주민등록번호 등이 포함된 자료를 수집 · 처리할 수 있다. 다만, 주민등록번호 등을 개인으로부터 직접 수집할 경우에는 그 개인의 동의를 받아야 한다.

제38조【위반행위별 과태료의 부과기준】 법 제52조 제1항부터 제4항까지의 규정에 따른 과태료의 부과기준은 별표 4와 같다.

부　칙〈제26369호, 2015.6.30.〉 (주택도시기금법 시행령)

제1조【시행일】 이 영은 2015년 7월 1일부터 시행한다.

제2조~제4조 생략

[별표 1]

주요출자자 요건(제6조 제4항 및 제9조 제2항 관련)

요 건	구 분
1. 주요출자자가 「금융위원회의 설치 등에 관한 법률」 제38조에 따라 금융감독원으로부터 검사를 받는 기관인 경우	가. 최근 사업연도 말 현재 대차대조표상 자산총액에서 부채총액을 뺀 금액(이하 "자기자본"이라 한다)이 출자하려는 금액의 2배 이상일 것 나. 재무상태가 다음 기준을 충족할 것 1) 적용되는 「금융산업의 구조개선에 관한 법률」에 적기시정조치의 기준이 규정된 경우에는 그 금융기관의 재무상태가 해당 기준을 넘을 것 2) 적용되는 「금융산업의 구조개선에 관한 법률」에 적기시정조치의 기준이 규정되지 않은 경우에는 그 금융기관이 경영하는 업종과 유사한 업종을 경영하는 금융기관에 적용되는 적기시정조치의 기준을 넘을 것. 다만, 그 금융기관에 대하여 유사업종의 적기시정조치 기준을 적용하는 것이 현저히 부적합한 경우에는 가목 · 다목 · 라목의 기준을 충족하여야 한다. 다. 자본금 납입자금은 주요출자자의 출자능력을 초과하여 금융기관 등으로부터 단순 차입(출자자가 법인인 경우에는 기업어음 · 회사채 발행 등 부채성 조달자금을 포함한다)에 의한 것이 아니고, 그 출처가 명확할 것 라. 다음 요건을 충족할 것. 다만, 그 사실이 경영하려는 업무의 건전한 경영을 어렵게 한다고 볼 수 없는 경우에는 그러하지 아니하다. 1) 최근 5년간 채무불이행 등으로 건전한 신용질서를 해친 사실이 없을 것 2) 최근 5년간 법, 이 영, 금융 관계 법령(「여신전문금융업법 시행령」 제6조 각 호에 규정된 법령을 말한다), 「독점규제 및 공정거래에 관한 법률」 및 「조세범 처벌법」을 위반하여 벌금 이상의 처벌을 받은 사실이 없을 것 3) 그 밖에 금융위원회가 정하는 건전한 금융거래질서를 해친 사실이 없을 것
2. 주요출자자가 제1호 외의 내국법인인 경우	제1호 가목 · 다목 및 라목의 요건을 충족할 것
3. 주요출자자가 내국인으로서 개인인 경우	가. 제1호 다목 및 라목의 요건을 충족할 것 나. 법 제22조 제1항 각 호의 어느 하나에 해당되지 않을 것
4. 주요출자자가 외국 법령에 따라 설립된 외국기	가. 제1호 가목 · 다목 및 라목의 요건을 충족할 것 나. 국제적으로 인정받는 신용평가기관으로부터 투자적격 이상

업인 경우	의 신용평가등급을 받거나 본국의 감독기관이 정하는 재무건전성에 관한 기준을 충족하고 있다는 사실이 확인될 것 다. 최근 3년간 기업의 경영과 관련하여 본국의 감독기관으로부터 법인경고 이상에 해당하는 행정처분을 받거나 벌금형 이상에 해당하는 형사처벌을 받은 사실이 없을 것

[별표 2]

종합신용정보집중기관을 통하여 집중관리 · 활용되는 신용정보의 범위
(제21조 제3항 관련)

Ⅰ. 개 인

구 분	집중관리 · 활용 대상 정보
1. 식별정보	성명, 주소, 주민등록번호(외국인의 경우 여권번호 또는 외국인등록번호)
2. 신용거래정보	가. 대출 현황 나. 당좌예금 · 가계당좌예금의 개설 및 해지 사실 다. 신용카드의 발급 · 해지 사실 및 결제 · 미결제 금액(결제금액은 해당 신용정보를 보유한 신용카드업자가 동의하는 경우만 해당한다) 라. 담보 및 채무보증 현황
3. 신용도판단정보	가. 대출금 등의 연체 내용 나. 대위변제 · 대지급 발생 사실 다. 어음 또는 수표의 거래정지처분을 받은 사실 라. 대출금 등을 용도 외로 유용한 사실 및 부정한 방법으로 대출을 받는 등 신용질서를 문란하게 한 사실(금융질서 문란정보)

Ⅱ. 기업 및 법인

구 분	집중관리 · 활용 대상 정보
1. 식별정보	기업의 상호 또는 법인명, 대표자 성명 및 주민등록번호, 사업자등록번호, 법인등록번호, 본점 소재지
2. 신용거래정보	가. 대출 · 지급보증 등 신용공여 현황 나. 시설대여 현황 다. 신용보증 현황 라. 보증보험 현황 마. 담보 및 채무보증 현황 바. 당좌예금 · 가계당좌예금의 개설 및 해지 사실 사. 신용카드의 발급 · 해지 사실 및 결제 · 미결제 금액(결제금액은 해당 신용정보를 보유한 신용카드업자가 동의하는 경우만 해당한다)
3. 신용도판단정보(제2조 제1항 제3호 각 목의 어느 하나에 해당하는 자의 정보도 포함한다)	가. 대출금 등의 연체 내용 나. 대위변제 · 대지급 발생 사실 다. 신용보증기금이 대위변제한 사실 라. 어음 또는 수표 거래정지처분을 받은 사실 마. 리스자금 및 리스료의 연체 사실 바. 무보증사채 상환불이행 사실

	사. 대출금 등을 용도 외로 유용한 사실 및 부정한 방법으로 대출을 받는 등 신용질서를 문란하게 한 사실(금융질서 문란정보)
4. 신용능력정보	가. 계열기업체 현황 등 회사의 개황 나. 사업의 내용 다. 재무제표 등 재무에 관한 사항 라. 자본금 증자 및 사채 발행 현황

[별표 3]

금융위원회가 금융감독원장에게 위탁하는 권한의 범위
(제37조 제1항 제1호 관련)

1. 법 제4조에 따른 신용정보업 허가 신청의 접수
2. 법 제8조에 따른 허가받은 사항 변경에 관한 신고의 수리 또는 보고의 접수
3. 법 제9조 제1항에 따른 지배주주 변경승인 신청의 접수
4. 법 제10조 제1항에 따른 신용정보업 양도 · 양수의 인가 신청의 접수
5. 법 제10조 제4항에 따른 신용정보업 전부 또는 일부의 휴업 · 폐업에 관한 신고의 수리
6. 법 제11조에 따른 겸업업무 신고의 수리
7. 법 제13조에 따른 신용정보회사의 상임 임원이 다른 영리법인의 상무에 종사하는 것에 대한 승인 신청의 접수
8. 법 제17조 제3항에 따른 신용정보의 처리 위탁에 관한 보고의 접수

8의2. 법 제22조의2에 따른 신용조회회사의 보고에 대한 접수(제18조의2 제2항에 따른 개선권고를 포함한다)

9. 법 제25조 제1항에 따른 신용정보집중기관의 등록 및 제21조 제4항에 따른 개별신용정보집중기관의 집중관리 · 활용 대상 정보의 승인 신청의 접수
10. 법 제26조 제3항에 따른 신용정보협의회 협의 · 결정사항 보고의 접수 및 제22조 제3항에 따른 신용정보협의회 협의 · 결정사항에 대한 변경 권고
11. 법 제29조 제5항에 따른 서류의 접수
12. 법 제32조 제6항에 따른 제공 대상 신용정보의 범위 등에 대한 승인 신청의 접수
13. 법 제38조 제4항에 따른 신용정보회사 등의 처리결과에 대한 시정 요청의 접수
14. 법 제38조 제5항에 따른 신용정보회사 등에 대한 시정명령 및 그 밖에 필요한 조치
15. 법 제38조 제7항에 따른 보고의 접수
16. 법 제45조 제1항에 따른 신용정보회사 등에 대한 감독

[별표 4]

과태료의 부과기준(제38조 관련)

(단위: 만원)

위반행위	근거 법조문	금 액
1. 법 제8조를 위반한 경우	법 제52조 제3항 제1호	1,000
2. 법 제10조 제4항을 위반한 경우	법 제52조 제2항	1,000
3. 법 제11조부터 제13조까지의 어느 하나를 위반한 경우	법 제52조 제3항 제2호	1,000
4. 법 제17조 제1항을 위반하여 의뢰인의 동의 없이 신용정보의 수집 · 조사를 위탁한 경우	법 제52조 제3항 제3호	1,000
5. 법 제18조 제1항을 위반한 경우	법 제52조 제3항 제4호	600
6. 법 제19조 제1항을 위반한 경우	법 제52조 제3항 제5호	600
7. 법 제19조 제2항을 위반한 경우	법 제52조 제3항 제5호	1,000
8. 법 제20조 제1항을 위반한 경우	법 제52조 제4항 제1호	500
9. 법 제20조 제3항을 위반한 경우	법 제52조 제3항 제6호	600
9의2. 법 제22조의2를 위반하여 금융위원회에 보고하지 아니한 경우	법 제52조 제3항 제4호의2	500
10. 법 제23조 제5항을 위반한 경우	법 제52조 제3항 제7호	600
11. 법 제27조 제8항을 위반하여 채권추심업무를 할 때 증표를 내보이지 않은 경우	법 제52조 제4항 제2호	300
12. 법 제29조 제3항부터 제5항까지를 위반한 경우	법 제52조 제3항 제8호	600
13. 법 제29조 제7항 또는 제8항을 위반한 경우	법 제52조 제3항 제8호	1,000
14. 법 제31조를 위반한 경우	법 제52조 제3항 제9호	600
15. 법 제32조 제3항 · 제5항 또는 제6항을 위반한 경우	법 제52조 제3항 제10호	600

16. 법 제32조 제7항을 위반하여 개인신용정보를 제공받는 자의 신원과 이용 목적을 확인하지 않은 경우	법 제52조 제1항	1,000
17. 법 제35조 후단을 위반한 경우	법 제52조 제3항 제11호	600
18. 법 제36조 제1항 또는 제3항을 위반한 경우	법 제52조 제3항 제12호	600
19. 법 제37조 제3항을 위반한 경우	법 제52조 제3항 제13호	600
20. 법 제38조 제2항을 위반한 경우	법 제52조 제3항 제14호	600
21. 법 제38조 제3항, 제4항 또는 제7항을 위반한 경우	법 제52조 제3항 제14호	300
22. 법 제38조 제5항을 위반한 경우	법 제52조 제3항 제14호	1,000
23. 법 제39조를 위반한 경우	법 제52조 제4항 제3호	300
24. 법 제45조 제2항부터 제4항까지의 규정에 따른 명령에 따르지 않거나 검사 및 요구를 거부·방해 또는 기피한 경우	법 제52조 제3항 제15호	1,000
25. 법 제47조를 위반하여 보고서를 제출하지 않거나 사실과 다른 내용의 보고서를 제출한 경우	법 제52조 제3항 제16호	500

대부업 등의 등록 및 금융이용자 보호에 관한 법률 [시행 2015.9.12.]

제1조 【목적】 이 법은 대부업·대부중개업의 등록 및 감독에 필요한 사항을 정하고 대부업자와 여신금융기관의 불법적 채권추심행위 및 이자율 등을 규제함으로써 대부업의 건전한 발전을 도모하는 한편, 금융이용자를 보호하고 국민의 경제생활 안정에 이바지함을 목적으로 한다.

제2조 【정의】 이 법에서 사용하는 용어의 뜻은 다음과 같다.

1. "대부업"이란 금전의 대부(어음할인·양도담보, 그 밖에 이와 비슷한 방법을 통한 금전의 교부를 포함한다. 이하 "대부"라 한다)를 업(業)으로 하거나 다음 각 목의 어느 하나에 해당하는 자로부터 대부계약에 따른 채권을 양도받아 이를 추심하는 것을 업으로 하는 것을 말한다. 다만, 대부의 성격 등을 고려하여 대통령령으로 정하는 경우는 제외한다.
   가. 제3조에 따라 대부업의 등록을 한 자(이하 "대부업자"라 한다)
   나. 여신금융기관
2. "대부중개업"이란 대부중개를 업으로 하는 것을 말한다.
3. "대부중개업자"란 제3조에 따라 대부중개업의 등록을 한 자를 말한다.
4. "여신금융기관"이란 다른 법령에 따라 인가 또는 허가 등을 받아 대부업을 하는 금융기관을 말한다.

제3조 【등록 등】 ① 대부업 또는 대부중개업(이하 "대부업 등" 이라 한다)을 하려는 자(여신금융기관은 제외한다)는 영업소별로 해당 영업소를 관할하는 특별시장·광역시장·특별자치시장·도지사 또는 특별자치도지사(이하 "시·도지사"라 한다)에게 등록하여야 한다. 다만, 여신금융기관과 위탁계약 등을 맺고 대부중개업을 하는 자(그 대부중개업을 하는 자가 법인인 경우 그 법인과 직접 위탁계약 등을 맺고 대부를 받으려는 자를 모집하는 개인을 포함하며, 이하 "대출모집인"이라 한다)는 해당 위탁계약 범위에서는 그러하지 아니하다.

② 제1항에 따른 등록을 하려는 자는 다음 각 호의 사항을 적은 신청서와 증명 서류를 시·도지사에게 제출하여야 한다.

1. 명칭 또는 성명과 주소
2. 등록신청인이 법인인 경우에는 출자자(대통령령으로 정하는 기준 이하의 주식 또는 출자지분을 소유하는 자는 제외한다)의 명칭 또는 성명, 주소와 그 지분율 및 임원의 성명과 주소
3. 등록신청인이 영업소의 업무를 총괄하는 사용인(이하 "업무총괄 사용인"이라 한다)을 두는 경우에는 업무총괄 사용인의 성명과 주소
4. 영업소의 명칭 및 소재지(둘 이상의 영업소를 설치하는 경우 영업소 각각의 명칭 및 소재지를 포함한다)

4의2. 영업소의 소재지 증명 서류(등기

사항증명서 또는 임대차 등의 계약서 사본에 한정한다)
5. 경영하려는 대부업 등의 구체적 내용 및 방법
6. 제9조 제2항 또는 제3항에 따른 표시 또는 광고에 사용되는 전화번호(홈페이지가 있으면 그 주소를 포함한다)

③ 제2항에 따라 등록신청을 받은 시 · 도지사는 신청인이 제4조 각 호의 등록 제한 사유 중 어느 하나에 해당하는 경우 외에는 다음 각 호의 사항을 확인한 후 등록부에 제2항 각 호에 규정된 사항과 등록일자 · 등록번호를 적고 지체 없이 신청인에게 등록증을 교부하여야 한다.
1. 신청서에 적힌 사항이 사실과 부합하는지 여부. 이 경우 신청서에 적힌 사항이 사실과 다르면 30일 이내의 기한을 정하여 등록증 교부 전에 신청인에게 신청서의 수정 · 보완을 요청할 수 있으며, 그 수정 · 보완 기간은 처리기간에 산입하지 아니한다.
2. 사용하려는 상호가 해당 특별시 · 광역시 · 도 및 특별자치도(이하 "시 · 도"라 한다)에서 이미 등록된 상호인지 여부. 이 경우 이미 등록된 상호이면 다른 상호를 사용할 것을 요청할 수 있다.
3. 제3조의4 제1항에 따른 교육의 이수 여부. 이 경우 제3조의4 제1항 단서에 따라 등록 후 교육을 받는 경우에는 등록 후 그 이수 여부를 확인할 수 있다.
4. 주된 영업소 외에 다른 영업소를 설치하는 경우에는 그 영업소에 업무총괄 사용인을 두었는지 여부

④ 시 · 도지사는 제3항에 따른 등록부를 일반인이 열람할 수 있도록 하여야 한다. 다만, 등록부 중 개인에 관한 사항으로서 공개될 경우 개인의 사생활을 침해할 우려가 있는 것으로 대통령령으로 정하는 사항은 제외한다.

⑤ 제1항에 따른 등록의 유효기간은 등록일부터 3년으로 한다.

⑥ 대부업자 또는 대부중개업자(이하 "대부업자 등"이라 한다)가 제3항 및 제3조의2에 따라 교부받은 등록증을 분실한 경우에는 시 · 도지사에게 분실신고를 하고 등록증을 다시 교부받아야 한다.

⑦ 제1항 및 제6항에 따른 등록 등의 구체적 절차는 대통령령으로 정한다.

제3조의2【등록갱신】 ① 대부업자 등이 제3조 제5항에 따른 등록유효기간 이후에도 계속하여 대부업 등을 하려는 경우에는 시 · 도지사에게 유효기간 만료일 3개월 전부터 1개월 전까지 등록갱신을 신청하여야 한다.

② 제1항에 따른 등록갱신신청을 받은 시 · 도지사는 신청인이 제4조 각 호의 등록 제한 사유 중 어느 하나에 해당하는 경우 외에는 제3조 제3항 제1호, 제3호 및 제4호의 사항을 확인한 후 등록부에 제3조 제2항 각 호에 규정된 사항과 등록갱신일자 · 등록번호를 적고 지체 없이 신청인에게 등록증을 교부하여야 한다.

③ 제1항에 따른 등록갱신과 관련하여 시 · 도지사는 유효기간 만료일 3개월 전까지 해당 대부업자 등에게 갱신절차와 기간 내에 갱신을 신청하지 아니하면 유효기간이 만료된다는 사실을 알려야 한다.

④ 제1항에 따른 등록갱신의 구체적 절차는 대통령령으로 정한다.

제3조의3【등록증의 반납 등】 ① 제5조 제2항에 따라 폐업하거나 제13조 제2항에 따라 등록이 취소된 대부업자 등은 지체 없이 시 · 도지사에게 등록증을 반납하여야 한다.

② 제13조 제1항에 따라 영업정지 명령을 받은 대부업자 등은 등록증을 반

납하여야 하고, 시·도지사는 그 영업 정지기간 동안 이를 보관하여야 한다.

③ 제1항 및 제2항에 따라 등록증을 반납하여야 하는 대부업자 등은 등록증을 분실한 경우 제3조 제6항에 따라 분실신고를 하여야 한다.

제3조의4【대부업 등의 교육】 ① 제3조 제1항에 따라 대부업 등의 등록을 하려는 자, 제3조의2 제1항에 따라 대부업 등의 등록갱신을 신청하려는 자 및 제5조 제1항에 따라 대표자 또는 업무총괄 사용인에 대한 변경등록을 하려는 자는 미리 대부업 등의 준수사항 등에 관한 교육을 받아야 한다. 다만, 대통령령으로 정하는 부득이한 사유로 미리 교육을 받을 수 없는 경우에는 대부업 등의 등록, 등록갱신 또는 변경등록 후 대통령령으로 정하는 기간 내에 교육을 받을 수 있다.

② 제1항에 따른 교육의 실시기관, 대상, 내용, 방법 및 절차 등에 관하여 필요한 사항은 대통령령으로 정한다.

제4조【등록의 제한】 다음 각 호의 어느 하나에 해당하는 자(등록신청인이 법인인 경우에는 그 임원 또는 업무총괄 사용인이, 개인인 경우에는 대표자 또는 업무총괄 사용인이 다음 각 호의 어느 하나에 해당하는 자)는 대부업 등의 등록을 할 수 없다. 다만, 업무총괄 사용인의 경우에는 제1호부터 제6호까지의 어느 하나에 해당하는 경우로 한정한다.

1. 미성년자·금치산자 또는 한정치산자
2. 파산선고를 받고 복권되지 아니한 자
3. 금고 이상의 실형을 선고받고 그 집행이 끝나거나(집행이 끝난 것으로 보는 경우를 포함한다) 면제된 날부터 5년이 지나지 아니한 자
4. 금고 이상의 형의 집행유예를 선고받고 그 유예기간 중에 있는 자
5. 금고 이상의 형의 선고유예를 받고 그 유예기간 중에 있는 자
6. 다음 각 목의 어느 하나에 해당하는 규정을 위반하여 벌금형을 선고받고 2년이 지나지 아니한 자
   가. 이 법의 규정
   나. 「형법」 제257조 제1항, 제260조 제1항, 제276조 제1항, 제283조 제1항, 제319조, 제350조 또는 제366조(각각 채권추심과 관련된 경우만 해당한다)
   다. 「폭력행위 등 처벌에 관한 법률」의 규정(채권추심과 관련된 경우만 해당한다)
   라. 「신용정보의 이용 및 보호에 관한 법률」 제50조 제1항 제1호 또는 같은 조 제2항 제7호
   마. 「채권의 공정한 추심에 관한 법률」의 규정

6의2. 제5조 제2항에 따라 폐업한 날부터 1년이 지나지 아니한 자(둘 이상의 영업소를 설치한 경우에는 등록된 영업소 전부를 폐업한 경우를 말한다)

7. 제13조 제2항에 따라 등록취소 처분을 받은 후 5년이 지나지 아니한 자 또는 제5조 제2항에 따라 폐업하지 아니하였다면 등록취소 처분을 받았을 상당한 사유가 있는 경우에는 폐업 후 5년이 지나지 아니한 자(등록취소 처분을 받은 자 또는 등록취소 처분을 받았을 상당한 사유가 있는 자가 법인인 경우에는 그 취소 사유 또는 등록취소 처분을 받았을 상당한 사유의 발생에 직접 책임이 있는 임원을 포함한다)
8. 대부업 등을 위하여 대통령령으로 정하는 고정사업장을 보유하고 있지 아니한 자(등록신청인이 법인인 경우에는 법인이 고정사업장을 보유하고 있지 아니한 것을 말한다)

제4조【등록의 제한】 다음 각 호의 어느 하나에 해당하는 자(등록신청인이 법인인 경우에는 그 임원 또는 업무총괄 사용인이, 개인인 경우에는 대표자 또는 업무총괄 사용인이 다음 각 호의 어느 하나에 해당하는 자)는 대부업 등의 등록을 할 수 없다. 다만, 업무총괄 사용인의 경우에는 제1호부터 제6호까지의 어느 하나에 해당하는 경우로 한정한다.

1. 미성년자 · 금치산자 또는 한정치산자
2. 파산선고를 받고 복권되지 아니한 자
3. 금고 이상의 실형을 선고받고 그 집행이 끝나거나(집행이 끝난 것으로 보는 경우를 포함한다) 면제된 날부터 5년이 지나지 아니한 자
4. 금고 이상의 형의 집행유예를 선고받고 그 유예기간 중에 있는 자
5. 금고 이상의 형의 선고유예를 받고 그 유예기간 중에 있는 자
6. 다음 각 목의 어느 하나에 해당하는 규정을 위반하여 벌금형을 선고받고 2년이 지나지 아니한 자
   가. 이 법의 규정
   나. 「형법」 제257조 제1항, 제260조 제1항, 제276조 제1항, 제283조 제1항, 제319조, 제350조 또는 제366조(각각 채권추심과 관련된 경우만 해당한다)
   다. 「폭력행위 등 처벌에 관한 법률」의 규정(채권추심과 관련된 경우만 해당한다)
   라. 「신용정보의 이용 및 보호에 관한 법률」 제50조 제2항 제1호 또는 같은 조 제3항 제3호
   마. 「채권의 공정한 추심에 관한 법률」의 규정

6의2. 제5조 제2항에 따라 폐업한 날부터 1년이 지나지 아니한 자(둘 이상의 영업소를 설치한 경우에는 등록된 영업소 전부를 폐업한 경우를 말한다)

7. 제13조 제2항에 따라 등록취소 처분을 받은 후 5년이 지나지 아니한 자 또는 제5조 제2항에 따라 폐업하지 아니하였다면 등록취소 처분을 받았을 상당한 사유가 있는 경우에는 폐업 후 5년이 지나지 아니한 자(등록취소 처분을 받은 자 또는 등록취소 처분을 받았을 상당한 사유가 있는 자가 법인인 경우에는 그 취소 사유 또는 등록취소 처분을 받았을 상당한 사유의 발생에 직접 책임이 있는 임원을 포함한다)
8. 대부업 등을 위하여 대통령령으로 정하는 고정사업장을 보유하고 있지 아니한 자(등록신청인이 법인인 경우에는 법인이 고정사업장을 보유하고 있지 아니한 것을 말한다)

[시행일 : 2015.9.12.]

제5조【변경등록 등】 ① 대부업자 등은 제3조 제2항 각 호의 기재사항이 변경된 경우에는 그 사유가 발생한 날부터 15일 이내에 대통령령으로 정하는 바에 따라 변경된 내용을 시 · 도지사에게 변경등록하여야 한다. 다만, 대통령령으로 정하는 경미한 사항이 변경된 경우는 제외한다.

② 대부업자 등이 폐업할 때에는 대통령령으로 정하는 바에 따라 시 · 도지사에게 신고하여야 한다.

③ 시 · 도지사는 제2항에 따른 폐업신고를 받은 경우에는 그 사실을 전산정보처리조직 등을 통하여 다른 시 · 도지사에게 지체 없이 알려야 한다.

제5조의2【상호 등】 ① 대부업자(대부중개업을 겸영하는 대부업자를 포함한다)는 그 상호 중에 "대부"라는 문자를 사용하여야 한다.

② 대부중개업만을 하는 대부중개업자는 그 상호 중에 "대부중개"라는 문자

를 사용하여야 한다.

③ 대부업 등 외의 다른 영업을 겸영하는 대부업자 등으로서 총영업수익 중 대부업 등에서 생기는 영업수익의 비율 등을 고려하여 대통령령으로 정하는 기준에 해당하는 자는 제1항 및 제2항에도 불구하고 그 상호 중에 "대부" 및 "대부중개"라는 문자를 사용하지 아니할 수 있다.

④ 대부업자 등은 타인에게 자기의 명의로 대부업 등을 하게 하거나 그 등록증을 대여하여서는 아니 된다.

제5조의3 【업무총괄 사용인 등】 ① 대부업자 등은 영업소마다 업무총괄 사용인을 두어야 한다. 다만, 등록신청인이 개인인 경우로서 단일 영업소를 두고 있는 경우에는 업무총괄 사용인을 두지 아니할 수 있다.

② 업무총괄 사용인의 업무범위 등에 관한 세부적인 사항은 대통령령으로 정한다.

제6조 【대부계약의 체결 등】 ① 대부업자가 그의 거래상대방과 대부계약을 체결하는 경우에는 거래상대방이 본인임을 확인하고 다음 각 호의 사항이 적힌 대부계약서를 거래상대방에게 교부하여야 한다.

1. 대부업자(그 영업소를 포함한다) 및 거래상대방의 명칭 또는 성명 및 주소 또는 소재지
2. 계약일자
3. 대부금액

3의2. 제8조 제1항에 따른 최고이자율

4. 대부이자율(제8조 제2항에 따른 이자율의 세부내역 및 연 이자율로 환산한 것을 포함한다)
5. 변제기간 및 변제방법
6. 제5호의 변제방법이 계좌이체 방식인 경우에는 변제를 받기 위한 대부업자 명의의 계좌번호
7. 해당 거래에 관한 모든 부대비용
8. 손해배상액 또는 강제집행에 관한 약정이 있는 경우에는 그 내용
9. 보증계약을 체결한 경우에는 그 내용
10. 채무의 조기상환 조건
11. 연체이자율
12. 그 밖에 대부업자의 거래상대방을 보호하기 위하여 필요한 사항으로서 대통령령으로 정하는 사항

② 대부업자는 제1항에 따라 대부계약을 체결하는 경우에는 거래상대방에게 제1항 각 호의 사항을 모두 설명하여야 한다.

③ 대부업자가 대부계약과 관련하여 보증계약을 체결하는 경우에는 다음 각 호의 사항이 적힌 보증계약서 및 제1항에 따른 대부계약서 사본을 보증인에게 교부하여야 한다.

1. 대부업자(그 영업소를 포함한다)·주채무자 및 보증인의 명칭 또는 성명 및 주소 또는 소재지
2. 계약일자
3. 보증기간
4. 피보증채무의 금액
5. 보증의 범위
6. 보증인이 주채무자와 연대하여 채무를 부담하는 경우에는 그 내용
7. 그 밖에 보증인을 보호하기 위하여 필요한 사항으로서 대통령령으로 정하는 사항

④ 대부업자는 대부계약과 관련하여 보증계약을 체결하는 경우에는 보증인에게 제3항 각 호의 사항을 모두 설명하여야 한다.

⑤ 대부업자는 제1항에 따른 대부계약을 체결하거나 제3항에 따른 보증계약을 체결한 경우에는 그 계약서와 대통령령으로 정하는 계약관계서류(대부업자의 거래상대방 또는 보증인이 채무를 변제하고 계약서 및 계약관계서류의 반환을 서면으로 요구함에 따라 이를 반환한 경우에는 그 사본 및 반환요구서를 말한다. 이하 같다)를 대부계약

또는 보증계약을 체결한 날부터 채무 변제일 이후 2년이 되는 날까지 보관하여야 한다.

⑥ 대부계약 또는 그와 관련된 보증계약을 체결한 자 또는 그 대리인은 대부업자에게 그 계약서와 대통령령으로 정하는 계약관계서류의 열람을 요구하거나 채무 및 보증채무와 관련된 증명서의 발급을 요구할 수 있다. 이 경우 대부업자는 정당한 사유 없이 이를 거부하여서는 아니 된다.

제6조의2【중요 사항의 자필 기재】 ① 대부업자는 그의 거래상대방과 대부계약을 체결하는 경우에는 다음 각 호의 사항을 그 거래상대방이 자필로 기재하게 하여야 한다.

1. 제6조 제1항 제3호의 대부금액
2. 제6조 제1항 제4호의 대부이자율
3. 제6조 제1항 제5호의 변제기간
4. 그 밖에 대부업자의 거래상대방을 보호하기 위하여 필요한 사항으로서 대통령령으로 정하는 사항

② 대부업자는 대부계약과 관련하여 보증계약을 체결하는 경우에는 다음 각 호의 사항을 그 보증인이 자필로 기재하게 하여야 한다.

1. 제6조 제3항 제3호의 보증기간
2. 제6조 제3항 제4호의 피보증채무의 금액
3. 제6조 제3항 제5호의 보증의 범위
4. 그 밖에 보증인을 보호하기 위하여 필요한 사항으로서 대통령령으로 정하는 사항

③ 대부계약 또는 이와 관련된 보증계약을 체결할 때 다음 각 호의 어느 하나에 해당하는 경우에는 대부업자는 제1항 각 호의 사항 또는 제2항 각 호의 사항을 거래상대방 또는 보증인이 자필로 기재하게 한 것으로 본다.

1. 「전자서명법」 제2조 제8호에 따른 공인인증서를 이용하여 거래상대방 또는 보증인이 본인인지 여부를 확인하고, 인터넷을 이용하여 제1항 각 호의 사항 또는 제2항 각 호의 사항을 거래상대방 또는 보증인이 직접 입력하게 하는 경우
2. 그 밖에 거래상대방 또는 보증인이 본인인지 여부 및 제1항 각 호의 사항 또는 제2항 각 호의 사항에 대한 거래상대방 또는 보증인의 동의 의사를 음성 녹음 등 대통령령으로 정하는 방법으로 확인하는 경우

제7조【과잉 대부의 금지】 ① 대부업자는 대부계약을 체결하려는 경우에는 미리 거래상대방으로부터 그 소득·재산 및 부채상황에 관한 것으로서 대통령령으로 정하는 증명서류를 제출받아 그 거래상대방의 소득·재산 및 부채상황을 파악하여야 한다. 다만, 대부금액이 대통령령으로 정하는 금액 이하인 경우에는 그러하지 아니하다.

② 대부업자는 거래상대방의 소득·재산·부채상황·신용 및 변제계획 등을 고려하여 객관적인 변제능력을 초과하는 대부계약을 체결하여서는 아니 된다.

③ 대부업자는 제1항에 따른 서류를 거래상대방의 소득·재산 및 부채상황을 파악하기 위한 용도 외의 목적으로 사용하여서는 아니 된다.

제7조의2【담보제공 확인의무】 대부업자는 대부계약을 체결하고자 하는 자가 제3자의 명의로 된 담보를 제공하는 경우 그 제3자에게 담보제공 여부를 확인하여야 한다.

제8조【대부업자의 이자율의 제한】 ① 대부업자가 개인이나 대통령령으로 정하는 소규모 법인에 대부를 하는 경우 그 이자율은 연 100분의 40의 범위에서 대통령령으로 정하는 율을 초과할 수 없다.

② 제1항에 따른 이자율을 산정할 때 사례금, 할인금, 수수료, 공제금, 연체이자, 체당금(替當金) 등 그 명칭이 무

엇이든 대부와 관련하여 대부업자가 받는 것은 모두 이자로 본다. 다만, 해당 거래의 체결과 변제에 관한 부대비용으로서 대통령령으로 정한 사항은 그러하지 아니하다.

③ 대부업자가 제1항을 위반하여 대부계약을 체결한 경우 제1항에 따른 이자율을 초과하는 부분에 대한 이자계약은 무효로 한다.

④ 채무자가 대부업자에게 제1항에 따른 이자율을 초과하는 이자를 지급한 경우 그 초과 지급된 이자 상당금액은 원본(元本)에 충당되고, 원본에 충당되고 남은 금액이 있으면 그 반환을 청구할 수 있다.

⑤ 대부업자가 선이자를 사전에 공제하는 경우에는 그 공제액을 제외하고 채무자가 실제로 받은 금액을 원본으로 하여 제1항에 따른 이자율을 산정한다.

[법률 제12156호(2014.1.1.) 부칙 제2조 제1항의 규정에 의하여 이 조는 2015년 12월 31일까지 유효함]

제9조【대부조건의 게시와 광고】 ① 대부업자는 등록증, 대부이자율, 이자계산방법, 변제방법, 연체이자율, 그 밖에 대통령령으로 정하는 중요 사항을 일반인이 알 수 있도록 영업소마다 게시하여야 한다.

② 대부업자가 대부조건 등에 관하여 표시 또는 광고(「표시 · 광고의 공정화에 관한 법률」에 따른 표시 또는 광고를 말한다. 이하 "광고"라 한다)를 하는 경우에는 다음 각 호의 사항을 포함하여야 한다.

1. 명칭 또는 대표자 성명
2. 대부업 등록번호
3. 대부이자율(연 이자율로 환산한 것을 포함한다) 및 연체이자율
4. 이자 외에 추가비용이 있는 경우 그 내용
5. 과도한 채무의 위험성을 알리는 경고문구 및 그 밖에 대부업자의 거래상대방을 보호하기 위하여 필요한 사항으로서 대통령령으로 정하는 사항

③ 대부중개업자가 대부조건 등에 관하여 광고를 하는 경우에는 다음 각 호의 사항을 포함하여야 한다.

1. 명칭 또는 대표자 성명
2. 대부중개업 등록번호
3. 중개를 통하여 대부를 받을 경우 그 대부이자율(연 이자율로 환산한 것을 포함한다) 및 연체이자율
4. 이자 외에 추가비용이 있는 경우 그 내용
5. 과도한 채무의 위험성을 알리는 경고문구 및 그 밖에 대부중개업자의 거래상대방을 보호하기 위하여 필요한 사항으로서 대통령령으로 정하는 사항

④ 대부업자 등은 제2항 또는 제3항에 따라 광고를 하는 경우에는 일반인이 제2항 각 호의 사항 또는 제3항 각 호의 사항을 쉽게 알 수 있도록 대통령령으로 정하는 방식에 따라 광고의 문안과 표기를 하여야 한다.

제9조의2【대부업 등에 관한 광고 금지】 ① 대부업자 또는 여신금융기관이 아니면 대부업에 관한 광고를 하여서는 아니 된다.

② 대부중개업자 또는 대출모집인이 아니면 대부중개업에 관한 광고를 하여서는 아니 된다.

제9조의3【허위 · 과장 광고의 금지 등】 ① 대부업자 등은 다음 각 호의 행위를 하여서는 아니 된다.

1. 대부이자율, 대부 또는 대부중개를 받을 수 있는 거래상대방, 대부중개를 통하여 대부할 대부업자, 그 밖에 대부 또는 대부중개의 내용에 관하여 다음 각 목의 방법으로 광고하는 행위
   가. 사실과 다르게 광고하거나 사실을 지나치게 부풀리는 방법

나. 사실을 숨기거나 축소하는 방법
다. 비교의 대상 및 기준을 명시하지 아니하거나, 객관적인 근거 없이 자기의 대부 또는 대부중개가 다른 대부업자 등의 대부 또는 대부중개보다 유리하다고 주장하는 방법
2. 대부 또는 대부중개를 받을 수 있는 것으로 오인하게 하거나 유인하여 다음 각 목의 방법으로 광고하는 행위
가. 이 법 또는 다른 법률을 위반하는 방법
나. 타인의 재산권을 침해하는 방법
3. 그 밖에 대부업자 등의 거래상대방을 보호하거나 불법 거래를 방지하기 위하여 필요한 경우로서 대통령령으로 정하는 광고 행위

② 시 · 도지사는 제1항을 위반한 대부업자 등에게 제21조에 따라 과태료를 부과한 경우에는 지체 없이 그 내용을 공정거래위원회에 알려야 한다.

제9조의4【미등록대부업자로부터의 채권 양수 · 추심 금지 등】 ① 대부업자는 제3조에 따른 대부업의 등록 또는 제3조의2에 따른 등록갱신을 하지 아니하고 사실상 대부업을 하는 자(이하 "미등록대부업자"라 한다)로부터 대부계약에 따른 채권을 양도받아 이를 추심하는 행위를 하여서는 아니 된다.

② 대부업자는 제3조에 따른 대부중개업의 등록 또는 제3조의2에 따른 등록갱신을 하지 아니하고 사실상 대부중개업을 하는 자(이하 "미등록대부중개업자"라 한다)로부터 대부중개를 받은 거래상대방에게 대부하여서는 아니 된다.

제9조의5【고용 제한 등】 ① 대부업자 등은 다음 각 호의 어느 하나에 해당하는 사람을 고용하여서는 아니 된다.
1. 「폭력행위 등 처벌에 관한 법률」 제4조에 따라 금고 이상의 형을 선고받고 그 집행이 끝나거나(집행이 끝난 것으로 보는 경우를 포함한다) 면제된 날부터 5년이 지나지 아니한 사람
2. 제4조 제6호 각 목의 어느 하나에 해당하는 규정을 위반하여 다음 각 목의 어느 하나에 해당하는 사람
가. 금고 이상의 실형을 선고받고 그 집행이 끝나거나(집행이 끝난 것으로 보는 경우를 포함한다) 면제된 날부터 2년이 지나지 아니한 사람
나. 금고 이상의 형의 집행유예 또는 선고유예를 선고받고 그 유예기간 중에 있는 사람
다. 벌금형을 선고받고 2년이 지나지 아니한 사람

② 대부업자 등은 제1항 각 호의 어느 하나에 해당하는 사람에게 대부업 등의 업무를 위임하거나 대리하게 하여서는 아니 된다.

제9조의6【불법 대부광고에 사용된 전화번호의 이용중지 등】 ① 시 · 도지사 등 대통령령으로 정하는 자는 제9조의2 제1항 및 제2항을 위반한 광고를 발견한 때에는 미래창조과학부장관에게 해당 광고에 사용된 전화번호에 대한 전기통신역무 제공의 중지를 요청할 수 있다.

② 시 · 도지사는 제9조 제2항부터 제4항까지 또는 제9조의3 제1항을 위반한 광고를 발견한 경우 광고를 한 자에게 기한을 정하여 해당 광고의 중단을 명할 수 있으며, 그 명을 따르지 아니하는 경우에는 미래창조과학부장관에게 광고에 사용된 전화번호에 대한 전기통신역무 제공의 중지를 요청할 수 있다.

③ 제1항 또는 제2항에 따른 요청으로 전기통신역무 제공이 중지된 이용자는 전기통신역무 제공의 중지를 요청한 기관에 이의신청을 할 수 있다.

④ 제3항에 따른 이의신청의 절차 등에 필요한 사항은 대통령령으로 정한다.

제10조 삭제

제10조의2 【채권추심자의 소속·성명 명시 의무】 대부계약에 따른 채권의 추심을 하는 자는 채무자 또는 그의 관계인에게 그 소속과 성명을 밝혀야 한다.

제11조 【미등록대부업자의 이자율 제한】 ① 미등록대부업자가 대부를 하는 경우의 이자율에 관하여는 「이자제한법」 제2조 제1항 및 이 법 제8조 제2항부터 제5항까지의 규정을 준용한다.

② 삭제

[법률 제12156호(2014.1.1.) 부칙 제2조 제1항의 규정에 의하여 이 조 제1항은 2015년 12월 31일까지 유효함]

제11조의2 【중개의 제한 등】 ① 대부중개업자는 미등록대부업자에게 대부중개를 하여서는 아니 된다.

② 대부중개업자 및 대출모집인(이하 "대부중개업자 등"이라 한다)과 미등록대부중개업자는 수수료, 사례금, 착수금 등 그 명칭이 무엇이든 대부중개와 관련하여 받는 대가(이하 "중개수수료"라 한다)를 대부를 받는 거래상대방으로부터 받아서는 아니 된다.

③ 대부업자가 개인이나 대통령령으로 정하는 소규모 법인에 대부하는 경우 대부중개업자 등에게 지급하는 중개수수료는 해당 대부금액의 100분의 5의 범위에서 대통령령으로 정하는 율에 해당하는 금액을 초과할 수 없다.

④ 여신금융기관이 대부중개업자 등에게 중개수수료를 지급하는 경우의 중개수수료 상한에 관하여는 제3항을 준용한다.

⑤ 금융위원회는 제4항을 위반하여 중개수수료를 지급한 여신금융기관에 대하여 그 시정을 명할 수 있다.

⑥ 대부중개업자 등은 대부업자 또는 여신금융기관으로부터 제3항 및 제4항에 따른 금액을 초과하는 중개수수료를 지급받아서는 아니 된다.

제11조의3 【대부중개를 위탁한 대부업자 또는 여신금융기관의 배상책임】 ① 대부업자 또는 여신금융기관은 대부중개업자 등이 그 위탁받은 대부중개를 하면서 이 법을 위반하여 거래상대방에게 손해를 발생시킨 경우에는 그 손해를 배상할 책임이 있다. 다만, 대부업자 또는 여신금융기관이 대부중개업자 등에게 대부중개를 위탁하면서 상당한 주의를 하였고 이들이 대부중개를 하면서 거래상대방에게 손해를 입히는 것을 막기 위하여 노력한 경우에는 그러하지 아니하다.

② 제1항은 해당 대부중개업자 등에 대한 대부업자 또는 여신금융기관의 구상권 행사를 방해하지 아니한다.

제12조 【검사 등】 ① 시·도지사는 대부업자 등에게 그 업무 및 업무와 관련된 재산에 관하여 보고하게 하거나 자료의 제출, 그 밖에 필요한 명령을 할 수 있으며, 소속 공무원에게 그 영업소에 출입하여 그 업무 및 업무와 관련된 재산에 관하여 검사하게 할 수 있다.

② 시·도지사는 둘 이상의 시·도에 영업소를 설치한 대부업자 등의 영업소에 대하여 검사하는 경우로서 대부업자 등의 거래상대방을 보호하기 위하여 필요하다고 인정되는 경우에는 그 대부업자 등의 다른 영업소를 관할하는 시·도지사에게 그가 관할하는 영업소에 대한 검사(공동검사를 포함한다)를 요청할 수 있다.

③ 시·도지사는 대부업자 등에 대한 전문적인 검사가 필요한 경우로서 대통령령으로 정하는 경우에는 「금융위원회의 설치 등에 관한 법률」에 따른 금융감독원의 원장(이하 "금융감독원장"이라 한다)에게 대부업자 등에 대한 검사를 요청할 수 있다.

④ 금융감독원장은 대부업자 등의 자산규모 등을 고려하여 대부업자 등에 대한 전문적인 검사가 필요한 경우로서 대통령령으로 정하는 경우에는 대부업자 등의 업무 및 업무와 관련된 재

산에 관하여 검사하고 그 결과를 시 · 도지사에게 알려야 한다.

⑤ 금융감독원장은 제3항 및 제4항에 따른 검사에 필요하다고 인정하면 대부업자 등에 대하여 업무 및 업무와 관련된 재산에 관한 보고, 자료의 제출, 관계자의 출석 및 의견의 진술을 요구할 수 있다.

⑥ 제1항부터 제4항까지의 규정에 따라 출입 · 검사를 하는 자는 그 권한을 표시하는 증표를 지니고 이를 관계인에게 내보여야 한다.

⑦ 시 · 도지사는 제1항부터 제4항까지의 규정에 따른 보고 또는 검사 결과에 따라 필요하면 대부업자 등에게 감독상 필요한 명령을 할 수 있다. 이 경우 시 · 도지사는 다른 시 · 도에 그 대부업자 등의 영업소가 있으면 그 명령의 내용을 다른 영업소를 관할하는 시 · 도지사에게 알려야 한다.

⑧ 금융감독원장은 제4항에 따른 검사 결과 필요하다고 인정하면 시 · 도지사에게 해당 대부업자 등에 대하여 필요한 조치를 하도록 요구할 수 있다. 이 경우 시 · 도지사는 특별한 사유가 없으면 요구에 따라야 하고, 그 조치 결과를 금융감독원장에게 통보하여야 한다.

⑨ 대부업자 등은 영업소별로 다음 각 호의 구분에 따른 사항을 적은 보고서를 대통령령으로 정하는 기간마다 대통령령으로 정하는 절차와 방법에 따라 관할 시 · 도지사에게 제출하여야 한다. 이 경우 주된 영업소에서는 해당 대부업자 등이 운영하는 모든 영업소의 보고서를 함께 제출하여야 한다.

1. 대부업자의 경우
   가. 대부금액
   나. 대부를 받은 거래상대방의 수
   다. 그 밖에 영업소의 업무현황을 파악하기 위하여 필요한 사항으로서 대통령령으로 정하는 사항
2. 대부중개업자의 경우
   가. 대부를 중개한 금액
   나. 대부를 중개한 거래상대방의 수
   다. 그 밖에 영업소의 업무현황을 파악하기 위하여 필요한 사항으로서 대통령령으로 정하는 사항

제13조【영업정지 및 등록취소】 ① 시 · 도지사는 대부업자 등이 다음 각 호의 어느 하나에 해당하면 그 대부업자 등에게 대통령령으로 정하는 기준에 따라 1년 이내의 기간을 정하여 그 영업의 전부 또는 일부의 정지를 명할 수 있다.

1. 별표 각 호의 어느 하나에 해당하는 경우, 「채권의 공정한 추심에 관한 법률」 제5조 제1항, 제7조부터 제9조까지, 제10조 제1항 및 제11조부터 제13조까지를 위반한 경우
2. 해당 대부업자 등의 영업소 중 같은 시 · 도지사에게 등록한 다른 영업소 또는 다른 시 · 도지사에게 등록한 영업소가 영업정지 처분을 받은 경우

② 시 · 도지사는 대부업자 등이 다음 각 호의 어느 하나에 해당하면 그 대부업자 등의 등록을 취소할 수 있다. 다만, 제1호에 해당하면 등록을 취소하여야 한다.

1. 속임수나 그 밖의 부정한 방법으로 제3조 또는 제3조의2에 따른 등록 또는 등록갱신을 한 경우
2. 대부업자 등이 제4조 제1호부터 제6호까지 또는 제8호에 해당하게 된 경우
3. 6개월 이상 계속하여 영업실적이 없는 경우
4. 제1항에 따른 영업정지 명령을 위반한 경우
5. 제1항에 따라 영업정지 명령을 받고도 그 영업정지 기간 이내에 영업정지 처분 사유를 시정하지 아니하여 동일한 사유로 제1항에 따른 영업정

지 처분을 대통령령으로 정하는 횟수 이상 받은 경우

6. 대부업자 등의 소재를 확인할 수 없는 경우로서 시 · 도지사가 대통령령으로 정하는 바에 따라 소재 확인을 위한 공고를 하고 그 공고일부터 30일이 지날 때까지 그 대부업자 등으로부터 통지가 없는 경우
7. 대부업자 등이 제1항 제1호에 해당하는 경우로서 대부업자 등의 거래상대방의 이익을 크게 해칠 우려가 있는 경우
8. 해당 대부업자 등의 영업소 중 같은 시 · 도지사에게 등록한 다른 영업소 또는 다른 시 · 도지사에게 등록한 영업소가 등록취소 처분을 받은 경우

③ 시 · 도지사는 제2항에 따른 등록취소를 하려면 다음 각 호의 방법에 따른 의견청취 절차를 거쳐야 한다. 다만, 제2항 제6호의 경우에는 그러하지 아니하다.

1. 제2항 제1호 · 제3호 · 제4호 · 제5호 · 제7호 및 제8호의 경우: 청문
2. 제2항 제2호의 경우: 의견제출 기회 부여

④ 제3항에도 불구하고 다음 각 호의 경우에는 의견청취 절차를 거치지 아니할 수 있다.

1. 제2항 제2호에 해당함이 재판 등에 따라 객관적으로 증명된 경우
2. 의견청취가 매우 어렵거나 명백히 불필요하다고 인정되는 상당한 이유가 있는 경우
3. 대부업자 등이 의견청취 절차를 거치지 아니하여도 좋다는 의사를 명백히 표시하는 경우

⑤ 시 · 도지사는 대부업자 등에게 제1항 또는 제2항에 따른 영업정지 또는 등록취소 처분을 하는 경우에는 그 사실을 전산정보처리조직 등을 통하여 다른 시 · 도지사에게 지체 없이 알려야 한다.

제14조【등록취소 등에 따른 거래의 종결】 다음 각 호의 어느 하나에 해당하는 대부업자 등(대부업자 등이 개인인 경우에는 그 상속인을 포함한다)은 그 대부업자 등이 체결한 대부계약에 따른 거래를 종결하는 범위에서 대부업자 등으로 본다.

1. 제3조 제5항에 따른 등록의 유효기간이 만료된 경우
2. 제5조 제2항에 따라 폐업신고를 한 경우
3. 제13조 제2항에 따라 등록취소 처분을 받은 경우

제15조【여신금융기관의 이자율 등의 제한】 ① 여신금융기관은 연 100분의 40의 범위에서 대통령령으로 정하는 율을 초과하여 대부금에 대한 이자를 받을 수 없다.

② 제1항에 따른 이자율을 산정할 때에는 제8조 제2항을 준용한다.

③ 여신금융기관은 대부자금의 조달비용, 연체금의 관리비용, 연체금액, 연체기간, 금융업의 특성 등을 고려하여 대통령령으로 정하는 율을 초과하여 대부금에 대한 연체이자를 받을 수 없다.

④ 금융위원회는 제1항 및 제3항을 위반하여 이자 및 연체이자를 받는 여신금융기관에 대하여 그 시정을 명할 수 있다.

⑤ 여신금융기관이 제1항 및 제3항에 따른 기준을 초과하여 이자 또는 연체이자를 받은 경우 그 이자계약의 효력 등에 관하여는 제8조 제3항부터 제5항까지의 규정을 준용한다.

[법률 제12156호(2014.1.1.) 부칙 제2조 제1항의 규정에 의하여 이 조 제1항 및 제2항은 2015년 12월 31일까지 유효함]

제15조의2【대부업정책협의회 등의 설치】 ① 대부업 등 관련 정책을 종합적인 관점에서 일관성 있게 수립 · 추진하고,

관계 행정기관 간의 협의가 필요한 사항을 효율적으로 협의·조정하기 위하여 금융위원회에 대부업정책협의회를 둔다.

② 대부업정책협의회는 회의의 효율적 운영을 위하여 대부업정책실무협의회를 둘 수 있다.

③ 대부업 등 관련 업무의 효율적 수행과 위법행위의 효과적 예방·단속에 관한 사항을 협의하기 위하여 시·도에 대부업관계기관협의회를 둔다.

④ 제1항에 따른 대부업정책협의회, 제2항에 따른 대부업정책실무협의회 및 제3항에 따른 대부업관계기관협의회의 구성·운영, 그 밖에 필요한 사항은 대통령령으로 정한다.

제16조【대부업자의 실태조사 등】 ① 시·도지사는 수시로 대부업자 등의 영업실태를 조사하여야 하며 그 결과를 매년 행정자치부장관 및 금융위원회에 제출하여야 한다.

② 행정자치부장관과 금융위원회는 시·도지사, 관계 행정기관 또는 공공단체의 장에게 대부업자 등의 현황 파악과 제도 조사를 위하여 필요한 자료의 제공을 요청할 수 있다.

③ 행정자치부장관과 금융위원회는 대부업자 등의 현황 및 영업실태 조사결과 등을 대통령령으로 정하는 바에 따라 관보 또는 인터넷 홈페이지 등에 게재하여야 한다.

제16조의2【행정처분 사실 등의 공개】 ① 시·도지사 또는 금융위원회는 금융이용자 보호를 위하여 다음 각 호의 어느 하나에 해당하는 자에 대한 행정처분 또는 시정명령 사실을 공개하여야 한다.

1. 최근 5년 이내에 제13조에 따른 영업정지 또는 등록취소 처분을 받은 자
2. 최근 5년 이내에 제15조 제4항에 따른 시정명령을 받은 자

② 제1항에 따른 공개의 기준, 내용 및 절차 등에 필요한 사항은 대통령령으로 정한다.

제17조【등록수수료 등】 ① 제3조에 따른 등록을 하려는 자는 대통령령으로 정하는 바에 따라 수수료를 내야 한다.

② 제12조 제1항부터 제4항까지의 규정에 따라 검사를 받는 대부업자 등은 대통령령으로 정하는 검사수수료를 시·도지사나 금융감독원장에게 내야 한다.

제18조【분쟁 조정】 ① 대부업자 등과 거래상대방 간의 분쟁을 해결하기 위하여 해당 영업소를 관할하는 시·도지사 소속으로 분쟁조정위원회를 둔다.

② 대부업자 등과 거래상대방은 제1항에 따른 분쟁조정위원회에서 분쟁이 해결되지 아니하는 경우에는 「소비자기본법」 제60조에 따른 소비자분쟁조정위원회에 분쟁 조정을 신청할 수 있다.

③ 제1항에 따른 분쟁조정위원회의 구성·운영과 분쟁 조정의 절차·방법 등 분쟁 조정에 관하여 필요한 사항은 대통령령으로 정한다.

제18조의2【대부업 및 대부중개업 협회 설립 등】 ① 대부업 등의 업무질서를 유지하고, 대부업 등의 건전한 발전과 이용자 보호를 위하여 대부업 및 대부중개업 협회(이하 "협회"라 한다)를 설립한다.

② 협회는 법인으로 한다.

③ 협회는 그 주된 사무소를 서울특별시에 두되, 각 시·도에 지회(支會)를 둘 수 있다.

④ 협회는 대통령령으로 정하는 바에 따라 주된 사무소의 소재지에서 설립등기를 함으로써 성립한다.

⑤ 이 법에 따른 협회가 아닌 자는 대부업 및 대부중개업 협회 또는 이와 비슷한 명칭을 사용하지 못한다.

제18조의3【업무】 협회는 다음 각 호의 업무를 한다.
1. 이 법 또는 관계 법령을 준수하도록 하기 위한 회원에 대한 지도와 권고
2. 대부업 등의 이용자 보호를 위한 회원에 대한 업무방식 개선 · 권고
3. 대부업 등의 이용자 민원의 상담 · 처리
4. 그 밖에 협회의 목적을 달성하기 위하여 대통령령으로 정하는 업무

제18조의4【정관】 ① 협회의 정관은 창립총회에서 작성한 후 금융위원회의 인가를 받아야 한다. 이를 변경하려는 경우에도 또한 같다.
② 협회의 정관에는 다음 각 호의 사항이 포함되어야 한다.
1. 목적, 명칭 및 주된 사무소의 소재지
2. 임직원에 관한 사항
3. 임원의 선출에 관한 사항
4. 회원의 권리와 의무에 관한 사항
5. 업무와 그 집행에 관한 사항
6. 회비의 분담과 예산 및 회계에 관한 사항
7. 회의에 관한 사항
8. 그 밖에 협회의 운영에 관한 사항

제18조의5【가입 등】 ① 대부업자 등은 협회에 가입할 수 있다. 다만, 제12조 제4항에 따라 금융감독원장의 검사대상이 되는 대부업자 등은 검사대상에 해당되는 즉시 협회에 가입하여야 한다.
② 협회는 대부업자 등이 협회에 가입하려는 경우 정당한 사유 없이 그 가입을 거부하거나 가입에 부당한 조건을 부과하여서는 아니 된다.
③ 협회는 회원에게 정관으로 정하는 바에 따라 회비를 징수할 수 있다.

제18조의6【「민법」의 준용】 협회에 대하여 이 법에 특별한 규정이 없으면 「민법」 중 사단법인에 관한 규정을 준용한다.

제18조의7【업무의 위탁】 ① 이 법에 따른 시 · 도지사의 업무의 일부는 대통령령으로 정하는 바에 따라 협회에 위탁할 수 있다.
② 협회는 제1항에 따라 위탁받은 업무의 처리 결과를 매 분기별로 시 · 도지사에게 보고하여야 한다.

제18조의8【관계 기관에의 협조 요청】 시 · 도지사는 대부업자 등의 관리 · 감독 등을 위하여 관계 기관의 사실 확인이 필요하면 해당 기관에 그 확인을 요청할 수 있다. 이 경우 해당 기관은 특별한 사유가 없으면 사실을 확인하여 통보하여야 한다.

제19조【벌칙】 ① 다음 각 호의 어느 하나에 해당하는 자는 5년 이하의 징역 또는 5천만원 이하의 벌금에 처한다.
1. 제3조 또는 제3조의2를 위반하여 등록 또는 등록갱신을 하지 아니하고 대부업 등을 한 자
2. 속임수나 그 밖의 부정한 방법으로 제3조 또는 제3조의2에 따른 등록 또는 등록갱신을 한 자
3. 제9조의2 제1항 또는 제2항을 위반하여 대부업 또는 대부중개업 광고를 한 자
4. 삭제
② 다음 각 호의 어느 하나에 해당하는 자는 3년 이하의 징역 또는 3천만원 이하의 벌금에 처한다.
1. 제5조의2 제4항을 위반하여 타인에게 자기의 명의로 대부업 등을 하게 하거나 등록증을 대여한 자
2. 제7조 제3항을 위반하여 서류를 해당 용도 외의 목적으로 사용한 자
3. 제8조 또는 제11조 제1항에 따른 이자율을 초과하여 이자를 받은 자
4. 제9조의4 제1항 또는 제2항을 위반하여 미등록대부업자로부터 대부계약에 따른 채권을 양도받아 이를 추심하는 행위를 한 자 또는 미등록대부중개업자로부터 대부중개를 받은

거래상대방에게 대부행위를 한 자
5. 삭제
6. 제11조의2 제1항 또는 제2항을 위반하여 대부중개를 하거나 중개수수료를 받은 자
7. 제11조의2 제3항에 따른 중개수수료를 초과하여 지급한 자
8. 제11조의2 제5항에 따른 시정명령을 이행하지 아니한 자
9. 제11조의2 제6항을 위반하여 중개수수료를 지급받은 자
10. 제15조 제4항에 따른 시정명령을 이행하지 아니한 자

③ 제1항 및 제2항의 징역형과 벌금형은 병과(倂科)할 수 있다.

제20조【양벌규정】 법인의 대표자나 법인 또는 개인의 대리인, 사용인, 그 밖의 종업원이 그 법인 또는 개인의 업무에 관하여 제19조의 위반행위를 하면 그 행위자를 벌하는 외에 그 법인 또는 개인에게도 해당 조문의 벌금형을 과(科)한다. 다만, 법인 또는 개인이 그 위반행위를 방지하기 위하여 해당 업무에 관하여 상당한 주의와 감독을 게을리하지 아니한 경우에는 그러하지 아니하다.

제21조【과태료】 ① 다음 각 호의 어느 하나에 해당하는 자에게는 2천만원 이하의 과태료를 부과한다.
1. 제5조 제1항 또는 제2항을 위반하여 변경등록 또는 폐업신고를 하지 아니한 자
2. 제5조의2 제1항 또는 제2항을 위반하여 상호 중에 "대부" 또는 "대부중개"라는 문자를 사용하지 아니한 자
3. 제6조 제1항 또는 제3항을 위반하여 계약서를 교부하지 아니한 자 또는 같은 조 제1항 각 호 또는 같은 조 제3항 각 호에서 정한 내용 중 전부 또는 일부가 적혀 있지 아니한 계약서를 교부하거나 같은 조 제1항 각 호 또는 같은 조 제3항 각 호에서 정한 내용 중 전부 또는 일부를 거짓으로 적어 계약서를 교부한 자
4. 제6조 제2항 또는 제4항을 위반하여 설명을 하지 아니한 자
5. 제6조의2를 위반하여 거래상대방 또는 보증인이 같은 조 제1항 각 호의 사항 또는 같은 조 제2항 각 호의 사항을 자필로 기재하게 하지 아니한 자
6. 제7조 제1항을 위반하여 거래상대방으로부터 소득·재산 및 부채상황에 관한 증명서류를 제출받지 아니한 자

6의2. 제7조의2를 위반하여 제3자에게 담보제공 여부를 확인하지 아니한 자

7. 제9조 제1항을 위반하여 중요 사항을 게시하지 아니한 자
8. 제9조 제2항 또는 제3항을 위반하여 광고를 한 자
9. 제9조의3 제1항 각 호의 행위를 한 자
10. 제9조의5 제1항 또는 제2항을 위반하여 종업원을 고용하거나 업무를 위임하거나 대리하게 한 자
11. 제12조 제1항부터 제4항까지의 규정에 따른 검사에 불응하거나 검사를 방해한 자
12. 제12조 제9항을 위반하여 보고서를 제출하지 아니하거나, 거짓으로 작성하거나, 기재하여야 할 사항의 전부 또는 일부를 기재하지 아니하고 제출한 자

② 다음 각 호의 어느 하나에 해당하는 자에게는 500만원 이하의 과태료를 부과한다.
1. 제3조 제6항을 위반하여 분실신고를 하지 아니한 자
2. 제3조의3 제1항 또는 제2항을 위반하여 등록증을 반납하지 아니한 자
3. 삭제
4. 제6조 제5항을 위반하여 계약서와

계약관계서류의 보관의무를 이행하지 아니한 자
5. 제6조 제6항을 위반하여 정당한 사유 없이 계약서 및 계약관계서류의 열람을 거부하거나 관련 증명서의 발급을 거부한 자
6. 제9조 제4항을 위반하여 광고의 문안과 표기에 관한 의무를 이행하지 아니한 자
7. 삭제
8. 제10조의2를 위반하여 소속과 성명을 밝히지 아니한 자
9. 제12조 제1항 또는 제5항에 따른 보고 또는 자료의 제출을 거부하거나 거짓으로 보고 또는 자료를 제출한 자
10. 제18조의2 제5항에 따른 대부업 및 대부중개업 협회 또는 이와 비슷한 명칭을 사용한 자

③ 제1항이나 제2항에 따른 과태료는 대통령령으로 정하는 바에 따라 시·도지사가 부과·징수한다.

부칙 〈제12844호, 2014.11.19.〉
(정부조직법)

제1조【시행일】 이 법은 공포한 날부터 시행한다. 다만, 부칙 제6조에 따라 개정되는 법률 중 이 법 시행 전에 공포되었으나 시행일이 도래하지 아니한 법률을 개정한 부분은 각각 해당 법률의 시행일부터 시행한다.

제2조~제7조 생략

[별표]

대부업자 등에 대한 영업정지 처분 사유(제13조 제1항 제1호 관련)

1. 제3조 제6항을 위반하여 분실신고를 하지 아니한 경우
2. 제3조의4 제1항 단서에 따른 교육을 받지 아니한 경우
3. 제5조 제1항 본문을 위반하여 변경등록을 하지 아니한 경우
4. 제5조의2 제1항 또는 제2항을 위반하여 상호 중에 "대부" 또는 "대부중개"라는 문자를 사용하지 아니하거나, 같은 조 제4항을 위반하여 타인에게 자기의 명의로 대부업 등을 하게 하거나 그 등록증을 대여한 경우
5. 제6조 제1항 또는 제3항을 위반하여 대부계약서 또는 보증계약서를 교부하지 아니한 경우, 같은 조 제1항 각 호 또는 같은 조 제3항 각 호의 사항 중 전부 또는 일부를 적지 아니하거나 거짓으로 적어 대부계약서 또는 보증계약서를 교부한 경우
6. 제6조 제2항 또는 제4항을 위반하여 설명의무를 이행하지 아니한 경우
7. 제6조 제5항을 위반하여 계약서와 계약관계서류를 보관하지 아니한 경우
8. 제6조 제6항을 위반하여 계약서와 계약관계서류의 열람을 거부하거나 관련 증명서의 발급을 정당한 사유 없이 거부한 경우
9. 제6조의2를 위반하여 거래상대방 또는 보증인이 같은 조 제1항 각 호의 사항 또는 같은 조 제2항 각 호의 사항을 자필로 기재하게 하지 아니한 경우
10. 제7조 제1항을 위반하여 미리 거래상대방으로부터 소득·재산 및 부채상황에 관한 증명서류를 제출받지 아니한 경우
11. 제7조 제3항을 위반하여 서류를 용도 외의 목적으로 사용한 경우
12. 제8조에 따른 이자율을 초과하여 대부계약을 체결하거나 이자를 받은 경우
13. 제9조 제1항을 위반하여 게시의무를 이행하지 아니한 경우
14. 제9조 제2항 또는 제3항을 위반하여 광고를 한 경우
15. 제9조 제4항을 위반하여 광고의 문안과 표기에 관한 의무를 이행하지 아니한 경우
16. 제9조의3 제1항을 위반하여 같은 항 각 호에 해당하는 행위를 한 경우
17. 제9조의4 제1항 또는 제2항을 위반하여 미등록대부업자로부터 대부계약에 따른 채권을 양도받아 이를 추심하는 행위를 한 경우 또는 미등록대부중개업자로부터 대부중개를 받은 거래상대방에게 대부행위를 한 경우

17의2. 제9조의5 제1항 또는 제2항을 위반하여 종업원을 고용하거나 업무를 위임하거나 대리하게 한 경우

18. 제10조 제1항을 위반하여 같은 항 각 호의 어느 하나에 해당하는 방법을 사용하여 채권을 추심한 경우
19. 제10조 제2항을 위반하여 채무자의 관계인에게 채무자의 소재 등을 문의하거나 채무 사실을 알린 경우
20. 제11조의2 제1항 또는 제2항을 위반하여 대부중개를 하거나 중개수수료를 받은 경우
21. 제12조 제1항부터 제4항까지의 규정에 따른 검사에 불응하거나 검사를 방해한 경우
22. 제12조 제1항 또는 제7항에 따른 명령을 위반한 경우
23. 제12조 제5항에 따른 요구에 응하지 아니한 경우
24. 제12조 제9항을 위반하여 보고서를 제출하지 아니한 경우 또는 거짓으로 작성하거

나. 기재하여야 할 사항의 전부 또는 일부를 기재하지 아니하고 제출한 경우

25. 그 밖에 대부업자 등의 거래상대방을 보호하거나 건전한 영업질서를 유지하기 위한 경우로서 대통령령으로 정하는 경우

대부업 등의 등록 및 금융이용자 보호에 관한 법률 시행령

제1조【목적】 이 영은 「대부업 등의 등록 및 금융이용자 보호에 관한 법률」에서 위임된 사항과 그 시행에 필요한 사항을 규정함을 목적으로 한다.

제2조【대부업에서 제외되는 범위】 「대부업 등의 등록 및 금융이용자 보호에 관한 법률」(이하 "법"이라 한다) 제2조 제1호 각 목 외의 부분 단서에서 "대통령령으로 정하는 경우"란 다음 각 호의 어느 하나에 해당하는 경우를 말한다.

1. 사업자가 그 종업원에게 대부하는 경우
2. 「노동조합 및 노동관계조정법」에 따라 설립된 노동조합이 그 구성원에게 대부하는 경우
3. 국가 또는 지방자치단체가 대부하는 경우
4. 「민법」이나 그 밖의 법률에 따라 설립된 비영리법인이 정관에서 정한 목적의 범위에서 대부하는 경우

제2조의2【출자자의 범위】 법 제3조 제2항 제2호에서 "대통령령으로 정하는 기준"이란 발행주식총수 또는 출자총액의 100분의 1을 말한다.

제2조의3【등록 등의 절차】 ① 법 제3조 제1항에 따라 대부업 또는 대부중개업(이하 "대부업 등"이라 한다)을 등록하려는 자는 금융위원회가 정하여 고시하는 대부업 등 등록신청서에 법 제3조 제2항 제4호의2에 따른 영업소의 소재지 증명 서류(등기부등본 또는 임대차 등의 계약서 사본에 한정한다), 제2조의5 제4항에 따른 교육이수증 사본과 그 밖에 금융위원회가 정하여 고시하는 서류를 첨부하여 영업소의 소재지를 관할하는 특별시장·광역시장·특별자치시장·도지사 또는 특별자치도지사(이하 "시·도지사"라 한다)에게 제출하여야 한다. 다만, 법 제3조의4 제1항 단서에 해당되어 교육을 받은 경우에는 교육을 받은 날부터 1주일 이내에 제2조의5 제4항에 따른 교육이수증 사본을 제출하여야 한다.

② 제1항에 따라 제출하는 교육이수증 사본은 등록신청일 전 6개월 이내의 교육에 대한 교육이수증(해당 영업소의 소재지를 관할하지 아니하는 시·도지사가 교부한 것을 포함한다) 사본이어야 한다.

③ 법 제3조 제3항에 따른 등록증 서식은 금융위원회가 정하여 고시한다.

④ 법 제3조 제4항 단서에서 "대통령령으로 정하는 사항"이란 다음 각 호의 사항을 말한다.

1. 법 제3조 제2항 제1호에 따른 등록신청인의 주소
2. 법 제3조 제2항 제2호에 따른 출자자 및 임원의 주소
3. 법 제3조 제2항 제3호에 따른 사용인의 주소

⑤ 법 제3조 제6항에 따라 등록증을 다시 교부받으려는 자는 금융위원회가 정하여 고시하는 대부업 등 등록증 분실신고서를 영업소의 소재지를 관할하

는 시 · 도지사에게 제출하여야 한다.

제2조의4【등록갱신 절차】 ① 법 제3조의2 제1항에 따라 등록갱신을 신청하려는 자는 금융위원회가 정하여 고시하는 대부업 등 등록갱신신청서에 법 제3조 제2항 제4호의2에 따른 영업소의 소재지 증명 서류(등기부등본 또는 임대차 등의 계약서 사본에 한정한다), 제2조의5 제4항에 따른 교육이수증 사본과 그 밖에 금융위원회가 정하여 고시하는 서류를 첨부하여 영업소의 소재지를 관할하는 시 · 도지사에게 제출하여야 한다.

② 제1항의 경우에는 제2조의3 제1항 단서 및 같은 조 제2항을 준용한다.

제2조의5【대부업 등의 교육】 ① 법 제3조의4 제1항 단서에서 "대통령령으로 정하는 부득이한 사유"란 다음 각 호의 어느 하나의 사유를 말한다.

1. 천재지변
2. 본인의 질병 · 사고, 업무상 국외 출장 등 부득이한 사유
3. 교육기관의 인적 · 물적 사정 등으로 교육을 받기 어려운 경우

② 법 제3조의4 제1항 단서에서 "대통령령으로 정하는 기간"이란 등록 또는 등록갱신 후 1개월을 말한다.

③ 법 제3조의4 제1항에 따른 대부업 등의 준수사항 등에 관한 교육은 대표자 및 업무를 총괄하는 사용인(이하 "업무총괄 사용인"이라 한다)을 대상으로 시 · 도지사가 다음 각 호의 사항을 내용으로 실시하는 집합교육으로 한다. 이 경우 법 제3조 제1항 및 제3조의2 제1항에 따라 등록 또는 등록갱신을 하려는 영업소가 법인인 대부업자 또는 대부중개업자(이하 "대부업자 등"이라 한다)의 지점인 경우에는 지점의 업무총괄 사용인을 교육 대상으로 한다.

1. 법 제8조에 따른 대부업자의 이자율 제한 및 이자율 계산 방법
2. 「채권의 공정한 추심에 관한 법률」에 따른 불법적 채권추심행위의 금지
3. 법 제12조 제9항에 따른 보고서 작성 방법
4. 대부업자 등의 광고에 관한 방법
5. 그 밖에 대부업자 등이 대부업 등을 경영하는 데에 필요하다고 판단되는 사항

④ 시 · 도지사는 제3항에 따른 교육을 받은 사람에게 금융위원회가 정하여 고시하는 교육이수증을 교부하여야 한다.

제2조의6【고정사업장】 법 제4조 제8호에서 "대통령령으로 정하는 고정사업장"이란 건축물대장에 기재된 건물(「건축법」 제2조 제2항 제15호에 따른 숙박시설은 제외한다)에 대하여 소유, 임차 또는 사용대차 등의 방법으로 3개월 이상의 사용권을 확보한 장소를 말한다.

제3조【변경등록 등】 ① 법 제5조 제1항 본문에 따라 변경등록을 하려는 대부업자 등은 금융위원회가 정하여 고시하는 대부업 등 변경등록신청서에 변경 사항을 증명하는 서류를 첨부하여 영업소의 소재지를 관할하는 시 · 도지사에게 제출하여야 한다.

② 법 제5조 제1항 단서에서 "대통령령으로 정하는 경미한 사항이 변경된 경우"란 다음 각 호의 어느 하나에 해당하는 경우를 말한다.

1. 대표자, 임원, 출자자 및 업무총괄 사용인의 주소가 변경된 경우
2. 출자총액이 100분의 5 이하인 출자자의 명칭 또는 성명 및 지분율이 변경된 경우
3. 둘 이상의 영업소를 설치한 경우로서 영업소의 명칭 또는 소재지가 변경된 경우(명칭 또는 소재지가 변경된 해당 영업소는 제외한다)

③ 법 제5조 제2항에 따라 폐업하려는

대부업자 등은 폐업한 날부터 15일 이내에 금융위원회가 정하여 고시하는 대부업 등 폐업신고서(「전자문서 및 전자거래 기본법」 제2조 제1호에 따른 전자문서를 포함한다)를 해당 영업소를 관할하는 시·도지사에게 제출하여야 한다.

제3조의2【상호 등】 ① 법 제5조의2 제3항에서 "대통령령으로 정하는 기준"이란 총영업수익 중 대부업 등에서 생기는 영업수익의 비율이 100분의 50 미만인 경우를 말한다.

② 제1항에 해당하여 상호(商號) 중에 "대부" 또는 "대부중개"라는 문자를 사용하지 아니한 대부업자 등이 대부업 등과 관련하여 광고 등의 영업행위를 할 때에는 상호와 함께 "대부" 또는 "대부중개"라는 글자를 쉽게 알아볼 수 있도록 적어야 한다.

③ 제1항의 영업수익의 비율은 직전 사업연도 말 손익계산서를 기준으로 하여 대부업 등에서는 이자수익, 대부업 등 외의 영업에서는 매출액으로 계산한다. 이 경우 유가증권에 대한 투자 및 금융회사에의 예치금 등 금융상품의 운용에 따른 수익은 영업수익의 비율 계산에서 제외한다.

제3조의3【업무총괄 사용인의 업무범위】 법 제5조의3 제2항에 따른 업무총괄 사용인의 업무범위는 다음 각 호와 같다.

1. 대부업자의 업무총괄 사용인
   가. 대부계약의 체결 및 이행에 관한 업무
   나. 채권추심에 관한 업무
   다. 민원의 상담·처리에 관한 업무
   라. 광고 등을 통한 거래상대방 모집에 관한 업무
   마. 그 밖에 거래상대방의 편의를 위하여 대부업자를 갈음하여 행하는 영업에 관한 업무
2. 대부중개업자의 업무총괄 사용인
   가. 대부계약의 중개에 관한 업무
   나. 대부업자와의 중개계약 체결 및 이행에 관한 업무
   다. 민원의 상담·처리에 관한 업무
   라. 광고 등을 통한 거래상대방 모집에 관한 업무
   마. 그 밖에 거래상대방의 편의를 위하여 대부중개업자를 갈음하여 행하는 영업에 관한 업무

제4조【대부계약서 등의 기재사항】 ① 법 제6조 제1항 제12호 및 같은 조 제3항 제7호에서 "대통령령으로 정하는 사항"이란 다음 각 호의 사항을 말한다.

1. 대부업 등 등록번호
2. 삭제
3. 기한의 이익 상실에 관한 약정이 있는 경우에는 그 내용
4. 대부원리금의 변제 순서에 관한 약정이 있는 경우에는 그 내용
5. 채무 및 보증채무와 관련된 증명서의 발급비용과 발급기한

② 법 제6조 제5항 및 같은 조 제6항 전단에서 "대통령령으로 정하는 계약관계서류"란 다음 각 호의 서류를 말한다.

1. 대부계약대장
2. 채무자와 날짜별로 원리금 및 부대비용을 주고 받은 내역
3. 담보 관련 서류 등 거래상대방(보증인을 포함한다)이 대부계약 또는 그와 관련된 보증계약의 체결과 관련하여 제출한 서류(채무자가 채무를 변제하고 관련 서류의 반환을 서면으로 요구하여 반환한 경우에는 그 반환요구서)

제4조의2【중요 사항의 자필 기재】 법 제6조의2 제1항 제4호 및 같은 조 제2항 제4호에서 "대통령령으로 정하는 사항"이란 연체이자율을 말한다.

제4조의3【과잉 대부의 금지】 ① 법 제7조 제1항 본문에서 "대통령령으로 정하는 증명서류"란 다음 각 호의 구분에

따른 서류를 말한다.

1. 거래상대방이 개인인 경우
   가. 「소득세법」 제143조에 따른 근로소득 원천징수영수증, 같은 법 제144조에 따른 사업소득 원천징수영수증, 소득금액증명원, 급여통장 사본, 연금증서 중 어느 하나의 소득증명서류
   나. 법 제6조 제6항 전단에 따른 증명서로서 부채 잔액 증명서. 다만, 신용조회로 부채상황을 알 수 있으면 신용조회로 대신한다.
   다. 부동산 등기권리증, 부동산 임대차계약서 등 재산상 권리관계를 증명할 수 있는 서류(담보대출인 경우만 해당한다)
   라. 그 밖에 소득, 재산 및 부채상황을 파악할 수 있는 서류
2. 거래상대방이 법인인 경우
   가. 감사보고서(「주식회사의 외부감사에 관한 법률」 제2조에 따른 외부감사의 대상인 법인만 해당한다)
   나. 「부가가치세법 시행령」 제11조 제5항에 따른 사업자등록증, 지방세 세목별 과세증명서 및 지방세 납세증명서
   다. 제1호 나목부터 라목까지의 서류

② 법 제7조 제1항 단서에서 "대통령령으로 정하는 금액"이란 300만원을 말한다. 이 경우 금액은 해당 대부업자가 대부계약을 체결하려는 거래상대방에게 이미 대부한 금액의 잔액과 새로 대부계약을 체결하려는 금액을 합하여 산정한다.

제5조 【이자율의 제한】 ① 법 제8조 제1항에서 "대통령령으로 정하는 소규모 법인"이란 「중소기업기본법」 제2조 제2항에 따른 소기업에 해당하는 법인을 말한다.

② 법 제8조 제1항에서 "대통령령으로 정하는 율"이란 연 100분의 34.9를 말한다.

③ 제2항의 율을 월 또는 일 기준으로 적용하는 경우에는 연 100분의 34.9를 단리로 환산한다.

④ 법 제8조 제2항 단서에서 "대통령령으로 정한 사항"이란 다음 각 호의 비용을 말한다.

1. 담보권 설정비용
2. 신용조회비용(「신용정보의 이용 및 보호에 관한 법률」 제4조 제1항 제1호의 업무를 허가받은 자에게 거래상대방의 신용을 조회하는 경우만 해당한다)

제6조 【대부조건의 게시 등】 ① 법 제9조 제1항에서 "대통령령으로 정하는 중요사항"이란 다음 각 호의 사항을 말한다.

1. 대부업 등록번호
2. 삭제
3. 대부계약과 관련한 부대비용의 내용

② 법 제9조 제2항 제5호에서 "대통령령으로 정하는 사항"이란 다음 각 호의 사항을 말한다.

1. 영업소의 주소와 법 제3조 제2항 제6호에 따라 등록된 광고에 사용되는 전화번호[2 이상의 특별시 · 광역시 · 특별자치시 · 도 또는 특별자치도(이하 "시 · 도"라 한다)에 영업소를 설치한 대부업자인 경우에는 본점의 주소와 광고에 사용되는 전화번호를 말한다]
2. 대부업을 등록한 시 · 도의 명칭과 등록정보를 확인할 수 있는 시 · 도의 전화번호(2 이상의 시 · 도에 영업소를 설치한 대부업자인 경우에는 본점이 설치된 시 · 도의 전화번호를 말한다)
3. 과도한 차입의 위험성을 알리는 별표 1 제2호 가목에 따른 경고문구

③ 법 제9조 제3항 제5호에서 "대통령

령으로 정하는 사항"이란 다음 각 호의 사항을 말한다.

1. 영업소의 주소와 법 제3조 제2항 제6호에 따라 등록된 광고에 사용되는 전화번호(2 이상의 시·도에 영업소를 설치한 대부중개업자인 경우에는 본점의 주소와 광고에 사용되는 전화번호를 말한다)
2. 대부중개업을 등록한 시·도의 명칭과 등록정보를 확인할 수 있는 시·도의 전화번호(2 이상의 시·도에 영업소를 설치한 대부중개업자인 경우에는 본점이 설치된 시·도의 전화번호를 말한다)
3. "중개수수료를 요구하거나 받는 것은 불법"이라는 문구
4. 과도한 차입의 위험성을 알리는 별표 1 제2호 가목에 따른 경고문구

제6조의2【대부업자 등의 광고】 법 제9조 제4항에서 "대통령령으로 정하는 방식"이란 다음 각 호의 방식을 말한다.

1. 대부업자 등의 상호의 글자는 상표의 글자보다 크게 하고, 쉽게 알아볼 수 있도록 할 것
2. 등록번호, 전화번호, 대부이자율, 대부계약과 관련된 부대비용, 제6조 제2항 제3호 및 제3항 제3호·제4호의 문구는 상호의 글자와 글자 크기를 같게 하고, 그 밖의 광고사항과 쉽게 구별할 수 있도록 할 것
3. 별표 1에 따른 대부업자 등의 광고 표시기준을 준수할 것

제6조의3【대부업자 등의 허위·과장 광고】 법 제9조의3 제1항 제3호에서 "대통령령으로 정하는 광고 행위"란 다음 각 호의 어느 하나에 해당하는 광고 행위를 말한다.

1. 다른 법률에 따라 허가·인가·등록 등을 받은 금융기관으로 오인될 수 있는 표현 등을 사용하는 광고 행위
2. 서민금융상품(서민 등 금융 소외계층을 지원하기 위한 상품으로서 금융위원회가 정하여 고시하는 상품을 말한다)으로 오인될 수 있는 표현 등을 사용하는 광고 행위

제6조의4【불법 대부광고에 사용된 전화번호의 이용중지 등】 ① 법 제9조의6 제1항에서 "시·도지사 등 대통령령으로 정하는 자"란 다음 각 호의 자를 말한다.

1. 시·도지사
2. 검찰총장
3. 경찰청장
4. 금융감독원장(「금융위원회의 설치 등에 관한 법률」에 따른 금융감독원의 원장을 말한다. 이하 같다)

② 법 제9조의6 제1항 또는 제2항에 따른 요청으로 전기통신역무 제공이 중지된 이용자가 같은 조 제3항에 따라 이의신청을 하려면 전기통신역무 제공이 중지된 날부터 30일 이내에 다음 각 호의 사항을 적은 문서를 같은 조 제1항 또는 제2항에 따른 전기통신역무 제공의 중지를 요청한 기관(이하 이 조에서 "제공중지요청기관"이라 한다)에 제출하여야 한다.

1. 이의신청인의 명칭 또는 성명과 주소 및 연락처
2. 이의신청의 사유
3. 전기통신역무 제공이 중지된 날

③ 제공중지요청기관은 제2항에 따라 이의신청을 받은 날부터 15일 이내에 그 이의신청에 대하여 결정을 하고 그 결과를 이의신청인에게 문서로 통지하여야 한다. 다만, 부득이한 사유로 그 기간 이내에 결정을 할 수 없을 때에는 15일의 범위에서 그 기간을 연장할 수 있으며, 연장사유와 연장기간을 이의신청인에게 통지하여야 한다.

④ 제공중지요청기관은 제2항에 따라 제출된 문서에 흠결이 있거나 추가적인 사실 확인이 필요한 경우 보완을 요

청할 수 있다. 이 경우 그 보완에 소요된 기간은 제3항 본문의 기간에 산입(算入)되지 아니한다.

⑤ 제공중지요청기관은 법 제9조의6 제3항에 따른 이의신청이 이유가 있다고 인정할 때에는 지체 없이 미래창조과학부장관에게 해당 전기통신역무 제공의 중지를 해제하도록 요청하여야 한다.

제6조의5【중개수수료의 제한】 ① 법 제11조의2 제3항에서 "대통령령으로 정하는 소규모 법인"이란 「중소기업기본법」 제2조 제2항에 따른 소기업에 해당하는 법인을 말한다.

② 법 제11조의2 제3항에서 "대통령령으로 정하는 율에 해당하는 금액"이란 다음 표의 구분에 따른 금액을 말한다.

대부금액	중개수수료 금액
5백만원 이하	100분의 5
5백만원 초과 1천만원 이하	25만원+5백만원을 초과하는 금액의 100분의 4
1천만원 초과	45만원 + 1천만원을 초과하는 금액의 100분의 3

제7조【금융감독원장에 대한 검사 요청 대상】 법 제12조 제3항에서 "대통령령으로 정하는 경우"란 다음 각 호의 어느 하나에 해당하는 경우를 말한다.

1. 2 이상의 시·도지사에게 등록한 대부업자 등에 대하여 시·도지사가 법 제12조에 따른 검사를 하기 어려운 경우
2. 매월 말을 기준으로 대부업자 등의 월평균 대부금액의 잔액이 금융위원회가 정하는 금액을 초과하는 경우
3. 대부업자 등의 영업행위가 법령에 위반되는 경우
4. 동일인이 2 이상의 등록업체의 대주주인 경우 등 분사(分社) 등의 수단을 통하여 법 제12조 제4항에 따른 검사를 피하려는 의도가 있다고 의심되는 경우
5. 대부업자 등의 영업행위가 거래상대방(대부계약과 관련된 보증계약을 체결하는 경우에는 보증인을 포함한다)에게 불이익을 줄 가능성이 크고 「금융위원회의 설치 등에 관한 법률」 제38조에 따라 금융감독원의 검사를 받는 기관(이하 "금융기관"이라 한다)과 연계되어 있는 경우

제7조의2【금융감독원장의 검사 대상】 ① 법 제12조 제4항에서 "대통령령으로 정하는 경우"란 전년도 말 기준으로 다음 각 호의 어느 하나에 해당하는 경우를 말한다.

1. 법인인 대부업자 등이 2 이상의 시·도지사에게 등록한 경우
2. 법인인 대부업자 등의 자산총액이 100억원 이상인 경우
3. 부채총액과 자산총액이 각각 70억원 이상인 경우
4. 종업원 수가 300명 이상이고 자산총액이 70억원 이상인 경우
5. 법인인 대부업자 등의 대부거래자 수가 1천명 이상이고 대부금액의 잔액이 50억원 이상인 경우

② 금융감독원장은 시·도지사에게 제1항 각 호와 관련된 자료의 제출을 요청할 수 있다.

제7조의3【대부업자 등의 보고서 제출】 ① 법 제12조 제9항에 따라 대부업자 등은 금융위원회가 정하여 고시하는 보고서를 6월 30일 및 12월 31일을 기준으로 작성하여 그 기준일의 다음 달 말일까지 관할 시·도지사에게 제출하여야 한다.

② 법 제12조 제9항 제1호 다목 및 같은 항 제2호 다목에서 "대통령령으로 정하는 사항"이란 제1항에 따른 보고서에 기재된 영업소 일반현황 및 대부현황·대부중개현황·차입현황 등의 사항을 말한다.

제7조의4【영업정지 및 등록취소 기준】 ① 법 제13조 제1항 각 호 외의 부분에서

"대통령령으로 정하는 기준"이란 별표 2에 따른 기준을 말한다.

② 법 제13조 제2항 제5호에서 "대통령령으로 정하는 횟수"란 별표 2에서 정한 횟수를 말한다.

제8조【공고내용 및 방법】 법 제13조 제2항 제6호에 따라 시·도지사는 해당 대부업자 등이 소재지를 통지하지 아니하는 경우 등록이 취소될 수 있다는 내용의 소재 확인을 위한 공고를 작성하여 시·도의 공보 또는 일간신문에 실어야 한다.

제9조【여신금융기관의 이자율 등의 제한】 ① 법 제15조 제1항에서 "대통령령으로 정하는 율"이란 연 100분의 34.9를 말한다.

② 제1항의 율을 월 또는 일 기준으로 적용하는 경우에는 연 100분의 34.9를 단리로 환산한다.

③ 법 제15조 제2항에 따라 준용되는 법 제8조 제2항 단서에서 "대통령령으로 정하는 사항"이란 다음 각 호의 비용을 말한다.

1. 담보권 설정비용
2. 신용조회비용(「신용정보의 이용 및 보호에 관한 법률」 제4조 제1항 제1호의 업무를 허가받은 자에게 거래상대방의 신용을 조회하는 경우만 해당한다)
3. 만기가 1년 이상인 대부계약의 대부금액을 조기상환함에 따라 발생하는 비용으로서 조기상환 금액의 100분의 1을 초과하지 아니하는 금액

④ 법 제15조 제3항에서 "대통령령으로 정하는 율"이란 다음 각 호의 어느 하나의 연체이자율을 말한다. 이 경우 연 100분의 34.9를 초과할 수 없다.

1. 「한국은행법」 제11조에 따른 금융기관의 경우에는 한국은행이 정하는 연체이자율
2. 제1호에 따른 금융기관 외의 여신금융기관의 경우에는 금융위원회가 각 금융업의 특성을 반영하여 금융업별로 정하는 연체이자율

제9조의2【대부업자 등의 현황 및 영업실태 조사결과 등의 관보 등 게재】 행정자치부장관과 금융위원회는 법 제16조 제3항에 따라 대부업자 등의 현황 및 영업실태 조사결과 등을 매년 6월 30일과 12월 31일을 기준으로 작성하여 그 기준일부터 6개월 이내에 관보 또는 인터넷 홈페이지에 게재하여야 한다.

제9조의3【행정처분 또는 시정명령 사실의 공개 내용 및 절차 등】 ① 시·도지사 또는 금융위원회는 법 제16조의2 제1항에 따라 행정처분 또는 시정명령 사실을 공개하는 경우 다음 각 호의 사항이 포함되도록 하여야 한다.

1. 행정처분 또는 시정명령 사실의 공개임을 알 수 있는 제목
2. 상호, 소재지 및 성명(법인의 경우 대표자 성명을 말한다)
3. 대부업 등 등록번호(여신금융기관의 경우 사업자등록번호를 말한다)
4. 위반행위
5. 위반행위에 대한 행정처분 또는 시정명령의 내용
6. 행정처분일·시정명령일 및 그 기간

② 제1항에 따른 공개는 시·도지사 또는 금융위원회가 해당 행정처분 또는 시정명령을 한 후 지체 없이 시·도 또는 금융위원회의 인터넷 홈페이지에 게재하는 방법으로 한다.

③ 시·도지사 또는 금융위원회는 제1항 제5호에 따른 행정처분 또는 시정명령이 취소된 경우에는 그 취소된 사실을 해당 행정처분 또는 시정명령 사실이 제2항에 따라 게재된 기간 이상 시·도 또는 금융위원회의 인터넷 홈페이지에 게재하는 방법으로 공개하여야 한다.

제10조【등록수수료 등】 ① 대부업 등의 등록을 하려는 자는 법 제17조 제1항

에 따라 각각의 사업에 대하여 영업소당 10만원의 수수료를 내야 한다. 다만, 10만원 이내에서 시 · 도의 조례로 그 금액을 다르게 정할 수 있다.

② 법 제17조 제2항에서 "대통령령으로 정하는 검사수수료"란 검사일을 기준으로 연평균 대부금액 잔액의 1천분의 1 이내에서 금융위원회가 정하는 금액을 말한다. 다만, 시 · 도지사가 받는 검사수수료의 경우에는 연평균 대부금액 잔액의 1천분의 1 이내에서 시 · 도의 조례로 그 금액을 다르게 정할 수 있다.

제11조【분쟁조정위원회의 구성 및 운영】 ① 법 제18조 제1항에 따른 분쟁조정위원회는 다음 각 호의 어느 하나에 해당하는 사람으로서 시 · 도지사가 선임하는 5명의 위원으로 구성한다.

1. 금융기관에서 3년 이상 근무한 경력이 있는 사람
2. 변호사 또는 공인회계사
3. 소비자단체에서 3년 이상 근무한 경력이 있는 사람
4. 금융 · 대부업 또는 소비자보호 분야에서 3년 이상 근무한 경력이 있는 공무원
5. 금융 또는 법학을 전공하여 대학에서 조교수 이상의 직(職)에 3년 이상 재직한 경력이 있는 사람

② 위원장은 위원 중에서 호선(互選)하며, 위원장 및 위원의 임기는 1년으로 하되 연임할 수 있다.

③ 분쟁조정위원회는 재적위원 3분의 2의 찬성으로 분쟁에 대한 조정안을 의결하며, 분쟁당사자에게 그 조정안의 수락을 권고할 수 있다.

④ 제1항부터 제3항까지에서 규정한 사항 외에 분쟁조정위원회의 효율적인 운영에 필요한 세부사항은 분쟁조정위원회가 정한다.

제11조의2【대부업 및 대부중개업 협회】 ① 법 제18조의2 제4항에 따라 대부업 및 대부중개업 협회(이하 "협회"라 한다)는 정관을 작성하여 금융위원회의 인가를 받은 날부터 2주일 이내에 주된 사무소의 소재지에서 설립등기를 하여야 한다.

② 제1항에 따른 설립등기에는 다음 각 호의 사항이 포함되어야 한다.

1. 목적
2. 명칭
3. 주된 사무소 및 지회(支會)의 소재지
4. 임원의 성명 및 주소
5. 공고의 방법

③ 제1항에 따른 설립등기의 신청서에는 다음 각 호의 서류를 첨부하여야 한다.

1. 정관
2. 정관인가서 사본

④ 법 제18조의3 제4호에서 "대통령령으로 정하는 업무"란 다음 각 호의 업무를 말한다.

1. 대부업자 등의 임직원에 대한 교육
2. 대부업 등의 발전을 위한 조사 · 연구
3. 대부업자 등의 광고에 대한 자율심의
4. 대부업자 등, 법 제3조에 따라 등록을 하지 아니하고 사실상 대부업 등을 하는 자의 법령위반사항 등에 대한 자율감시
5. 그 밖에 협회의 목적을 달성하기 위하여 필요한 업무

제11조의3【업무의 위탁】 시 · 도지사는 법 제18조의7 제1항에 따라 법 제3조의4에 따른 대부업 등의 준수사항 등에 관한 교육 업무를 협회에 위탁한다.

제11조의4【고유식별정보의 처리】 ① 시 · 도지사(제11조의3에 따라 시 · 도지사의 업무를 위탁받은 자를 포함한다)는 다음 각 호의 사무를 수행하기 위하여 불가피한 경우 「개인정보 보호법 시행령」 제19조 제1호, 제2호 또는

제4호에 따른 주민등록번호, 여권번호 또는 외국인등록번호(이하 이 조에서 "주민등록번호 등"이라 한다)가 포함된 자료를 처리할 수 있다.

1. 법 제3조에 따른 등록에 관한 사무
2. 법 제3조의2에 따른 등록갱신에 관한 사무
3. 법 제3조의3에 따른 등록증 반납 등에 관한 사무
4. 법 제3조의4에 따른 대부업 등 교육에 관한 사무
5. 법 제5조에 따른 변경등록 및 폐업신고에 관한 사무
6. 법 제12조, 제13조에 따른 검사, 영업정지, 등록취소 및 이에 따른 사후조치 등에 관한 사무
7. 법 제16조에 따른 대부업자의 실태조사 등에 관한 사무
8. 법 제18조에 따른 분쟁 조정에 관한 사무

② 금융감독원장, 금융위원회 또는 행정자치부장관은 다음 각 호의 사무를 수행하기 위하여 불가피한 경우 주민등록번호 등이 포함된 자료를 처리할 수 있다.

1. 법 제12조에 따른 검사 및 이에 따른 사후조치 등에 관한 사무
2. 법 제16조에 따른 대부업자의 실태조사 등에 관한 사무

③ 대부업자 등은 법 제9조의5에 따른 고용 제한 또는 업무 위임·대리 제한의 사유 확인에 관한 사무를 수행하기 위하여 불가피한 경우 주민등록번호 등이 포함된 자료를 처리할 수 있다.

제11조의5【규제의 재검토】 금융위원회는 다음 각 호의 사항에 대하여 다음 각 호의 기준일을 기준으로 2년마다(매 2년이 되는 해의 기준일과 같은 날 전까지를 말한다) 그 타당성을 검토하여 개선 등의 조치를 하여야 한다.

1. 제4조에 따른 대부계약서 등의 기재사항: 2015년 1월 1일
2. 제6조의5에 따른 중개수수료의 제한: 2015년 1월 1일

제12조【과태료 부과기준】 과태료의 부과기준은 별표 3과 같다.

부칙〈제25840호, 2014.12.9.〉
(규제 재검토기한 설정 등 규제정비를 위한 건축법 시행령 등 일부개정령)

제1조【시행일】 이 영은 2015년 1월 1일부터 시행한다.

제2조~제16조 생략

[별표 1]

대부업자 등의 광고 표시기준(제6조의2 제3호 관련)

1. 광고 표시 등의 방법
   가. 상호 및 등록번호는 광고 왼쪽상단에 표시한다.
   나. 2 이상의 시 · 도에 영업소를 설치한 대부업자 등의 경우에는 본점의 등록번호만 기재할 수 있다.
   다. 지면, 옥외간판, 현수막, 인터넷을 통한 광고는 상호, 등록번호, 전화번호, 대부이자율, 대부계약과 관련된 부대비용 및 차입의 위험성과 불법중개수수료 경고문구의 글자를 해당 광고에 표시된 최대글자의 3분의 1 이상의 크기로 한다.
   라. 방송(라디오 방송은 제외한다. 이하 같다)을 통한 광고는 상호, 등록번호, 전화번호, 대부이자율, 대부계약과 관련된 부대비용 및 차입의 위험성과 불법중개수수료 경고문구에 관한 내용이 전체 광고시간의 5분의 1 이상 자막으로 표시되어야 한다.
   마. 고객모집 또는 대부상품 홍보를 위해 전화번호를 표기할 경우에는 등록번호, 대부이자율 및 대부계약과 관련된 부대비용, 제2호에 따른 경고문구 등 필수 표기사항을 모두 표시한다. 다만, 간판 등 단순히 영업소 위치를 표시하기 위한 경우 또는 음악, 체육행사 등의 후원 목적에 불과할 경우에는 상호 또는 상표만 표시할 수 있다.

2. 경고문구 표기기준
   가. 과도한 차입의 위험성을 알리는 경고문구는 다음 중 어느 하나로 한다.
      1) "과도한 빚, 고통의 시작입니다."
      2) "과도한 빚은 당신에게 큰 불행을 안겨 줄 수 있습니다."
      3) "과도한 빚, 파산으로 가는 지름길입니다."
   나. 경고문구는 광고에 사용된 배경과 명확하게 구분되어 소비자가 쉽게 알아볼 수 있어야 한다.
   다. 경고문구는 지면 및 방송 광고의 경우에 표기한다. 다만, 광고면적이 150제곱센티미터 미만인 지면광고에 대해서는 경고문구를 생략할 수 있다.

[별표 2]

영업정지 및 등록취소 기준(제7조의4 관련)

1. 일반 기준
  가. 위반행위가 2 이상인 경우로서 그에 해당하는 각각의 처분기준이 영업정지인 경우에는 무거운 처분의 영업정지 기간에 가벼운 처분의 영업정지 기간의 2분의 1을 가중한다.
  나. 위반행위의 횟수에 따른 행정처분기준은 위반사항에 대하여 행정처분을 한 날부터 1년 이내에 다시 동일한 위반사항을 적발한 경우에 적용한다.
  다. 시 · 도지사는 위반행위의 동기, 내용 및 그 횟수 등을 고려하여 영업정지 기간의 2분의 1의 범위에서 그 기간을 가중하거나 감경할 수 있다. 다만, 가중하는 경우에도 가목 및 나목에 따른 기간은 1년을 넘지 못한다.

2. 개별 기준

위반행위	해당 조문	행정처분기준		
		1회	2회	3회
가. 법 제3조 제6항을 위반하여 분실신고를 하지 아니한 경우	법 제13조 제1항 제1호	-	영업 일부정지 1월	영업 일부정지 3월
나. 법 제3조의4 제1항 단서에 따른 교육을 받지 아니한 경우	법 제13조 제1항 제1호	-	영업 일부정지 3월	영업 일부정지 6월
다. 법 제5조 제1항 본문을 위반하여 법 제3조 제2항 제1호부터 제3호까지의 규정 중 변경된 내용을 변경등록하지 아니한 경우	법 제13조 제1항 제1호	-	영업 일부정지 1월	영업 일부정지 3월
라. 법 제5조 제1항 본문을 위반하여 법 제3조 제2항 제4호, 제4호의2, 제5호 및 제6호의 변경된 내용을 변경등록하지 아니한 경우	법 제13조 제1항 제1호	-	영업 일부정지 3월	영업 일부정지 6월
마. 법 제5조의2 제1항 또는 제2항을 위반하여 상호 중에 "대부" 또는 "대부중개"라는 문자를 사용하지 아니한 경우	법 제13조 제1항 제1호, 제2항 제7호	영업 일부정지 3월	영업 일부정지 6월	등록취소
바. 법 제5조의2 제4항을 위반하여 타인에게 자기의 명의로 대부업 등을 하게 하거나 그 등록증을 대여한 경우	법 제13조 제1항 제1호, 제2항 제7호	영업 전부정지 6월	등록취소	-
사. 법 제6조 제1항 또는 제3항을 위반하여 대부계약서 또는 보증계약서를 교부하지 아니한 경우, 같은 조 제1항 각 호 또는 같은 조 제3항 각 호의 사항 중 전부 또는 일부를	법 제13조 제1항 제1호, 제2항 제7호	영업 일부정지 3월	영업 일부정지 6월	등록취소

적지 아니하거나 거짓으로 적어 대부계약서 또는 보증계약서를 교부한 경우				
아. 법 제6조 제2항 또는 제4항을 위반하여 설명의무를 이행하지 아니한 경우	법 제13조 제1항 제1호	-	영업 일부정지 3월	영업 일부정지 6월
자. 법 제6조 제5항을 위반하여 계약서와 계약관계서류를 보관하지 아니한 경우	법 제13조 제1항 제1호	-	영업 일부정지 3월	영업 일부정지 6월
차. 법 제6조 제6항을 위반하여 계약서와 계약관계서류의 열람을 거부하거나 관련 증명서의 발급을 정당한 사유 없이 거부한 경우 또는 「채권의 공정한 추심에 관한 법률」 제5조 제1항을 위반하여 채무확인서의 교부를 정당한 사유 없이 거부한 경우	법 제13조 제1항 제1호	-	영업 일부정지 3월	영업 일부정지 6월
카. 법 제6조의2를 위반하여 거래상대방 또는 보증인이 같은 조 제1항 각 호의 사항 또는 같은 조 제2항 각 호의 사항을 자필로 기재하게 하지 아니한 경우	법 제13조 제1항 제1호, 제2항 제7호	영업 일부정지 3월	영업 일부정지 6월	등록취소
타. 법 제7조 제1항을 위반하여 미리 거래상대방으로부터 소득·재산 및 부채상황에 관한 증명서류를 제출받지 아니한 경우	법 제13조 제1항 제1호	-	영업 일부정지 3월	영업 일부정지 6월
파. 법 제7조 제3항을 위반하여 서류를 용도 외의 목적으로 사용한 경우	법 제13조 제1항 제1호, 제2항 제7호	영업 전부정지 6월	등록취소	-
하. 법 제8조에 따른 이자율을 초과하여 대부계약을 체결한 경우	법 제13조 제1항 제1호	영업 일부정지 1월	영업 일부정지 3월	영업 일부정지 6월
거. 법 제8조에 따른 이자율을 초과하여 이자를 받은 경우	법 제13조 제1항 제1호, 제2항 제7호	영업 전부정지 6월	등록취소	-
너. 법 제9조 제1항을 위반하여 게시의무를 이행하지 아니한 경우	법 제13조 제1항 제1호	-	영업 일부정지 3월	영업 일부정지 6월
더. 법 제9조 제2항 또는 제3항을 위반하여 광고를 한 경우	법 제13조 제1항 제1호, 제2항 제7호	영업 일부정지 3월	영업 일부정지 6월	등록취소
러. 법 제9조 제4항을 위반하여 광고의 문안과 표기에 관한 의무를 이행하지 아니한 경우	법 제13조 제1항 제1호	-	영업 일부정지 1월	영업 일부정지 3월

머. 법 제9조의3 제1항을 위반하여 같은 항 각 호에 해당하는 행위를 한 경우	법 제13조 제1항 제1호, 제2항 제7호	영업 일부정지 3월	영업 일부정지 6월	등록취소
버. 법 제9조의4 제1항 또는 제2항을 위반하여 미등록대부업자로부터 대부계약에 따른 채권을 양도받아 이를 추심하는 행위를 한 경우 또는 미등록대부중개업자로부터 대부중개를 받은 거래상대방에게 대부행위를 한 경우	법 제13조 제1항 제1호, 제2항 제7호	영업 전부정지 6월	등록취소	-
서. 법 제9조의5 제1항 또는 제2항을 위반하여 종업원을 고용하거나 업무를 위임하거나 대리하게 한 경우	법 제13조 제1항 제1호	-	영업 일부정지 3월	영업 일부정지 6월
어. 삭제 〈2009.8.5〉				
저. 삭제 〈2009.8.5〉				
처. 삭제 〈2009.8.5〉				
커. 삭제 〈2009.8.5〉				
터. 법 제11조의2 제1항 또는 제2항을 위반하여 대부중개를 하거나 중개수수료를 받은 경우	법 제13조 제1항 제1호, 제2항 제7호	영업 전부정지 6월	등록취소	-
퍼. 법 제12조 제1항부터 제4항까지의 규정에 따른 검사에 불응하거나 검사를 방해한 경우	법 제13조 제1항 제1호, 제2항 제7호	영업 일부정지 3월	영업 일부정지 6월	등록취소
허. 법 제12조 제1항 또는 제7항에 따른 명령을 위반한 경우	법 제13조 제1항 제1호, 제2항 제7호	영업 일부정지 3월	영업 일부정지 6월	등록취소
고. 법 제12조 제5항에 따른 요구에 응하지 아니한 경우	법 제13조 제1항 제1호, 제2항 제7호	영업 일부정지 3월	영업 일부정지 6월	등록취소
노. 삭제 〈2011.11.30〉				
도. 법 제13조 제1항 제2호를 위반하여 해당 대부업자 등의 영업소 중 같은 시·도지사에게 등록한 다른 영업소 또는 다른 시·도지사에게 등록한 영업소가 영업정지처분을 받은 경우	법 제13조 제1항 제2호		영업 일부정지 3월	영업 일부정지 6월
로. 법률 제9344호 「대부업 등의 등록 및 금융이용자 보호에 관한 법률」 부칙 제7조 제1항 후단을 위반하여 2009년 7월 22일까지 대부업 등록증 및 대부중개업 등록증을 다시 교부받지 아니한 경우	법 제13조 제1항 제1호, 제2항 제7호	영업 일부정지 3월	영업 일부정지 6월	등록취소

모. 「채권의 공정한 추심에 관한 법률」 제7조를 위반하여 동일한 채권에 대하여 동시에 2인 이상의 자에게 채권추심을 위임한 경우	법 제13조 제1항 제1호	영업 일부정지 1월	영업 일부정지 3월	영업 일부정지 6월
보. 「채권의 공정한 추심에 관한 법률」 제8조를 위반하여 채무의 존재를 다투는 소송이 진행 중임에도 해당 채무자를 채무불이행자로 등록을 한 경우	법 제13조 제1항 제1호	영업 일부정지 1월	영업 일부정지 3월	영업 일부정지 6월
소. 「채권의 공정한 추심에 관한 법률」 제9조를 위반하여 같은 조 각 호의 어느 하나에 해당하는 행위로 추심한 경우	법 제13조 제1항 제1호, 제2항 제7호	영업 전부정지 6월	등록취소	-
오. 「채권의 공정한 추심에 관한 법률」 제10조 제1항을 위반하여 채무자 또는 관계인의 신용정보나 개인정보를 누설하거나 목적 외로 이용한 경우	법 제13조 제1항 제1호, 제2항 제7호	영업 전부정지 6월	등록취소	-
조. 「채권의 공정한 추심에 관한 법률」 제11조를 위반하여 같은 조 제1호에 해당하는 행위를 한 경우	법 제13조 제1항 제1호, 제2항 제7호	영업 전부정지 6월	등록취소	-
초. 「채권의 공정한 추심에 관한 법률」 제11조를 위반하여 같은 조 제2호에 해당하는 행위를 한 경우	법 제13조 제1항 제1호, 제2항 제7호	영업 전부정지 3월	영업 전부정지 6월	등록취소
코. 「채권의 공정한 추심에 관한 법률」 제11조를 위반하여 같은 조 제3호부터 5호까지의 어느 하나에 해당하는 행위를 한 경우	법 제13조 제1항 제1호	영업 일부정지 1월	영업 일부정지 3월	영업 일부정지 6월
토. 「채권의 공정한 추심에 관한 법률」 제12조를 위반하여 같은 조 제1호 또는 제2호에 해당하는 행위로 채권을 추심한 경우	법 제13조 제1항 제1호, 제2항 제7호	영업 일부정지 3월	영업 일부정지 6월	등록취소
포. 「채권의 공정한 추심에 관한 법률」 제12조를 위반하여 같은 조 제3호부터 제5호까지의 어느 하나에 해당하는 행위로 채권을 추심한 경우	법 제13조 제1항 제1호	-	영업 일부정지 3월	영업 일부정지 6월
호. 「채권의 공정한 추심에 관한 법률」 제13조를 위반하여 지급할 의무가 없거나 실제로 사용된 금액을 초과한 채권추심 비용을 청구한 경우	법 제13조 제1항 제1호	영업 일부정지 1월	영업 일부정지 3월	영업 일부정지 6월

[별표 3]

과태료의 부과기준(제12조 관련)

1. 일반 기준
   가. 위반행위의 횟수에 따른 과태료 부과기준은 위반사항에 대하여 과태료 부과처분을 한 날부터 1년 이내에 다시 동일한 위반사항을 적발한 경우에 적용한다.
   나. 시 · 도지사는 위반행위의 동기, 내용 및 그 횟수 등을 고려하여 과태료 부과금액의 2분의 1의 범위에서 그 금액을 가중하거나 감경할 수 있다. 이 경우 과태료의 총액은 법 제21조 제1항 및 제2항에 따른 금액을 초과할 수 없다.

2. 개별 기준

(단위: 만원)

위반행위	해당 조문	과태료 부과기준		
		1회	2회	3회 이상
가. 법 제3조 제6항을 위반하여 분실신고를 하지 아니한 자	법 제21조 제2항 제1호	20	100	200
나. 법 제3조의3 제1항 또는 제2항을 위반하여 등록증을 반납하지 아니한 자	법 제21조 제2항 제2호	50	250	500
다. 삭제 〈2013.6.11〉				
라. 법 제5조 제1항을 위반하여 법 제3조 제2항 제1호부터 제3호까지의 변경사항을 변경등록하지 아니한 자	법 제21조 제1항 제1호	20	100	200
마. 법 제5조 제1항을 위반하여 법 제3조 제2항 제4호, 제4호의2, 제5호 및 제6호의 변경사항을 변경등록하지 아니한 자	법 제21조 제1항 제1호	50	250	500
바. 법 제5조 제2항을 위반하여 폐업신고를 하지 아니한 자	법 제21조 제1항 제1호	50	250	500
사. 법 제5조의2 제1항 또는 제2항을 위반하여 상호 중에 "대부" 또는 "대부중개"라는 문자를 사용하지 아니한 자	법 제21조 제1항 제2호	200	500	1,000
아. 법 제6조 제1항 또는 제3항을 위반하여 계약서를 교부하지 아니한 자 또는 같은 조 제1항 각 호 또는 같은 조 제3항 각 호에서 정한 내용 중 전부 또는 일부가 적혀 있지 아니한 계약서를 교부하거나 같은 조 제1항 각 호 또는 같은 조 제3항 각 호에서 정한 내용 중 전부 또는 일부를 거짓으로 적어 계약서를 교부한 자	법 제21조 제1항 제3호	200	500	1,000

자. 법 제6조 제2항 또는 제4항을 위반하여 설명을 하지 아니한 자	법 제21조 제1항 제4호	50	250	500
차. 법 제6조 제5항을 위반하여 계약서와 계약관계서류의 보관의무를 이행하지 아니한 자	법 제21조 제2항 제4호	50	250	500
카. 법 제6조 제6항을 위반하여 정당한 사유 없이 계약서 및 계약관계서류의 열람을 거부하거나 관련 증명서의 발급을 거부한 자	법 제21조 제2항 제5호	50	250	500
타. 법 제6조의2를 위반하여 거래상대방 또는 보증인이 같은 조 제1항 각 호의 사항 또는 같은 조 제2항 각 호의 사항을 자필로 기재하게 하지 아니한 자	법 제21조 제1항 제5호	200	500	1,000
파. 법 제7조 제1항을 위반하여 거래상대방으로부터 소득·재산 및 부채상황에 관한 증명서류를 제출받지 아니한 자	법 제21조 제1항 제6호	50	250	500
하. 법 제7조의2를 위반하여 제3자에게 담보제공 여부를 확인하지 않은 자	법 제21조 제1항 제6호의2	50	250	500
거. 법 제9조 제1항을 위반하여 중요 사항을 게시하지 아니한 자	법 제21조 제1항 제7호	50	250	500
너. 법 제9조 제2항 또는 제3항을 위반하여 광고를 한 자	법 제21조 제1항 제8호	200	500	1,000
더. 법 제9조 제4항을 위반하여 광고의 문안과 표기에 관한 의무를 이행하지 아니한 자	법 제21조 제2항 제6호	50	250	500
러. 법 제9조의3 제1항 각 호의 행위를 한 자	법 제21조 제1항 제9호	200	500	1,000
머. 법 제9조의5 제1항 또는 제2항을 위반하여 종업원을 고용하거나 업무를 위임하거나 대리하게 한 자	법 제21조 제1항 제10호	50	250	500
버. 법 제10조의2를 위반하여 소속과 성명을 밝히지 아니한 자	법 제21조 제2항 제8호	20	100	200
서. 법 제12조 제1항부터 제4항까지의 규정에 따른 검사에 불응하거나 검사를 방해한 자	법 제21조 제1항 제11호	500	1,000	1,500
어. 법 제12조 제1항 또는 제5항에 따른 보고 또는 자료의 제출을 거부하거나 거짓으로 보고 또는 자료를 제출한 자	법 제21조 제2항 제9호	50	250	500

저. 법 제12조 제9항을 위반하여 보고서를 제출하지 아니하거나, 거짓으로 작성하거나, 기재하여야 할 사항의 전부 또는 일부를 기재하지 아니하고 제출한 자	법 제21조 제1항 제12호	200	500	1,000
처. 법 제18조의2 제5항에 따른 대부업 및 대부중개업 협회 또는 이와 비슷한 명칭을 사용한 자	법 제21조 제2항 제10호	50	250	500

이자제한법

제1조【목적】 이 법은 이자의 적정한 최고한도를 정함으로써 국민경제생활의 안정과 경제정의의 실현을 목적으로 한다.

제2조【이자의 최고한도】 ① 금전대차에 관한 계약상의 최고이자율은 연 25퍼센트를 초과하지 아니하는 범위 안에서 대통령령으로 정한다.

② 제1항에 따른 최고이자율은 약정한 때의 이자율을 말한다.

③ 계약상의 이자로서 제1항에서 정한 최고이자율을 초과하는 부분은 무효로 한다.

④ 채무자가 최고이자율을 초과하는 이자를 임의로 지급한 경우에는 초과 지급된 이자 상당금액은 원본에 충당되고, 원본이 소멸한 때에는 그 반환을 청구할 수 있다.

⑤ 대차원금이 10만원 미만인 대차의 이자에 관하여는 제1항을 적용하지 아니한다.

제3조【이자의 사전공제】 선이자를 사전공제한 경우에는 그 공제액이 채무자가 실제 수령한 금액을 원본으로 하여 제2조 제1항에서 정한 최고이자율에 따라 계산한 금액을 초과하는 때에는 그 초과부분은 원본에 충당한 것으로 본다.

제4조【간주이자】 ① 예금(禮金), 할인금, 수수료, 공제금, 체당금(替當金), 그 밖의 명칭에도 불구하고 금전의 대차와 관련하여 채권자가 받은 것은 이를 이자로 본다.

② 채무자가 금전대차와 관련하여 금전지급의무를 부담하기로 약정하는 경우 의무 발생의 원인 및 근거법령, 의무의 내용, 거래상 일반원칙 등에 비추어 그 의무가 원래 채권자가 부담하여야 할 성질인 때에는 이를 이자로 본다.

제5조【복리약정제한】 이자에 대하여 다시 이자를 지급하기로 하는 복리약정은 제2조제1항에서 정한 최고이자율을 초과하는 부분에 해당하는 금액에 대하여는 무효로 한다.

제6조【배상액의 감액】 법원은 당사자가 금전을 목적으로 한 채무의 불이행에 관하여 예정한 배상액을 부당하다고 인정한 때에는 상당한 액까지 이를 감액할 수 있다.

제7조【적용범위】 다른 법률에 따라 인가·허가·등록을 마친 금융업 및 대부업과 「대부업 등의 등록 및 금융이용자 보호에 관한 법률」 제9조의4에 따른 미등록대부업자에 대하여는 이 법을 적용하지 아니한다.

제8조【벌칙】 ① 제2조 제1항에서 정한 최고이자율을 초과하여 이자를 받은 자는 1년 이하의 징역 또는 1천만원 이하의 벌금에 처한다.

② 제1항의 징역형과 벌금형은 병과(倂科)할 수 있다.

부 칙〈제12227호, 2014.1.14.〉

제1조【시행일】 이 법은 공포 후 6개월이 경과한 날부터 시행한다.

제2조【적용례】 제2조 제1항의 개정규정은 이 법 시행 후 최초로 계약을 체결하거나 갱신하는 분부터 적용한다.

이자제한법 제2조 제1항의 최고이자율에 관한 규정

「이자제한법」 제2조 제1항에 따른 금전대차에 관한 계약상의 최고이자율은 연 25퍼센트로 한다.

부칙 〈대통령령 제25376호, 2014.6.11.〉

제1조【시행일】 이 영은 2014년 7월 15일부터 시행한다.

제2조【적용례】 이 영은 이 영 시행 후 최초로 계약을 체결하거나 갱신하는 분부터 적용한다.

채권의 공정한 추심에 관한 법률

제1조【목적】 이 법은 채권추심자가 권리를 남용하거나 불법적인 방법으로 채권추심을 하는 것을 방지하여 공정한 채권추심 풍토를 조성하고 채권자의 정당한 권리행사를 보장하면서 채무자의 인간다운 삶과 평온한 생활을 보호함을 목적으로 한다.

제2조【정의】 이 법에서 사용하는 용어의 뜻은 다음과 같다.

1. "채권추심자"란 다음 각 목의 어느 하나에 해당하는 자를 말한다.
   가. 「대부업 등의 등록 및 금융이용자 보호에 관한 법률」에 따른 대부업자, 대부중개업자, 대부업의 등록을 하지 아니하고 사실상 대부업을 영위하는 자, 여신금융기관 및 이들로부터 대부계약에 따른 채권을 양도받거나 재양도받은 자
   나. 가목에 규정된 자 외의 금전대여 채권자 및 그로부터 채권을 양도받거나 재양도받은 자
   다. 「상법」에 따른 상행위로 생긴 금전채권을 양도받거나 재양도받은 자
   라. 금전이나 그 밖의 경제적 이익을 대가로 받거나 받기로 약속하고 타인의 채권을 추심하는 자(채권추심을 목적으로 채권의 양수를 가장한 자를 포함한다)
   마. 가목부터 라목까지에 규정된 자들을 위하여 고용, 도급, 위임 등 원인을 불문하고 채권추심을 하는 자
2. "채무자"란 채무를 변제할 의무가 있거나 채권추심자로부터 채무를 변제할 의무가 있는 것으로 주장되는 자연인(보증인을 포함한다)을 말한다.
3. "관계인"이란 채무자와 동거하거나 생계를 같이하는 자, 채무자의 친족, 채무자가 근무하는 장소에 함께 근무하는 자를 말한다.
4. "채권추심"이란 채무자에 대한 소재파악 및 재산조사, 채권에 대한 변제 요구, 채무자로부터 변제 수령 등 채권의 만족을 얻기 위한 일체의 행위를 말한다.
5. "개인정보"란 「개인정보 보호법」 제2조 제1호의 개인정보를 말한다.
6. "신용정보"란 「신용정보의 이용 및 보호에 관한 법률」 제2조 제1호의 신용정보를 말한다.

제3조【국가와 지방자치단체의 책무】 ① 국가와 지방자치단체는 공정한 채권추심 풍토가 정착되도록 제도와 여건을 마련하고 이를 위한 시책을 추진하여야 한다.
② 국가와 지방자치단체는 권리를 남용하거나 불법적인 채권추심행위를 하는 채권추심자로부터 채무자 또는 관계인을 보호하기 위하여 노력하여야 한다.

제4조【다른 법률과의 관계】 채권추심에

관하여 다른 법률에 특별한 규정이 있는 경우를 제외하고는 이 법에서 정하는 바에 따른다.

제5조【채무확인서의 교부】 ① 채권추심자(제2조 제1호 가목에 규정된 자에 한한다. 이하 이 조에서 같다)는 채무자로부터 원금, 이자, 비용, 변제기 등 채무를 증명할 수 있는 서류(이하 "채무확인서"라 한다)의 교부를 요청받은 때에는 정당한 사유가 없는 한 이에 응하여야 한다.

② 채권추심자는 채무확인서 교부에 직접 사용되는 비용 중 대통령령으로 정하는 범위에서 채무자에게 그 비용을 청구할 수 있다.

제6조【수임사실 통보】 ① 채권추심자(제2조 제1호 라목에 규정된 자 및 그 자를 위하여 고용, 도급, 위임 등 원인을 불문하고 채권추심을 하는 자를 말한다. 이하 이 조에서 같다)가 채권자로부터 채권추심을 위임받은 경우에는 채권추심에 착수하기 전까지 다음 각 호에 해당하는 사항을 채무자에게 서면(「전자문서 및 전자거래 기본법」 제2조 제1호의 전자문서를 포함한다)으로 통지하여야 한다. 다만, 채무자가 통지가 필요 없다고 동의한 경우에는 그러하지 아니하다.

1. 채권추심자의 성명·명칭 또는 연락처(채권추심자가 법인인 경우에는 채권추심담당자의 성명, 연락처를 포함한다)
2. 채권자의 성명·명칭, 채무금액, 채무불이행 기간 등 채무에 관한 사항
3. 입금계좌번호, 계좌명 등 입금계좌 관련 사항

② 제1항에도 불구하고 채무발생의 원인이 된 계약에 기한의 이익에 관한 규정이 있는 경우에는 채무자가 기한의 이익을 상실한 후 즉시 통지하여야 한다.

③ 제1항에도 불구하고 채무발생의 원인이 된 계약이 계속적인 서비스 공급계약인 경우에는 서비스 이용료 납부지체 등 채무불이행으로 인하여 계약이 해지된 즉시 통지하여야 한다.

제7조【동일 채권에 관한 복수 채권추심 위임 금지】 채권추심자는 동일한 채권에 대하여 동시에 2인 이상의 자에게 채권추심을 위임하여서는 아니 된다.

제8조【채무불이행정보 등록 금지】 채권추심자(제2조 제1호 가목 및 라목에 규정된 자 및 그 자를 위하여 고용, 도급, 위임 등 원인을 불문하고 채권추심을 하는 자를 말한다. 이하 이 조에서 같다)는 채무자가 채무의 존재를 다투는 소를 제기하여 그 소송이 진행 중인 경우에 「신용정보의 보호 및 이용에 관한 법률」에 따른 신용정보집중기관이나 신용정보업자의 신용정보전산시스템에 해당 채무자를 채무불이행자로 등록하여서는 아니 된다. 이 경우 채무불이행자로 이미 등록된 때에는 채권추심자는 채무의 존재를 다투는 소가 제기되어 소송이 진행 중임을 안 날부터 30일 이내에 채무불이행자 등록을 삭제하여야 한다.

제8조의2【대리인 선임 시 채무자에 대한 연락 금지】 다음 각 호를 제외한 채권추심자는 채무자가 「변호사법」에 따른 변호사·법무법인·법무법인(유한) 또는 법무조합을 채권추심에 응하기 위한 대리인으로 선임하고 이를 채권추심자에게 서면으로 통지한 경우 채무와 관련하여 채무자를 방문하거나 채무자에게 말·글·음향·영상 또는 물건을 도달하게 하여서는 아니 된다. 다만, 채무자와 대리인이 동의한 경우 또는 채권추심자가 대리인에게 연락할 수 없는 정당한 사유가 있는 경우에는 그러하지 아니하다.

1. 「대부업 등의 등록 및 금융이용자 보호에 관한 법률」에 따른 여신금융기관

2. 「신용정보의 이용 및 보호에 관한 법률」에 따른 신용정보회사
3. 「자산유동화에 관한 법률」 제10조에 따른 자산관리자
4. 제2조 제1호 가목에 규정된 자를 제외한 일반 금전대여 채권자
5. 제1호부터 제4호까지에 규정된 자들을 위하여 고용되거나 같은 자들의 위임을 받아 채권추심을 하는 자(다만, 채권추심을 하는 자가 「대부업 등의 등록 및 금융이용자 보호에 관한 법률」에 따른 대부업자, 대부중개업자, 대부업의 등록을 하지 아니하고 사실상 대부업을 영위하는 자인 경우는 제외한다)

제8조의3 【관계인에 대한 연락 금지】 ① 채권추심자는 채권추심을 위하여 채무자의 소재, 연락처 또는 소재를 알 수 있는 방법 등을 문의하는 경우를 제외하고는 채무와 관련하여 관계인을 방문하거나 관계인에게 말 · 글 · 음향 · 영상 또는 물건을 도달하게 하여서는 아니 된다.

② 채권추심자는 제1항에 따라 관계인을 방문하거나 관계인에게 말 · 글 · 음향 · 영상 또는 물건을 도달하게 하는 경우 다음 각 호에 해당하는 사항을 관계인에게 밝혀야 하며, 관계인이 채무자의 채무 내용 또는 신용에 관한 사실을 알게 하여서는 아니 된다.

1. 채권추심자의 성명 · 명칭 및 연락처(채권추심자가 법인인 경우에는 업무담당자의 성명 및 연락처를 포함한다)
2. 채권자의 성명 · 명칭
3. 방문 또는 말 · 글 · 음향 · 영상 · 물건을 도달하게 하는 목적

제8조의4 【소송행위의 금지】 변호사가 아닌 채권추심자(제2조 제1호 라목에 규정된 자로서 채권추심을 업으로 하는 자 및 그 자를 위하여 고용, 도급, 위임 등 원인을 불문하고 채권추심을 하는 자로 한정한다)는 채권추심과 관련한 소송행위를 하여서는 아니 된다.

제9조 【폭행 · 협박 등의 금지】 채권추심자는 채권추심과 관련하여 다음 각 호의 어느 하나에 해당하는 행위를 하여서는 아니 된다.

1. 채무자 또는 관계인을 폭행 · 협박 · 체포 또는 감금하거나 그에게 위계나 위력을 사용하는 행위
2. 정당한 사유 없이 반복적으로 또는 야간(오후 9시 이후부터 다음 날 오전 8시까지를 말한다. 이하 같다)에 채무자나 관계인을 방문함으로써 공포심이나 불안감을 유발하여 사생활 또는 업무의 평온을 심하게 해치는 행위
3. 정당한 사유 없이 반복적으로 또는 야간에 전화하는 등 말 · 글 · 음향 · 영상 또는 물건을 채무자나 관계인에게 도달하게 함으로써 공포심이나 불안감을 유발하여 사생활 또는 업무의 평온을 심하게 해치는 행위
4. 채무자 외의 사람(제2조 제2호에도 불구하고 보증인을 포함한다)에게 채무에 관한 거짓 사실을 알리는 행위
5. 채무자 또는 관계인에게 금전의 차용이나 그 밖의 이와 유사한 방법으로 채무의 변제자금을 마련할 것을 강요함으로써 공포심이나 불안감을 유발하여 사생활 또는 업무의 평온을 심하게 해치는 행위
6. 채무를 변제할 법률상 의무가 없는 채무자 외의 사람에게 채무자를 대신하여 채무를 변제할 것을 요구함으로써 공포심이나 불안감을 유발하여 사생활 또는 업무의 평온을 심하게 해치는 행위
7. 채무자의 직장이나 거주지 등 채무자의 사생활 또는 업무와 관련된 장소에서 다수인이 모여 있는 가운데

채무자 외의 사람에게 채무자의 채무금액, 채무불이행 기간 등 채무에 관한 사항을 공연히 알리는 행위

제10조【개인정보의 누설 금지 등】 ① 채권추심자는 채권발생이나 채권추심과 관련하여 알게 된 채무자 또는 관계인의 신용정보나 개인정보를 누설하거나 채권추심의 목적 외로 이용하여서는 아니 된다.

② 채권추심자가 다른 법률에 따라 신용정보나 개인정보를 제공하는 경우는 제1항에 따른 누설 또는 이용으로 보지 아니한다.

제11조【거짓 표시의 금지 등】 채권추심자는 채권추심과 관련하여 채무자 또는 관계인에게 다음 각 호의 어느 하나에 해당하는 행위를 하여서는 아니 된다.

1. 무효이거나 존재하지 아니한 채권을 추심하는 의사를 표시하는 행위
2. 법원, 검찰청, 그 밖의 국가기관에 의한 행위로 오인할 수 있는 말·글·음향·영상·물건, 그 밖의 표지를 사용하는 행위
3. 채권추심에 관한 법률적 권한이나 지위를 거짓으로 표시하는 행위
4. 채권추심에 관한 민사상 또는 형사상 법적인 절차가 진행되고 있지 아니함에도 그러한 절차가 진행되고 있다고 거짓으로 표시하는 행위
5. 채권추심을 위하여 다른 사람이나 단체의 명칭을 무단으로 사용하는 행위

제12조【불공정한 행위의 금지】 채권추심자는 채권추심과 관련하여 다음 각 호의 어느 하나에 해당하는 행위를 하여서는 아니 된다.

1. 혼인, 장례 등 채무자가 채권추심에 응하기 곤란한 사정을 이용하여 채무자 또는 관계인에게 채권추심의 의사를 공개적으로 표시하는 행위
2. 채무자의 연락두절 등 소재파악이 곤란한 경우가 아님에도 채무자의 관계인에게 채무자의 소재, 연락처 또는 소재를 알 수 있는 방법 등을 문의하는 행위
3. 정당한 사유 없이 수화자부담전화료 등 통신비용을 채무자에게 발생하게 하는 행위

3의2. 「채무자 회생 및 파산에 관한 법률」 제593조 제1항 제4호 또는 제600조 제1항 제3호에 따라 개인회생채권에 대한 변제를 받거나 변제를 요구하는 일체의 행위가 중지 또는 금지되었음을 알면서 법령으로 정한 절차 외에서 반복적으로 채무변제를 요구하는 행위

4. 「채무자 회생 및 파산에 관한 법률」에 따른 회생절차, 파산절차 또는 개인회생절차에 따라 전부 또는 일부 면책되었음을 알면서 법령으로 정한 절차 외에서 반복적으로 채무변제를 요구하는 행위
5. 엽서에 의한 채무변제 요구 등 채무자 외의 자가 채무사실을 알 수 있게 하는 행위(제9조 제7호에 해당하는 행위는 제외한다)

제13조【부당한 비용 청구 금지】 ① 채권추심자는 채무자 또는 관계인에게 지급할 의무가 없거나 실제로 사용된 금액을 초과한 채권추심비용을 청구하여서는 아니 된다.

② 채권추심자가 채무자 또는 관계인에게 청구할 수 있는 채권추심비용의 범위 등 제1항과 관련하여 필요한 사항은 대통령령으로 정한다.

제13조의2【비용명세서의 교부】 ① 채무자 또는 관계인은 채권추심자가 사업자(제2조 제1호 가목 및 라목에 따른 자 및 그 자를 위하여 고용, 도급, 위임 등에 따라 채권추심을 하는 자를 말한다. 이하 같다)인 경우에는 그 사업자에게 채권추심비용을 항목별로 명시한 서류(이하 "비용명세서"라 한다)의 교

부를 요청할 수 있다.
② 제1항에 따라 비용명세서의 교부를 요청받은 채권추심자는 정당한 사유가 없으면 지체 없이 이를 교부하여야 하고, 채무자 또는 관계인에게 그 교부에 따른 비용을 청구해서는 아니 된다.

제14조 【손해배상책임】 채권추심자가 이 법을 위반하여 채무자 또는 관계인에게 손해를 입힌 경우에는 그 손해를 배상하여야 한다. 다만, 채권추심자가 사업자(제2조 제1호 가목 및 라목에 규정된 자 및 그 자를 위하여 고용, 도급, 위임 등에 따라 채권추심을 하는 자를 말한다. 이하 같다)인 경우에는 사업자가 자신에게 고의 또는 과실이 없음을 입증한 때에는 그러하지 아니하다.

제15조 【벌칙】 ① 제9조 제1호를 위반하여 채무자 또는 관계인을 폭행·협박·체포 또는 감금하거나 그에게 위계나 위력을 사용하여 채권추심행위를 한 자는 5년 이하의 징역 또는 5천만원 이하의 벌금에 처한다.
② 다음 각 호의 어느 하나에 해당하는 자는 3년 이하의 징역 또는 3천만원 이하의 벌금에 처한다.
1. 제8조의4를 위반하여 변호사가 아니면서 채권추심과 관련하여 소송행위를 한 자
2. 제9조 제2호부터 제7호까지를 위반한 자
3. 제10조 제1항을 위반하여 채무자 또는 관계인의 신용정보나 개인정보를 누설하거나 채권추심의 목적 외로 이용한 자
4. 제11조 제1호를 위반하여 채권을 추심하는 의사를 표시한 자

③ 다음 각 호의 어느 하나에 해당하는 자는 1년 이하의 징역 또는 1천만원 이하의 벌금에 처한다.
1. 제8조의3 제1항을 위반한 자
2. 제11조 제2호를 위반하여 말·글·음향·영상·물건, 그 밖의 표지를 사용한 자

제16조 【양벌규정】 법인의 대표자나 법인 또는 개인의 대리인, 사용인, 그 밖의 종업원이 그 법인 또는 개인의 업무에 관하여 제15조의 위반행위를 하면 그 행위자를 벌하는 외에 그 법인 또는 개인에게도 해당 조문의 벌금형을 과(科)한다. 다만, 법인 또는 개인이 그 위반행위를 방지하기 위하여 해당 업무에 관하여 상당한 주의와 감독을 게을리하지 아니한 경우에는 그러하지 아니하다.

제17조 【과태료】 ① 다음 각 호의 어느 하나에 해당하는 자에게는 2천만원 이하의 과태료를 부과한다.
1. 제5조 제1항을 위반하여 채무확인서의 교부요청에 응하지 아니한 자
2. 제8조의2를 위반하여 채무자를 방문하거나 채무자에게 말·글·음향·영상 또는 물건을 도달하게 한 자
3. 제12조 제1호 및 제2호를 위반한 자

② 다음 각 호의 어느 하나에 해당하는 자에게는 1천만원 이하의 과태료를 부과한다.
1. 제6조를 위반하여 채권자로부터 채권추심을 위임받은 사실을 서면(「전자문서 및 전자거래 기본법」 제2조 제1호의 전자문서를 포함한다)으로 통지하지 아니한 자
2. 제7조를 위반하여 동일 채권에 대하여 2인 이상의 자에게 채권추심을 위임한 자
3. 제8조를 위반하여 채무의 존재를 다투는 소송이 진행 중임에도 채무불이행자로 등록하거나 소송이 진행 중임을 알면서도 30일 이내에 채무불이행자 등록을 삭제하지 아니한 자
4. 제8조의3 제2항을 위반한 자
5. 제11조 제3호부터 제5호까지를 위반한 자
6. 제13조를 위반하여 채권추심비용을

청구한 자

7. 제13조의2 제2항을 위반하여 비용명세서를 교부하지 아니한 자

③ 제12조 제3호 · 제3호의2 · 제4호 또는 제5호를 위반한 자에게는 500만원 이하의 과태료를 부과한다.

④ 제1항 제3호, 제2항 제2호 · 제5호 및 제6호, 제3항에 해당하는 자가 사업자가 아닌 경우에는 해당 규정이 정하는 과태료를 그 다액의 2분의 1로 감경한다.

제18조【과태료의 부과 · 징수 및 권한의 위임】 ① 이 법에 따른 과태료는 대통령령으로 정하는 바에 따라 과태료 대상자에 대하여 다른 법률에 따른 인가 · 허가 · 등록 등을 한 감독기관이 있는 경우에는 그 감독기관이, 그 외의 경우에는 특별시장 · 광역시장 · 도지사 또는 특별자치도지사가 부과 · 징수한다.

② 제1항의 감독기관은 과태료의 부과 · 징수에 관한 권한의 일부를 대통령령으로 정하는 바에 따라 시장 · 군수 또는 구청장에게 위임할 수 있다.

부칙 〈제12594호, 2014.5.20.〉

이 법은 공포 후 6개월이 경과한 날부터 시행한다.

근로기준법

제2장 근로계약

제36조【금품 청산】 사용자는 근로자가 사망 또는 퇴직한 경우에는 그 지급 사유가 발생한 때부터 14일 이내에 임금, 보상금, 그 밖에 일체의 금품을 지급하여야 한다. 다만, 특별한 사정이 있을 경우에는 당사자 사이의 합의에 의하여 기일을 연장할 수 있다.

제38조【임금채권의 우선변제】 ① 임금, 재해보상금, 그 밖에 근로 관계로 인한 채권은 사용자의 총재산에 대하여 질권(質權)·저당권 또는 「동산·채권 등의 담보에 관한 법률」에 따른 담보권에 따라 담보된 채권 외에는 조세·공과금 및 다른 채권에 우선하여 변제되어야 한다. 다만, 질권·저당권 또는 「동산·채권 등의 담보에 관한 법률」에 따른 담보권에 우선하는 조세·공과금에 대하여는 그러하지 아니하다.

② 제1항에도 불구하고 다음 각 호의 어느 하나에 해당하는 채권은 사용자의 총재산에 대하여 질권·저당권 또는 「동산·채권 등의 담보에 관한 법률」에 따른 담보권에 따라 담보된 채권, 조세·공과금 및 다른 채권에 우선하여 변제되어야 한다.

1. 최종 3개월분의 임금
2. 재해보상금

제3장 임　금

제43조【임금 지급】 ① 임금은 통화(通貨)로 직접 근로자에게 그 전액을 지급하여야 한다. 다만, 법령 또는 단체협약에 특별한 규정이 있는 경우에는 임금의 일부를 공제하거나 통화 이외의 것으로 지급할 수 있다.

② 임금은 매월 1회 이상 일정한 날짜를 정하여 지급하여야 한다. 다만, 임시로 지급하는 임금, 수당, 그 밖에 이에 준하는 것 또는 대통령령으로 정하는 임금에 대하여는 그러하지 아니하다.

제43조의2【체불사업주 명단 공개】 ① 고용노동부장관은 제36조, 제43조, 제56조에 따른 임금, 보상금, 수당, 그 밖에 일체의 금품(이하 "임금 등"이라 한다)을 지급하지 아니한 사업주(법인인 경우에는 그 대표자를 포함한다. 이하 "체불사업주"라 한다)가 명단 공개 기준일 이전 3년 이내 임금 등을 체불하여 2회 이상 유죄가 확정된 자로서 명단 공개 기준일 이전 1년 이내 임금 등의 체불총액이 3천만원 이상인 경우에는 그 인적사항 등을 공개할 수 있다. 다만, 체불사업주의 사망·폐업으로 명단 공개의 실효성이 없는 경우 등 대통령령으로 정하는 사유가 있는 경우에는 그러하지 아니하다.

② 고용노동부장관은 제1항에 따라 명단 공개를 할 경우에 체불사업주에게

3개월 이상의 기간을 정하여 소명 기회를 주어야 한다.

③ 제1항에 따른 체불사업주의 인적사항 등에 대한 공개 여부를 심의하기 위하여 고용노동부에 임금체불정보심의위원회(이하 이 조에서 "위원회"라 한다)를 둔다. 이 경우 위원회의 구성·운영 등 필요한 사항은 고용노동부령으로 정한다.

④ 제1항에 따른 명단 공개의 구체적인 내용, 기간 및 방법 등 명단 공개에 필요한 사항은 대통령령으로 정한다.

제43조의3【임금 등 체불자료의 제공】 ① 고용노동부장관은 「신용정보의 이용 및 보호에 관한 법률」 제25조 제2항 제1호에 따른 종합신용정보집중기관이 임금 등 체불자료 제공일 이전 3년 이내 임금 등을 체불하여 2회 이상 유죄가 확정된 자로서 임금 등 체불자료 제공일 이전 1년 이내 임금 등의 체불총액이 2천만원 이상인 체불사업주의 인적사항과 체불액 등에 관한 자료(이하 "임금 등 체불자료"라 한다)를 요구할 때에는 임금 등의 체불을 예방하기 위하여 필요하다고 인정하는 경우에 그 자료를 제공할 수 있다. 다만, 체불사업주의 사망·폐업으로 임금 등 체불자료 제공의 실효성이 없는 경우 등 대통령령으로 정하는 사유가 있는 경우에는 그러하지 아니하다.

② 제1항에 따라 임금 등 체불자료를 받은 자는 이를 체불사업주의 신용도·신용거래능력 판단과 관련한 업무 외의 목적으로 이용하거나 누설하여서는 아니 된다.

③ 제1항에 따른 임금 등 체불자료의 제공 절차 및 방법 등 임금 등 체불자료의 제공에 필요한 사항은 대통령령으로 정한다.

제49조【임금의 시효】 이 법에 따른 임금채권은 3년간 행사하지 아니하면 시효로 소멸한다.

제4장 근로시간과 휴식

제56조【연장·야간 및 휴일 근로】 사용자는 연장근로(제53조·제59조 및 제69조 단서에 따라 연장된 시간의 근로)와 야간근로(오후 10시부터 오전 6시까지 사이의 근로) 또는 휴일근로에 대하여는 통상임금의 100분의 50 이상을 가산하여 지급하여야 한다.

형 법

제2편 각 칙

제34장 신용, 업무와 경매에 관한 죄

제313조【신용훼손】 허위의 사실을 유포하거나 기타 위계로써 사람의 신용을 훼손한 자는 5년 이하의 징역 또는 1천500만원 이하의 벌금에 처한다.

제39장 사기와 공갈의 죄

제347조【사기】 ① 사람을 기망하여 재물의 교부를 받거나 재산상의 이익을 취득한 자는 10년 이하의 징역 또는 2천만원 이하의 벌금에 처한다.
② 전항의 방법으로 제삼자로 하여금 재물의 교부를 받게 하거나 재산상의 이익을 취득하게 한 때에도 전항의 형과 같다.

제40장 횡령과 배임의 죄

제355조【횡령, 배임】 ① 타인의 재물을 보관하는 자가 그 재물을 횡령하거나 그 반환을 거부한 때에는 5년 이하의 징역 또는 1천500만원 이하의 벌금에 처한다.
② 타인의 사무를 처리하는 자가 그 임무에 위배하는 행위로써 재산상의 이익을 취득하거나 제삼자로 하여금 이를 취득하게 하여 본인에게 손해를 가한 때에도 전항의 형과 같다.

부정수표 단속법

제2조 【부정수표 발행인의 형사책임】 ① 다음 각 호의 어느 하나에 해당하는 부정수표를 발행하거나 작성한 자는 5년 이하의 징역 또는 수표금액의 10배 이하의 벌금에 처한다.

1. 가공인물의 명의로 발행한 수표
2. 금융기관(우체국을 포함한다. 이하 같다)과의 수표계약 없이 발행하거나 금융기관으로부터 거래정지처분을 받은 후에 발행한 수표
3. 금융기관에 등록된 것과 다른 서명 또는 기명날인으로 발행한 수표

② 수표를 발행하거나 작성한 자가 수표를 발행한 후에 예금부족, 거래정지처분이나 수표계약의 해제 또는 해지로 인하여 제시기일에 지급되지 아니하게 한 경우에도 제1항과 같다.

③ 과실로 제1항과 제2항의 죄를 범한 자는 3년 이하의 금고 또는 수표금액의 5배 이하의 벌금에 처한다.

④ 제2항과 제3항의 죄는 수표를 발행하거나 작성한 자가 그 수표를 회수한 경우 또는 회수하지 못하였더라도 수표 소지인의 명시적 의사에 반하는 경우 공소를 제기할 수 없다.

제7조 【금융기관의 고발의무】 ① 금융기관에 종사하는 사람이 직무상 제2조 제1항(발행인이 법인이나 그 밖의 단체인 경우를 포함한다) 또는 제5조에 규정된 수표를 발견한 때에는 48시간 이내에 수사기관에 고발하여야 하며, 제2조 제2항(발행인이 법인이나 그 밖의 단체인 경우를 포함한다)에 규정된 수표를 발견한 때에는 30일 이내에 수사기관에 고발하여야 한다.

② 제1항의 고발을 하지 아니하면 100만원 이하의 벌금에 처한다.

■ 편자소개 ■

김관기

현 김박법률사무소 대표변호사
전 판사(수원, 서울, 제주 지방법원)
전 법무부 채무자 회생 및 파산에 관한 법률 개정위원
전 서울중앙지방법원 회생위원

윤준석

현 김박법률사무소 변호사

정동현

현 법무법인 서율 변호사

최동욱

현 법무법인 서율 변호사

김민선

현 김박법률사무소 변호사

파산 및 집행법전

2015년 8월 25일 초판 인쇄
2015년 8월 31일 초판 발행

편 자 김관기 · 윤준석 · 정동현 · 최동욱 · 김민선
발행인 이방원
발행처 세창출판사
서울 서대문구 경기대로 88 냉천빌딩 4층
전화 723-8660 팩스 720-4579
e-mail: sc1992@empal.com
http://www.sechangpub.co.kr
신고번호 제300-1990-63호

정가 12,000원

ISBN 978-89-8411-563-7 93360